SOCIÉTÉ

DES

ANCIENS TEXTES FRANÇAIS

AIOL

Imprimerie Gouverneur, G. Daupeley à Nogent-le-Rotrou.

AIOL

CHANSON DE GESTE

PUBLIÉE D'APRÈS LE MANUSCRIT UNIQUE DE PARIS

PAR

Jacques NORMAND & Gaston RAYNAUD

PARIS

LIBRAIRIE DE FIRMIN DIDOT ET Cie

56, RUE JACOB, 56

—

M DCCC LXXVII

Publication proposée à la Société le 19 avril 1875.

Approuvée par le Conseil le 17 juin 1875 sur le rapport d'une commission composée de MM. L. Gautier, L. Moland et G. Paris.

Commissaire responsable :
M. G. PARIS.

INTRODUCTION

La chanson d'*Aiol* que nous publions aujourd'hui pour la première fois[1] est un des poëmes du moyen-âge qui méritent de la façon la plus complète l'attention de tous ceux qui s'intéressent à l'histoire de notre littérature nationale. Les questions que soulève l'examen de cette chanson de geste, celle entre autres de l'origine et de la date qu'il faut lui attribuer, sont nombreuses et souvent assez difficiles; aussi, pour les étudier plus clairement, avons-nous divisé cette *Introduction* en plusieurs chapitres, distincts les uns des autres.

---

1. L'édition que M. W. Fœrster a commencée en Allemagne, quand la nôtre était déjà sous presse, n'est pas achevée; au moment où nous donnons le bon à tirer de cette première feuille (novembre 1877), le texte seul est imprimé; les notes, le glossaire et l'introduction, promis depuis longtemps, sont encore attendus. Voy., au sujet de la polémique à laquelle a donné lieu cette édition d'*Aiol*, la *Romania*, V, 127-8, 413-6, 504, et VI, 309.

I

Manuscrit du poëme.

On ne connaît jusqu'à ce jour qu'un seul manuscrit de notre chanson. C'est un ms. sur vélin de 0^m,179 de large sur 0^m,252 de hauteur, relié en maroquin plein, sans armes, et qui se compose de 209 feuillets complets à 4 colonnes par feuillet (que nous avons indiquées dans notre édition par *a* et *b* pour le r°, et par *c* et *d* pour le v°); chaque colonne contient 36 vers, sauf le cas où une miniature est intercalée dans le texte. Ce ms., qui porte aujourd'hui à la Bibliothèque nationale de Paris le n° 25516 du fonds français, faisait autrefois partie de la Bibliothèque du duc de la Vallière (anc. La Vall. 80, Cat. de Bure 2732); il contient 4 romans qui sont les suivants :

1° Le Roman de *Guion duc d'Hanstone et de Bevon son fil (fol. 1)*;

2° Le Roman de *Julien de St Gille lequés fu pere Elye duquel Aiols issi (fol. 76)*;

3° Le Roman d'*Aiol et de Mirabel sa feme (fol. 96)*;

4° Le Roman de *Robert le diable (fol. 174)*.

L'écriture de ce ms., généralement bonne, est cependant quelquefois assez difficile à déchiffrer; c'est la minuscule romane du XIIIe siècle, sans influence gothique bien prononcée. Les grandes lettres, commençant les laisses, sont ou rouges ou bleues; quelques-unes sont ornées, mais de simples traits rouges ou bleus. Le recto du folio commençant chaque roman est orné de figures et d'animaux dans le style du xiiie siècle. Enfin le ms. contient des miniatures assez bien conservées et intéressantes au point de vue du costume. Notre chanson d'*Aiol*, pour sa part, en contient onze dont nous avons donné les rubriques en note de notre édition. Nous reproduisons ces rubriques ci-dessous et indiquons le vers après lequel elles se trouvent placées dans le ms., en faisant exception pour celle qui commence la chanson et qui est placée en tête, avant le premier vers :

1 — Ichi commenche li droite estoire d'Aiol et de Mirabel, sa feme, ensi con vous orés el livre (v. 1);

2 — Ch'est chi ensi com Aiols a pris congiet a pere et a mere et al saint hermite et s'en va vers Franche (v. 554);

3 — Ch'est chi ensi com Aiols est venus a Orliéns et com li rois de Franche le gaba et ses gens (v. 2618);

4 — Ch'est chi ensi com Aiols en va a Panpelune el message et si doi compaignon (v. 4684);

5 — Ch'est chi ensi com Aiols a conquisse la puchele (v. 5359);

6 — Ch'est chi ensi com Aiols et Mirabel troverent un laron et com les vait herbergier (v. 6574);

7 — Ch'est chi ensi com Aiols revient en Franche et com il amaine Mirabel, fille roi Mibrien (v. 7988);

8 — Ch'est chi ensi com Elyes est revenus en Franche (v. 8227);

9 — Ch'est chi ensi com Makaires li traitres vaut noier les enfans Aiol (v. 9198);

10 — Ch'est chi ensi com li laron ont vendu Aiol et s'entrochient (v. 9866);

11 — Ch'est chi ensi c'on fait justiche de Makaire (v. 10900).

Ajoutons, pour finir la description de notre ms., que dans quelques passages assez rares, une main qui n'a pas toujours été heureuse a corrigé et même effacé le texte (cf. 2690).

II

Analyse du poëme.

Comme on a pu le voir plus haut, notre chanson commence au fol. 96 du ms., et va jusqu'au fol. 173, c'est-à-dire qu'elle comprend près de 11000 vers; et cependant, quelque longue qu'elle puisse paraître, son résumé est tout entier contenu dans les v. 396-428 de cette édition. Ces vers se rapportent à l'explication d'un songe que donne Moysès, *le clerc sachant*, à Élie père d'Aiol : les victoires d'Aiol sur les païens (v. 405-8), son mariage avec Mirabel (v. 423), la naissance de ses deux fils (v. 424-5), toute l'histoire de notre héros s'y trouve en substance, et sauf la royauté future des enfants d'Aiol, qui ne se réalise pas dans notre poëme, ces vers en donnent le résumé que nous développons d'après le ms. dans l'analyse suivante :

Élie, époux d'Avisse, sœur de Louis fils de Charlemagne, a été injustement chassé de France par suite des intrigues du traître Makaire de Lausanne, et malgré de nombreux services rendus à la royauté en combattant les Sarrasins. Il s'est réfugié avec sa femme dans les landes de Bordeaux. Là, Avisse met au monde un fils à qui une circonstance fortuite de sa naissance fait donner le nom d'Aiol (v. 60-8 et 451-2) [1]. Très-jeune encore, celui-ci, revêtu des vieilles armes de son père et monté sur son ancien destrier Marchegai, part seul en France pour reconquérir les fiefs dont Élie a été injustement dépossédé. Après avoir fait ses premières armes contre des Sarrasins, ensuite contre des voleurs pillant une abbaye, il arrive à Poitiers. Les habitants de cette ville peu hospitalière se moquent de ses vieilles armes, de sa lance « torte et enfumée, » de son cheval maigre et déferré. Aiol répond noblement à leurs moqueries. Un *ribaud*, sortant d'une taverne, insulte Aiol et saisit Marchegai par la bride : le vaillant cheval le renverse d'un coup de pied. Un ancien sénéchal d'Élie, Gautier de Saint-Denis, prend pitié d'Aiol et lui donne gîte pour la nuit. Le lendemain matin Aiol se remet en route, et, vainqueur d'un lion terrible, effroi de la contrée, il arrive le soir à Châtellerault. Quittant cette ville le lendemain, après de nombreuses aventures, entre autres la rencontre d'un riche pèlerin, Renier, duc de Gascogne, il arrive à Blois qu'il ne fait que traverser, puis à Orléans. Là, même scène qu'à Poitiers, mêmes insultes de la populace, même épisode du *ribaud* prenant Marchegai par la bride et renversé par lui. Ysabel, tante d'Aiol, le reçoit et l'héberge; Lusiane, sa fille, cousine germaine d'Aiol, se sent prise pour le che-

---

1. M. P. Paris (*Hist. litt.*, XXII, 275) dit à ce propos : « Ce mot *aiol*, que nous n'avons rencontré dans aucun autre texte, semble synonyme d'*anguis*, *anguilla*, aussi bien que du nom propre *Aigulphus*. » Le mot *aieil*, nom de l'animal inconnu cité par le poëte, semble plutôt dériver d'*aviculus*, mais ce n'est certainement que par suite de la ressemblance d'*aieil* et d'*Aiol* que la fable de l'origine du nom d'Aiol a été imaginée.

valier d'un vif amour qu'elle lui avoue assez vite et trop franchement, et que le jeune homme repousse.

Le roi de France est en ce moment à Orléans, engagé dans une guerre contre les Berruiers qui, sous la conduite de leur chef le comte de Bourges, menacent sans cesse la ville. Ce comte de Bourges se trouve être neveu d'Élie et cousin germain d'Aiol, et c'est pour rendre à Élie les fiefs dont il a été dépossédé, qu'il combat le roi de France. Aiol, sans se soucier des plaisanteries qui l'assaillent et que le roi lui-même fait sur son compte, entre fièrement en lice avec quatre chevaliers ennemis venus pour porter un défi au roi Louis. Vainqueur de ses adversaires, il en trouve un nouveau dans le comte de Bourges qui vient secourir ses chevaliers d'une troupe nombreuse. La bataille devient générale : Aiol, poursuivant le comte de Bourges, le force à lui demander merci et le remet prisonnier aux mains de l'empereur, mais apprenant que le comte de Bourges n'est autre que son cousin, il demande et obtient sa grâce à condition qu'il se soumette.

A la suite de si brillants exploits, Aiol entre en faveur auprès du roi, qui le comble de bienfaits. En chevalier généreux, Aiol en fait profiter tout le monde, et envoie à son père un messager pour lui annoncer sa réussite et lui porter quelques secours.

A partir de cet épisode, l'action devient très-peu originale et rentre dans le cadre banal et bien connu de mainte autre chanson de geste ; aussi abrégeons-nous encore cette analyse que nous avons cependant donnée aussi courte que possible.

Pour répondre à un défi porté à l'empereur par le roi Mibrien, Aiol est envoyé à Pampelune comme messager auprès de ce roi. Il part accompagné de deux chevaliers de la cour de Louis, qui lui servent d'écuyers, Jobert et Ylaire. Arrivé à Pampelune où est le roi Mibrien, il enlève sa fille Mirabel, et après de nombreuses et interminables aventures, poursuivi sans cesse par les parents du traître Makaire ou bien par des Sarrasins, et sortant toujours vainqueur du combat, il arrive enfin avec sa captive à la cour du roi de France. Il dévoile alors à Louis son nom et sa naissance (ce qu'il n'avait pas fait encore jusqu'ici sans raison bien appréciable), réclame les biens de son père qui lui sont rendus, et épouse Mirabel après l'avoir fait préalablement baptiser.

Makaire n'abandonne pas ainsi sa vengeance : disgracié à la cour du roi, il réunit une armée composée de Bourguignons et de Lombards, vient s'embusquer auprès de Langres où Aiol se rend avec sa femme après ses noces, les surprend, les fait prisonniers et les emmène à Lausanne où il les enferme en prison. Là, Mirabel met au monde deux jumeaux. Makaire, assiégé dans Lausanne par le roi de France et Élie revenu à la cour, s'empare des enfants d'Aiol et les jette dans le Rhône. Le pêcheur Tieri, un nouveau venu dans le poëme, les sauve et les conduit à Tornebrie, à la cour de Grasien, roi de Venise. C'est là qu'Aiol, échappé de Lausanne avec Makaire et conduit par le traître auprès du roi Mibrien, les retrouve plus tard. Quant à Mirabel, elle est restée, pour n'avoir pas voulu renoncer à la foi chrétienne, emprisonnée chez son père; c'est afin de la délivrer qu'Aiol, honoré pour ses exploits à la cour de Grasien, entraîne le roi de France et les Vénitiens à venir mettre le siége devant Pampelune. La ville est prise, Mirabel délivrée, et

Makaire subit la peine de ses forfaits : il est écartelé.

Tel est le poëme d'*Aiol* ; nous pensons en avoir donné une idée suffisante par cette analyse écourtée[1], mais le lecteur voudra bien retenir ce fait, destiné à nous aider plus tard dans notre démonstration, que des deux parties que nous avons distinguées dans notre chanson, l'une, la première, est pleine d'intérêt et de vie, l'autre au contraire ne fait que reproduire les aventures, trop souvent identiques à elles-mêmes, des poëmes romanesques du moyen-âge.

III

Langue du poëme.

Quelle est la langue de notre poëme ? « Le dialecte, » nous dit M. P. Paris (*Hist. litt.*, XXII, 288), « semble indiquer que le copiste, sinon le trouvère, était de Picardie. » Cette assertion ne nous semble pas assez définie. Nous reviendrons plus loin, à propos de l'*origine* et de la *date* de notre chanson, sur les divisions à établir dans notre poëme, et nous essaierons de démontrer qu'il faut distinguer dans l'*Aiol* deux parties, dont l'une appartient à la rédaction primitive et dont l'autre est l'œuvre d'un remanieur ; pour le moment, et au point de vue spécial de la langue, remarquons que la première moitié, ou peu s'en

---

1. Une excellente analyse d'*Aiol* (principalement pour la première partie) a été faite par M. P. Paris dans l'*Histoire littéraire* (XXII, 274 ss.) ; à cette analyse il en faut joindre une autre d'A. Jubinal (*Œuvres de Rutebeuf*, éd. 1875, III, 102-13). Fauriel dans son *Histoire de la poésie provençale* (II, 265, 273-5, 283 et 296-9) a donné aussi des extraits et une analyse de la chanson.

faut, du poëme est composée en vers de dix syllabes, tandis que la seconde est en vers de douze. Ces deux parties ne sont certainement pas de même dialecte, et tandis que la première est bien en dialecte français proprement dit, la seconde offre tous les signes distinctifs du dialecte picard; d'où nous pouvons conclure que le remanieur était certainement picard.

Ce caractère picard semblerait au premier abord devoir être attribué à l'ensemble du poëme, où l'on remarque partout certains traits caractéristiques, comme *che* au lieu de *ce,* etc., mais ce ne sont là que de simples changements dus au remanieur ou même au scribe. Dans la seconde partie de l'*Aiol* au contraire, ce ne sont pas seulement les particularités orthographiques que nous voyons apparaître, car, sans parler des formes comme *fiomes* (v. 6073), *trovomes* (v. 7615), *alomes* (v. 8976), *faisomes* (v. 8977), *reverommes* (v. 9167), *poomes* (v. 9276), etc., qui ne sont pas spéciales au picard, nous trouvons des traces certaines de ce dialecte dans le mot *caus*, fr. *cous (coup)* qui assonne en *a* (v. 5622) et dans les formes féminines en *ie* des participes passés des verbes en *ier*, formes qui n'apparaissent dans *aucune* des laisses assonant en *i. e* de la première partie (voy. plus loin, p. xj, notre tableau des assonances) : *esclairie* (v. 5383), *baptisie* (v. 6523), *laidengie* (v. 8127), etc.

Nous ne voulons pas dans cette *Introduction* passer en revue la *phonétique,* la *flexion* et la *syntaxe* de la langue de l'*Aiol* ; cette étude nous entraînerait trop loin, et ne nous apprendrait que peu de chose, car les règles bien connues de l'ancienne langue se retrouvent ici comme ailleurs. Signalons cependant les notations habituelles au copiste de *ng* pour *gn* et de *ss* pour *s*, et remarquons que même dans les vers de 12 syllabes, les substantifs masculins de la 3ᵉ déclinaison latine qui n'ont pas d's en latin, ne prennent pas encore l's au cas sujet du singulier ; c'est ainsi par exemple, qu'en dépit du scribe, au v. 6808 la mesure exige *lere* et non pas *leres*. A propos de cas sujet singulier, nous avons noté le mot *enperere, enpereor* (voy. le *Gloss.*), dont les deux formes semblent indistinctement s'employer au sujet et au régime. Disons enfin que nous ne croyons pas utile de rappeler ici les différences principales du français et du picard : les formes *cemin (kemin)* pour *chemin, lanche* pour *lance, saus* pour *sous*, *li* et *le* pour *la*, sont connues de tous, aussi bien que les indicatifs et les subjonctifs terminés par une gutturale.

IV

Versification du poëme.

1° *Assonances.* — Notre poëme contient environ 11000 vers tous assonants, disposés en 286 laisses ou tirades monorimes de longueur tout à fait variable, que nous rangeons à leur lettre d'assonance dans le tableau suivant[1] :

a — 13, 37, *118, 141, 144, 146, 151, 175, 227, 282.*
a. e — 2, 44, 101, *142, 161, 215, 224, 228, 231, 236, 238, 240, 248, 254, 268, 275.*

---

1. Les chiffres de ce tableau correspondent à la numérotation des laisses dans notre édition ; les chiffres en italique se rapportent aux vers de 12 syllabes, les chiffres ordinaires aux vers de 10 syllabes.

ai — 12, 76.

an, en[1] — 10, 61, 64, 70, 82, 95, 105, 109, 121, *148, 150, 162, 173, 180, 193, 203, 207, 219, 232, 262, 270*.

an.e, en.e — 56, *133, 222, 225, 239*.

au — *170*.

é — 4, 9, 18, 20, 22, 26, 28, 30, 33, *40*, 50, 53, 57, 59, 62, 67, 91, 99, 107, 123, *129, 140, 147, 156, 165, 169, 176, 182, 199*, 213, 220, *230, 237, 241, 245, 259, 261, 263, 267, 272, 274, 278*.

è[2] — 65, 112, 120, *125, 135, 149, 157, 197, 218*.

é.e — 15, 19, 23, 35, *137*, 200, *266, 277, 280*.

è.e — 52, 55, *136, 166, 195*, 206, 216, *257, 269, 279, 283*.

i — *1*, 17, 21, 36, 54, 58, 72, 78, 83, 87, 93, 97, 100, 103, 106, 110, *116*, 122, 127, *139, 153, 178, 183, 186*, 204, 210, 221, 229, 246, 250, *264, 273, 276*.

ié — 8, 14, 16, 25, 29, 34, *39, 41, 43, 47*, 51, 69, 73, 90, 92, 98, 102, *115, 119, 145, 152, 154, 164, 168, 172, 174, 181, 185, 187, 189, 191, 196*, 209, 212, 214, 247, 249, 251, *265, 271, 285*.

i.e — 3, 7, 11, 27, 45, 60, 66, 68, 88, *128, 130, 138, 155, 160, 167, 188, 192*, 217, 223, 253, 256, 258, 260, 284, 286.

---

1. Les assonances en *an* et *en*, comme celles en *an.e* et *en.e*, sont absolument confondues.

2. Nous n'avons pas trouvé *une seule* assonance en *è*, non plus qu'en *è.e*, provenant d'un *i* latin en position latine ou romane; *cf.* à ce sujet *Romania*, IV, 499.

ié.e — 71, *194*.

ó — 5, 32, 38, 42, 46, 49, 63, 74, 79, 84, 96, 104, 114, *117*, 124, *158*, *171*, *190*, *205*, *208*, *226*, *233*, *281*.

ô — 77, 81, *134*, *235*.

ó.e — *198*, *242*.

ô.e — *244*.

oi — 6, 80, 86, 89, 94, 108, 113, *159*, *177*, *184*, *202*, *234*.

u — 24, 48, 75, 85, 111, *132*, *163*, *201*, *211*, *252*, *255*.

u.e — 31, *126*, *131*, *143*, *179*, *243*.

On peut voir d'après ce tableau que le nombre des assonances masculines est de beaucoup supérieur à celui des assonances féminines ; la remarque de M. G. Paris (*Ét. sur le rôle de l'accent lat.*, 115-6) est donc une fois de plus justifiée. Les laisses masculines sont aussi les plus longues, la 168ᵉ entre autres, en *ié*, ne compte pas moins de 540 vers. En même temps que moins nombreuses, les laisses féminines sont les moins longues ; nous citerons celle en *ô.e*, la 244ᵉ, qui ne contient pas plus de 5 vers.

Nous avons déjà eu l'occasion de parler des deux parties distinctes qu'il faut admettre dans l'*Aiol*; pour la *versification* comme plus haut pour la *langue*, ces deux parties sont différentes. C'est ainsi qu'avec les vers de 12 syllabes l'allure de la versification change, l'auteur emploie dès lors des formes qui n'avaient point paru jusque-là, comme les assonances en *ó.e*, le besoin de la rime commence à se faire sentir, et l'on peut trouver des laisses masculines où, sauf une ou deux assonances, la rime domine partout (voy. les laisses 261ᵉ en *é*, 262ᵉ en *an* et 274ᵉ en *er*); en un mot l'on voit que cette partie de l'œuvre est moins ancienne que la précédente, et que les procédés de versification, la rime entre autres, qui se feront bientôt jour, apparaissent déjà, tandis qu'on ne pouvait même les soupçonner dans la première partie.

Les laisses similaires, répétées souvent jusqu'à trois fois, sont nombreuses dans notre poëme. La plupart, croyons-nous, doivent être attribuées à la double rédaction; les autres se justifient d'elles-mêmes par l'intérêt qu'offre le passage. C'est à ces dernières que nous rattacherons l'épisode tout à fait heureux d'Aiol rendant à son père ses armes et Marchegai (v. 8278-97), absolument opposés en cela à Fauriel qui s'appuie sur ce passage pour soutenir sa théorie de la double rédaction[1].

Voici d'ailleurs les principaux couplets similaires de la chanson :

1º Adieux d'Élie et d'Avisse à Aiol (v. 180, 322 et 492);

2º Prière d'Aiol en quittant ses parents (v. 561 et 588);

3º Épisode du *ribaud* prenant Marchegai par la bride (v. 911 et 1021);

4º Prière d'Aiol à Sainte-Croix (v. 1899 et 1914);

5º Supplication de Lusiane pour empêcher Aiol de se rendre au tournoi d'Orléans (v. 2418 et 2450);

6º Altercation entre Aiol et Makaire (v. 4209 et 4235);

7º Prière d'Aiol quand il est saisi par un serpent (v. 6183 et 6218);

8º Reproches de Lusiane à Mirabel (v. 8031 et 8045);

---

1. *Origines de l'épopée chevaleresque* (*Revue des Deux-Mondes*, VII, 566-8); cf. aussi l'*Histoire de la poésie provençale*, II, 292 ss.

9° Tentative d'assassinat de Makaire sur Aiol dans la prison de Lausanne (v. 8769 et 8748);

10° Mirabel refuse d'abjurer le christianisme (v. 9672, 9679 et 9702).

2° *Rhythme*. — Pour les assonances, de même que pour la disposition des laisses, notre chanson n'offre vraiment rien de particulier; il n'en est pas de même pour le rhythme. Le poëme, à ce point de vue, se divise bien nettement en deux parties, l'une composée en vers de 10 syllabes, l'autre plus moderne, en vers de 12.

Pour le dodécasyllabe, point de difficulté : le repos tombe après la sixième syllabe, et les règles ordinaires de la versification du xiiie siècle sont suivies. Pour le décasyllabe, au contraire, notre chanson présente la particularité d'avoir le repos après la sixième syllabe, et non pas, comme cela a lieu d'ordinaire, après la quatrième. Diez est le premier qui, dans ses *Altromanische Sprachdenkmale* (p. 89), ait à propos de *Girart de Roussillon* attiré l'attention sur ce rhythme singulier. Il ignorait qu'il eût été employé dans l'*Aiol;* « en dehors de Girart de Roussillon, » dit-il, « cette modification du décasyllabe ne se rencontre à ma connaissance que dans le poëme burlesque d'Audigier [1], pastiche comique de la forme et de l'expression épiques sur un sujet trivial et de proportions infimes, pastiche moins remarquable par lui-même que par l'emploi de cette espèce de vers épique. » Ajoutons aussi que ce rhythme se remarque dans le *Jeu Saint Nicolas*,

    S'aies saint Nicolai   en remembranche,

---

1. Publié par Méon, *Fabl. et cont.*, IV, 217-33.

>   Ne te couvient avoir   nule doutanche,
>   Sains Nicolais pourcache   ta delivranche.
>   Se tu l'as bien servi   de si a ore,
>   Ne te recroire mie,   mais serf encore...

(Monmerqué et Fr. Michel, *Th. fr. au moy.-âge*, p. 199-200), et dans un certain nombre de romances françaises, celle entre autres commençant par ces vers :

>   Lou samedi a soir   fat la semainne :
>   Gaiete et Oriour,   serors germainnes...

(Bartsch, *Chrest. de l'anc. fr.*, éd. 1866, 49); voy. aussi G. Paris, *Ét. sur le rôle de l'acc. lat.*, 111-2.

On le voit, les exemples de ce rhythme sont rares ; faut-il pour cela, comme l'a pensé M. P. Meyer, en s'appuyant sur le fait que le *Girart de Roussillon* est antérieur aux autres poëmes, donner à cette forme de vers une origine méridionale? La question a avancé depuis le jour où, en parlant de l'opinion qui attribue une origine méridionale au vers décasyllabique dont le repos est après la sixième syllabe, M. P. Meyer disait dans la *Bibl. de l'Éc. des Chartes* (XXII, 42) : « Cette opinion, toute probable qu'elle est..., peut être renversée par la découverte de quelque texte français écrit dans ce mètre et antérieur au *Girart.* » Aujourd'hui l'ancienneté constatée de ce rhythme en français comme en provençal ne permet guère de conclure en faveur de son origine méridionale.

Cette particularité du repos après la sixième syllabe dans le décasyllabe n'est pas la seule que nous ayons à remarquer dans l'*Aiol* : il en est une autre qu'il nous faut expliquer. Un certain nombre de vers décasyllabiques — nous ne nous occupons que de ceux-là — semblent au premier abord ne pas être coupés comme les autres et, au contraire, avoir comme d'ordinaire le repos après la quatrième syllabe ; ces vers sont les suivants :

Si n'ai apris mes armes a porter v.	282
Ja ne venra en tere n'entre gent	355
Armes as tu molt boines, molt m'agree	524
Car molt avoit grant pieche, nes senti	627
Ensamble avoec ces moines demorés	830
Puis desloia les moines par bonté	872
Mais molt par a le chiere bele et clere	907
Tant soit et fors et jovenes bachelers	1090
Tramis li fu de Rome par chierté	1180
Donc prist Aiols ses armes, s'est armés	1256
Del feure l'a sachie bele et clere	1517
Or fu Aiols li enfes el moustier	1911
De che serviche avoie grant mestier	2072
Qui vos ossast respondre tant ne quant	2721
Que on trovast en Franche qui est grant	2731
Or ne lairai por home desosiel	2940
N'encaucherai mais home desousiel	2945
Aiols ot pris le conte par vigor	3359
Car me guerre est finee, Dieu merchi	3444
Ne devés pas vos homes mal baillir	3464
Tant qu'avrai fait batailles et tornois	3533
Quant li borgois l'entendent, s'en sont lié	3747
Qu'il sera rois de France poestis	3817
Fieus a putain, parjures, Dieu mentis	3823
Aiols a pris cent livres d'orlenois	3842
Que vous arés tout quite vo pais	3939
Et li mès est en France repairiés	3943
Et un anap de madre d'un sestier	4042
Par mon cief, » dist Makaires, « je l'otri	4253
Un grant arpent de terre mesuré	4311
Ens es parens Makaire s'est mellés	4445
Et laisast moi ma terre, bien feroit	4535
De Dameldé le pere glorious	4965

Tous ces vers ont-ils leur coupe après la 4ᵉ syllabe, contrairement à ce qui a lieu dans le reste de la chanson, ou bien doivent-ils être corrigés comme nous l'avons fait dans notre édition jusqu'au vers 2945 inclusivement? Ni l'une ni l'autre de ces hypothèses ne nous satisfait maintenant, et nous pensons qu'ils doivent rester tels que nous les avons transcrits ici. Il faut alors adopter une autre coupe, que nous rencontrons souvent dans la poésie italienne, que de nos jours, en provençal moderne, Mistral a employée avec succès (*Armana prouvençau*, 1863, p. 36), mais dont l'ancienne littérature provençale ne nous offre aucun exemple : le repos en ce cas est toujours après la 6ᵉ syllabe accentuée, mais le second hémistiche commence par la dernière syllabe muette du mot précédent, comptant alors dans le vers pour une syllabe accentuée. On scandera donc de cette façon :

    Si n'ai apris mes ar-mes a porter
    Ja ne venra en te-re n'entre gent
    Armes as tu molt boi-nes, molt m'agree, etc.

Nous trouvons une preuve bien évidente que ces vers ne doivent pas être corrigés dans leur multiplicité; il est impossible de supposer que le copiste se soit trompé si souvent; de plus, il serait remarquable qu'il n'eût jamais commis d'erreurs que dans des vers où le 2ᵉ hémistiche peut commencer par la dernière syllabe muette du mot terminant le premier. Les vers suivants qui, eux aussi, ne sont pas pareils aux autres vers du poëme, et qui en outre ne sauraient être coupés après la 4ᵉ syllabe, apportent une preuve nouvelle à l'appui de ce que nous avançons; ces vers, eux non plus, ne doivent pas être corrigés et se scandent ainsi :

b

xviij AIOL

Prestre, moigne, canoi-ne, clerc lissant v.	385
Por Dieu n'obliés mi-e vostre mere	533
Matines et compli-e canterés	831
Les resnes en sont rou-tes, mais boins fu	923
Borgois et damoise-les et mescines	1064
Vavassor de la te-re, gentiex hom	1370
Amis, engenré fu-mes tout d'un pere	1504
Al port et al droit av-ene m'amena	1604
Dameldé, » dist il, « pe-re droiturier	1914
Et dames et puche-les et garchon	2042
Quir nous bars et angil-les et saumons	2101
Sambler li poroit fe-me de valor	2108
Il orent cleres ar-mes et poignons	2360
Et crient lor ensei-nges a haut ton	2364
Ch'ert une pautonie-re mesdisant	2657
Né furent de Borgo-nge, la devant	2659
Mais ne set que respon-dre tant ne quant	2715
Vasal, vous n'estes mi-e trop sachant	2725
Cil borgois m'escarni-sent, bien le sai	3081
Quant il si par tans mai-ne tel barné	4381

Ces vers, réunis à ceux que nous avons déjà cités précédemment, prouvent amplement que nous avons affaire ici à une coupe différente de celle qui est employée dans le reste du poëme, coupe qui, nous l'avons dit, existe en italien et n'a pas lieu de nous surprendre en français.

Citons en terminant quelques rares vers où la coupe semble nécessaire après la 4ᵉ syllabe :

Ne felonie, traison porpenser v.	309
Vos chevaus est maigres et descarnés	1156
Mais il est si povres et desnués	1207
Car il n'estoit ivres ne estordis	2781
Dieus, » dist il, « pere qui tout as a baillier	2828
Teus m'escarnist ore dont me vengrai	3085
Fols fu et fel et malvais losengiers	3548

Ces vers peuvent pour la plupart être corrigés et ramenés à la forme ordinaire de coupe après la sixième syllabe ; en tout cas leur petit nombre ne saurait infirmer ce que nous venons de dire.

V

Origine et date du poëme.

Nous abordons maintenant la question difficile des sources et du développement de notre chanson. Nous l'avons remarqué déjà dans tout ce qui précède, l'*Aiol* est divisé en deux parties qui ne se ressemblent nullement : comme composition, l'une est vive, originale ; l'autre au contraire se traîne dans les hors-d'œuvre habituels à l'épopée du xiiie siècle ; comme langue, l'une est écrite en français, l'autre en picard ; comme versification, l'une est en assonances bien caractérisées ; l'autre, quoique assonancée, a déjà une tendance à la rime ; comme rhythme enfin, l'une est en décasyllabes, l'autre en dodécasyllabes. La différence est donc bien établie : d'où provient-elle ? Si nous examinons de près chacune des deux parties, nous verrons facilement que la seconde présente tous les caractères d'un remaniement ; la chanson primitive se trouve en analyse dans les vers que nous avons déjà cités (v. 396-428) ; le cadre que présente cette analyse est suivi fidèlement tant que durent les vers de 10 syllabes ; une fois au contraire que le poëte écrit en dodécasyllabes, il se perd en développements oiseux et oublie même de faire rois les deux fils d'Aiol, comme l'annonçait le vers 427 :

Encore seront roi li doi enfant.

Nous avons donc sous les yeux une chanson remaniée, au moins pour la partie qui est en vers de 12 syllabes, et la partie en vers de 10 syllabes représente l'œuvre première que le remanieur a épargnée ou peu changée.

Maintenant jusqu'où est allée l'imitation du poëme primitif en vers de 10 syllabes? En n'usant plus du rhythme, le remanieur a-t-il cessé d'imiter le poëme, ou bien, rejetant le rhythme seul, a-t-il continué son imitation en dodécasyllabes? L'étude de la chanson répond à cette question. Si nous observons en effet les passages précédant celui où le décasyllabe est abandonné définitivement (v. 5367), nous verrons que le poëte semble avoir hésité entre les deux rhythmes[1]. C'est ainsi qu'au vers 5337, il reprend le rhythme décasyllabique, pour le quitter bientôt (v. 5368); certains vers mêmes de 12 syllabes sont intercalés çà et là au milieu de décasyllabes (*cf.* v. 5339 et 5352). A partir du vers 5367, le remanieur est libre, il se livre tout entier à son inspiration, et l'on sent qu'il fait alors œuvre d'auteur : le poëme, jusque-là plein de détails personnels, de noms de lieux précis, de mots intéressants et familiers, devient terne, banal, impersonnel, et la géographie fantaisiste du trouvère se donne libre essor; enfin nous voyons apparaître des allusions à des faits contemporains tels que la prise de Constantinople qui dans l'*Aiol* est représentée par Pampelune. Ce mélange de rhythmes[2] et les

---

1. Nous rappelons ici que dans notre tableau des assonances (p. x-xij) nous n'avons mis en italique que les chiffres des laisses en vers de 12 syllabes.
2. Nous retrouvons ce mélange de rhythmes dans le poëme de l'*Entrée en Espagne*, qui contient même certaines laisses où les vers de 10 et de 12 syllabes sont confondus.

autres considérations que nous avons invoquées nous permettent donc de dire que l'auteur de la chanson, telle que nous la publions, avait sous les yeux un poëme primitif en vers de 10 syllabes, dont il a changé le commencement, voulant le faire rentrer dans le cadre des chansons de geste du temps, et employer les formules ordinaires (injures à l'adresse des autres jongleurs, appel à l'attention des auditeurs, etc.), dont il a conservé une partie, dont il a imité une autre, se réservant dans le cours et à la fin de l'œuvre la faculté de modifier et d'allonger ce qui lui conviendrait, et surtout d'ajouter ce qui pourrait plaire au public de l'époque.

Nous savons déjà que ce remanieur était picard, l'étude de la langue ne laisse aucun doute à cet égard ; nous croyons aussi qu'il n'est guère possible d'hésiter sur la nationalité de l'auteur du poëme décasyllabique. Cet auteur était évidemment natif du centre de la France ; la connaissance qu'il montre de l'Orléanais et du Berry, les détails dans lesquels il se complaît en parlant de Poitiers et d'Orléans, l'exactitude absolue de l'itinéraire de notre héros dans cette partie de la France, l'identification possible de toutes les localités, tout cela, joint au caractère du dialecte qui peut appartenir à ces pays, nous conduit à considérer l'auteur du poëme décasyllabique comme un habitant du centre de la France. Mais ce poëte n'a-t-il pas eu lui-même sous les yeux une chanson plus ancienne encore, qu'il aurait le premier imitée ? C'est ici que se pose la question de l'*Aiol provençal*.

Ce poëme provençal dont Fauriel a supposé l'existence, puisqu'il a rangé l'*Aiol* au nombre des chansons provençales perdues[1], nous semble inadmissible. Un des principaux arguments de Fauriel en faveur de sa thèse est l'allusion faite au héros du poëme dans un *Ensenhamen* de Guiraut de Cabrera, troubadour vivant à la fin du xiie siècle. Parlant de plusieurs chansons, le poëte nous dit :

>   Conte d'Arjus
>   Non sabes plus
> Ni del reprojer de Marcon.
>   Ni sabs d'*Aiolz*
>   Com anet solz,
>   Ni de Makari lo felon,
>   Ni d'Anfelis,
>   Ni d'Anseis,
> Ni de Guillelme lo baron...
>   (Bartsch, *Chrest. prov.*, éd. 1868, p. 82.)

Rien ne prouve ici que Guiraut fasse allusion à un poëme provençal, et sans aller aussi loin que M. L. Gautier (*Ép. fr.*, I, 106) et vouloir supposer une cantilène d'*Aiol* antérieure à la chanson, nous croyons que Guiraut de Cabrera citait la chanson *française* à côté d'autres aussi qui ne semblent pas avoir existé en provençal. Une nouvelle allusion à l'*Aiol* se rencontre du reste dans un autre troubadour; mais, non plus que la précédente, elle ne nous démontre l'existence d'une chanson provençale; ce passage, dont nous devons la communication à l'obligeance de M. P. Meyer, se trouve dans Raimbaut d'Orange, mort en 1173. Ce comte-poëte nous dit dans une chanson :

>   Soven pes c'aillor mi derga;
>   E pois Amors ten sa verga

---

1. *Hist. de la poésie prov.*, III, 454.

> Quem n'a ferit de greu pols,
> Can ditz que mals nom n'aerga,
> Qu'eu non sui escarnitz sols,
> Qu'escarnitz fon ja 'n *Aiolz*.
>
> (Mahn, *Gedichte...*, II, 219, dcxxiv, 4ᵉ couplet.)

Ici encore, dans l'allusion faite aux moqueries dont Aiol a été victime, nous reconnaissons notre chanson française, qui par cela même devait déjà exister avant 1173; assertion que ne contredit nullement le caractère de la langue du poëme décasyllabique.

Faut-il voir un argument en faveur de l'*Aiol provençal* dans le rhythme de ce poëme? Mais nous savons que la coupe après la 6ᵉ syllabe n'est pas exclusivement propre à *Girart de Roussillon*, et qu'elle peut par conséquent s'appliquer aussi bien au *français* qu'au provençal. Nous arrêterons-nous aux mots *donar* et *pecat* introduits dans le texte et à l'assonance? Remarquons que dans ces passages le poëte donne la parole à un Lombard et qu'il a la prétention de faire de la couleur locale; nous en trouvons la preuve dans le mot *pecat* qui, n'étant pas à l'assonance, aurait tout aussi bien pu être remplacé par *pechié*.

Un autre argument est tiré de l'origine même du héros. Aiol, nous dit-on, est fils d'Élie de Saint-Gille, en Provence; il doit donc avoir inspiré tout d'abord un poëte du même pays; quel intérêt, du reste, un trouvère du centre de la France pouvait-il avoir à prendre pour héros d'une chanson un personnage du midi? Nous reviendrons plus tard[1] sur le lieu de la naissance d'Aiol; occupons-nous en ce moment de sa filiation. Or, rien ne nous dit dans le

---

1. Voir notre chapitre suivant.

poëme que notre héros soit fils d'*Élie de Saint-Gille*,
nous voyons bien qu'il a pour père un *Élie* et pour mère
Avisse, mais aucun [1] vers, aucun mot, ne nous parle de
Saint-Gille. Ce n'est qu'à la fin du poëme d'*Élie de
Saint-Gille*[2] que le trouvère, qui a cru devoir rattacher
entre elles les deux chansons, invente une filiation qui ne
se retrouve pas dans la version islandaise de l'*Elissaga*
dont l'analyse a été donnée par M. Kœlbing[3], et qui
présente un caractère plus ancien, n'étant pas trop éloi-
gnée cependant de notre poëme, puisqu'on y parle déjà du
roi Arthur. En dehors de cette queue ajoutée au roman
d'*Élie de Saint-Gille* pour le rattacher à l'*Aiol*, les deux
chansons n'ont aucun lien commun, et le trouvère picard
qui a réuni ces deux poëmes a sans doute été guidé par
la ressemblance des noms d'*Élie*, père d'*Aiol*, et d'*Élie de
Saint-Gille*, héros de la chanson dont l'*Hist. littéraire* a
donné l'analyse (XXII, 423 ss.). Mais quel est donc cet Élie,
père d'Aiol? Un passage de Baudouin d'Avesnes[4] nous ré-
pond à cet égard. Nous lisons en effet dans ce chroniqueur,
mort en 1289 *(Panth. litt. Chr. de Flandres*, p. 646), ce
qui suit : « Avisse (*éd.* Anisse), la fille du roy Charles le
Calve fut donnée en mariage à Elye, comte du Mans,
lequel fut encachiet de France par trayteurs. Et de celuy
Elye et Avisse sa femme yssit Aioul leur fils, de quy on a
maintes fois chanté; et dient encore pluseurs pour le pre-

---

1. Nous trouvons à *l'extrême* fin d'*Aiol* la mention de *St-Gille*;
c'est ici encore un artifice du remanieur des deux chansons.
2. Ce poëme, le même que celui de *Julien de St-Gille* cité plus
haut comme faisant partie du ms. 25516, sera publié prochaine-
ment par la *Société des Anciens textes*.
3. *Beitræge zur vergleichenden Geschichte...* 1876, p. 131.
4. Nous devons cette indication à M. A. Longnon.

sent, quant il voient quelque personnage de povre et de
mechante et petite venue, ainsi comme par mocquerie :
Vela un bel Aioucquet! » Ce passage de Baudouin d'Avesnes, qui confond dans un même siècle Hélie, comte du
Maine, mort en 1110, et Charles le Chauve, et qui semble
avoir surtout été inspiré par la chanson, ne paraît pas
tout d'abord mériter grande confiance ; mais si nous remarquons qu'Hélie, dit de la Flèche, comte du Maine en
1090, porte le même nom qu'Élie père d'Aiol ; que le
Maine, sa patrie, est précisément un des pays du *centre*
où nous avons cherché à retrouver le berceau du poëme ;
que, comme Élie père d'Aiol, Hélie a été dépouillé de ses
biens (par Robert duc de Normandie, 1090-6), et a passé
tout le reste de sa vie jusqu'en 1110 à se défendre contre
Guillaume d'Angleterre et Robert de Bellême[1] ; que les
hautes qualités qu'Orderic Vital lui prête sont aussi attribuées à Élie père d'Aiol ; nous serons en droit de conclure
que les deux Hélie n'en font qu'un, et de supposer la formation d'une légende qui aurait eu pour héros le comte du
Maine ; ses malheurs, sa captivité en Angleterre, sa bonté,
sa bravoure, les nombreux combats qu'il soutint toujours
dans le même pays, suffisaient à le rendre populaire et
expliquent qu'il ait pu se créer sous son nom, ou plutôt
sous le nom d'un fils que le poëte lui suppose, un poëme
où, vus à distance, les événements perdent de leur précision historique, où Louis le Gros se transforme, suivant
les lois ordinaires de l'épopée carolingienne, en Louis le
Pieux, fils de Charles le Grand, et où enfin le personnage
historique principal, Hélie, fait place à un héros légendaire, Aiol, autour duquel gravite l'action.

1. Voy. l'*Art de vérifier les dates*, in-8°, XIII, 97-101.

Telle a dû être, pensons-nous, l'origine de la chanson d'*Aiol*. Depuis 1110, année de la mort d'Hélie, la légende a dû se former, se développer pendant près d'un demi-siècle, et alors, vers 1160, un trouvère aura réuni tous les éléments épars de cette petite épopée et aura créé l'*Aiol* tel que nous l'avons, ou plutôt tel qu'il était en décasyllabes, avant que le remanieur picard du xiiie siècle ne lui eût enlevé son caractère local et particulier, pour essayer d'en faire une chanson de geste comme toutes les autres, cousue tant bien que mal à un autre poëme, l'*Élie de Saint-Gille*, qui n'a aucun rapport avec l'*Aiol*. C'est ici le cas d'ajouter que le personnage d'Avisse n'existe pas dans l'*Elissaga*, dans laquelle Élie épouse Rosemonde; le trouvère pour relier ses deux poëmes n'a trouvé rien de mieux que d'ajouter à la fin de son *Élie* un empêchement au mariage de son héros et de Rosemonde, et d'introduire alors le personnage d'Avisse qui sert de trait d'union entre les deux chansons[1].

Ce que nous avons dit plus haut nous permet de fixer comme date extrême à notre poëme le milieu du xiiie siècle, et la langue que nous y remarquons présente tous les caractères de cette époque; à quel moment faut-il fixer la date du remaniement? Sans aucune raison apparente, sans même chercher une transition, au milieu de son récit, le poëte se livre brusquement à la boutade suivante (v. 1698 ss.) :

> Baron, a icel tant dont vous m'oés conter
> N'estoient mie gens el siecle tel plenté :
> Li castel ne les viles n'erent pas si puplé
> Com il sont orendroit; ja mar le mesquerés...

---

1. *Cf.* Kœlbing, *loc. cit.*, p. 131.

> Nus hom ne prendoit feme, s'avoit .xxx. ans passé
> Et la pucele encontre aussi de bel aé...
> Mais puis est avarisse et luxure montés,
> Mavaistiés et ordure, et faillie est bontés...
> On fait mais .ii. enfans de .xii. ans asanbler :
> Prendés garde qués oirs il peuent engenrer!...

M. P. Paris (*Hist. litt.*, XXII, 287) voit dans ces derniers vers une allusion au mariage de Louis, fils de Philippe-Auguste, avec Blanche de Castille, tous deux âgés de treize ans à peine. Ce passage, qui ne se lie en rien au récit et après lequel le poëte reprend le fil de sa narration,

> Aiols li fiex Elie fu durement penés,

aurait donc été inspiré par des événements tout récents et dont l'esprit public était encore ému. Or, c'est en 1200 (23 mai) que ce mariage eut lieu ; ce serait donc peu après cette époque qu'il faudrait placer la date de notre remaniement.

Quelque vraisemblable qu'elle soit, cette première preuve n'est pas concluante, car ces plaintes contre les mœurs du siècle, cette critique des mariages trop jeunes peuvent avoir été provoquées par d'autres événements ; mais en voici une qui nous semble plus solide. Dans la dernière partie du poëme, c'est-à-dire celle qui se passe depuis le mariage d'Aiol avec Mirabel jusqu'à la fin, on voit Aiol à la cour de Grasien, roi de Venise, l'aider à reconquérir Salonique contre le roi Florient. L'allusion est évidente : derrière le roi Grasien on devine le doge de Venise, Henri Dandolo, qui sut si bien faire servir par l'armée croisée les intérêts de la *Sérénissime République* lors du siége de Zara ; derrière le personnage du roi Florient, il nous est facile aussi de reconnaître Joannice, ce roi des Bulgares qui lutta si longtemps contre les croisés. Nous voilà donc, par cette constatation, légèrement avancés dans le xiiie siècle. Une dernière observation nous fera placer après 1204 la date cherchée. C'est que pour nous il y a dans la prise de Pampelune par les Français et les Vénitiens réunis, récit qui termine la chanson, une allusion manifeste à la prise de Constantinople (12 avril 1204). Laissons, pour n'être pas trop affirmatifs, une période de dix ans s'écouler, et la date de notre remaniement en vers de 12 syllabes viendra se placer entre 1205 et 1215.

VI

Cycle auquel appartient le poëme.

Le poëte du xiiie siècle nous dit, en parlant d'Aiol aux v. 69-73,

> Puis fu il chevaliers coragous et ardis,
> Et si rendi son père tout quite son pais,
> Et Dameldieu de gloire de si boin ceur servi,
> Quant vint après sa mort que en fiertre fu mis,
> Encor gist a Provin, si con dist li escris,

et plus bas au v. 6041,

> Tant fist Aiols en tere que il est sains el ciel.

Le trouvère a évidemment l'intention de ne faire qu'un seul et même personnage de notre héros et de S. Aioul, que l'Église catholique honore le 3 septembre. Mais il est facile de voir qu'il n'y a là qu'une invention de remanieur, car d'un côté ces deux allusions au saint ne se trouvent que dans le poëme dodécasyllabique, et de l'autre aucun détail de la chanson ne peut servir à identifier les deux personnages.

Rien en effet de commun entre *Aiol* et *S. Aioul*, comme le montrera une courte analyse de la vie de ce saint qui nous a été laissée par deux ouvrages principaux portant les titres suivants (AA. SS. Sept., I, 728 ss.) :

1º Vita, auctore incerto, ex ms. bibliothecæ Constantini Cajetani *(loc. cit., 743 ss.)* ;

2º Vita altera, auctore Adrevaldo[1] monacho Floriacensi, ex ms. Rubeæ Vallis[2] *(loc. cit., 747 ss.).*

D'après ces deux ouvrages, qui la plupart du temps concordent entre eux, S. Aioul est né à Blois[3] vers 630, sous le règne de Dagobert. Entré de bonne heure à l'abbaye de Fleuri, il fut chargé par l'abbé Mummolus d'aller au Mont Cassin chercher les reliques de S. Benoît[4]. Après

---

1. Adrévald, moine de Fleuri, composa plusieurs ouvrages restés célèbres au moyen-âge. Il vécut de 820 à 878 ; telles sont du moins les dates extrêmes de sa vie qui sont fixées par l'auteur de la notice de l'*Histoire littéraire*, V, 515-7.

2. Il est bien probable que pour composer son histoire, Adrevald s'est servi de la première vie ; c'est du moins ce qui paraît résulter et de la forme même des deux vies, et surtout de ces mots « *cujus etiam passio apud nos habetur* », qui dans la bouche d'Adrevald sont une allusion à un ouvrage antérieur qui n'est autre que cette vie de S. Aioul sans auteur connu.

3. Nous savons que l'action du poëme primitif se passe dans le centre de la France ; d'autre part S. Aioul est né à Blois : c'est sans doute ce rapprochement qui a conduit le remanieur à identifier Aiol et S. Aioul. M. H. Suchier tout dernièrement (*Jenaer Literaturzeitung*, 1877, 44) semble admettre comme vraie cette identification.

4. Cette translation du corps de S. Benoît a été fort contestée et a donné lieu à des controverses souvent intéressées, surtout entre Français et Italiens. Est-ce le corps tout entier ou seulement une partie qu'on a enlevé ? L'âge de S. Aioul permet-il de supposer qu'on ait pu le charger d'une mission aussi grave ? Par suite, est-ce bien à lui qu'il faut attribuer cette translation, si tant est qu'elle ait eu lieu ? Telles sont les questions qui se sont élevées à ce pro-

l'accomplissement de cette mission, il devint abbé de Lérins vers 670; mais bientôt victime d'une sédition de moines, il eut après mille aventures les yeux percés et la langue coupée, et subit le martyre probablement entre 675 et 681. Les deux vies nous apprennent aussi que le corps de S. Aioul fut transporté d'abord à Lérins, puis à Provins en Champagne, à la demande des moines de cette ville. Aujourd'hui encore il existe à Provins une église placée sous l'invocation de S. Aioul, abbé de Lérins; le chef et quelques autres parties du corps du martyr y sont conservés.[1]

Tel est le personnage que le trouvère voudrait identifier avec Aiol, le héros de notre poëme; mais où que l'on cherche, soit dans l'ensemble, soit dans les détails, on ne trouve aucun rapport, quelque léger qu'il puisse être, entre le moine Aioul, fils de parents de pauvre condition, et le jeune chevalier Aiol, fils du comte Élie. Nulle analogie entre ces deux vies dont l'une se passe dans l'accom-

---

pos. Elles ne sont pour nous que d'un médiocre intérêt. L'exposé en est donné dans les *Acta* (Sept., I, 733-6).

1. Deux autres ouvrages dans les *Acta* traitent des reliques de S. Aioul et des miracles qu'elles ont opérés, ce sont : 1° *Inventio reliquiarum S. Aigulphi, auctore anonymo, ex antiquis membranis Herovalii ;* 2° *Miracula, auctore anonymo, ex codice ms. D. Herovalii*. Ajoutons qu'on trouve aussi des renseignements sur S. Aioul dans le *Martyrologe parisien* et dans le *Martyrologe romain* qui s'exprime ainsi : « Eodem die, natalis sanctorum martyrum Aigulphi, abbatis Lerinensis, et sociorum Monachorum qui, præcisis linguis oculisque effossis, gladio obtruncati sunt. » Le *Martyrologe parisien* nous dit : « ..... in Amatuna insula prope Sardiniam S. Aigulphi, abbatis Lerinensis, qui ob zelum disciplinæ regularis e monasterio ereptus, præcisa lingua et effossis oculis trucidatus est, cujus reliquiæ Provini in Bria in S. Medardi ecclesia, cui et nomen dedit, asservantur. » (Voy. AA. SS. Sept., I, 743 E.)

plissement des devoirs religieux et le paisible recueillement d'un cloître, l'autre au milieu de luttes continuelles et de voyages incessants ; l'une qui représente la vie d'un saint moine au moyen-âge, l'autre celle d'un preux et vaillant chevalier.

= On admettra donc facilement avec nous qu'il faut distinguer tout à fait *Aiol* de *S. Aioul*, et qu'un caprice seul du remanieur a introduit dans le poëme ces deux allusions uniques au moine de Fleuri. Nous ne saurions donc nous ranger à l'opinion de M. P. Paris qui, dans sa notice de l'*Histoire littéraire*, prétend que « li escris, » dont parle le poëte au vers 73, est la légende composée par Adrevald au ixe siècle, que le trouvère aurait connue et imitée : nous connaissons ce procédé si commun aux poëtes du xiiie siècle, qui pour donner plus d'autorité à leurs récits ne manquent jamais d'invoquer le témoignage d'une chronique imaginaire[1]; et nous ne verrons ici qu'un artifice littéraire que l'auteur n'a même pas eu la prétention de déguiser.

C'est du reste un procédé du même genre qui a poussé le remanieur à rattacher au poëme d'*Aiol* celui d'*Élie de Saint-Gille* dont il est tout à fait indépendant, comme nous l'avons vu plus haut; il lui a suffi pour cela de modifier le dénouement du poëme d'*Élie*, d'introduire à la fin le personnage d'Avisse qui n'avait pas paru jusque là, et de terminer par ces quelques vers qui soudent les deux chansons l'une à l'autre :

---

1. Le remanieur reproduit cette formule au v. 68, en parlant de l'origine du nom d'Aiol :
  L'apela il Aioul : ce trovons en escrit.
Il ne peut être ici question d'une vie de saint, puisque les *Acta* ne font aucune mention de ce fait à propos de S. Aioul.

D'Elie vint Ayous si con avant orés.
Ichi faut li romans de Julien le ber
Et d'Elye son fil qui tant pot endurer.
Cil engenra Aioul qui tant fist a loer,
Si con vous m'orés dire, sel volés escouter[1].

Ceci fait, les deux poëmes formaient dès lors à eux seuls un petit cycle, et c'est ainsi qu'ils ont été classés par M. Fauriel[2]. Mais ce n'était pas assez : nous savons qu'au commencement du XIIIe siècle, à cette époque de notre poésie que M. d'Héricault a appelée l'époque *cyclique*, l'on s'efforçait de faire rentrer dans les trois grandes gestes (du *Roi*, de *Doon de Mayence* et de *Garin de Monglane*) établies dès les premières années du XIIIe siècle par la *Chronique saintongeaise*[3], toutes les petites gestes éparses : tel fut le sort de notre chanson.

A laquelle des trois grandes gestes l'a-t-on rattachée?

Son sujet, qui rapporte les exploits d'un héros isolé contre les Sarrasins, sujet qui au fond est le même dans la chanson d'*Élie de Saint-Gille*, l'excluait des gestes du *Roi* et de *Doon de Mayence*, et semblait la faire rentrer dans celle de *Garin de Monglane*. C'est en effet ce qui eut lieu, et Alberic de Trois-Fontaines, en nous donnant une généalogie complète de la famille de *Garin de Monglane*, y fait entrer Élie et Aiol, son fils[4].

---

1. Paris, Bibl. nat., Mss. fr. 25516, fol. 95 v°.
2. *Origines de l'épopée chevaleresque* (*Revue des Deux-Mondes*, VII, 571).
3. Voy. G. Paris, *Hist. poét. de Charl.*, 76.
4. Voici le texte d'Alberic de Trois-Fontaines : « Garinus de Montglane versus Tolosam quatuor habuit filios, exercitio militari nominatissimos : Arnaldum de Bellanda, que fuit in Lombardia, Gerardum de Viena, Renerum Gebennensem et Milonem de Apulia. Gerardus de Viena filios habuit Savericum et Bovonem,

Aussi en présence d'une pareille généalogie, forcée à ce point pour les besoins de la cause par les trouvères, est-on bien tenté de conclure avec M. L. Gautier, parlant des héros de nos chansons de geste, que « quand il n'y eut pas de bonnes raisons, on ne manqua jamais de prétextes pour les mettre de force dans telle ou telle famille » (*Ép. fr.*, I, 260).

VII

Célébrité du poëme, sa diffusion à l'étranger.

Les citations que nous avons faites plus haut de Guiraut de Cabrera (p. xxij), de Raimbaut d'Orange (p. xxij-xxiij) et de Baudouin d'Avesnes (p. xxiv-xxv), prouvent assez combien au moyen-âge et peu de temps même après

---

quorum fuit vel frater vel nepos ille Gerardus qui inscribitur de Novo Vico. De Renero Oliverus et Alda nati sunt ; de Milone Symon de Apulia et quedam soror illius. Nemericus vero Arnaldi filius 7 filios habuit : Bernardum patrem Bertranni, Bovonem de Commarceio, cujus fuerunt tres filii : Guido, Guielinus et Gerardus, Guillelmum Arausicensem, Arnaldum Aureliacensem et Garinum de Anseona, Aimerum captivum, patrem Rogonis Venetiani, et Guibelinum. Horum fuerunt sorores uxor imperatoris Ludovici Ermengardis, mater Viviani martiris, qui sororem habuit matrem Fulconis, mater Richardi Normanni, mater *Helie de Provincia*. Uxor vero Guillelmi domna Giuburgis fratres habuit, quorum fuit unus Renuardus vir nominatissimus. De horum omnium cognatione dicitur fuisse archiepiscopus Remensis Turpinus, filius scilicet Gerardi de Frado. De una sorore Guillelmi Julianus de Provincia genuit *Heliam* et sororem ejus Olivam. Qui *Helias* multa contra Sarracenos gessit tempore Machabrei et de sorore Ludovici genuit *Adulphum Aiol*, de quo canitur a multis.
(Pertz, *Monum. German.*, XXIII, 716.)

M. G. Paris (*Hist. poét.*, 469) a dressé avec une clarté et une précision parfaites un tableau généalogique de cette nombreuse geste de Monglane.

son apparition, l'*Aiol* était célèbre : Alberic de Trois-Fontaines nous le dit en propres termes : *Aiol, de quo canitur a multis* (*cf.* p. xxxiij, en note) ; c'est là un témoignage précieux, car Alberic était bien au courant des chansons de geste qui formaient la matière même de son travail.

Si nous joignons à ces témoignages celui de Rutebeuf dans sa *Complainte de Constantinoble* (1261),

> Isle de Cret, Corse et Sezile,
> Chypre, douce terre et douce isle
> Ou tuit avoient recouvrance,
> Quant vous serez en autrui pile
> Li rois tendra de ça concile
> Comment *Aiouls* s'en vint en France [1],

celui d'Uc Faidit, qui dans sa *Grammaire provençale* (2º éd. Guessard, p. 54) donne la glosse suivante en *ols estreit*,

> Aiols, *proprium nomen viri*,

et celui d'un *Jeu parti* d'Adam de la Halle [2],

> Adan, par mi grans tribous,
> Conquist tout en mendiant
> Et honneur et pris *Aious*,
> Ce set bien cascuns............,

nous aurons cité tous les textes connus jusqu'ici servant à prouver la célébrité du poëme en France au moyen-âge.

Mais cette célébrité s'est étendue au dehors, et notre chanson a eu le sort réservé à presque tous les poëmes français : elle a été imitée à l'étranger. De ces imitations

---

1. *Œuvres de Rutebeuf*, publ. par Ach. Jubinal, éd. 1874, I, 119.
2. Ce *Jeu parti* qui se trouve dans le ms. fr. 1109 (fol. 121 vº) de la Bibl. nat. de Paris n'a pas été compris, non plus qu'une autre pièce du même genre, dans les *Œuvres complètes d'Adam de la Halle*, publiées par Coussemaker ; voy. *Romania*, VI, 590-3.

qui, sans aucun doute, ont dû être plus nombreuses, trois seulement sont parvenues jusqu'à nous. Examinons-les successivement.

1º *Pays-Bas*. — M. J.-H. Bormans, le savant belge, auteur de plusieurs publications et entre autres d'un ouvrage intitulé *La chanson de Roncevaux, fragments d'anciennes rédactions thioises,* auquel M. Gaston Paris a consacré un excellent article (*Bibl. de l'Éc. des Ch.*, XXVI, 384 ss.), a fait paraître dans les *Bulletins de l'Académie royale de Belgique* (2ᵉ série, XV, 177-275) une étude qui porte le titre suivant : *Fragments d'une ancienne version thioise de la chanson de geste d'Aiol* [1].

Tout d'abord nous ferons sur le mot *tiois* une observation déjà faite par M. G. Paris (*l. c.*, 385, en note) ; c'est que cette expression de *tiois* est prise par M. Bormans dans un sens trop restreint, car les poëtes du moyen-âge désignent sous ce nom tous les peuples allemands. Il est vrai que M. Bormans semble, dans le cours de sa publication, modifier son opinion, car il dit (p. 29) qu'il donnerait volontiers à la langue du fragment le nom de dialecte *avalois*. *Avalois* ou *néerlandais*, c'est pour nous la même chose, et ce terme marque bien la différence du langage des Pays-Bas avec l'allemand, différence que les savants belges et hollandais n'ont pas toujours suffisamment fait sentir (*cf.* G. Paris, *Hist. poét.*, 135 ss.).

Les fragments publiés par M. Bormans sont au nombre de deux. Le premier, *A*, est formé de deux morceaux de

---

[1]. Cette étude a été publiée à part (Bruxelles, *s. d.*); nous renvoyons à ce tirage qui a l'avantage de donner un errata et quelques notes supplémentaires.

parchemin servant de reliure à un registre; l'autre, *B*, qui n'a été connu de M. Bormans que postérieurement[1] au fragment *A*, se compose de deux parties *a* et *b*, séparées par une lacune que le savant belge évalue à 290 vers[2]. La correspondance de ces fragments avec l'*Aiol* français n'a été établie par M. Bormans que pour *A*; nous avons pu l'établir pour *B*. Voici maintenant quels sont ces fragments :

Frag. *A*. Ce fragment, que nous donnons en note[3],

---

1. Ce fragment a été découvert à Munster et publié par le docteur Ferd. Deycks, réuni à des fragments d'anciennes poésies bas-allemandes, sous le titre de *Carminum epicorum germanicorum nederlandicorum sæculi* XIII *et* XIIII...., *fragmenta,* Munster, 1859, in-4°.

2. Cette évaluation est fort vraisemblable, car le passage du poëme français correspondant à cette lacune comprend 182 vers, et le texte néerlandais a généralement un nombre de vers double de celui du poëme français.

3. Nous ferons remarquer que dans ce texte, que nous empruntons à la brochure de M. Bormans, les lettres italiques ont été ajoutées par l'éditeur ; de plus, les *u* surmontés de *o* (= fl. *oe*, all. *u*, fr. *ou*) n'ont pu être notés que par *u*.

. . . . . ichte sal verclagen.   (r°)
Bet sporen slugen *du algader*
Die viere cnapen end die vader.
Si quamen nieder *in* dat dal,
Die vader ind die kinder *al*,
Under die *m*orderene geslagen,
Wat si die ors mochten gedragen.
Gelijc hi stac dien sinen doet.
Noch sage*n*s A*i*ol in dier noet.
Geraimes riet an em tehant,
Die *s*ine hande du unbant.
Du wart Aiol, du hijt gesach,
Noch blider dan men secge*n* *mach*.
Die anderen si du geviengen
Bet haesten, *dat si nien ontgiengen.*
*Te ga*der bundens em die hande :
Dat vas *un* *la*ster ende scande.

comprend 55 vers et correspond aux v. 6955-7054 du texte français, en tout 100 vers. Il y est traité du combat d'Aiol avec des voleurs et du secours que lui portent

Dar bi dar stut ein casteel al*de*
Besiden, buten an dien walde.
Dat hus dat *w*as verwustet sere.
Da was ein ridder wilen here,
Ein edel man, dien oec die tzagen
Dar ha*dd*en wilen doet geslagen.
Van deme hus si ave *n*amen
Die sparen die un bequamen.
Einen bon*tac si du* bunden
Enboven, so si beste cunden.
Aiol. . . . .
Dat si die oude mordenere (v°)
Bestaen ne sulen ni*e*wet mere.
Die burchgreve tehant begunde
Te spreken, *a*ls hi wale cunde :
« Vernemet, edele iunchere,
Ic b*in* dur u gemudet sere.
Ic sal u vragen eine tale,
*D*ie secget mi, so dudi wale ;
Dat u Got mute benedien,
Waer af bekennedi Helyen?
Nu secget uppe *u eer de* daet,
Of gi dien hertoch iet bestaet ?
Dar *vraech ic u die w*aer*h*eit af. »
Aiol em antwor*de du* gaf :
« Des suldi, here, mi verdragen.
Ine *sal nieman* dar af gesagen,
Wat mi dat scadet ochte vru*m*e,
Er ic tUrliens wieder cume,
Dar ic dien conin*g*e vercunde
Die bodescap bet minen munde.
So w*il* ic u vorwaer geloven
In Got die wunet hijr enboven,
Minnedi dien hertoge iet,
Sone mugedi*mi* haten niet. »
Geraimes sprac : « So mit dat leven !
Ine sal u nimmer meer begeven,
Eer wi tU*r*liens *sijn gecomen.* »

Geraume et ses fils. Le rapprochement vers par vers a été fait par M. Bormans (p. 54).

Frag. B, divisé en deux parties [1] :

a — comprend 145 vers néerlandais et correspond aux v. 8994-9087 du texte français, soit 94 vers. Il y est traité : 1° de la bataille entre Gwineot (Guinehot), messager de Makaire (Makaris), et le Lombard Hellewijn (Hervieu), messager du roi de France (v. 1-31) ; 2° de la bataille entre les Français et les Bourguignons sous les murs de Lausanne et de la blessure qu'Élie fait à Makaire (v. 32-107); 3° de la captivité d'Aiol et de Mirabel dans la prison de Lausanne, où naissent les deux fils d'Aiol (v. 108-145).

b — comprend 73 vers néerlandais et correspond aux v. 9174-9231 du texte français, soit 58 vers. Il y est traité : 1° de l'intercession de plusieurs dames auprès de Makaire en faveur de Mirabel (v. 146-170) ; 2° du rapt des enfants d'Aiol par Makaire, qui les jette dans le Rhône (v. 171-180) ; 3° du sauvetage de ces enfants par Tieri qui les emporte chez lui et les montre à sa femme (v. 181-218).

A ce dernier fragment, M. Bormans ajoute quelques bouts de phrases coupées, quelques mots déchiffrés sur des lambeaux de parchemin qui ne permettent pas de reconstituer un sens [2] ; parmi ces bribes de phrases, nous en remarquons deux où il est question du roi Grasien et

---

1. Ce fragment est donné par M. Bormans, p. 93 ss.
2. Nous sommes informés que M. Bormans a depuis peu découvert de nouveaux fragments d'Aiol, ayant rapport cette fois à la première partie du poëme, au passage d'Aiol à Orléans, au milieu des quolibets de la populace. Ces fragments, au nombre de 30 environ, n'ont pas encore été publiés.

de Salonique, ce qui nous reporte à la dernière partie de
notre chanson.

De la lecture de ces fragments, de leur comparaison
avec le texte français, il résulte clairement que l'auteur
néerlandais a imité le texte français qu'il avait sous les
yeux, et cette imitation a été évidemment faite sur un
ms. français très-proche parent de celui que nous avons
encore, puisque nous trouvons dans le néerlandais les
lacunes évidentes du poëme français corrigées tant bien
que mal (*cf.* le travail de M. Bormans, p. 16 ss.); c'est
ainsi qu'après le v. 6993, le scribe ayant passé quelques
vers relatifs à Marchegai, le remanieur néerlandais change
le sens du passage pour le rendre intelligible.

Ce fait suffit pour constater la source de l'imitation, et
c'est le seul point qui soit intéressant pour nous [1]. M. Bormans croit devoir placer la date de ce poëme néerlandais
dans le premier quart du xiiie siècle (p. 13). Bien que l'écriture du fac-simile donné par lui nous semble un peu moins
ancienne, nous nous rangeons facilement à cette opinion qui
s'accorde parfaitement avec la date que nous avons assignée au remaniement en vers dodécasyllabiques (entre
1205 et 1215). Quant à la valeur littéraire de cette imitation, il nous est assez difficile d'en juger en pleine connaissance de cause; nous ne pouvons que citer l'opinion
de M. Bormans (p. 8), qui la considère comme « fort au-dessus du médiocre ».

---

1. Quant à la question de savoir dans quel intérêt le compilateur néerlandais a fait son poëme, s'il lui a été commandé par quelque noble du pays de Loz, de Bergh, de Juliers ou de Cléves, afin d'augmenter sa gloire généalogique, elle a peu d'importance pour nous.

2° *Italie.* — Après les Pays-Bas, c'est l'Italie qui nous fournit une seconde imitation de l'*Aiol* français :

Un érudit italien, M. Leone del Prete, a publié à Bologne, en 1863-4, un ouvrage dont voici le titre : *Storia di Ajolfo del Barbicone, e di altri valorosi cavalieri compilata da Andrea di Jacopo di Barberino di Valdelsa*[1]. Cet *Ajolfo* n'est autre qu'*Aiol* : même nom, mêmes aventures. L'imitation du poëme français est un fait certain, mais elle n'est réellement directe que pour le commencement. Voici en quelques mots le sujet de la compilation italienne :

Élie (*Élia, duca d'Orlino*) tombé en disgrâce auprès de Louis le Pieux, par suite des intrigues de Makaire de Lausanne de Mayence[2], son ennemi mortel, est forcé de se réfugier avec sa femme *Elizia*, fille de Charlemagne et sœur du roi de France, dans la forêt de Saint-Gille (*San Gilio*), située sur la frontière de l'Aragon, de l'Espagne et de la Provence. Là Elizia donne le jour à un fils qui porte le nom d'Ajolfo et à qui une circonstance particulière fait donner le surnom de *del Barbicone*[3]. Devenu grand,

---

1. 2 vol. faisant partie de la *Collezione di opere inedite o rare dei primi tre secoli della lingua pubblicata per cura della R. commissione pe' testi di lingua nelle provincie dell' Emilia.* — Le titre donné par les anciens mss. était celui d'*Elia duca d'Orlino e di Ajolfo del Barbicone*, et à la suite venaient les noms de tous les personnages principaux du roman. M. del Prete l'a remplacé par celui que nous donnons.

2. L'italien a ajouté le nom de Mayence à celui de Lausanne pour rattacher Makaire à la grande famille des traîtres italiens (*cf.* G. Paris, *Romania* II, 362).

3. « E perchè Ajolfo non fosse conosciuto, gli avea fatto di pelli di montone una sopravesta all' armi : le quali pelli avieno lunga la lana più d'una spanna : e parea una fiera salvatica. E questo vestimento non avea maniche ; e perchè e'velli erano lunghi, che

Ajolfo part pour reconquérir les fiefs de son père; après de nombreuses aventures, il arrive à Paris où, grâce à ses hauts faits d'armes, il entre en faveur auprès du roi et fait rendre à son père les fiefs dont il avait été dépossédé et les charges qu'on lui avait enlevées. Ajolfo épouse alors *Lionida* (Mirabel), fille du roi *Adrien* (Mibrien), qu'il a ramenée avec lui d'Espagne. Mais dans une partie de chasse, qui a lieu auprès d'Orléans, Ajolfo et Lionida sont enlevés par Makaire et jetés en prison à Lausanne. Là, Lionida donne le jour à deux jumeaux, *Mirabello* (c'est ici un nom d'homme) et *Verrucchieri*, qu'on retrouve dans d'autres romans encore. Ces enfants, jetés par le traître Makaire dans le lac, sont sauvés par un pêcheur et vendus par lui, l'un, Mirabello, dans une ville appelée *Lunara*, l'autre en Pologne. Ajolfo, après une longue captivité à Lausanne qu'Élie et le roi de France assiégent, s'en échappe avec sa femme, conduits tous deux par Makaire. Ramené par ce dernier à la cour du roi Adrien, père de Lionida, Ajolfo s'enfuit de nouveau, laissant Lionida, et est vendu comme esclave à Trébizonde.

Cette partie du roman italien est, on le voit, imitée du français; mais à partir de ce moment, l'histoire d'Ajolfo se complique d'une façon fastidieuse : un certain *Bosolino di Gualfedra*, les deux fils d'Ajolfo, les quatre fils de ces deux enfants d'Ajolfo, puis les deux fils de Bosolino, enfin Élie lui-même, se livrent à des combats extraordinaires où l'élément amoureux et galant vient souvent se mêler.

pareano barbe di becchi, fue chiamato questo vestimento *el barbicone* ; e però fue sempre chiamato *Ajolfo del Barbicone* » (*Storia di Ajolfo del Barbicone*, I, 6).

Ajolfo, qui finalement se fait ermite, n'y paraît qu'au second plan; cette seconde partie est donc complètement dénuée d'intérêt pour nous[1]. Quant à la première, dont nous avons donné ci-dessus un rapide résumé, nous croyons bon d'y revenir quelque peu et de préciser combien grande a été l'imitation italienne jusque dans le détail. Pour s'en convaincre, il suffit de jeter les yeux sur la liste suivante que nous avons dressée des épisodes de la chanson française imités par l'italien : la concordance est parfaite :

Aiol se sépare de ses parents (*fr.* v. 535 — *it.* I, 6).

Aiol bat et tue des chevaliers sarrasins (*fr.* v. 604 — *it.* I, 8).

Arrivée d'Aiol à l'abbaye et attaque de nuit des voleurs (*fr.* v. 774 — *it.* I, 10).

Bataille à Orléans (*Paris* dans l'it.) (*fr.* v. 3143 — *it.* I, 20).

Bataille entre Aiol et le comte de Bourges (*Guido di Bagotte*) (*fr.* v. 3231 — *it.* I, 37).

Course entre Aiol et Makaire (*fr.* v. 4264 — *it.* I, 44).

Baptême de Mirabel (*Lionida*) à Orléans (*Paris*) (*fr.* v. 8136 — *it.* I, 139).

Makaire s'empare d'Aiol et de Mirabel (*Lionida*) sous les murs de Langres (*dans une partie de chasse*) (*fr.* v. 8340 — *it.* I, 169).

Bataille devant Lausanne dans laquelle les partisans de Makaire sont rompus (*fr.* v. 8748 — *it.* I, 177).

---

1. M. del Prete considère (*Préf.*, x), et c'est aussi notre avis, cette dernière partie de la chanson italienne (celle du moins qui regarde les petits-fils d'Aiol et les fils de Bosolino) comme une addition postérieure.

Tentative d'assassinat de Makaire sur Aiol dans la prison de Lausanne (*fr.* v. 8710 — *it.* I, 180).

Échange de messagers entre Louis et Makaire (*fr.* v. 8766 — *it.* I, 184).

Rapt des enfants d'Aiol par Makaire qui les jette dans le Rhône (*dans le lac*) (*fr.* v. 9186 — *it.* I, 192).

Fuite de Makaire avec Aiol et Mirabel à travers l'armée de Louis (*fr.* v. 9467 — *it.* I, 212).

Makaire conduit Aiol et Mirabel (*Lionida*) chez le roi Mibrien (*Adrien*) (*fr.* v. 9556 — *it.* I, 213).

Aiol s'enfuit de Pampelune et est conduit par des corsaires à Tornebrie (*Trébizonde*) (*fr.* v. 9807 — *it.* I, 217).

Prise de Lausanne (*fr.* v. 9525 — *it.* I, 218).

L'italien, on le voit, suit de très-près le poëme français, et ici, comme dans toutes les imitations italiennes [1], les noms français ont été italianisés, parfois même entièrement changés : *Marchegai* devient *Marzagaglia*; *Lusiane* est remplacée par *Luziana*; *Ysabel* par *Lisabetta*; le roi *Mibrien* par le roi *Adrien*; le *comte de Bourges* par *Guido di Bagotte*; *Mirabel* par *Lionida*; et ainsi des autres. Il en est de même pour les noms de lieux qui sont généralement changés : *Parigi* remplace *Poitiers* et *Orléans*; *Orlino* est substitué à *Langres*, *Roma* à *Pampelune*. Quant à Ajolfo, le poëte le gratifie d'une généalogie remontant jusqu'aux Scipions de Rome : il est fils d'*Elia* qui par son père *Guido, conte di Campagna,* se rattache à la noble famille romaine.

---

1. Cette remarque a été faite par M. G. Paris (*Hist. poét. de Charl.*, 167) à propos de la chanson de *Berte*.

Ce roman italien d'*Ajolfo del Barbicone* est en prose et doit être daté de la fin du xive siècle. L'auteur en est connu : il s'appelle *Andrea*, comme nous l'apprenait déjà le titre de l'ouvrage ; il est né à *Barberino di Valdelsa*, village du comté de Florence ; son père s'appelait *Jacopo* : de là la longue énumération de ses noms et surnoms : *Andrea di Jacopo da Barberino di Valdelsa*. Il vécut à la fin du xive siècle et au commencement du xve et exerçait la profession de maître de chant. C'était un grand travailleur : on peut citer au nombre de ses ouvrages les *Narbonnais*, l'*Aspromonte*, *Hugue d'Auvergne*, *Guerino il Meschino*, les six livres des *Reali di Francia* et d'autres encore [1].

Les mss. dont s'est servi l'éditeur de la chanson italienne sont au nombre de huit appartenant à trois bibliothèques différentes, la *Laurenziana*, la *Magliabechiana*, la *Riccardiana* (voy. *Préf.*, xxvii).

M. del Prete a fait précéder sa publication d'une Préface dont nous demandons à dire quelques mots. Il y a examiné les rapports existants entre la compilation italienne et la chanson française. Le roman a-t-il été *tratto* (tiré) ou *detratto* (réduit), ou *ritratto* (extrait), ou *copiato* (copié) de l'*Aiol* français ? M. del Prete émet sur cette question l'opinion qu'Andrea a dû avoir sous les yeux une chanson française qu'il a non pas copiée, mais imitée. Il cite à l'appui de son opinion trois passages [2] de notre chan-

---

1. L'attribution des six livres des *Reali* à Andrea est une découverte faite par M. Pio Rajna dans son beau livre des *Ricerche intorno ai Reali di Francia* (Bologne, 1872).

2. A propos d'un de ces passages, celui où Lusiane fait à Aiol un aveu trop franc de son amour, M. del Prete dit : « Or questo

son, qu'il ne connaît que d'après Fauriel. L'imitation est facile à constater pour la première partie de la compilation italienne, mais nous ajouterons que, selon nous, elle n'a pas dû être imitée directement de l'*Aiol* en vers français, mais bien d'une version en prose française du xive siècle que nous ne connaissons pas, mais qui a dû exister et dont nous retrouvons des traces dans les quelques paroles françaises insérées dans le texte italien que l'auteur met dans la bouche du roi de France au moment du baptême de Lionida[1].

D'ailleurs, pour apprécier la question d'une façon compétente, M. del Prete n'a pas eu une connaissance suffisante de notre chanson : les quelques vers de Fauriel qu'il copie n'en peuvent donner qu'une idée absolument vague. Ce manque de connaissance de notre texte fait commettre à M. del Prete quelques erreurs, entre autres celles de dire (*Préf.*, xxiii) que *la compilation française ne parle*

---

squarcio, che non posso dispensarmi di chiamare licenzioso, manca parimente nella compilazione italiana » (*Préf.*, xix). Que M. del Prete, qui a l'air de faire un reproche à notre poëme, relise seulement quelques passages de la compilation italienne, entre autres certain épisode qui se passe dans une abbaye (I, 12-3), et il verra que le même reproche, bien plus justement encore, pourrait être fait à l'*Ajolfo* italien.

1. Ne sachant quel nom donner à Lionida, le roi de France, frappé de sa beauté, s'écrie (en français, dans le texte italien) : « Par Nostre Dame, par Nostre Dame, par Nostre Dame de Paris, je non vi oncques mais plus mirable dame. » Alors « per questa parola le fu posto nome *Mirabildam*, e così si mutò el nome di Lionida in Mirabildam ; benchè molti la chiamano *Mirabella*, ma guastano el nome » (*Storia di Ajolfo...* I, 139-40). Cet amour-propre d'auteur pour un mauvais jeu de mots est vraiment plaisant. Notre poëte français n'avait pas fait de changement de nom (*cf.* v. 8150).

pas des fils ni des petits-fils d'Aïol, ce qui rend vraisemblable que pour la partie où il est parlé de ces fils, l'histoire est de l'invention d'Andrea. Pour les petits-fils, cela est vrai, mais non pour les fils : ils sont bel et bien mentionnés dans notre roman, se nomment *Tumas* et *Manesier*, et jouent dans la dernière partie de la chanson un rôle assez important [1].

Maintenant quelle est la valeur littéraire de cette compilation italienne ? Est-elle, sous ce rapport, inférieure ou supérieure à notre poëme ? La comparaison n'est pas possible. Rien n'est pire qu'une mauvaise imitation, et c'est ici le cas. La noble figure de l'*Aiol* français s'est effacée pour laisser la place à un chevalier amoureux et galant ; la sauvage Mirabel est devenue la fade Lionida, qui par l'entremise de son nain Farlet envoie des missives à Ajolfo et tient parfois avec lui un langage précieux, faisant pressentir déjà le règne des *concetti*. La figure d'Élie se détache seule vigoureusement sur ce fond décoloré : son caractère a de la noblesse et ne s'éloigne pas trop de l'original français. En un mot, comme de beaucoup d'autres romans, on peut dire à juste titre de l'*Aiol* qu'en passant par les mains italiennes, il en est sorti, non pas imité, mais travesti.

Un autre poëme italien, en *ottava rima*, dont M. P. Meyer a bien voulu pour nous prendre connaissance au Musée

---

1. Il nous semble aussi que M. del Prete a commis une légère inexactitude à propos d'Alberic de Trois-Fontaines. Il dit (*Préf.*, xiii) que ce chroniqueur n'avait qu'une connaissance fort imparfaite d'événements passés depuis longtemps à l'époque où il écrivait, au xiie siècle ; ce fait n'est pas exact, car Alberic écrivait au xiiie, et non au xiie siècle.

britannique[1], a été imprimé au commencement du xvie siècle, et porte ce titre : AIOLPHO DEL BARBICONE DISCESO DEL || LA NOBILLE STIRPE DE RINALDO || EL QUALE TRACTA DELLE BATTAGLIE DA POI LA MORTE DE RE CARLO || MAGNO : E COME FU CAPITANIO DE VENECIANI : E COME || CONQUISTO CANDIA : E MOLTE ALTRE CITTADE : E COME || MIRABELLO SUO FIGLIOLO FU FACTO IMPE || RATORE DE CONSTANTINOPOLI, etc. Ce poëme, connu de Melzi (*Bibl.*, 1838, p. 293-4,) et de Brunet (*Man. du libr.*, éd. 1860, I, 120-1)[2], et dont parle aussi M. del Prete (*Préf.*, xxvi), se rapproche bien peu de l'*Aiol français*; il n'est lui-même qu'une imitation lointaine de la version en prose d'Andrea, qui a servi seulement de canevas au rimeur du xvie siècle; ce qu'il est du reste facile de vérifier en comparant les sommaires de ce poëme en *ottava rima* à l'analyse que nous avons donnée de la version en prose.

Ces sommaires, au nombre de douze, sont les suivants[3] :

I. — Come Pinabello e Griffone mando uno fasano arostito al re Aloyse : e fu incolpato Guido e Elya de cha Chiaramonte e fu[rno] sbanditi e Guido si aconzo col Soldano e Elya ando a stare in una selva e come la moglie de Elya parturitte Ajolpho e uno leone et cerva li facea careze e Ajolpho atrovo el dux Namo romitto dal qual hebbe el cavalo Bajardo e l spada Zoiosa e come ando Ajolpho in

---

1. *Bibl. Grenville*, n° 10943 (*Bibliotheca Grenvilliana*, 1842, I, 17).

2. Melzi et Brunet citent une édition de Venise, 1516, que nous n'avons pu retrouver en France. — L'édition du Musée britannique est celle de *Gotardo da Ponte, Milan, 1519*.

3. Sans vouloir régulariser le texte italien de ces sommaires, nous avons cependant corrigé quelques fautes d'impression dues à l'éditeur du xvie siècle.

Franza e occise alchuni pastori e arivo al castello di Medussa pagana e come siette con lei, *etc.*

II. — Come Medussa incitava Ajolpho a luxuria : e da lui fu battuta forte : e Medussa per vendetta con molta gente l'assalto : e Ajolpho li de morte : e sconfisse le gente : e come arivo a un monaster dove era uno abate de Chiaramonte : e baptizosse : e occise un fratone di Maganza : e acompagnosse con Bernardo de Chiaramonte : e come arivo a Parise Ajolpho in casa de Lamberto amico suo, *etc.*

III. — Come Ajolpho arivo ad uno ostier de Maganza : e el cavallo l'occise e arivo in casa d'Helisabeta e lei inamorosi de Ajolpho : e come dette una gotata a Bernardo de Maganza : e come giostro con Namieri Guielmo Gibellino e Guerino Bovo Arnaldo e Bernardo di Mongrana e fu abattuto e mando via tre conti di Maganza e li qualli dissi li facti d'Ajolpho al Re Aluise, *etc.*

IV. — Come Ajolpho fu ricevuto dal re Alouise e per festa abatte la statua de Malacise et vinse Scorona : e come Guido Bajoto venne con sexanta milia pagani a Parise : e Ajolpho fu capitano de Parise contra Guido e fu occiso quatro conti de Maganza e fu abattuto Lioneto figliol del Soldano e come Ajolpho si approvo a combattere con Guido Bajoto, *etc.*

V. — Come fu preso Guido da Ajolpho e portato da Elisabeta in casa e come si cognober e ando el Re Alouise e altri baroni a tore in la selva el duca Elia e la moglie e come per uno buffon Ajolpho se inamoro d'una pagana di gran belleze e come si parti da Parise col buffone e arivo da Ugo e Gualtieri e hebbe una pietra contra veneno e giostro con loro e abatteli : e arivo in un diserto dove el buffone fu occiso da uno basalischo : e Ajolpho per virtu della pietra el fece morire : e arivo al castello de Fidel de Magancia e occise el re Corbolante combattendo.

VI. — Come Bruneta moglie de Fidele de Magancia se innamoro de Ajolpho : e per non volere Ajolpho contentarla : con el brande de Ajolpho per amore si medesima si occise : e come Ajolpho arivo a Baldrach de Largalia : e conquisto tre schiere de pagan solo : e occise quatro feroci cani e doi leoni superbi : e altri dui occise el suo cavallo e fece morire uno crudel drago : per amor hebbe Bellarosa per moglie : e partisse de note e occise in una isola un gran serpente e fu assaltato da Ciriato e Largaglia.

VII. — Come sono occisi d'Ajolpho Ciriato e Largalia e arivo da certi romiti e fu baptizata Bellarosa : e arivo da Ubaldi de Maganza : e giostro con lui e Gualtier suo figlio : e furno traditi e posti in presone Ajolpho e Bellarosa e come Gualtier ando in Parise per parente d'Ajolpho e Bellarosa ferite Ubaldo nel viso, *etc*.

VIII. — Come Bellarosa fu posta in una casa viva tutta busata con doi figlioli e fu mandata gioso per un fiume e arivo a Venetia a Sancto Zacharia e come Ajolpho fu campato di presone e Gualtier occise el padre Ugone e Ajolpho come disperato ando a l'aventura e arivo a Venetia : come giostro e fu facto capitanio contra Candiani e come la conquisto con tutto el paese e occise Ciriati pagano, *etc*.

IX. — Come Ajolpho occise uno gygante : sconfisse e summerse el Re Dragone : e come per fortuna si smari e arivo a Napoli : e fu tradito per Guidoto de Maganza a lo Re Farciano : e come Ruberto e per incanto fu scampato di presone : e occise Guidoto e fece convertire a la fede de

d

Christo el re Farsiano con tuto Napoli : e ritorno in Candia et a Venetia, *etc.*

X. — Come Ajolpho trovo la moglie e li figlioli a Venetia: e ando a Parise con Ruberto: e ando in Or[l]ino sue terre ; e come Candia se rebelo a li Venitiani e fu liberato da novo per Ajolpho Sadoro suo figliolo : e come furno occisi e scofiti molti gran signori pagani con Largalia e Lamostante e fu morto Guido e Gratiano, *etc.*

XI. — Come Ajolpho ando a Constantinopoli e sconfisse li pagani : e Sadoro occise l'imperatore : e hebbe Judetta fiola de l'imperator per moglie : e fu facto imperator Sadoro : e come Alardo [che] fu nevodo de Renaldo da Montealbano combatte a Parise a corpo a corpo : e prese Mirabello el re Alouise e baroni e combatte con Ajolpho e come Sadoro agionse per arte maga in quel loco.

XII. — Come Nameri morite sanctificato e Guielmo ando a servire a Dio e come Orphaneto de Maganza jostro con Ajolpho e fo abatuto e Ajolpho ando per sua remissione in Hierusalem et ocise molti pagani e come fo atosichato da Orphaneto de Maganza e morite e come fo fata la vendeta de Ajolpho contra de Orphaneto e de la sua trista madre, *etc.*

On voit qu'on a ici affaire à une imitation libre, très-libre même, de la version en prose italienne ; mais, quelque libre qu'elle soit, l'imitation n'en existe pas moins, et nous en avons une preuve dans un passage du poëme, relatif au nom de *del Barbicone* :

   La soa gonella era un barbicone ;
   Questo vocabulo era in apparenza
   Con chiamosse pelle di montone...
      (*Ajolpho*... a vj v°.)

Nous retrouvons en effet dans ces vers l'explication que nous avait déjà donnée Andrea de ce surnom d'Ajolpho (voy. p. xl, note 3). Ici, comme dans la prose, il s'agit d'une peau de mouton servant de vêtement au héros du poëme; nous savons d'autre part que ce détail n'existe pas dans l'*Aiol* français : la parenté des deux poëmes est donc bien établie. Mais, nous le répétons, l'imitation est loin d'être partout aussi visible, et, au milieu de tous les noms inconnus et de tous les épisodes nouveaux dont le poëte a surchargé son œuvre, dans ce chaos d'aventures sans fin qui s'enchevêtrent les unes dans les autres, on a quelque peine à reconnaître la version italienne d'Andrea, qui, lui déjà, avait, selon son habitude, remanié du tout au tout son original.

3° *Espagne*. — Nos *cantares de gesta* étaient connus en Espagne dès le xiiie siècle et les *juglares* cherchaient volontiers dans les romances du cycle carolingien les sujets de leurs romances.

Notre chanson, dont une partie de l'action se passe dans le midi de la France et même en Espagne, dont la célébrité au moyen-âge fut très-grande, était de celles qui devaient tenter les poëtes espagnols. En effet un héros des romances d'Espagne, *Montesinos*, chevalier de grand courage et de grand renom, se trouve, dans les circonstances de sa naissance, dans les aventures de sa vie, avoir de grands rapports avec notre Aiol.

Parmi les six romances de Montesinos que donnent MM. Wolf et Hofmann dans leur recueil (*Primavera y flor de Romances*, Berlin, 1856, 2 vol. in-8°), il en est deux qui sont des imitations directes de notre chanson, et une qui lui ressemble encore, mais d'une façon moins positive.

Nous donnons de ces trois romances une analyse assez détaillée, qu'elles méritent et par leur valeur littéraire et par les grands rapports qu'elles offrent avec notre poëme :

a. — La première de ces romances porte le n° 175 du Recueil de MM. Wolf et Hofmann (*Prim. y flor*, II, 251). Son titre est celui-ci : *Aqui comienzan dos romances del conde Grimaltos y su hijo Montesinos*[1].

Analyse. Il ne faut ni glorifier le riche, ni mépriser le pauvre ; l'histoire du comte Grimaltos nous servira d'exemple. Page, puis chambrier, puis secrétaire du roi de France Charlemagne, il est nommé comte (p. 251). Il épouse la fille de Charlemagne, se rend avec elle à Lyon, siége de son comté (p. 252), et y gouverne pendant cinq ans sans plainte d'aucune sorte. Mais son ennemi, don Tomillas, excite le roi contre lui par ses calomnies et lui fait croire qu'il va se révolter contre l'autorité royale (p. 253). Douleur de Charlemagne. Il jure de se venger. — Retournons au comte Grimaltos. Une nuit, reposant près de la

---

1. Cette romance commence ainsi :

> Muchas veces oî decir
> Y à los antiguos contar,
> Que ninguno por riqueza
> No se debe de ensalzar,
> Ni por pobreza que tenga
> Se debe menospreciar.
> Miren bien, tomando ejemplo,
> Do buenos suelen mirar,
> Cómo el conde, á quien Grimaltos
> En Francia suelen llamar,
> Llegó en las cortes del rey
> Pequeño y de poca edad.....
>   (*Prim. y flor*, II, 251.)

comtesse, *il se réveille en poussant des gémissements.*
Effroi de la comtesse (p. 254). Le comte lui fait part d'un
rêve affreux qu'il vient d'avoir (p. 255). La comtesse con-
seille à son mari de reparaître à la cour de Charlemagne,
où on ne l'a pas vu depuis cinq ans (p. 256). Grimaltos
suit son conseil et part pour Paris avec ses chevaliers.
Arrivé près de Paris, il envoie au roi un message auquel
celui-ci refuse de répondre. Le comte entre alors dans
Paris, se rend au palais et veut baiser la main du roi :
celui-ci s'y oppose et, après lui avoir reproché sa trahison
(p. 257), l'exile. Désespoir du comte en entendant cet arrêt.
Il proteste de son innocence ; puis, sortant du palais, il se
rend chez Olivier et y trouve Roland (p. 258). Il prend
congé d'eux après leur avoir juré que tant que l'auteur
de son malheur n'aura pas été puni, il n'entrera pas
à Paris. Il prend aussi congé de nombreux chevaliers,
entre autres de Renaut de Montauban. La comtesse, appre-
nant la disgrâce de son mari, se jette aux pieds de son
père et proteste de l'innocence du comte (p. 259). Le roi
refuse de l'écouter. La comtesse part seule, sans suite, et
retrouve bientôt le comte. Leur douleur (p. 260). Elle
demande au comte la grâce de le suivre (p. 261). Ils sor-
tent de la ville, accompagnés jusqu'à cinq milles par une
foule de chevaliers qui s'intéressent à leur sort (p. 262).
Enfin le comte et la comtesse s'éloignent seuls. Douleur
de leurs amis. Les exilés traversent des solitudes sauvages.
Le troisième jour ils atteignent un bois. La comtesse est
brisée de fatigue, le comte l'encourage (p. 263). Arrivée
près d'une fontaine, la comtesse met au monde un fils. Le
comte l'enveloppe dans son manteau et la comtesse le nour-
rit. Ayant, du sommet d'une montagne, aperçu une mai-

son d'où sortait de la fumée (p. 264), ils se dirigent de ce côté. Un pieux ermite les reçoit (p. 265). Le comte lui demande de baptiser l'enfant : comme il est né dans ces *montagnes* escarpées, il aura nom *Montesinos*. — Quinze ans se passent. Éducation de Montesinos[1]. Le 24 juin, jour de la Saint-Jean, le comte monte avec son fils et l'ermite sur une haute montagne (p. 266) d'où l'on aperçoit Paris. A cette vue le comte prend la main de son fils, et, pleurant, lui tient ce discours (p. 267) ..... (voy. la romance suivante).

b. — La deuxième des romances, qui dit *Cata Francia Montesinos*, porte le n° 176 du Recueil de MM. Wolf et Hofmann et fait suite à la première dont nous venons de donner l'analyse.

Analyse. « Voilà la France, voilà Paris, » dit Grimaltos à son fils Montesinos; « voici la maison de Tomillas,

---

1. Voici les vers se rapportant à l'éducation du héros :

>Pasando y viviendo dias,
>Todos vida santa hacen ;
>Bien pasaron quince años,
>Que el conde de allí no parte.
>Mucho trabajó el buen conde
>En haberle de enseñar
>A su hijo Montesinos
>Todo el arte militar,
>La vida de caballero
>Cómo lo habia de usar,
>Cómo ha de jugar las armas,
>Y qué honra ha de ganar,
>Cómo vengará el enojo
>Que al padre fuéron á dar.
>Muéstrale en leer y escribir
>Lo que le puede enseñar
>Muéstrale jugar á tablas,
>Y cebar un gavilan.....
>   (*Prim. y flor*, II, 266 ; *cf.* le texte fr. v. 257 ss.)

mon ennemi mortel (p. 267) ; c'est lui qui m'a fait exiler, c'est lui qui est l'auteur de toutes nos infortunes. » Montesinos supplie son père de le laisser aller à Paris, Grimaltos y consent, Montesinos part (p. 268). Montesinos arrive à Paris ; son pauvre accoutrement excite les quolibets du peuple. Il arrive au palais du roi[1] (p. 269). Le roi dînait avec don Tomillas ; après le repas, il joue aux échecs avec lui. Don Tomillas triche, Montesinos l'accuse devant tout le monde ; Tomillas veut le souffleter, Montesinos s'empare de l'échiquier, lui en décharge un coup sur la tête et le tue. On l'arrête (p. 270). Le roi intervient. Montesinos lui apprend qui il est: « Si j'ai eu tort, » dit-il, « punissez-moi ; si j'ai eu raison, rappelez le comte et la comtesse. » Le roi acquiert la preuve de la perfidie de Tomillas (p. 271). Il envoie chercher don Grimaltos et

---

1. Le passage suivant, qui correspond aux v. 886 ss. et 1943 ss. du texte fr., est ici beaucoup abrégé :

> Ya se parte Montesinos
> Para en Paris entrar,
> Y en entrando por las puertas
> Luego quiso preguntar
> Por los palacios del rey
> Que se los quieran mostrar.
> Los que se lo oian decir
> Dél se empiezan à burlar ;
> Viéndolo tan mal vestido
> Piensan que es loco, ó truhan ;
> En fin, muéstranle el palacio,
> Por ver que quiere buscar :
> Sube alto en el palacio,
> Entró en la sala real,
> Halló que comia el rey,
> Don Tomillas à la par.
> Mucha gente está en la sala,
> Por él no quieren mirar.....
> (*Prim. y flor*, II, 269-70.)

sa femme; ceux-ci reviennent, mais ne veulent pas rentrer dans Paris, car ils ont juré de n'en pas passer *les portes*[1]. On ouvre une large brèche pour qu'ils puissent entrer sans manquer à leur serment. De grandes fêtes ont lieu. Le comte est remis à la tête de son comté (p. 272); Montesinos héritera de la couronne (p. 273).

c. — La troisième romance, qui dit *Ya se sale Guiomar*, porte le n° 178 du Recueil de MM. Wolf et Hofmann. Elle y est donnée, p. 290, sous ce titre : *Romance de Guiomar y del emperador Carlos : que trata de cómo libró al rey Jafar su padre y á sus reinos del emperador : y de cómo se tornó cristiana y casó con Montesinos*.

Analyse. Désespoir du roi Jafar, père de Guiomar, qui a reçu de Charlemagne une missive lui offrant la paix, mais à condition d'abandonner son royaume. Guiomar console son père et lui promet de le tirer d'embarras (p. 290-4). Guiomar, suivie de cent de ses femmes et revêtue de ses plus riches atours, se rend au camp de Charlemagne (p. 294-8). C'est vers le milieu du jour : l'empereur, entouré de ses douze pairs, se lève de table. Prévenu de l'arrivée de Guiomar, il lui donne audience et la fait asseoir auprès de lui (p. 298-301). Paraît Montesinos, neveu de l'empereur. A sa vue, Guiomar demande la permission de lui parler. Trouble de Montesinos en la voyant. L'empereur fait donner des siéges. On parle de la beauté de Guiomar : « Jamais, » dit Charles, « je ne vis aussi belle dame dans toute la chrétienté. Je veux lui accorder une

---

[1]. La première romance parle seulement de ne pas entrer dans Paris.

faveur : j'avais donné trente jours à son père pour le décider à me rendre son royaume ; je lui accorde quatre mois. » Guiomar tombe à ses pieds en lui disant que tous les royaumes de son père lui appartiennent (p. 301-3). L'empereur étonné refuse, et supplie Guiomar de se faire chrétienne et d'épouser Montesinos. Guiomar hésite un instant, mais, touchée de la grâce divine, elle accepte à condition que son vieux père n'en saura rien. Elle est baptisée, mariée avec Montesinos, et retourne près de son père (p. 303-5).

De ces romances, la première ne se rapporte qu'aux aventures d'Élie : on y voit que le poëte espagnol a voulu, comme Andrea dans la version italienne, dire les causes qui ont amené les malheurs et l'exil du père d'Aiol. Nous retrouvons au contraire dans la seconde une imitation de l'*Aiol* français, autant toutefois qu'un poëme peut être imité par une romance. Ajoutons que la substitution de Paris à Orléans ou à Poitiers, qui existe aussi dans l'italien, et certains autres faits, comme le développement donné aux infortunes d'Élie, nous engagent à croire que les romances espagnoles ont peut-être pour source commune avec la version italienne cette version en prose française du xive siècle, dont nous avons déjà supposé l'existence. Remarquons aussi en passant que dans l'espagnol, comme dans le poëme français, comme aussi dans l'*Ajolfo del Barbicone*[1], le nom du héros est dû à une particularité de sa naissance[2]. Le poëme d'*Aiol* n'est du

---

1. Voy. plus haut, p. xl, note 3, et p. l-lj.
2. Voici les vers de la romance relatifs au nom de Montesinos, que M. G. Paris a déjà cités (*Hist. poét.*, 213) :
  Alli le rogó el conde

reste pas le seul qu'ait imité le poëte espagnol, et l'incident de l'échiquier, qui se retrouve dans plusieurs chansons françaises, est un lieu commun de la littérature du moyen-âge[1]. Quant à la troisième romance, bien qu'elle n'ait que très-indirectement rapport avec l'*Aiol* français, nous en avons donné néanmoins une courte analyse, parce qu'elle nous a paru intéressante à deux points de vue, d'abord en mettant en scène Guiomar, la Sarrasine, qui est bien certainement une copie de Mirabel; ensuite en nous apprenant que Montesinos est le neveu de Charlemagne, parenté qu'Aiol possède vis-à-vis de Louis le Pieux.

M. de Puymaigre cite[2], parmi les héros des anciennes romances espagnoles n'appartenant pas à nos chansons de geste, *Grimaltos* et *Montesinos;* il ajoute plus loin : « Dans quelques chants espagnols, un certain don *Tomillas* est une copie évidente de Gannelon, et *Montesinos* offre plusieurs traits de ressemblance avec Roland ou Renaud. Les circonstances qui accompagnent la naissance de Montesinos sont une imitation de ce que nos romans disent de l'enfance de Roland. » Si M. de Puymaigre eût connu

> Quiera el niño bautizar.
> — Pláceme, dijo, de grado ;
> ¿ Mas cómo le llamarán ?
> — Como quisiéredes, padre,
> El nombre le podréis dar.
> — Pues nació en ásperos montes
> Montesinos le dirán.
> (*Prim. y flor*, II, 266.)

1. *Cf.* la mort de Baudouinet dans *Ogier le Danois* et celle de Bertholai dans *Renaut de Montauban.*

2. Dans son ouvrage sur *Les vieux auteurs castillans*, II, 303. — Le même auteur a donné dans le même ouvrage (II, 303-5) une analyse très-succincte des trois romances espagnoles que nous venons de parcourir.

l'*Aiol*, il eût sans doute été du même avis que M. G. Paris qui, le premier, dans son *Histoire poétique de Charlemagne* (p. 212-3), a reconnu l'identité d'Aiol et de Montesinos, d'Élie et de Grimaltos. Ajoutons que bien que les circonstances qui accompagnent la naissance de Montesinos ressemblent à ce que disent certains romans de l'enfance de Rolant, elles n'en sont pas moins une copie de ce que dit notre poëme français de l'enfance d'Aiol; quant à don Tomillas, nom du traître espagnol, qu'on l'appelle en français Makaire ou Ganelon, son type reste le même.

Toutes courtes qu'elles sont, ces romances espagnoles ont une valeur littéraire réelle; le mouvement en est vif, le tour heureux, l'allure facile; dans leur brièveté elles l'emportent de beaucoup sur la longue et fastidieuse compilation italienne que nous avons eu l'occasion d'étudier plus haut.

Nous voici arrivés à la fin de cette étude où nous avons vu notre chanson, poëme français primitif en vers de dix syllabes, être remaniée d'abord au XIIIe siècle en vers de douze syllabes, puis imitée, directement par les Néerlandais, et indirectement, sans doute d'après une version en prose du XIVe siècle, par les Italiens et les Espagnols. L'*Aiol* mérite-t-il cet honneur et justifie-t-il la célébrité qu'il a eue en France et à l'étranger? Sans vouloir le comparer aux chefs-d'œuvre de la littérature du moyen-âge, à *Rolant*, à *Aliscamps*, à *Girart de Roussillon*, nous pouvons répondre que oui. Le sentiment religieux et guerrier qui l'anime, ses nombreux récits de combats, les malheurs d'Élie, la courageuse persévérance du héros, tout cela devait intéresser et passionner les auditeurs. Mais à le considérer au point de vue de la valeur littéraire, notre poëme manque d'unité, comme nous l'avons déjà fait remarquer plus d'une fois ; la première partie est vraiment intéressante pour les mœurs et les habitudes de l'époque ; elle n'est pas du ton ordinaire de la chanson de geste et se rapproche parfois du fableau ; la seconde, au contraire, œuvre du remanieur, est pleine d'interminables aventures de voleurs qui n'ont d'autre but que de retarder le plus longtemps possible le retour d'Aiol et de Mirabel à la cour du roi de France, et n'a guère d'autre intérêt pour nous que les allusions qu'elle fait aux grands événements du commencement du xiiie siècle.

Quant aux caractères des principaux personnages du récit, ils sont bien tracés et ne manquent pas de noblesse. Aiol est un beau type de persévérance et de générosité. La patience avec laquelle il supporte les moqueries des habitants de Poitiers et d'Orléans est admirable, et c'est là une qualité qui n'était pas commune aux chevaliers du xiiie siècle, à en juger d'après les chansons de geste. Quand on lui reprochait la pauvreté de son costume, Renier, le frère de Girart de Vienne, en usait autrement [1]. N'ayant à combattre que pour sa famille, notre héros est

---

1. Voy. *Girart de Viane*, éd. Tarbé, p. 14-15. — Nous retrouvons dans *Girart de Viane* (éd. Tarbé, p. 17-8) quelques vers ressemblant aux vers 1582-5 d'*Aiol* :

Le cuers n'est mie ne ou vair ne ou gris ;
Ens est ou ventre la ou Deus l'a assis.
Tels est or riches qui de cuer est faillis :
Et tels est povres qui est fiers et hardis.

Il ne faut voir dans ce rapprochement qu'un lieu commun qui pourrait se rencontrer ailleurs.

moins grand que Rolant qui combattait pour sa patrie ; mais il en a la bravoure et le dévouement, sans en avoir la rudesse. Aimant Mirabel, il attend qu'elle soit chrétienne pour l'épouser ; ayant juré à Makaire de ne point le dénoncer en passant au travers du camp du roi, sous les murs de Lausanne, il reste fidèle à ce serment prêté à son ennemi mortel. Ces deux traits suffisent à peindre le caractère de notre héros ; c'est celui du chevalier du moyen-âge dans toute sa foi et sa loyauté.

Mirabel[1] est aussi une figure agréable et bien dessinée par l'auteur. Son type est fréquent dans les chansons de geste : elle rappelle particulièrement Floripas dans le *Fierabras*. Mais Mirabel est de beaucoup plus sympathique que la fille de Balant ; son amour pour Aiol n'est pas une passion brutale comme celui de cette dernière pour Gui de Bourgogne ; enfin elle a un beau et noble mouvement quand, refusant par deux fois d'abjurer la religion chrétienne, elle renverse la statue de Mahomet.

Passons sur les deux personnages de Makaire et d'Élie, qui n'offrent rien de très-particulier ; l'un est le type bien connu du traître des chansons de geste, des Alori, des Hardré et autres scélérats ; l'autre, un peu effacé dans le poëme d'*Aiol*, représente le noble chevalier injustement déchu de la faveur du roi et portant vaillamment son infortune. Le type du roi Louis, tel que nous le trouvons dans notre chanson, est plus intéressant. En effet,

---

1. Le nom de *Mirabel* semble avoir été commun aux deux sexes au moyen-âge. Alberic de Trois-Fontaines (Pertz, *Mon. Germ.*, XXIII, 894) parle d'un chef de Sarrasins en Sicile qui portait ce nom. Philippe Mousket donne à ce même chef le nom de *Mirabeau* (éd. Reiffenberg, v. 23339).

dans tous les romans où le fils de Charlemagne est mis en scène (ce sont surtout ceux du cycle de *Guillaume au Court Nez*), il est représenté comme un monarque faible, sans énergie, tenant plutôt du moine que du soldat. Un seul fait exception, la *Reine Sibile*, et encore, comme l'a fait remarquer M. G. Paris (*Hist. poét.*, 400), n'est-il pas bien sûr que ce soit à la personne de Louis le Pieux qu'il ait été fait allusion dans ce poëme. Or dans l'*Aiol*, Louis est peint au contraire sous des couleurs très-favorables : il est juste, actif, courageux. Ce n'est plus ce Louis que nous montre le *Couronnement Loeys*, laissant tomber la couronne impériale que lui remet son père; c'est un roi chevalier et guerroyant. Nous croyons qu'il y a là un fait remarquable qui donne à notre chanson un mérite tout particulier.

De même que pour les types des personnages, notre chanson offre, pour le récit, de véritables qualités. A côté de passages longs et diffus, on rencontre de fort belles scènes, des tableaux bien présentés et nombre de vers vigoureusement frappés. Elle n'a cependant pas toujours été appréciée à sa juste valeur par la critique moderne. Amaury Duval, dans le tome XVIII de l'*Histoire littéraire*, se demande si l'*Académie des Inscriptions* consacrera des notices à des poëmes tels qu'*Aiol*, et dans une discussion avec Fauriel, M. P. Paris n'est pas fort tendre pour notre chanson; Fauriel au contraire paraît avoir eu une véritable prédilection pour notre *Aiol*, dans lequel il voyait un poëme *provençal* primitif, et l'a cité mainte fois dans son *Histoire de la poésie provençale*. Quant à nous, nous ne pouvons mieux finir qu'en répétant avec M. Léon Gautier que ce poëme est un « beau » poëme, qui peut tenir une place des plus honorables parmi les monuments de la littérature du moyen-âge.

Il nous reste quelques mots à dire de la façon dont nous avons conçu cette édition. Nous avons reproduit notre manuscrit sans tenir compte des contradictions d'orthographe qu'il peut contenir; nulle part nous n'avons essayé de rétablir la langue du poëme, et les formes picardes, dues au remanieur, se rencontrent dans la partie en vers de dix syllabes à côté des formes ordinaires. Ce n'est que dans les cas, relativement assez rares [1], où le ms. est véritablement fautif, que nous avons fait des corrections [2], et nous avons alors reproduit en note la leçon que nous avons rejetée; les lacunes que nous avons reconnues ont été notées; les miniatures du texte indiquées; et un *Glossaire* que nous avons essayé de rendre le plus complet possible a été ajouté au poëme, suivi d'un *Index* de noms de personnes et de lieux, qui sera, nous l'espérons, de quelque utilité à l'onomastique de l'épopée française. Notre tâche, du reste, nous a été rendue facile par l'obligeance bien connue de notre maître et ami, M. G. Paris, qui a revu les épreuves de cette édition et nous a prodigué les conseils bienveillants de son érudition et de sa critique si fermes et si sûres.

Paris, novembre 1877.

---

1. Nous avons parfois respecté certaines fautes contre la déclinaison, qui sont imputables volontairement au remanieur.
2. Les crochets [ ] indiquent les lettres ou les mots qu'il faut suppléer, les parenthèses ( ) ce qu'il faut retrancher.

ADDITIONS ET CORRECTIONS

Texte

V. 46 France *lisez* Franche
89 Marcegais *lis.* Marcegai, *et de même dans tous les passages où* Marchegai *est au cas suj.*
171 laissiele *lis.* laisiele
182 et aïlleurs s'enmenrés *lis.* s'en menrés
209 terre *lis.* tere
224 porseingié[s] *corrigez* porsoingié[s]
226 defferés *lis.* desferés, *et de même pour quelques autres mots en* sf
234 semblera *lis.* samblera
257 Autressi *lis.* Autresi
270 quantqu'il *lis.* quanqu'il
333 Hersent. *Ce personnage est le même que* Marsent. *Voy. le* Gloss.
355 *Pour ce vers et pour ceux dont la coupe est semblable, il faut supprimer notre correction. Voy. l'Introd. p.* xv *ss.*
357 *Après ce vers ajoutez le suivant :*
Que vous vous desmentés si faitement
381 ymaige *lis.* ymage
457 tres *lis.* trés
494 *Supprimez la correction*
566 hom *corrigez* home

577 parmi *lis.* par mi
766 sui *lis.* fui
811 Franche *lis.* France
944 occis *lis.* ocis
982 n'en *lis.* nen
997 Vo *corrigez* Vo[s] ; *le ms. a de plus le mot* terchiés *que nous avons corrigé en* torchiés
1139 vailiant *lis.* vallant
1141 bailliet *lis.* balliet
1198 est *lis.* ert
1217 gueredonné *lis.* güeredoné
1221 *Mettez en note* iches
1293 esté *lis.* esré
1299 bois *lis.* bos
1370 *et* 10343 Vavassor *lis.* Vavasor
1531 trés *lis.* tros
1558 Oïl *lis.* Oie
1615 conison *lis.* connison
1698 tant *lis.* tans
1936 donc *lis.* dont
1937 que vers *lis.* qu'envers
1950 *et* 6536 mes *lis.* més
1952 le *corrigez* li
1962 hardi *lis.* ardi
1985 S'aseoit *lis.* Se seoit
1997 rice *corrigez* rice[s]
2005 *Mettez en note* le vois povre
2025 hesbergerie *lis.* herbergerie

2099 Luciane *lis.* Lusiane
2110 *Mettez en note* vaura
2146 sist *lis.* fist
2196 membre *lis.* menbre
2318 nobile *corrigez* nobile[s]
2361 *Mettez en note* sors
2433 ester *lis.* m'ester
2482 *et* 4888 en pensé *lis.* enpensé
2499 le *corrigez* li
2580 Qu'al *lis.* Qu'el
2610 hersoir *lis.* ersoir
2613 *Mettez en note* entoschierent
2828 *et* 2896 dit *lis.* dist
2988 qu'ainsi *lis.* qu'ansi
3010 *Rétablissez la leçon du ms.* Mainte communalment
3038 id(e)us *lis.* isd(e)us
3129 vengons *lis.* vengon
3149 mesprison *lis.* mesproison
3246 ensis *lis.* ensi
3259 *et* 3407 coup *lis.* caup
3510 à *lis.* a
3527 Estanpoic *lis.* Estanpois
3578 exploitier *lis.* esploitier
3677 sailent *lis.* saillent
3680 *Mettez en note* sanescal
3767 mol *lis.* molt
3843 paires *corrigez* paire(s)
3953 *Mettez en note* La convine mon pere
4026 Si *lis.* Je
4071 tour *lis.* bour
4194 remendra *lis.* remandra
4287 *et* 4831 Ja *lis.* La
4324 retanrai *lis.* retaurai
4489 *Mettez une virgule à la fin du vers*
4493 n'est *lis.* n'ert
4498 bannir *lis.* banir
4564 *et* 5977 par *lis.* por
4571 saillis *lis.* sailis
4667 ce *lis.* che
4682 depart[ir]ent *lis.* departent
4684 Diex *lis.* Dex
4693 breullet *lis.* breulet
4733 tenromes *lis.* tenrommes
4734 ferons *lis.* feron
4748 *Remplacez* Gontart, *qui est dans le ms., par* Foucart. *Voy. le* Gloss.
4753 Jofroi[s] *corrigez* Jobers; *supprimez de plus dans le* Gloss., *au n°* 1 *de* Jofroi, *la mention du v.* 4753
4807 estraier *corrigez* estraier[s]
4824 du *lis.* d'un

4869 *et* 5981 homme *lis.* home
4993 mort *lis.* mor[t]
5170 cos *lis.* cols
5189 frans chevaliers *lis.* franc chevalier
5270 chrestienté *lis.* crestienté
5329 li *lis.* la
5420 sut *lis.* su[t]
5844 *Mettez une virgule après* cief
6117 n'y *lis.* n'i
6141 adés *lis.* adès
6151 idus *lis.* isdus
6160 ose *lis.* osse
6384 ran *lis.* ren
6443 grant *corrigez* grans
6487 tés *lis.* tex
6530 *Mettez en note* fisent
6620 autre *lis.* autres
6734 la *lis.* le
6763 bon *lis.* boin
6848 laisié *lis.* lacié
6927 orrent *lis.* orent
7014 l'estor *corrigez* l'estor[s]
7114 trestoute *corrigez* trestout[l]e
7238 l'i *lis.* le
7239 Qui *corrigez* Que
7240 cuide *lis.* quide
7290 *et* 7435 *Supprimez la virgule à la fin du vers*
7446 ne *lis.* n'en
7447 c'est *lis.* si
7494 conduissiés *corrigez* conduis[e]siés
7495 ai *lis.* a
7571 la *lis.* lor
7583 entre *lis.* outre
7637 orguellous *lis.* orgellous
7676 Avient *corrigez* Avi(e)nt
7721 tour *lis.* tor
7754 grant *lis.* grans
7755 assaillier *lis.* asaillier
7774 *Mettez une virgule après* plaist
7862 qu'a *lis.* c'a
7975 *et* 9145 quarrel *lis.* quarel
7992 coreçous *lis.* coureçous
8244 baisa *lis.* baissa
8320 quarree *lis.* quaree
8344 Cil *lis.* Cis
8534 Qu'Aiols *lis.* C'Aiols
8636 vueil *lis.* voil
8662 cartes *lis.* cartres
8698 fust *lis.* fu
8824 Makaire *lis.* Makaires
8861 compeus *lis.* com peus

8862 *Supprimez la virgule après* composte
8865 le *lis.* la
8872 cor *lis.* cos
8916 la *lis.* le
8965 pinable *lis.* Pinable (?)
8983 Mont *lis.* mont
8995 quivers *lis.* quiver[s]
9168 moult *lis.* molt
9171 Dieu *lis.* Deu
9202 C'estoit *lis.* Ch'estoit
9237 les *lis,* ces
9410 Laiens *lis.* Çaiens
9414 autres *lis.* autre[s]
9504 *Mettez en note* Monagu
9509 c'a *lis.* c'o
9522 malotrus *lis.* malostrus
9564 herbegage *lis.* herbergage
9795 el *lis.* ai
9983 en *lis.* s'en
9984 brancs *lis.* brans
10083 mes sires *lis.* mesires
10130 et 10805 hanste *lis.* anste
10275 qu'on *lis.* c'on
10284 solier *lis.* soler
10329 sont *lis.* font
10863 ont *lis.* on[t]
10867 core *lis.* corre

GLOSSAIRE

P. 329, col. 2, l. 33. VIII *lis.* t. I
P. 332, col. 2, l. 15. *Corrigez tout l'article ainsi* :
Faitement : si — 1738, *etc., de telle manière ;* com —, *comment.*
P. 332, col. 2, l. 34. *Supprimez cette ligne*
P. 332, col. 2, l. 52. *dissyll.* lis. *toujours trissyll.*
P. 334, col. 2, l. 2. *Ajoutez* : *part. p. de* Iraistre

AIOL.

Ichi commenche li droite estoire d'Aiol et de Mirabel, sa feme,
ensi con vous orés el livre.

I   Signor, or escoutés, que Dieus vos soit amis (f. 96)
     Li rois de sainte gloire qui en la crois fu mis,
     Qui le ciel et le tere et le mont establi
     Et Adan et Evain forma et benei !
5   Canchon de fiere estoire plairoit vos a oir?
     Laissiés le noise ester, si vos traiés vers mi.
     Cil novel jougleor en sont mal escarni :
     Por les fables qu'il dient ont tout mis en obli ;
     La plus veraie estoire ont laisiet et guerpi :
10   Je vos en dirai une qui bien fait a cierir.
     A tesmoig en trairoie maint franc home gentil
     Et maint duc et maint conte et maint riche marchis.
     N'est pas a droit joglere qui ne set ices dis,
     Ne doit devant haut home ne aler ne venir;
15   Teus en quide savoir qui en set molt petit,
     Mais je vos en dirai qui de lonc l'ai apris.
     Il ot en douce France un boin roi Loeys,
     Si fu fieus Karlemaigne qui tant resné conquist,
     Qui de tant riche roi la corone abati;
20   Il ot une seror, ainc tant bele ne vi :
     S'avoit a non Avisse al gent cors signori,
     Il n'ot tant bele dame en .LX. pais.
     Il plot a Dameldieu qui onques ne menti
     Que mors fut Karlemaignes et a Ais enfouis.
25   A Loeys re(s)mest li tere et li pais.
     Li traitor de France l'ont de guere entrepris :
     Loeys ne set mie u se puisse vertir,   (b)

1 *Miniature.* — 10 a cesti — 27 p. garir

N'en quel de ses chastieus il se puisse garir
Enfressi que al jor que vos poés oir
30 Que il sa serour done a un conte gentil :
Il ot a non Elies, molt fu preus et ardis,
Ainc mieudre chevaliers nen ot auberc vesti(s);
Quant il ot espousee la seror Loeys,
Son droiturier signor par qui il ert cheris,
35 Les traitors de France par armes acoilli
La ou il les pot prendre, ainc raençon n'en prist
Ne avoir ne loier onques n'en requelli :
Del prendre et de l'ochire estoit cascun[s] tous fis,
Et con plus ert haus hom, plus grant justice en fist;
40 Ainc n'espargna le grant nie[n]t plus que le petit.
Ançois que li ans fust passés ne acomplis,
Ot il si bien le roi aquité son pais
Que il n'avoit nul home qui guerre li fesist.
Loeys li fieus Karle mal gueredon l'en fist :
45 Il li toli sa tere et chou qu'il dut tenir,
Et le cacha de France a paine et a essil
Par le conseil Makaire, que ja Dieus nen ait,
Un mavais losengier, un quiver de put lin.
Es landes de Bordele s'en est li dus fuis,
50 Puis furent tel .vii. an(s) c'onques ne but de vin;
Moysès, uns hermites, le porcacha et quist,
Par dalés sa capele .i. abitacle fist.
La dame estoit enchainte quant ors de France issi :
Quant vint en l'ermitage, si delivra d'un fil,
55 Issi con Dieu[s] le vaut et lui vint a plaisir.
Onques nus plus biaus enfes de mere ne nasqui,
Sel leva li hermites et crestian en fist,
Bapteme li dona en son moustier petit,
N'avoit home ne feme ne vale[t] entor l(u)i
60 U peust prendre non que donner li poist;
Mais ore m'entendés comment il li avint.
Tant avoit savagine [en ic]el bois foilli,

39 haut — 40 nesparenga — 60 non prendre que doner li peust

Culevres et serpens et grans aieils furnis ; (c)
Par de jouste l'enfant .i. grant aiant coisi,
65 Une beste savage dont vos avés oi
Que tout partout redoutent li grant et li petit,
Et por icele beste que li sains hon coisi
L'apela [il] Aioul : ce trovons en escrit.
Puis fu il chevaliers coragous et ardis,
70 Et si rendi son pere tout quite son pais,
Et Dameldieu de gloire de si boin ceur servi,
Quant vi(e)nt après sa mort, que en fiertre fu mis :
Encor(e) gist a Provin, si con dist li escris.

II Signor, or escoutés, que Dieus grant bien vos face,
75 Li [sire] glorieus, li pere esperitable
Qui le ciel et le tere a trestout en sa garde !
Oiés boine canchon de mervellos barnage :
Bien avés oi dire et as uns et as autres
Que .xiiii. ans estut Elies el boscage
80 Courechous et dolans et povres et malades,
Qu'il ne pooit lever a Noël ne as Pasques,
Al jor de Pentecouste ne as festes plus hautes,
N'onques ne pot vestir ne cemise ne braies.
Sa moullier le gentil molt doucement le garde ;
85 Moisès li hermites le porquiert et porcache.
Par dalés son moustier li fist .i. abitacle :
D'une part fu li dus et sa mollier de l'autre,
Et Aious en la tierche, Moisès en la quarte ;
Ses cevaus Marcegais [si] estoit en une autre,
90 Ses aubers en la quinte, en la siste sa targe.
Sa lance fu si longe ne pot en l'abitacle,
Ains remest par dehors al vent et a l'orage ;
Mais quant Elies vi(e)nt premiers en l'ermitage,
Dolant fu de sa lance qui ne pot estre save :
95 A l'espee trenchant dont li branc [d']achier taille
En recaupa li ber .iii. piés et une paume,

89 en .i. autre

Tant qu[e] ele pot bien entrer en l'abitacle.
Quant il en ot osté et recaupé grant mase
Ne trovast on en France issi longe d'un[e] aune. (d)
100 Sovent pleure li dus, plaint et soupire a larmes,
Regrete douce France, ses castiaus et ses marces :
« Mal fesis, Loeys, biaus serouges, fieus Charle(s),
« Qui me cachas de France et acointas Makaire :
« Jamais n'ert nus seus jors que [jou molt] ne t'en hace.
105 « Ahi! biaus fieus Aious! de vos ne sai que face!
« Por manoir en ces bos ne serés jamais sages,
« Tous i deve[n]rés sos, enfantieus et savages.
« Ne voi qui vous aprenge del ceval ne des armes ;
« Mais pleust ore a Dieu, l[e pere] esperitable,
110 « Que vos fuissiés en France, a Paris u a Chartres,
« S'eussiés mon ceval et trestoutes mes armes :
« Encor(e) vos aid[e]roit Dieus l[i] esperitable[s] !
— Sire, » che dist Aious, « ne sai [por vous] que fache,
« Car si vos voi destroit, angoisous et malade(s) :
115 « Sel vos oisaise quere volentiers i alaise.
« Esgardés de ma dame con ele pleure a larmes ;
« Car li proiés, biaus sire, que si grant deul ne face.
« Por amor Dieu le pere esperitable,
« Se m'en donés congiet prendrai vos armes ;
120 « Si m'en (a)irai en France querre vos marces.
— Biaus fieus, » ce dist Elies, « Dieus bien te face !
« Encor(e) me puisses rendre mon iretage ! »

III « Bele seur, douce amie, » ce dist Elies,
« Nous somes nut et povre, n'avons dont vivre ;
125 « Nous fussiens piecha mort ne fust l'ermites.
« Voist Aiols a Orliens, la cit garnie,
« Al fort roi Loeys qui est nos sires :
« S'avenoit que bataille eust furnie,
« Et Dieus li donoit faire cevalerie,
130 « Se l'ameroit li rois et la roine.

111 Si e. — 125 mors

— Sire, » che dist la dame, « chou por coi dites?
« Mes enfes est si jovenes n'a point de vides :
« Molt tost le torneront Franc a folie;
« Se je perc mon enfant iere caitive:
135 « C'est tous mes recovriers, ma joie fine.   (f. 97)

IV — Bele seur, douce amie, » ce dist li ber,
« Ne deshaitiés l'enfant ne ne cosés :
« Mais nous li prions ore par sa bonté
« Qu'il alt en douche France al roi parler.
140 « S'il venoit en bataille ne al jouster,
« Molt tost le poroit Dieus amenistrer
« Qu'il seroit a la cor des mieus amés.
— Sire, » che dist la dame, « merchi por Dé :
« Mes enfes est si jovenes, s'a poi d'aé,
145 « Que il ne set encore querre .i. ostel
« Ne a un gentil home ne set parler.
« François sont orgellous demesuré :
« Laidengier le vauront et ranproner :
« Il nel poroit soufrir ne endurer;
150 « Tost respondroit folie, car petit set;
« Si l'aroient li Franc tost afolet,
« Je remanroie lasse, mon ceur iré,
« Jamais n'aroie joie en mon aé;
« Ne li ai que doner qu'il puist porter. »
155 Quant l'entendi Aiols, s'en rist li ber :
« Taisiés, » fist il, « ma dame, plus n'en parlés :
« Mal dehait qui laira por povreté
« Que jou ne voise en France al roi parler!
« Se vos n'avés avoir, Dieus a assés,
160 « Qui del sien me donra a grant plenté. »
Quant Elies l'entent, s'en rist li ber :
« Or en irés, biaus fieus, al congiet Dé :
« Jhesus vos i laist faire par sa bonté
« Dont li rois mieus vous aint et son barné.

162 c. dei

165 « As eskiés ne as tables, fieus, ne jués :
« Celui tient on a sot qui plus en set,
« Car se li uns les aime, l'autre les het,
« Lors commenche grant guerre sans nul catel.
» N'aiés cure d'autrui feme enamer,
170 « Car chou est un pechiés que Dex moult het,
« Et se ele vos aime, laissiele ester. (b)
« Si vos gardés molt bien de l'enivrer,
« Et sachiés bien qu'ivreche est grant vieutés.
« Se vous veés preudome, si le servés,
175 « Se vous seés en bant, si vous levés ;
« Les grans et les petis tous honorés ;
« Gardé[s] que nul povre hom[e] vos ne gabés ;
« Ançois i poriés perdre que conquester.
179 — Ce ferai jou, biaus pere, » che dist li ber.

V « Or en irés en France, biaus fieus Aiols ;
« Si porterés mes armes et mes adous ;
« S'enmenrés Marchegai ensamble o vous.
« Quant vos venrés, biaus fiex, a le roi court,
« Assés i troverés dus et contours,
185 « Vesques et archevesques et vavasours :
« Povre serés et nus et besongous,
« Et desgarnis de dras et soufraitous :
« Mais il n'i ara certes plus franc de vous,
« Car vos estes li niés l'enperreour,
190 « Je[l] sai bien a fiance, fiex sa serour.
« Celés vostre corage tout a estrous,
« Tant c'aiés fait bataille et grans estours,
« Et guerres afinees voiant aus tous.
« Quant li rois le sara si arés prous.
195 — Si ferai jou, biaus sire, » che dist Aious.

VI « Biaus fiex, » che dist Elie[s], « entendés moi.
« Je vos castierai : faire le doi ;

177 ne vos

«　Si vos donrai conseil par boine foi :
«　Vos en irés en Franche servir le roi.
200 «　Tel dame a en Orliens, s'ele vivoit,
«　Qui vos feroit aie se vous veoit :
«　Ele est seur vostre mere, si aroit droit.
«　Celés vostre corage tout a estroit
«　Tant c'aiés fait bataille et grant tornoi,
205 «　Et guerres afinees voiant François :
«　Vous i arés grant preu, sel set li rois.

VII «　Or en irés en France, » che dist Elie[s] : (c)
«　Je vos commanc a Dieu le fil Marie,
«　Qui le ciel et le terre a establie.
210 «　Quant vous venrés en France le signorie,
«　Gardez vos de Makaire, Dieus le maudie !
«　Le sien acoi[n]tement ne tenés mie,
«　Car quivers est et fel et plains d'envie :
«　Il me cacha de France par felonie.
215 «　Traiés as boins osteus d'anchiserie ;
«　Mangiés a grant plenté par signorie,
«　Ne bevés mie trop de vin sor lie,
«　Car nel tient on a sage, coi que nus die :
219 «　Ains en est asottés qu'il soit complie.

VIII «　Or en irés en France, a Dieu congié :
«　S'enmenrés Marchegai, mon boin destrier.
«　Par le foit que vos doi vostre bel cief,
«　Il n'en a nul millor en nul resnié :
«　Mais il est mal gardés, mal porseingié[s] ;
225 «　Li chevaus est molt maigres et deshaitié[s]
«　Et si est defferés de[s] .iiii. piés.
«　Mais pensés del ceval c'ait a me[n]gier :
«　Del feure et de l'avaine ne soit dangier.
«　Ja ne venrés, biaux fiex, .r. mois entier
230 «　Que trestous ciaus de France porés gaingier :

208 fiex — 229 le — 230 trestout

« Por une liewe core et eslaissier,
« Ne l'esteut d'esperon .III. fois touchier.
« Gardés ne le vendés ne engagiés :
« Tost semblera plus biaus c'autres nen iert.
235 « Ma lanche s'est molt torte, mes escus viés,
« Et mes haubers ne fu piecha froiés,
« Ne mes elmes forbis ne esclairiés.
« Povrement en irés a ce premier,
« Que ne menrés sergant ne escuier ;
240 « .IIII. saus porterés, fieus, de deniers
« Ceus ferés a vostre oste sempre cangier :
« S'arés de Colongois .V. saus u mieus.
« L'ostes ert senecaus et despensiers ;   (d)
« Vous serés larges ber, boin[s] vivendiers,
245 « Autressi con .C. mars [vous] eussiés.
« Fiex, quant iceus fauront, Dex est es cieus,
« Li rois de sainte gloire, li droituriers,
« Qui vous envoiera que mestiers iert. »
Quant l'entendi Aiols, moult en fu liés
250 Qu'il s'oï a son pere si castoier.
Trestoutes ses parolles retient il bien ;
En son ceur les frema et mist el brief.
E Dieus ! eles li orent puis tel mestier !

IX   Signor, che savés vous que c'est vertés :
255 Li oiseus deboinaires del bos ramé[s],
Il meismes s'afaite, bien le savés :
Autressi fait el bos Aiols li bers ;
Les consaus de son pere mist si en grés,
Il n'ot valet en France mieus dotriné[s],
260 Ne mieus a .I. preudome seust parler.
Del ceval et des armes seut il assés,
Si vos dirai comment, se vous volés :
Car ses peres l'ot fait sovent monter
Par la dedens le bos ens en .I. pré

244 ber larges — 257 Autressi aiols el bos fait li bers.

265 Et le boin ceval core et trestorner,
De dit et de parolle l'en a moustré,
Aiols le retient bien comme senés ;
Et des cours des estoiles, del remuer,
Del refait de la lune, del rafermer,
270 De chou par savoit il quant qu'il en ert :
Avise la ducoise l'en ot moustré ;
Il n'ot plus sage feme en .x. chités.
Et Moisès l'ermite l'ot doctriné,
De letres de gramaire l'ot escolé :
275 Bien savoit Aiols lire et enbriever,
Et latin et romans savoit parler,
Ne en tere u il sache ja tant esrer.
Il apela son pere par amisté :
« Sire, por amor Dieu or m'entendés. (f. 98)
280 « Vos m'envoiés en France por conquester :
« Au fort roi Loeys irai parler ;
« Si n'ai apris mes armes a porter,
« Quant onques encore home ne vi joster
« Vers autre chevalier qui fut armé[s] :
285 « Sire, por amor Dieu, m'en aprendés
« De dit et de parolle, se vos savés,
« Se je sui en bataille n'en camp entrés,
« Et chevalier[s] me vient por agrever,
« Comment le porai jou mieus adamer ?
290 — Biaus fieus, » che dist Elie[s], « molt estes ber,
« Cortois et preus et sages et porpensés.
« Certes chou est grant sens que demandés,
« N'en devés de nul home estre blamés,
« Et je vos en dira la verité :
295 « Bien brochiés le destrier par les costés,
« Et baisiés vostre espiel, si le branlés,
« Tant com ceval[s] peut rendre vers lui venés,
« Grant cop sor son escu se li donés
« Que lui et le ceval acraventés,

277 *Lacune après ce vers?*

300 « Al recerqier des rens sovent tornés,
    « Monjoie le Karlon haut escriés,
    « Et sovent et menu grans cos ferés.
    « Par che serés cremus et redoutés;
    « Autretel fist vos peres que chi veés.
305 — Sire, » che dit Aiols, « c'est verités :
    « Bien conoi que c'est voir que dit avés.
    « Or vous plevi ge bien ma loiauté(s),
    « Ne ferai couardie en mon aé,
    « Ne felonie, traison porpenser,
310 « Ne ja a mon linage n'iert reprové
    « C'on i truisse boisdie ne lasquetés.
    — E dieus! » che dist Elie[s], « molt par es ber!
    « Bien sai qu'encore arai mes iretés
    « Par mon enfant Aiol(s) c'ai engenré.
315 — Ch'arés mon, » dist Aiols, « vos les rarés, (*b*)
    « De chou soiés vos tous raseurés :
    « Se Dieus me maine en France a saveté
    « Que al roi Loeys puisse parler,
    « Ançois que vos voiés (tout) cest an passer,
320 « Les vos voil toutes rendre et aquiter. »
    Quant Elies l'entent, liés fu li ber.

    X « Or en irés en Franche, Aiols, fiex gens;
       « Je vos commanc a Dieu omnipotent
       « Qui fist et mer et ciel et tere et vent,
325   « Qui de mort vos deffenge et de torment !
       « Biaus fieus, or soiés sages et de cler sens
       « Et se retenés bien castiement.
       « De Dieu(s) de sainte gloire, fiex, te deffenc,
       « La ou(ques) tu le saras en ton vivent,
330   « Ne pren a mavais home acointement :
       « Tost en aroies honte, mien ensient.
       « Un neveu ai en France qu'es[t] tes parens,
       « Il est fiex ma seror dame Hersent :

309 *Vers visiblement altéré* — 310 ne sera rep.

« S'a [a] non Gilebers o le cors gent,
335 « Si guerroie le roi u France apent :
« Tout chou fait il pour moi, dont est dolent
« Que il me taut me tere, mon casement.
« Biaus fieus, alés a lui premierement;
« Se il vos conissoit par nesun sens
340 « Il ne vos fauroit ja, mien ensient.
— Sire, » che dist Aiols, « c'est por noiant :
« Ains irai a mon oncle u France apent,
« De lui terai me tere, mon casement;
« Je ne querrai ja autre en mon vivent
345 « Jusques j'orai de lui le covenent,
« Car chou est li plus riches de mes parens. »
Quant l'entendi Elies, molt fu joians :
« Biaus fiex, molt m'enmervel u tu chou prens,
« Dont te vient cis memoires et chis grans sens.
350 — Lasse! » che dist Avisse o le cors gent,
« Certes c'est grant mervelle que ne me fent (c)
« Li ceurs que j'ai el ventre tout esranment,
« Quant or s'en va mes enfes si povrement
« Qu'il nen a chieres armes et garniment :
355 « Ja ne venra en tere n[e] entre gent
« Qu'il ne soit escarnis molt laidement.
— Dame, » che dist Elies, « c'est por nient,
« Encore en arés joie, mien ensient :
« Anuit songai .i. songe molt avenent
360 « Dont li ceurs me va molt esbaudissant.
« La u Aiols aloit, vos fiex li frans,
« Li bos et les gaudines, les forès grans
« Aloient contre lui tout aclinant;
« Ors, lion(s) et lupart, sengler, serpent,
365 « Devant lui se coucoient en chemin grant;
« A lor langues aloient ses piés lechant,
« Et Aiols les prendoit as mains devant,

356 esgarnis — 362 li forians cf. 397 — 364 serpens — 365 grans — 367 al mains

« Ses ploncoit en un[e] aigue et lee et grant;
« Tout li oisel de France, mes iex v[o]iant,
370 « Venoient contre lui a piet esrant
« Que il n'avoient eles ne tant ne quant;
« Aiols lor rendoit plumes de maintenant,
« En peu d'eure les fist lié[s] et joians.
« Dont revenoit [uns] aigle[s] fors et poissans
375 « Qui les autres oiseus va justichant;
« A lui se compaingoient .ii. ostoir blanc,
«·S'aloient en Espainge leus maintenant,
« Tout droit a Pampelune la chité grant :
« Li mur de la chité de la avant
380 « Aloient contre lui tout aclinant;
« La conquist une ymaige Aiols li frans,
« Nus hon ne vit plus bele en son vivant,
« Qu'il amena en France le cemin grant :
« Al moustier Sainte Crois [s'en] vi(e)nt esrant.
385 « Prestre, moigne, canoine [et] clerc lissant   (d)
« L'ymage baptisierent de maintenant :
« Ençainte me sambla veraiement,
« Puis vi de li issir .ii. colons blans.
« Dont m'esvellai del songe, n'en sai avant.
390 — Sire, » dist Moysès, li clers sachans,
« C'est [uns] boins qui vous vient si aprochant :
« J'ai hermites esté .xxxvi. ans :
« Si sai d'astrenomie le covenant;
« Je vos dirai del songe par avenant,
395 « Si que [jou] n'i faurai ne tant ne quant.
« La u Aiols aloit, vos fiex li frans,
« Li gaus et les gaudines, les forès grans
« Qui contre lui aloient tout enclinant,
« Che sera un[s] roiaumes plenier[s] et grans
400 « Qui sous Aiol sera tous apendans;
« Si avera corone el cief portans.
« Ors, lion et [lupart], saingler, (et) serpent

381 .i. ym. — 384-5 *intervertis* — 397 Les g.— 402 serpens

« Qui devant lui aloient le cemin grant
« Et vos fieus les plongoit en l'aigue grant,
405 « Che seront Sarrasin, Turc et Persant
« Qui por lui querront Dieu omnipotent
« Et prendront baptestire veraiement.
« Tout li oisel de France petit et grant
« Qui contre lui venoient a pié esrant
410 « Que il n'avoient eles ne tant ne quant,
« Aiols lor donoit plumes de maintenant,
« En peu d'eure les fist liés et joians,
« Che seront chevalier et boin sergant
« De la tere de France la de devant
415 « Qui perdu ont lor tere, lor casement :
« Par Aiol les raront delivrement.
« Ce senefient, sire, li ostoir blanc
« Que prendront compaingie a vostre enfant :
« S'en iront en Espaigne tout droitement,
420 « Dessi a Panpelune le chité grant.
« L'ymage que veistes, frans dus vaillans, (f. 99)
« Che ert une pucele molt avenant :
« Aiols l'ara a feme, vos fiex li frans ;
« Ele si ert ençainte de .ii. enfans
425 « Qui d'Espaigne feront tout leur talent.
« Si li songes est voirs, qui pas ne ment,
« Encore seront (il) roi li doi enfant,
« Cascun[s] ara corone el cief portans.
— E Dieus ! » che dist Elies, « pere poissant,
430 « Dame sainte Marie, qui vivra tant,
« Que jou aie tel joie de mon enfant?
« Je ne querroie vivre plus en avant.
— Sire, » dist Moysès, li clers sachans,
« Ne vos [en] alés pas esmervellant ;
435 « Vos estes jovenes hon, mien ensiant,
« Vous n'avés encor mie .xxxvi. ans :
« Tout chou porés veir et plus avant.

428 portant

XI « Sire, » dist Moysès, li sains hermites,
« Je vos ai dit del songe la profesie;
440 « Que chou que il tesmoigne tout senefie :
« Encore ert vos fiex rois, n'i faura mie. »
Aiol son fil baisa li france Avisse
Et les iex et la bouche et la poitrine,
Et trestout en plourant li prist a dire :
445 « Or en irés en Franche, fieus gentiex sire,
« Je vous commanc a Dieu le fil Marie
« Qui le chiel et la tere a establie
« Qu'il deffenge vo cors de vilenie.

XII — Filleul, » dist li hermites, « je te lairai.
450 « Volentiers te fis(t) bien et te levai;
« Je te mis non Aiol : si t'apelai
« Por amor de l'aiant c'o toi trovai;
« Or te lairai veir s'onques t'amai :
« Quant jou estoi[e] jovenes, .I. brief portai :
455 « Ne fu onques nus mieudres ne n'ert jamais,
« Li non de Jhesu Crist i sont tout vrai.
— Sire, » che dist Aiols, « tres bien le sai,
« Car par mai[n]tes foi[e]s esgardei l'ai ; (b)
« Dameldieu[s] le vos mire quant je l'arai.
460 — Filleul, » dist li hermites, « jel te donrai. »

XIII Moysès prist le brief, se li dona ;
De sor le destre espaule li saila.
Aiols li fiex Elie se regarda,
Ançois qu'il [l']ait ploié si l'esgarda,
465 Bien et cortoisement se desresna :
« E Dieus ! » che dist li enfes, « quel brief chi a!
« Makaire[s] de Losane le comperra ;
« Se il m'atent a cop, le chief perdra !
469 « Mes honors et mes teres me rendera !

XIV — Filluel, » dist li hermites, « tu as le brief;

446 fiex — 463 le r. — 464 le regarda

« Il ne fu onques mieudres ne jamais n'iert.
« Tant con l'aras sor toi ne doute rien :
« Fus ne te peut ardoir n'eiwe noier.
— Sire, » che dist Aiols, « gardés ert bien. »
475 Il apela son pere par amistié :
« Vous m'envoiés en France por ga[a]ignier,
« Al fort roi Loeys pour acointier.
« Bien savés que valès ne escuier[s]
« Ne doit aporter armes s'ert chevalier[s] :
480 « Sire, por amor Dieu m'aparelliés !
« Quant je venrai al roi qui Franche tient
« Que ne soie entrepris por escuier. »
Quant l'entendi Elies, molt en fu liés :
« Biaus fiex, molt estes sages et afaitiés :
485 « Les armes arés vos molt volentiers. »
Isnelement le fist aparellier :
El dos li ont vestu l'auberc doublier,
Et Avisse li lache l'elme ens el cief;
Puis l'apela Elies par amistiés,
490 Qu'il li vaudra ja çaindre le branc d'achier
Et doner la colee, s'ert chevalier[s].

XV « Or en irés en France, fiex, » dist li mere,
« Servir roi Loeys nostre enperere.
« Jhesu[s] vos i laist faire tele saudee   (c)
495 « Dont li cors soit garis, (et) l(i)' ame savee.
« Por Dieu n'obliés mie vostre chier pere
« Qui chi remaint (mait) malades en tel contree :
« Ne l'i regardera parens ne frere.
— Dame, » che dist Aiols, » Dex li saveres,
500 « Qui fist et ciel et tere et mer betee,
« Garisse moi et vos et mon chier pere!
« Molt par fist grant pichié cil vostre frere
« Qui si vous a de France escaitivee.
« Mais se [je] puis venir en la contree

473 le p. — 479 sest ch. — 498 parent

505 « A bataille furnie ne ajoustee,
« Tant i fer[r]ai de puin et de l'espee,
« Enfressi c'a .I. an, ma douce mere,
« Vos quic avoir vo tere si aquitee,
« Qu'encore en esterés dame clamee.
510 « Or en irai huimais, (car) l'aube est crevee. »
Il est venus al lit u gist ses peres,
Et Elies l'apele, çaint li l'espee
Qui tant estoit tranchant et longe et lee :
Moysès li hermites l'ot aportee,
515 Qui .xv. ans tous entiers l'avoit gardee,
Sovent l'avoit forbie et ressuee
Qu'el ne fu enrunjie ne tre(s)salee ;
Et Elies li a al flanc seree ;
Mais la resne ert rompue et renoee.
520 Elies a la paume amont levee :
Si en dona son fil une colee :
« Biaus fiex, » che dist li dus, « Dex li saveres
« Te doinst pris et barnage longe duree !
« Armes as tu molt boines, [et] molt m'agree.
525 « La bronge c'as vestue est si seree
« Onques por caup de lance ne fu fausee ;
« Li elmes dont avés le teste armee
« Si m'a gari de mort en grant mellee :
« Ains ne fu enbarés por caup d'espee ;
530 « La vostre qu'avés çainte est si tempree (d)
« Qu'il n'a nule millor en .VII. contrees.
« Se Dex vos done avoir et grant saudee,
« Por Dieu n'obliés mie [la] vostre mere
« Qui chi remaint si seule et esgaree. »
535 Li hermites s'en torne sans demoree :
En sa capele en entre qui est sacree,
Les armes Dameldieu a recovrees,
Si a l'enfant Aiol messe chantee :
Aiols trestout armés l'a escoutee ;

517 Quil

540 En Marchegai monta quant fu finee,
Et pendi a son col sa targe lee,
Et prist se grosse lanche viese enfumee :
A Dameldieu commande et pere et mere.
La ot al departir tel doulousee,
545 Por l'enfant est la dame .iii. fois pasmee.
Et Aiols s'en torna sans demoree,
Et trespasse les bos et les contrees,
Les puis et les montaignes et les valees ;
Or ira reconquere l'onor son pere
550 Dont sa mere est a tort escaitivee :
Jamais n'avra repos s'ert aquitee
Et si l'avra en Franche ains ramenee ;
Mais il l'ara ançois molt dessiree
554 Et si l'ara ançois chier comperee.

XVI Des or s'en va Aiols, s'a pris congié.
En un bos en entra grant et plenier ;
De .v. lieues plenieres n'avoit plaisié,   (f. 100)
Ne vile, ne recet por herbergier
For[s] seul a l'ermitage c'avoit laisié ;
560 Dameldieu reclama le vrai del ciel :
« Dameldieus, sire peres, voir[s] droituriers,
« Qui la mer et le mont as a jugier,
« Tu me garis de mort et d'encombrier ;
« J'ai men pere malade el bos laisié,
565 « Peu m'a apris d'estor et ensaignié :
« Se je fuirai por hom s'il me requier[t] ?
« Quant l'un[s] ne connoist l'autre et il li vient,
« Molt l'ai oi conter des chevaliers,
« Quant il sont bien armé sor les destriers,
570 « Il brocent lor cevax qui molt vont bien ;
« Cascun[s] al miex qu'il peut l'autre requiert ;
« Grans cos s'en vont doner sans atargier,

548 moitaignes — 554 *Miniature avec cette rubrique* : CH'EST CIII ENSI COM AIOLS A PRIS CONGIET A PERE ET A MERE ET AL SAINT HERMITE ET S'EN VA VERS FRANCHE.

« Qui ne ciet ne ne verse cil le fait bien,
« S'il ne brisent lor lances si sont irié :
575 « Il jetent lor tronchons jus a lor piés,
« Puis traient les espees as brans d'achier ;
« Mervelleus cos se donent parmi les chiés.
« Dameldieu, sire pere, je n'en sai riens,
« Ne onques ne vi jouste de chevaliers
580 « Ne cenbel ahastir ne commenchier. »
Dont broche Marchegai son boin destrier,
Et Marchegai li saut .xiiii. piés :
« E Dieus ! » ce dist Aiols, « or l'a je chier :
584 « Jamais jor de ma(i) vie nel quier cangier. »

XVII Des or s'en va Aiols, l'enfes gentis,
Le sentier par le bos molt esmaris ;
Dameldieu reclama de paradis :
« Glorieus, » fet il, « [pere], qui me fessis,
« Et le ciel et le terre as a baillir,
590 « Tu me garis de mort et de peril.
« Ainc ne vi chevalier autre ferir,
« Ne cenbel commenchier ne maintenir.
« Ja Dameldieu ne plache qui le mont fist (b)
« Que puisse entrer en France le Loeys
595 « S'aie veu joster par devant mi
« Issi c'aucune cose en aie appris. »
E Dieus ! si ne fist il, che m'est avis,
Ne fuissent les proiere[s] q'Avisse fist
La soie vaillant mere al cors gentil,
600 Et Elie ses peres en proie aussi
Jhesu de sainte gloire qui ne menti,
Senpre fust retenus u mors u pris,
Q'a l'issue del bos ens el chemin
Ot .iiii. chevaliers tout Sarrasin[s],
605 Et vien[en]t de saudee, molt ont conquis,
Assés portent avoir et vair et gris,

580 abastir — 598 la pr. qauissi

Et argent et denier[s] et boin or fin.
De l'ost roi Mibrien furent parti,
Torné de Pampelune, le riche chit,
610 Et cherkent les fourier[s] et les lairis,
Et furent dessendu en droit midi
Por lors cors aaisier et refroidir :
En l'ombre se couchierent d'un ramé pin;
Lor escuier bohordent sor lor roncin[s],
615 Les escus lor signor a lor caus mis
Por eus esbanoier par le lairis.
L'uns s'eslaisse vers l'autre, sel vait ferir,
Toute plaine sa lance jus l'abati,
Et cil resaut en piés, monte el roncin.
620 Aiols les regarda qui del bos vint
Volentiers et de gré, et si s'en rist,
Et jure Dameldieu qui ne menti
Sil l'atendent a cop qu'il fera si.
Il broche Marchegai sor coi il sist :
625 Li cevals le senti, si tressailli,
Des esperons a or tous en fremi,
Car molt avoit grant pieche [que] nes senti
Fors al premier eslais que el bos fist;
Il est issus del bos, vint el lairis, (c)
630 Galopant vait vers aus tou[t] le cemin.
Li escuyer l'esgardent, si l'ont coisi,
L'uns s'eslaisse vers l'autre tous aati[s],
Grant cop li vait doner sor l'escu bis :
Mais tant est fors et durs ne l'a maumis
635 Que il n'avoit milleur en nul pais :
Sa lanche pechoia, n'a plus conquis.
Aiols fu chevaliers preus et gentis :
Bien s'afiche el destrier, n'est pas guencis;
Le glouton regarda, sel fiert aussi.
640 De l'escu li percha tain et vernis,
Grant cop li a doné en mi le pis;
Le fer de son espiel el cors li mist,
Toute plaine sa lanche mort l'abati.

Encore estoit Aiols si enfantis
645 Ne li quida mal faire, se li a dit :
« Remontés tost, vallet, sor vo ronci :
« Demain vos tenés miex se estes ci !
— Cuivers, » che dist li autres, « tu l'as oci[s] !
— N'en puis nient, « dist Aiols, » se Dieu[s] m'ait !
650 « Ansi quidai juer con tu fesis.
« Puis que cestui ai mort, or garde ti !
« Encor(e) sara je bien tel cop ferir
« U plus grant s(e)' il se peut adevenir.
« Sire Dieus, boine estrine, » Aiols a dit.
655 « Chou est li premier[s] hon c'onques feri.
« Or m'est il bien avis je l'ai ochi[s] :
« Or doinst Dex que che soit .I. Sarrasins !
« Desor gent chrestiane ne quir ferir.
— Cuivers, » che dist li autres, « si estoit il,
660 « Mais tu le comperas, par Apolin ! »
Quant l'entendi Aiols, lié[s] en devint.

XVIII   Or fu Aiols li enfes en mi le pré,
Et li .III. escuier sont molt iré
Que lor compains gist mors en .I. fossé.
665 L(i)' uns s'en vient vers Aiol tous [a]irés ; (d)
Il a brandie l'anste al fer quarré,
Vait ferir en l'escu viés enfumé :
Tant estoit fors et durs n'est pas troés.
Aiols fu chevaliers preus et menbrés :
670 Bien s'afiche el destrier, n'est pas versés,
Et cui Dieus veut aidier il est savés !
Le glouton esgarda, si fist autel,
En mi le pis li ra tel caup doné
Que trés par mi le cors li fist passer
675 La boine lance toute al fer quaré,
Que mort l'a abatu en mi le pré.
Comme li doi le virent, si sont iré,

671 qui

Isnelement fuiant s'en sont torné,
Vinrent as Sarrasins, si ont crié :
680 « Por Mahomet, signor, car secourés.
« Chi traverse .I. vallès par mi che pré,
« Nos compaingons a mors et afolé[s] :
« Des armes que il porte sanble maufé. »
Li .IIII. paien l'oent, si sont iré ;
685 Il saillirent en piés, si sont levé,
Et vinrent as chevaus, si sont monté,
Et prendent les escus a or bendé,
Et saisirent les lances as fers quaré[s] :
Vers le dansel s'eslaisent tout abrivé.
690 Et Diex garisse Aiol par sa bonté
Qu'il ne soit mors ne pris ne afolé[s] !
S'or ne se peut deffendre par sa bonté
Ja l'averont ochis et afolé,
694 Car parent ne cousin n'i ot mené.

XIX Or fu Aiols li enfes en mi le pre[e]
Et li .IIII. paien lés le ramee ;
Monté sont es chevaus de lor contree,
Mais n'orent que .II. targes a or bendees ;
S'orent .II. groses lances longes, ferees,
700 Et les autres estoient el camp remeses
As escuiers qui erent en mi la pree.   (f. 101)
Et li paien chevaucent, n'i aresterent ;
Vers le dansel s'eslaisent grant alenee :
L'un[s] des paiens li crie : « Traitre, leres,
705 « Fieus a putain, garçon, traiés l'espee,
« Se le me bailliés tost se ele est clere :
« Mon escuier as mort, s'estoit mes frere. »
Aiol[s] a juré Dieu qui est saveres :
« Se tu nen es plus durs que li autre ere
710 « Tu comperas anqui ceste criee. »
Il broche Marchegai sans demoree ;

678 Ilnelement — 681 vallet

Li paien[s] li trestorne de randonee,
Grans cos se vont doner es targes lees.
Li Turs brise sa lance de neuf fere[e],
715 Mais li Aiol se tient qu'est enfumee
Que la targe li a frainte et troee
Et la bronge del dos li est fausee;
Par mi outre le cors li est passee
La lanche a tout le fer ensangle[n]tee
720 Que mort l'a abatu en mi le pree.
A haute voix escrie : « Diex saut mon pere !
« Toutes ses vieuses armes bien ai gardees.
« Fiex a putain, paien, avés soudee;
« Pire est vo neve lance de l'enfumee.
725 « Qui me donroit des neuves une caree,
« Ne donroie la moie, car molt m'agree. »
Puis a le grosse lance tost recovree,
Contremont vers le ciel si l'a levee.
« Dameldieu, » dist il, « sire, [glorieus] pere,
730 « Garissiés hui mon cors, v[e]rais saveres ! »
Et va ferir .i. autre qui s'apresteve
Que la targe li a par mi trouee ;
Li Sarrasins trestorne qui l'a doutee;
A Aiol(s) est sa lanche droit escapee :
735 Ens el treu de la targe en est remese,
Et li paien[s] s'enfuit par mi la pree :
Si traine la lance viese enfumee.   (b)
Aiols gete la main, si trait l'espee,
Si vait ferir le Turc une colee
740 Que la teste li a du bu sevree.
Li quars s'en va fuiant de randonee,
Et quant le voit li ber, ne li agree.
Si aquelli celui par mi l'estree
Qui trainoit la lance viese enfumee ;
745 Après lui est venus sans demoree ;
Hautement li escrie : « Amis, biaus frere,

721 deix — 722 mont bien g. — 725 .i. car.

« Car me rendés ma lance, s'il vos agree.
« N'en voil nule de vos neve(s) planee,
« Car la moie est plus roide et enferee.
750 « .IIII. sous vous donrai de ma contree :
« Par foi, ceus me carga l'autrier mes peres. »
Li paiens l'entendi qui se desree,
Il regarde la lanche qu'(il) a trainee ;
Il trestorne la main, jus l'a jetee ;
755 A esperons s'enfuit par mi la pree,
Et Aiols a se lance tost recovree ;
Contremont vers le ciel si l'a levee :
« Dameldieu, » dist il, « sire, glorieus pere,
« Or a jou bien veu jouste membree :
760 « Ahi ! c'or nel savés, Elies peres,
« Que j'ai si grant bataille chi afinee !
« Dieus ! si lie en fuisiés, Avise mere !
« Je ne sai qui cil sont, de quel contree.
« Dameldieu[s] me confonge, li voir[s] saveres,
765 « Se ja de lor avoir en porc desree.
« Ne sui pas marcheans qu'aie borsee,
« Ains m'en vois reconquerre l'onhor mon pere,
« Dont ma mere est a tort escaitivee. »
Il entra en sa voie grant et feree
770 Et trespasse les mons et les valees.
Adonc fu il molt prè(e)s de la vespree ;
Aiol[s] reclaime Dieu le v(e)rai savere
Que boin ostel li doinst li nostre pere.   (c)
Il trova .I. ostel en selve clere :
775 De sain[s] moines i a de sa contree
Qui por l'amor de Dieu bien l'ostelerent :
Pain et vin a l'enfant por Dieu donerent ;
Marchegai son destrier li establerent,
Trés en mi le maison li assenerent,
780 De l'avaine et del feure se li don[e]rent :
E Dieus ! si ber le fissent ! cose est provee.

774 el s. — 777 dex

Il avoit .vi. larons en la contree :
Sovent les assailloi[en]t as ajornees;
Ançois la mienuit laiens entrerent,
785 Les moignes de laiens enkenbelerent,
Lor escrin et lor arces tous deffremerent,
Les livres et les dras tous en jeterent
Et trestout l'autre avoir qu'il i troverent,
Et de sor Marchegai trestout torserent ;
790 Aiols dort d'autre part; ne l[e] troverent.

XX Li laron ont les moine[s] enkenbelés
Et les serjans loiés et encombrés ;
Les escrins et les arces ont deffremés,
Les livres et les dras ont fors jetés,
795 Et desor Marchegai trestous torsés.
Aiols en une cambre d'autre part ert :
La se dormoit li enfes qui mot ne set.
Celui n'ont li laron mie trové :
Signor, n'est pas mençoinge, c'est verité;
800 Cil cui Diex veut aidier il est trovés.
Aiols est esvelliés, vit le clarté,
Car li laron avoient fu alumé ;
Les sergans ont loiés et encombré[s] :
Si a veu les moines enkenbelés,
805 Les escrins et les arces vit deffremés;
Si en a son ceval veu mener :
Or ne demandés mie s'il fut irés;
Dameldieu reclama de majesté :
« Dame sainte Marie, or secourés :   (d)
810 « Se mon ceval enmainent mal ai esré.
« Jamais en douche Franche ne quir entrer
« Ne ne rendrai mon pere ses iretés. »
Il sailli fors del lit, si est levés ;
Près estoit de ses armes, si s'est armés :
815 Il a l'auberc vestu, l'elme fremé,

782 .vii. l. — 795 trestout — 800 qui

Et a çainte l'espee a son costé,
L'escu par les enarmes al pis seré.
Il saut fors de la cambre a le clarté,
A sa vois qu'il ot haute lor a crié,
820 Si lors dist fierement : « Signor, estés !
« Por qu'avés vos ces moines e[n]kenbelés
« Et ces serjans loiés et encombrés ?
« Cel ceval, s'il vos plaist, me renderés :
« Vos n'i avés nul droit, car Dex le set :
825 « Mes peres le nori quil m'a doné ;
« J'en averai soufraite sel me tolés. »
Et respondi li maistres : « Avant venés !
« Si serés or en droit tondus et rés :
« Nous vos ferons corone al desevrer ;
830 « Ensamble avoec ces moines demo[re]rés :
« Matines et complie [si] canterés. »
Quant l'entendi Aiol[s], molt fu irés.
Quant il ot que merchi ne pot trover,
De Dieu les desfia par grant fierté :
835 Puis a traite l'espee qu'iert a son lés.
Si vait ferir le maistre qu'il ot parler :
Amont par mi le cief l'a encontré
Que la teste del bu li fait voler ;
Puis reva ferir l'autre ; si l'a coupé,
840 Et escrie : « Montjoie ! » par grant fierté.
« Fiex a putain, larons, n'i du[re]rés.
« Chou est Aiols li enfes c'avés trové,
« Qui fu noris el bos, qui rien ne set :
« Mais il vaura aprendre tout chest(i) esté
845 « Comment chevaliers autre doit encontrer (f. 102)
« Et en ruiste bataille armes porter.
« Tout estes mort et pris se m'atendés,
« Ja devant cheste espee ne garirés,
« Ains en serés tout mort et afiné(s).
850 « Car mes peres me dist al desevrer

842 enfen — 849 tous mors

« Que il n'avoit millor en .x. chités :
« Et tout chou qu'il me dist ai jou trové(s). »

XXI Aiols ot des larons les .ii. ochis :
Il escria as .iiii. : Rendés vos pris!
855 « Del pendre u de l'ardoir ert mes plaisirs. »
Li laron respondirent : « Fel Dieu menti,
« Nos compaignons avés mors et ochis;
« Vous le comperés chier ains l'esclarcir. »
Grans maçues avoient, bien l'ont requis :
860 Aiol[s] leva l'escu desor son vis,
Et fiert .i. des larons qu'il consui
Que la teste li fist del bu partir.
Puis s'escrie : « Monjoie! » par grant air,
864 « Fiex a putain, laron, tout estes pris! »

XXII Aiol[s] ot des larons les .iii. tués,
Il referi le quart par grant fierté(s)
Que la teste li fist del bu voler.
Li dui tout en fuiant s'en sont torné,
Et Aiols les encauche par grant fierté.
870 S'en a l'un retenu, l'autre tué.
A l'abie revient tout le (cemin) feré,
Puis desloia les moines par [grant] bonté.
Hautement escria : « Cestui prendés,
« A le brance d'un caine si le pendés,
875 « Car tout issi doit on laron mener. »
Et cil si fissent sempre sans demorer.
La commencha justiche Aiol[s] li ber;
Puis le mainti(e)nt il bien tout son aé.
Huimais porés oir la verité
880 Com il rendra sen pere son ireté,
Car par grant traison en fu jetés. (*b*)
La nuit i sejorna jusc'au jor cler :
Congiet a pris as moines, si s'est armés.

856 dex menti — 859 Grant — 866 refiert

Aiol[s] monte el ceval, s'en est tornés;
885 En son maistre cemin en est entrés.

XXIII Des or s'en va Aiol[s] lance levee
Et trespasse les plains et les contrees,
Et les grans desrubans et les valee[s];
Venus est a Poitiers a .v. jorneés.
890 Che fu par .i. joidi a la vespree:
Aiols entra es rues par mi l'estree;
Sa lance estoit molt torte et enfumee,
Et ses escus fu vieus, la boucle lee,
Et sa resne ronpue et renoee,
895 Et les piaus de son col sont descirees.
Li ceval[s] vit les armes mal atirees :
Il fronche des narines, la geule bee;
Aiols li tient le resne estroit seree,
Ausi porte [la] teste en haut levee
900 Que li cers que on cache a la menee,
Quant li bracet le cacent a la ramee.
Chevalier et borgois l'en esgarderent,
Et dames et puceles es tors monterent,
Et dist li un[s] a l'autre : « Voiés, compere,
905 « Par la foi que vou[s] doi, qui est chis leres ?
« Ces armes que il porte a il enblees,
« Mais molt par a le chiere [et] bele et clere,
« Et bien resamble fiex de france mere. »

XXIV Des or s'en va Aiol[s] molt irascu[s]
910 Quant tout le vont gabant, grant et menu.
E vous .i. lecheor corant venu :
D'un celier ist tous ivres, qu'il ot beu,
Et ot jué as deis, s'ot tout perdu;
Corant vint a Aiol, si l'arestut,
915 Par le frain le sacha par grant vertu.
« Maistre, » dist li lechieres, « estes venu[s]?

890 verpree

« Qu'avés tant demoré al boin eur ? (c)
« Mi compaignon vos beent, tout ont perdu.
« Cis chevaus est moult maigres et confondu[s] :
920 « Il estera anqui al vin beu,
« Et cele lance roide et cis escu[s].
« Qui vous dona che frain a or batu ?
« Les resnes en sont routes, mais [molt] boin[s] fu. »
Par le frain le saisi, si l'arestut.
925 Marchegai le regarde, si nel connut :
Il hauce le pié destre, si l'a feru,
Par desous le braioel ens el vui bu,
Que tout son pié li a el cors repu[s] :
Joste lui l'abat mort tout estendu.
930 « Cuivers, » chou dist Aiols, » a (il) vous feru ?
« Que gisiés vous illeuc ? car levés sus !
« Racatera mon gage .v. sous u plus. »
Et cil borgois s'en gabent qui l'ont veu,
Et dist li uns a l'autre : « Trai toi en sus !
935 « Cis est de la taverne trop tost issus ;
« Che samble des cevaus le roi Artu :
« Ne peut consentir home que tout ne tut.
« E Dex ! com a loer fait cis escus !
« Che resamble des armes dant Esau
940 « Qui vesqui par eage .c. ans u plus. »
Quant l'entendi Aiols, dolans en fu,
Parfondement reclaime le roi Jesu.

XXV Des or s'en va Aiol[s] par le marchié,
Lui ne chaut s'est occis li pautoniers,
945 Car molt l'avoit gabé et laidengié ;
Molt le vont porsivant trestout a pié
Et serjant et borgois et escuier
Et dames et puceles et ces molliers ;
Ains mais n'entra tel joie dedens Poitiers.
950 Et dist li uns a l'autre : « Cousin, voiés :

938 fait a l.

«Tout avons de novel regaig[n]ié,
«Car chi nous est venus un[s] chevaliers
«Qui samble del parage dant Audengier.» (d)
Li borgois sont felon et malvoisié :
955 Molt li aront lait dit et reprovier :
«Dites, sire, u menrés [i]cel destrier ?
«Bien ait qui vous aprist a cevauchier.
«Vous vengerés Fouré quant tans en [i]ert.
«De la cose a nos moines aiés pitié ;
960 «Ne vous caut aparmain, [si] le laisiés :
«Il prieront pour vos en lor sautiers,
«Quant il canteront [messe] en lor moustier :
«De rober ordené c'est grans pichiés.
«Faites nous un eslais par che marchié.
965 «Li chien de ceste vile s'en sont gagié
«Qu'il mengeront le car de cel destrier.
«Chiés Pieron le sue[u]r vos herbergiés ;
«Se li donés .v. sous de vos deniers :
«Il vous aprend[e]ra quir a taillier ;
970 «Vos viverés molt bien de cest mestier :
«On ne doit avoir honte de gaingier.»
Quant Aiols l'entendi, si fu irié(r)s.
Bel et cortoisement lor respondié :
«Signor,» che dist li enfes, «car vos targiés :
975 «Dameldieus vos pardoinst tous vo[s] piciés !
«Alés a vos osteus, si me laisiés,
«Ja ne me tieng [jou] mie a gui[n]lechier :
«Caitis sui d'autre tere, nel quier noier ;
«Qui qui me tiegne a vi(e)l, je me tieng chier.»
980 Alquant s'en retornerent qu'en ont pitié.

XXVI   Signor, ja savés vous, s'est verités,
Il n'en a sous siel home de mere né(s),
Tant soit jovenes et fors et adurés,
S'estoit en autre terre escaitivés

963 grant

985 Qu'il fust povre de dras et desnués,
Que ne soit laidengiés et molt gabés,
Et qu'il ne soit tenus en grant vieuté(s);
Ausi fu en Poitiers Aiol[s] li ber(s),
Que trestout le porsievent par la chité : (f. 103)
990 « Vasal, chevalier, sire, a nous parlés :
« Furent ces arme[s] faite[s] en vo resné ?
« Fu Audengier[s] vos peres qui tant fu ber
« Et Rai[m]berghe vo mere o le vis cler ?
« Iteus armes soloit toudis porter.
995 « Car remanés o nous en cest esté ;
« A ceste Pentecouste nos ju[s] ferés :
« Vo chevaus ert torchiés et abevrés,
« Si nous en juerons par la chité. »
Quant Aiol[s] l'entendi, molt fu irés :
1000 Il s'oi blastengier, si fort gaber ;
Et ire et mautalent, bien le savés,
A de hardement home tost enbrassé.
Il li vint en talent et en pensé
Que il traisist del feure sen branc let[r]é,
1005 Et qu'il lor courust sus tout abrivé[s],
Quant del consel son pere li est menbré,
Et del castiement del gaut ramé.
Por tant si a son sens ramesuré :
Belement lor respont par humleté :
1010 « Signor, Dieus le vos mire, laisiés m'ester ;
« Vous faites vilonie que me gabés ;
« Et tort et grant pichié et mavaistés :
« Ainc ne vos mesfis riens en mon aé.
« Se je suis povres hom, Dex a assés,
1015 « Li rois de sainte gloire de majesté
« Qui le ciel et le tere a a garder,
« Et del sien me pora grant part doner :
« Quant Dameldieu[s] vaura, j'arai assés. »
Li auquant s'en tornerent qu'en ont pité ;
1020 Por chou que belement l'oent parler.
Es vous .I. lecheour tout abevré,

Qui en .I. celier ert tous enivrés,
Et s'estoit de ses dras tous desnués.
Par le frain le saisi, si l'a tiré,
1025 Que .IIII. piés ariere le fist passer. (b)
« Vasal, » dist li lechieres, « a moi parlés !
« Anuit herbergerés a mon ostel :
« Une de nos mescines al lit arés,
« Trestoute le plus bele que quesirés,
1030 « U toute la plus laide, se miex l'amés.
« Li vostre haubers sera au pain portés,
« De vostre elme arons vin a grant plenté,
« De vos cauchiers arons poison assés. »
Isnelement en est avant passés,
1035 Se li ala le frain del cief oster,
Atout vers le taverne en est tornés.
Quant Ma[r]chegai se sent si delivrés
Del frain que de la bouche li ont osté(s),
Onques si fais chevaus ne fu trovés :
1040 J'oi le mestre dire qu'il fu faés.
Après le glouton va tous abrivés,
Il cluinge de l'orelge, si l'a hapé,
Amont el ateriel si l'a combré
Que .IIII. piés de tere l'a souslevé,
1045 S(e)'a escouse la teste, sel laist aler :
Li glous chei a tere, si est pasmés
Que par mi les narines saut li sans cler[s].
Aiols le retorna tout de son gré,
As piés de son ceval l'a defoulé
1050 Que .III. costes li a el cors froé.
De son ceval s'abaise li baceler[s],
Se li ot tout del puin le frain osté,
Et chief de son ceval l'a refremé :
« Vasal, » che dist Aiols, « car vos levés :
1055 « Se vous volés del mien, si en arés.
« Certes je ne vieng pas por marier. »

1031 hauberc — 1039 fait — 1047 sanc

Adonc s'en gabent tout par la chité,
Borgois et damoisel et bacheler.
Et dist li uns a l'autre : « Por Dieu ! veés :
1060 « Onques [mès] tés chevaus ne fu trovés :
« Che peut bien estre voir qu'il est faés. » (c)

XXVII Des or chevauce Aiols grains et plain[s] d'ire,
Car tout le vont gabant aval la vile,
Borgois et damoiseles et [les] mescines :
1065 « Vasal, parlés a nous, chevalier sire :
« Furent ces armes faites a vostre guise ?
« Ains en [tous] nos aés teus ne veismes. »
Aiols lor repondi grant cortoisie :
« Signor, laisieme ester, Dex le vos mire :
1070 « Frans hom(e) qui ra[m]prone autre par estouthie
« Il doit sa tere perdre et sa franchise ;
« Laron doivent gaber, gent s'il le triche,
« Cil qui sont engenré par iresie. »
Li auquant s'en tornerent, si s'umelient,
1075 Et vienent au glouton, se li escrient
Qu'il s'en fache porter a ses mescines.
Li glous s'en va plaingnant, du ceur sopire,
Et demande le prestre, ne pot plus dire.
Et garçon et ribaut tout li escrient :
1080 « Tu as hapé le frain, si n'en as mie. »
Atant es .1. borgois manant et riche :
Cil ot a non Gautiers de saint Denise ;
Senescaus fu .v. ans le duc Elie
Et por son droit signor Aiol avisse :
1085 Il le resamble miex qu' home qui vive.
Il vaura ja parler de grant franchise.

XXVIII « Signor, » dist li borgois, « laissiés ester :
« Cascuns se deveroit bien porpenser
« Que il n'a .1. tout seul en cest(e) resné,

1070 Franc — 1072 *vers altéré.*

1090 « Tant soit et fors et jovenes [et] bacheler[s],
« S'ert ore en autre tere escaitivés,
« Qu'il fust povre de dras et desnués,
« S'il s'ooit laidengier et si blamer,
« Ne fust ja plus honteux et abosmés
1095 « Courechous et dolans et airés;
« Vos veés qu'il est enfes et bachelers,
« N'a pas apris les armes bien a porter, (d)
« Et si n'a home mort n'autrui navré,
« Ne nule rien tolu n'autrui enblé,
1100 « Et vous le laidengiés et ranpronés !
« Ançois le deusiés o vous mener,
« Et por Dieu herbergier et osteler. »
Li preudom(e) l'apela par amistés :
« Damoiseus de boin aire, cha entendés,
1105 « Se vous volés ostel, nel me celés :
« Se vous herbergerai par carité
« Por amor mon signor que resamblés,
« Le gentil duc Elie qui tant fu ber.
« Il fu cachiés de France par poesté
1110 « Par le conseil Makaire le deffaé :
« Vous le resamblés plus que home né;
« Por le soie amisté(s) avrés ostel.
« Se vos chevaus ne fust si descarné[s],
« Miex samblast Marchegai que riens soz Dé.
1115 « Por l'amor del destrier que j'ai nomé,
« Avra cis de l'aveine a grant plenté. »
Et Aiols respondi comme senés :
« Sire, Diex le vos mire qui nous fist né[s] ! »
Li preudom l'enmena a son ostel :
1120 Si a la nuit Aiol bien ostelé(s),
E si fist Marchegai bien establer;
Trestous les .IIII. piés li fist ferer.

XXIX Aiols li fiex Elie fu herbergiés;

1103 lapele — 1114 sor — 1122 Trestout

3

L'ostes qui l'herberga ot non Gautiers,
1125 Senescaus fu Elie .v. ans entiers
Et fu de mainte cose bien aaisiés.
Aiol en amena en sen sollier;
Par amor l'a assis lés sa mollier
A une ceminee de marbre chier,
1130 Joste .i. fu de carbon grant et plenier.
Li ostes l'en apele par amistié :
« Dont estes? de quel tere, biaus amis chiers?
— Sire, jou de Gasconge, » cil respondié; (f. 104)
« Mes pere fu grans hon, bien le sachiés,
1135 « Ja fu riche[s] d'avoir et enforciés ;
« Mais il est par grant guere tous essiliés
« Et si est par malage afebloiés.
« Jel laisai de l'avoir si entrepiés
« Qu'il n'en avoit vaillant .iiii. deniers,
1140 « Ne mais que .iiii. sous qu'il m'a cargiés.
« Or m'a bailliet ces armes et ces[t] destrier :
« Si m'envoia en Franche por gaingier,
« Al fort roi Loeys pour acointier.
— Amis, Dieus te consaut par sa pitié;
1145 «Ançois avrés grant paine que i v(i)engiés. »
Puis demanderent l'aigue, si vont mangier;
Issi comme en quaresme sont aaisié :
Assés orent poison, pain et vin vié.

XXX Quant il orent mengié a grant plenté,
1150 Li ostes le rapele par amisté :
« Damoiseus de boin aire, a moi parlés.
« Aler devés en Franche, ce me contés,
« Al fort roi Loeys por conquester :
« Vos armes sont molt laides que vos portés
1155 « Et vos escus est viés et enfumés;
« Vos chevaus est [molt] maigres et descarnés;
« François sont orgellous desmesuré(s)
« Et si sont coustum[i]er de lait parler :
« Laidengier vos vauront et ranproner.

1160	— Sire, » che dist Aiols qui molt fu ber,
	« [A] soufrir m'estevra et endurer,
	« Et toutes les parolles a escouter,
	« Les boines et les males laisier aler,
	« Tant com Jesu plaira de majesté,
1165	« Et jou ere d'avoir plus amontés.
	— Amis, » che dist li ostes, « molt bel parlés :
	« Se vos poés chou faire, vos vainterés.
	« Les chemins verés gastes et encombrés :
	« Il i a des larons a grant plenté : (b)
1170	« Se vo ceval vos tolent, que deverés,
	« Et trestoutes vos armes que vos portés ?
	« Jamais en douche Franche nen enterés.
	— Sire, » che dist Aiol[s], « laisiés ester :
	« Teus les vaura avoir et conquester,
1175	« Nes avra mie tot a (sa) volenté,
	« Et chier le compera ains le porter !
	— Amis, » che dist li ostes, « or m'entendés.
	« Il i a un lion d'antiquité,
	« De la prison le roi est escapés.
1180	« Tramis li fu de Rome par [grant] chierté :
	« Il a mengiet son maistre et devouré.
	« Or est si en parfont el bos entré ;
	« A paine [i] ose hons tout seus aler.
	« Il en a .c. ochis et afolés :
1185	« Le chemin a senestre, frere, tenés,
	« Et l'autre voie a destre celui lairés;
	« Car se il vous encontre n'i garirés,
	« Ne vous ne vo[s] ceval[s] n'i durerés,
	« Que ne soiés mengiés et devourés.
1190	— Sire, » che dist Aiol[s], » laisiés ester,
	« Que ja par lion n'ere [jou] encombrés,
	« Se Dieus garist l'espee que j'ai au lés.
	« Toute ma droite voie vaurai aler :
	« Cil cui Dex veut garder bien est gardés.
1195	« Volentiers dormiroie s'estoit vos grés. »
	Quant li borgois l'entent, si est levés,

Se li fait son lit faire par amisté,
Et Aiols se coucha qui est lassés.
Li borgois lés sa feme va reposser;
1200 En sa cambre perine en est entrés.
Quant il se fu couchiés, si a parlé :
« Douche seur, bele amie, cha entendés :
« Ai ! Dieus ! cis enfes est escaitivés ;
« Voiés com il est biaus et gens et clers ;
1205 « Se il fust bien vestus et acesmés, (c)
« N'eust plus bel enfant en .x. chités.
« Mais il [par] est si povres et desnués.
« En plus de .xiii. lieus li cars li pert
« Que il a ausi blanche com flors en pré.
1210 « Diemenche arons Pasque, bien le savés,
« Que toutes gens soi doivent bel atorner,
« Blanches braies vestir et endosser :
« Se nous poiemes ore por Dieu penser
« Que il eust uns dras a son lever,
1215 « De cote et de mantel fust afublés,
« Che seroit grant aumoine(s) et carités.
« Encor(e) nous poroit estre gueredonné. »
Adonc a la borgoisse son ceur iré,
Se li a respondu par cruauté.
1220 « Sire, » che dist la dame, « laisiés ester.
« Diables ! dont vient ore ités bontés ?
« Se tu as ton avoir grant amassé,
« Par ta marcheandise l'as conquesté,
« Et jou con sage feme l'ai bien gardé.
1225 « Ja est chou .i. ribaus escaitivés
« Qui n'ot onques encore en son aé
« Qui vausist un mantel de neuf foré :
« Je cuic ches garnimens a il enblé
« Qu'il a ensanble o lui chi aporté,
1230 « Et che maigre cheval a il trassé. »
Adonc a li borgois son ceur iré,

1208 cors — 1230 traffe

Mais ne vaut a sa feme point estriver;
N'ot cure de tenchier ne de coser :
De si a l'endemain le laisse ester,
1235 C'Aiols fu revestus et conreés,
Et de ses povres dras ratapinés.
Rout sont et despané, mal atiré.
Li ostes les regarde, s'en ot pité :
S'il eust a se feme consel trové
1240 De neuf l'eust vestu et conraé(e).
Neporquant ses consaus a trespassé :   (d)
A son escrin en vient por desfremer.
Chemise et braie blance en a geté
D'un cainsil delié et afiouré ;
1245 Aiol le fil Elie le va doner.
De Dieu de sainte gloire l'a merchié ;
Prochainement li ert gueredoné
Con vos porés oir et escouter
Ançois que la canchon doie finer.
1250 Puis ala au mostier por Dieu orrer,
Car le serviche Dieu n'ot oblié,
Car ses peres li ot bien commandé;
Puis retorna ariere a son ostel,
Et li preudom fu sages et porpensés :
1255 Ançois qu'il s'en alast l'a fait disner.
Donc prist Aiol[s] ses armes, [si] s'est armés,
Et vint a Marchegai, si est montés,
Il prist congiet a l'oste, s'en est tornés ;
Et li borgois fu sages et apensés :
1260 Sor .i. boin palefroi en est montés,
Son escu et sa lanche li a porté,
Des gas et de la vile l'a fors jeté :
.iii. lieues le convoie tout de son gré.
Dont l'apela li ostes par sa bonté :
1265 « Damoiseus de bon aire, vos en irés ;
« A Dameldé de gloire soit commandés

1233 c. ne de t. — 1245 fiex — 1266 soies

« Tes cors et ta proeche et ta bontés !
« Vos en irés molt seus et esgarés,
« Et molt povre de dras et desnués.
1270 « Certes j'en ai mon ceur molt adolé :
« Tenés chest anel d'or par carité,
« Se besoinge vos croist ne povertés
« Sel poés metre en gage a vostre ostel.
— Sire, » che dist Aiol[s], « bien vous provés,
1275 « Quant por vo droit signor si m'onorés :
« Beneoit[e] soit l'ame de Dameldé
« Qui vous aprist a faire tel largeté. (f. 105)
« Or vous plevi ge bien ma loiauté
« Que se Jhesu franc home me laist trover
1280 « Qui voille mon serviche rechoivre en gré,
« Chest honor vos ferai gueredoner. »
Molt douchement le baisse al desevrer;
A Dieu de sainte gloire l'a commandé.
Donc s'en torna Aiol[s], l'oste remest :
1285 « E Dieus ! » che dist li enfes, « par ta bonté,
« Al premerain rechet u sui entrés
« Com il m'est hui ce jor bien encontré(s) !
« Ahi ! Elies pere, c'or nel savés,
« Et Avisse ma mere al gaut ramé(s) !
1290 « Je ne fuisse si liés par verités,
« Qui tout l'or me donast d'une chité ! »
En son maistre chemin en est entré[s],
Jusques a none base a il esté.
Ainc n'encontra nul home de mere né,
1295 N'ermite ne convers u puist parler.
Par des(o)us .i. haut tertre en est montés
Et puis si a un val adevalé.
Il garde devant lui par mi un pré,
D'autre part une haie en .i. bois cler,
1300 S'a veu le lion adevaler
Que li avoit li ostes au soir nomé.
Chel jor avoit ochis un grant sengler;
Si en avoit mengiet a grant plenté :

Boivre venoit a l'aigue, car bien le set.
1305 Quant il coisi Aiol, si s'est tornés
Vers lui geule baee comme maufés
Qu'il le voloit mangier et estranler :
Jamais plus fiere beste vos ne verés.
Aiols le voit venir, si l'a douté;
1310 De son cheval dessent comme senés,
A le branche d'un caine l'a aresné,
Qar il se redoutoit de l'afoler,
Et a traite l'espee de son costé : (b)
Encontre le lion en est alés.
1315 A grant geule baee comme maufés
Se vient contre l'enfant comme dervés
Qu'il le voloit mengier et devourer.
As .II. poes devant le va combrer
Amont par son escu viés enfumé
1320 Que les ongles li fait par mi passer
Et enprès lui le sache, si l'a tiré,
Por un poi qu'il nel fist jus craventer.
Mais Aiol[s] le feri del branc letré :
Si achemeement l'a encontré
1325 Que le pié et le poe li a copé.
Li lion[s] gete .i. brait, qu'il fu grevés;
Mais Aiols le rehaste comme senés
Que par devant les ars l'a tout copé,
Que mort l'a abatu et craventé.
1330 Ains mais n'en fist tant hom(e) de mere nés :
S'en avoit .C. mangiés et estranlés.

XXXI Aiols a fait bataille pesant et dure :
Molt l'en est avenu bele aventure;
Le poe del lion a retenue,
1335 Si l'a a son archon devant pendue.
Ja ne le laira mais si ert veue
Et par aucune gent reconneue;

1330 qui fust nes — 1332 pesans

Encor(e) li fera ele molt grant aiue.
Puis monte en Marchegai tout a droiture
1340 Et si a trespassé le selve oscure,
Et Marchegai li anble a desmesure
Et el Castel Esraut vient a droiture
Et trespasse del bourc le maistre rue.
Molt i trova grans fous de gent menue
1345 Qui trestout le gaboient par aventure.
Quant il ont le grant poe reconneue
De la beste savage qui tant est dure,
Qui tornoit le pais a desmesure,
1349 Sel laissent a gaber por l'aventure. (c)

XXXII Des or chevauce Aiol[s] li gentiex hom.
Par mi Chastel Esraut vint a bandon :
Molt i trova de fols et de bricon[s]
Qui trestout le gaboient par contenchon.
Quant il virent le poe del grant lion
1355 Qui del pais faisoit destruision,
Car en cel bos n'osoit entrer nus hom,
Por tant ne gabent mie le franc baron.
Belement l'en apelent en lor raison :
« Dont venés? de quel tere, biaus jovenes hom?
1360 « U presistes le poe de cel lion ?
— Signor, je le trovai des(o)us cel mont.
« La me voloit mengier par contenchon,
« Quant Dameldé[s] m'en fist garantison.
« A l'espee que porc a mon geron
1365 « Li copai jou le pié, par saint Simon :
« La le lasa ge mort ens el sablon. »
Quant cil l'ont entendu, grant joie en ont :
Cel jor ot de maint home beneiçon.
Evous .I. chevalier(s) c'ot nom Raoul,
1370 Vavassor de la tere, [molt] gentiex hom ;
Le pié li demanda del grant lion,

1342 esrant (*partout*) — 1344 grant — 1351 Par un

Et cil le herberga en sa maison :
La nuit li done assés vin et poison.
Aiol[s] fu la assis lés le carbon :
1375 Quant il orent mangiet a grant fuison,
Et Marchegai avoit sa livrison
Si com fain et avaine a grant fuison,
Li ostes l'en apele, mist le a raison :
« Dont venés ? de quel tere, biaus jovenes hom?
1380 « Dont venés ? de quel part ? u irés vous ?
— Biaus sire, en douche Franche, » che dist Aiols,
« Al fort roi Loeys le fil Charlon;
« S'il me done del sien si remanron. »
Et respondi li ostes qui fu preudom :
1385 « Amis, Diex te consaut par son vrai non, (d)
« Qu[e] il a en le cort (Loeys) un mal glouton :
« Makaire de Losane l'apele on.
« Il n'a en nule tere nul plus felon ;
« Il est dus de Losene, chou est grans douls ;
1390 « Molt set bien losengier (le) roi de Loon,
« Il cache les preudomes a deshonor.

XXXIII « Amis, » che dist li ostes, « or m'entendés :
« Aler devés en France, dit le m'avés,
« Al fort roi Loeys por conquester.
1395 « Se vous me volés croire, aillor irés :
« Al chastel de le Haie droit vos tenés,
« Cha devant en Pontieu vos tornerés :
« La troverés Rainier et Aimer,
« Et Gilemer l'Escot qui molt sont ber,
1400 « Le signor de Boorghes o le vis cler
« Qui guerroie le roi par grant fierté
« Por chou qu'il a lor oncle desireté
« Elie le franc duc qui tant fu ber. »
Quant Aiols l'entendi, li bacheler[s],
1405 Qui bien l'avoit oi et escouté,

1382 fieus

Contreval vers le tere est aclinés
Quant il de ses parens oi conter;
Il dist entre ses dens, que nus nel set,
Ja n'i querra cousin ne parenté
1410 Dessi c'a Loeys avra parlé.
Che vaura il savoir et demander
Et de sa bouche oir la verité,
Por coi il a son pere desireté.
La nuit i sejorna jusc'al jor cler.
1415 Aiols reprist ses armes, si s'est armés,
Et vint à Marchegai, si est montés.
Il prent congiet a l'oste, s'en est tornés,
En son maistre chemin en est entrés.
Toute jor a Aiol[s] esperoné,
1420 Et garde devant lui en mi .I. pré
Desous l'ombre d'un arbre en haut ramé : (f. 106)
Si a veu .II. moignes grant deul mener,
Et estoient de dras tout desnué.
Aiols s'i aresta por demander :
1425 « Signor, por amor Dieu, et vos qu'avés ? »
Et cil li respondirent : « Par tant l'orés :
« Car vés la .III. larons en mi ces prés
« Qui or en droit nous ont tous desreubés :
« Ne froc ne estamine n'i a remés
1430 « Ne peliche ne bote, bien le veés.
« Sire, ceste autre voie por Dé(x) tenés :
« Se il vos i encontrent, n'i garirés,
« Ne vos ne vo[s] cheval[s] ne durerés :
« Or en droit vos aront tout desreubés. »
1435 Et respondi Aiols : « Mais n'en parlés :
« Ja Dameldé ne plache de majestés
« Que li miens cemins soit par eus mués.
« Ains vos rend(e)rai vos dras, se vos volés.
— Sire, » che dist li maistres, « ne nos gabés. »
1440 Adonc quidierent il par verités

1423 tous

Qu'Aiols fust lor compains, s'eust trufé(s).
Aiol[s] point le ceval par les costés :
Par devant les larons s'est arestés ;
Fierement lor escrie : « Signor, estés :
1445 « Por qu'avés vos ces moines si desreubés ?
« Lor froc et lor peliches car lor rendés,
« [Et] estamine et botes que vous avés. »
Et respondi li maistres : « Avant venés :
« Cel hauberc et cel elme tost me rendés
1450 « Et l'escu et l'espee que vous portés :
« Un de mes compaingons en voil armer.
— Sire, » che dist Aiols, « or les prendés,
« Car vers vous su je tous abandonés.
« Se je nes puis desfendre, vos les arés :
1455 « De Dé(x) le desfendrai par sa bonté(s). »
Il broche Marchegai par les costés
Et vait ferir le maistre qu'il ot parler : (*b*)
Par mi le cors li fist le fer passer,
Que mort l'a abatu et craventé.
1460 Puis a traite l'espee de son costé :
Si referi un autre c'a encontré
Que la teste li fist del bu sevrer ;
Li tiers li escapa el gaut ramé,
Il s'en torna fuiant, molt l'a douté.
1465 Aiols nel vaut cachier car il ne set
Nient de la contree ne del resné :
Son chemin ne voloit laisier li ber.

XXXIV Aiol[s] ne vaut se voie pas eslongier ;
Il ne set le contree ne le resnié(r).
1470 L'avoir reprist as moines sans atargier ;
Si lor raporta tout molt volentiers,
Si se sont revestu et recauchié,
Puis afublent les capes, molt en sont lié.
« Sire, » che dist li maistres, « por Dé(x) del ciel,
1475 « Car venés avoec nous por herbergier. »
Et respondi Aiols : « Molt volentiers,

«　Se ch[ou] est el cemin droit vers Orliens,
«　Car celui ne vauroie mie eslongier.
—　Oil, par ma foi, sire, bien vos en chiet :
1480 «　Droit par devant no porte va li sentiers. »
Venu i sont al vespre a l'anuitier
Et font mander un fevre sans atargier.
Marchegai font ferer et bien sainier,
Bien a son estavoir tout sans dangier.
1485 Al matin est Aiol[s] cumeneiés
Ensamble avoec les moines par amistiés.
Toute jor sejorna por le jor chier,
Que il ne vaut esrer ne chevauchier.
Al lundi s'en parti sor son destrier;
1490 Des moines se depart, si prent congié.

XXXV Des or s'en va Aiol[s] lance levee
Et trespasse les tertres et les valees.
Huimais porés oir quel destinee   (c)
Jhesu a a l'enfant le jor donee.
1495 Makaire de Lossane avoit .i. frere :
Rustans avoit a nom en sa contree :
Si va por armes querre a l'enperere;
Doi vaillant chevalier avoec lui erent;
Quant il virent Aiol, molt le gaberent :
1500 «　Or en venrés en France, grans est et lee;
«　De vous ferons no sot en no contree :
«　Si en ara grant joie nostre enperere,
«　Makaire de Lossane li mien[s] chier[s] frere.
«　Amis, engenré(s) fumes tout d'un [seul] pere
1505 «　Et si fumes porté tout d'une mere.
—　Hé Diex ! » che dist Aiol[s], « quel destinee,
«　Makaire de Lossane quant est vo frere !
«　Maleoite soit toute l'ame vo pere,
«　Car tout desireta ma france mere :
1510 «　Des or vous defi jou de Dieu mon pere. »
Il broche le cheval sans demoree
Et a l'anste brandie viele enfumee

Et va ferir Rustant a l'encontree
Que trés par mi le cors li a passee,
1515 Que mort l'a abatu en mi le pree.
Puis retendi la main, si trait l'espee :
Del feure l'a sachie [et] bele et clere,
As .ii. escuiers a fait la mellee :
Andeus les geta mors en mi la pree.
1520 « E Diex ! » che dist Aiol[s], « quel destinee !
« Dame sainte Marie, vierge honoree,
« Or a je bien trové joste membree !
« Hai ! c'or nel savés, Elies pere !
« Un pan de vo[stre] guerre a jou finee.
1525 « Je ne sai se Makaire a plus de freres :
« Par cestui n'ert jamais terre gastee. »
Il entra en sa voie grant et feree
Et laissa lor chevaus en mi la pree.

XXXVI Des or[e] s'en va Aiol[s] tout son chemin. (d)
1530 Quant del frere Makaire se fu partis,
Toute jor a esré trés c'a midi.
A l'issue del bos, près del chemin,
En l'onbre d'un lorrier grant et foilli,
Sor l'erbe se gisoit uns pelerin[s]
1535 Qui vient de Jhersalem de Dieu servir.
Bordon ot et escarpe, paume et espi,
Et boin mulet anblant a son plaisir,
Et vaillant escuier a li servir.
A loi de gentil home se fu vestis
1540 Et ot blanche le barbe, le poil flori :
Bien sembloit gentil home, duc u marchi[s]
Qui chastel u chité ait a tenir.
Contre Aiol se drecha quant il le vit ;
Premerains le salue li pelerins :
1545 « Damede[x] vos saut, sire, qui ne menti !
— Et Dieus benie vos ! » Aiol[s] a dit ;

1537 anblent

« Dont venés? de quel part, biaus dous amis?
— Sire, de Jhersalem, de Dieu servir.
« Je fu la al sepulcre u surexi,
1550 « Et el mont de Calvaire u mort soufri
« Et au saint flun Jordan la Dieu merchi;
« La me baingai awan tierc jor d'avril;
« En l'ort saint Abraham pris cest espi.
— Par u en repairastes, franc pelerin?
1555 — Sire, trés par mi Franche tout droit chemin.
— Dites de vos noveles, biaus dous ami[s];
« Avés de nule guere parler oi?
— Oil, » dist li paumiers, « se Dieus m'ai(u)t:
« En la chité d'Orliens vi Loey
1560 « L'enpereor de Franche grain et mari:
« Beruier l'ont de guerre si entrepris
« Qu'il nel laissent des portes d'Orliens issir.
— Retient il saudoiers? qu'avés oi.
— Oil, » dist li paumiers, « s'il en venist.
1565 — Sire, » che dist Aiol[s], « retenroit mi ? » (f. 107)
Li paumier[s] le regarde en mi le vis :
Molt le vit nu et povre, descolori;
Si drap sont despané, s'est mal vesti,
Et sa grant lanche torte, ses escu[s] bis,
1570 Les estriers renoés et mal assis,
Et li ceval[s] fu maigres sor coi il sist.
Sor son bordon s'apoie, si s'en sourist:
« Sire, ne sai que dire, se Dieu[s] m'ait;
« Tant vi entor le roi et vair et gris,
1575 « Et riches garnimens, cevaus de pris :
« Je ne quic que li roi[s] conte en tenist. »
Quant l'entendi Aiol[s], s'en est marris;
Mais il fu preus et sages et bien apris :
Del ceur qu'il ot el ventre fist .i. soupir
1580 Et plora tenrement des iex del vis :
« Sire, » che dist li enfes, « mal avés dit.

1568 despani — 1577 si sen est airies

« Ja n'èst mi[e] li ceurs n'el vair n'el gris,
« N'es riches garnimens, n'es dras de pris,
« Mais (il) est el ventre a l'home u Dex l'asist
1585 « Qui bien me peut aidier par son plaisir. »
Quant li paumier[s] l'entent, pitié l'en prist;
Por che que belement li respondi
De chou qu'il [l']ot gabé se repenti.

XXXVII Li paumiers fu frans hon de boine part :
1590 Il regarda Aiol, pitié end a.
Il le vit nu et povre a mavais dras :
De chou se repenti que gabé l'a,
Por chou que belement respondu a;
De grant afaitement se porpensa;
1595 De bien et de franchise la se prova.
Mist le main a l'escerpe que il porta,
S'en traist un[e] aumouniere qu'il i bouta
Et prist .i. besant d'or que mis i a.
Venus est a Aiol, se li dona,
1600 Bien et cortoisement l'araisona :
« Gentiex damoiseus sire, entendés cha :   (b)
« Por amor de celui qui vous fourma,
« Del grant peril de mer qui m'en geta,
« Al port et al droit avene [si] m'amena,
1605 « Tenés che bessant d'or, bien vos plaira,
« En tel lieu poes venir mestier ara. »
Aiol prist le bessant, si l'acola :
« Sire, Dieus le vos mire qui tout cria !
« Jhesu Crist le vos range l'esperital!
1610 « Si fera il encore quant li plaira. »
Puis en ot vair et gris et boin ceval,
Com vos porés oir, quil vous dira.

XXXVIII Aiol[s] l'en apela, mist le a reison :
« Sire franc pelerin, com avés non,
1615. « [Que] se je (mais) vos trovoie (que) vos conison?

— Reinier le fil Gerart m'apel[e] on ;
« Je sui dus en Gasconge, s'i ai maison.
« .II. fiex ai chevaliers de grant renon.
« Et vous, franc damoiseus, com avés non ?
1620 — On m'apele, biaus sire, l'enfant Aiol ;
« Se repairiés en Franche, parlés a nous
« Et nous vos serviron par grant amor. »
A Dieu le commanda le glorious.

XXXIX Aiol[s] li fiex Elie vaut prendre le congié
1625 Al vaillant chevalier qui tant fait a proisier.
Ançois que il s'en parte l'a encore areinié :
« Por amor Dé(x), biaus sire, et car me consselliés ;
« Vous i arés amoine, j'en ai [molt grant] mestier.
« Qui geroient le roi qui [douche] Franche tient ?
1630 « Savés i duc u prinche qui tienge chevalier ?
« Et li quens de Bohorges ne l'aime mie bien.
« Si j'aloie, biaus sire, a la chit a Orliens,
« Retenroit moi li rois qui France a a baillier ?
« De gaingier, biaus sire, aroie grant mestier. »
1635 Li pelerins l'oi, si a crolé le cief :
« Sire, ne sai que dire, se Dieus me puist aidier ;
« J'ai en Orliens esté .VIII. jors trestou[s] entier[s] (c)
« Illeuc vi ge le roi qui Franche a a baillier
« Et eust ensamble lui plus de .M. chevaliers
1640 « Qui de vair et de gris sont tout aparelié
« Et ont moult boines armes et boin[s] corans des- [triers.
« Dirai vos une cose que vous voil acointier :
« Il n'a si gentil home dessi a Monpelier,
« S'il venoit ore entr'aus en la chité d'Orliens
1645 « Adoubé(s) de ses armes sor .I. corant destrier,
« Qu'il ne fust des auquans gabés et laidengiés :
« Je sai que a saudee po[r]oit il faillir bien.
« Por vous l'ai dit, biaus sire, si ne vos anoit rien :
« Car vos armes sont laides et vo[s] destrier[s],

1616 fiex — 1629 ss. *Lacune?* — 1641 corant — 1642 .I. cose

AIOL 49

1650 « Et vo garniment font poi a proisier,
« Et vos cauches sont routes jusques as piés.
« J'ai encore un castel que j'ai molt chier :
« Il a a non Biaufors et en la Marche siet,
« Et si ai .iiii. fieus ; li doi sont chevalier,
1655 « Se je la vos tenoie, par les sains desosiel,
« Je vous feroie anqui molt bien aparellier :
« Mais trop en somes lonc, tot che n'a chi mestier.
« Damedie[x] vos porvoie, li glorieus del ciel ;
« Li rois des autres rois si ait de vos pitié :
1660 « Onques mais ne vi je si povre chevalier. »
Dont sospira Aiols li fiex Elie al viel,
Quant de sa povreté li a oi plaidier.

XL Aiol[s] li fiex Elie a del ceur souspiré,
Et dist al pelerin : « Je vous commanc a Dé :
1665 « Bien m'avés aconté me ruiste poverté
« Et jou en ai mon ceur molt forment airé. »
Et dist li paumiers : « Sire, trop vos poés haster :
« Je voil a vos por che un petitet parler. »
Son escuier apele : « Biaus amis, cha venés :
1670 « Aportés cele male et si le desfremés. »
Et cil (li) respondi : « Sire, si com vos commandés. »
Le male l'i corut esraument aporter ;
A une clef d'argent le corut desfremer. (*d*)
Unes cauches en trait, ja millors ne verrés,
1675 De plus fine escarlate n'orés jamais parler,
Et uns chiers esperons a fin or noelé[s] :
Li paumiers les avoit aportés d'outre mer,
Devant le temple dome les avait acatés ;
Un marc de blanc argent en avoit fait peser
1680 Pour l'ainé de ses fiex qu'il voloit adouber.
Or poés dire et croire, molt est li paumiers ber
Quant il les garnimens qu'il avoit acatés
Pour son enfant demaine cui les voloit doner,
Quant il voit l'estrainge home, se li a presenté.

1668 v. por che] v. parler — 1683 quil les

4

1685 Bel et cortoisement le prist a apeler :
« Sire, tenés ches cauches por sainte carité
« Et ces chiers esperons : ja millor[s] ne verés.
« Par icele grant foi que je vous doi porter
« Hom qui est bien cauchiés n'est mie denués. »
1690 Quant l'entendi Aiol[s], grant joie en a mené :
« Sire, cil le vous mire qui en crois fu penés :
« Diex me laist encor rendre gueredon et bontés. »
E Dieus ! si fera il, ja n'en ert trestornés.
Il dessendi soz l'arbre, si s'en est atornés.
1695 E Dex ! com or li sisent li esperon doré(s) !
Il vint a Marchegai, s'est par l'estrier montés,
En son cemin en entre, sel commanda a Dé.
Baron, a icel tant dont vous m'oés conter
N'estoient mie gens el siecle tel plenté :
1700 Li castel ne les viles n'erent pas si puplé
Com il sont orendroit, ja mar le mesquerés,
Mais les forès antives, li bos grant et ramé
Qui puis sont detrenchié, essillié et gasté ;
Nus hom ne prendoit feme, s'avoit .xxx. ans passé
1705 Et la pucele encontre aussi de bel aé ;
Quant venoi[en]t al terme qu'aloient espouser,
Avoient il tel honte, ce sachiés par verté,
Quidoient tous li puples les deust esgarder.
Dont estoit fois el siecle, creanche et loiautés : (f. 108)
1710 Mais puis est avarisse et luxure montés,
Mavaistiés et ordure, et faillie [e]s[t] bontés ;
L'uns compere ne vieut a l'autre foi porter
Ne li enfes al pere, tant est li maus montés !
On fait mais .II. enfans de .XII. ans asanbler :
1715 Prendés garde qués oirs il peuent engenrer !
Por chou est tous li siecles a noiant atornés
Et si amenuisiés com chi oir porés.
Aiol[s] li fiex Elie fu durement penés,
Car il ot toute jor chevaucié(s) et esré(s) ;

1694 sor — 1701 jamais

1720 Vit le soir aprochier et le vespre acliner :
Dameldé reclama qu'il li doinst boin ostel.
Il cevaucha avant, n'est mie aseurés.
Devant lui el boscage a oi gent crier,
Et regarde sor destre, vit .i. balle levé
1725 Et unes hautes portes et .i. parfont fossé :
Uns forestiers i maint qui bien est ostelés ;
Il ot a non Tieri, molt fu gentiex et ber :
Il avoit le foriest entor lui a garder.
Aiols vit le maison, molt s'est reconfortés :
1730 Il a tiré son rene, cele part est tornés ;
Dessi a le maison ne s'est pas arestés.
Le forestier trova a un fu alumé :
Gentement le salue com ja oir porés.
« Damelde[x] vous saut, sire, » che dist Aiols li ber.
1735 Li forestier[s] saut sus quant celui vit armé :
« Sire, cil vos garisse que ramentu avés !
« Avés vos de gent garde, que si estes armé ?
« Par ces forès antives si faitement alés ;
« Piecha je ne vic home qui si fust acemés.
1740 — Je suis uns chevaliers, plus povre ne verés ;
« N'a pas encore .i. mois que je fui adobés :
« Si n'ai point d'escuier, che sachiés par verté,
« Par besoing porc mes armes, si com chi [le] veés :
« Je n'ai frabaut ne cofre u les puisse bouter,
1745 « Neis tant d'autre[s] dras u les puise celer,   (b)
« Ne je(s) les voil laisier n'en chastel n'en chité,
« Car tost m'aront mestier, tex me peut encontrer.
« Li rois de Franche a guerre, ce ai je oi conter :
« Le matin m'en irai vers Orliens la chité
1750 « Veoir se la pooie saudees conquester.
« Anuit mais, s'il vos plaist, vo[s] requir vostre ostel
« Por amor Dameldé, se il vos vient a gré ;
« Et je sui povres hom : grant amoine ferés.
— Sire, » che dist Teris, « volentiers et de grés.

1745 bouter

1755 « Mes ostex ne fu onques a franc home veés :
« Ausi n'ert il jamais en trestous mes aés. »
Aiols est dessendus, cil le fist desarmer,
Et des(o)us une table ses garnimens porter,
D'une part en la sale son ceval establer,
1760 De fain et de l'avaine a grant plenté doner;
Puis a fait son afaire et son mangier aster.
Al mengier sont assis sans plus de demorer :
Assés ont venison de car et de seingler.
Quant il orent mangié et beu a plenté,
1765 Teris regarde Aiol, si l'a araisoné :
« Gentiex damoiseus sire, vers moi en entendés.
« Aler volés en Franche saudees conquester,
« Car li rois a grant guerre, che nous a on conté.
« Vos estes povrement garni et apresté,   [né[s] ;
1770 « Que vos armes sont laides, vo[s] cheval[s] descar-
« François sont orgellous et molt demesuré(s) :
« Si criem que ne vos voillent laidengier et gaber
« Et vous nel poriés mie sofrir ne endurer ;
« Tost vos aroient mort, ochis u afolé.
1775 « Se vous voliés, sire, avoec nous demorer
« Par mi ces bos iriemes a nostre volenté,
« Si prenderions des cers, des dains et des senglers
« Et (je) vos aprenderoies richement a berser ;
« Ma fille vos donroie al gent cors honoré :
1780 « Sachiés qu'il n'a plus bele en tout nostre resné.
— Sire, » che dist Aiol[s], « onques mais n'oi tel : (c)
« Ja me dou ge forment que vos ne me gabés.
« Je n'ai en nule tere ne chastel ne chité,
« Ne maison, ne recet, ne dongon, ne ferté,
1785 « Ne tant de tous avoirs, che saciés par verté,
« Dont on pressist .x. sous de denier monaé,
« Fors seul ces povres armes que vos ichi veés,
« Et ce ceval estraint que m'avés ostelé :
« Trop povre mariage avés or esgardé.

1780 en cest r.

1790 — Sire, » dist la pucele, « trop par vos desmentés.
« Se vous n'avés avoir, Dex vos donra assés ;
« Mais se voliés, sire, avoec nous demorer,
« Toudis vos serviroie a vostre volenté.
— Bele, » che dist Aiol[s], « .v^c. merchis de Dé :
1795 « Par le foi que doi Dé(x) vous me dites bonté,
« Mais ne plache a Jhesu qui en crois fu penés
« Que [je] ja aie feme dont soie mariés
« Tant qu'aie par mes armes autre honor conquesté :
« Qu'a tout le mien linage seroit mais reprové. »
1800 Quant l'entent la pucele, près n'a le sens dervé ;
En la cambre s'en entre, prist soi a desmenter :
« Tote lasse caitive, com m'est mal encontré
« Del plus bel chevalier qui onques mais fu nés !
« Com fuisse ore garie s'il me daingast amer !
1805 « Malleoite soit l'eure qu'il vint en cest ostel,
« Car ja n'i arai preu en trestout mon aé ! »
Et Tieri[s] se repose, si l'a laisié ester,
Bien voit que ne li vient a talent ne a gré :
Un boin lit li fist faire u se va reposer,
1810 Et Aiols se dormi dusqu'au demain jor cler.
Quant li ber coisi l'aube, s'est par matin levés.
Il est saillis en piés, si se saina de Dé,
Et prist ses garnimens, si s'en est atornés,
Et Tieri[s] li a fait son ceval amener.
1815 Aiol[s] li fiex Elie est par l'estrier montés :
En son cemin en entre, l'oste commande a Dé.

XLI   Des or s'en va Aiol[s] tout son chemin plenier (d)
Et trespasse les teres et les desrube[s] fier[s]
Dusqu'a plain miedi a le jor chevauchié ;
1820 Et trova .iii. laron[s], que Dex doinst encombrier,
Qui gardoient les voies, les cemins et sentiers.
Ne peut nus hom passer, pelerin[s] ne pamier[s],

1799 soroit maus — 1800 sans — 1821 Qui gardoient les voies et les sentiers

Marcheans ne borgois, ne soit a mort jugiés,
Se il a bele feme honis et vergogniés.
1825 « Signor, » che dist li maistres, « je voi .1. chevalier
« Armé et fervesti sor .1. ronchi trotier.
« Ainc mais n'en vi [j]e nul si bien aparellié;
« Cel boin ceval donrai a mon oste Gautier,
« Si en mera sa cendre al borc et al marchié. »
1830 Et respondi li autres : « Molt par avés dit bien,
« Quar .1. l'en promesistes, bien a .1. mois entier.
— Il l'ara, » dist li leres, « ja trestorné nen iert. »
Atant èvos Aiol qui les salue bien
De Dé(x) de sainte gloire qui la sus maint el ciel.
1835 « Par mon cief, » dist li leres, « chou ne vos a mestier:
« Vos ne vostre salu ne pris jou .1. denier.
« Avec vos m'en irai en cel grant bos foilli[é],
« Donrai vos tel offrande dont n'eussiés mestier :
« Ja quant m'escaperés n'esterés chevalier[s]. »
1840 Il saisi Marchegai par le resne a or mier
Que s[i] le vaut mener el parfont gaut ramier
Por lui tout despollier, onnir et vergongier.
Et quant le vit Aiol[s], si s'en est corechiés :
Ne pot a lui joster, trop s'estoit aprociés:
1845 Contreval a la tere laissa cair l'espiel,
Il trait nue l'espee qui al costé li siet ;
Si feri le laron amont par mi le cief,
Dessi en la cervelle l'a fendu et froisié,
Et a estort son cop, si l'a jus trebuchié.
1850 Li doi tornent en fuie, molt se sont esmaié
Par le grant caup qu'il virent del riche branc d'achier :
Ne l'atendissent plus pour tout l'or desosiel.
Mais Aiol[s] les escauche, si ataint le moien: (*f.* 109)
Tel cop li a doné de l'espee d'achier
1855 Par des(o)us les espaule[s] li a caupé le cief.
Li tiers li escapa qui ens el bos se fiert
Qu'est espès et ramés, c'est dolor et pechiés.

1823 Marcheant — 1824 vergondes — 1846 que

Aiols ne le vaut mie plus [en avant] cachier,
Ains retorna ariere, si a pris son espiel.
1860 Bien erent li laron de dras aparellié :
Mal ait s'onques Aiol en vausist .i. baillier,
Ains jure Dameldé le pere droiturier
Que des dras a laron n'ert ja aparelliés
Ne d'autres se nes peut par honor gaingier :
1865 Tost venroit en tel lieu qu'il seroit enterciés,
Si en poroit bien estre onnis et vergongiés.
Puis se fiert el boscage, dedens l'aire se fiert :
Dusqu'al chastel de Blois ne s'est mie atargiés.
La nuit si s'est Aiol[s] al vespre herbergiés
1870 Chiés un riche borgois qui ot a non Gautiers,
Qui assés li dona a boire et a mengier,
Del feure et de l'avaine Marchegai son destrier.
Et Aiols li offri .iiii. sous de deniers
Que ses peres li ot al departir cargiés,
1875 Mais li borgois nes vaut prendre ne manier :
Por sainte carité li dona a mengier.
La nuit se jut Aiol[s] dessi a l'esclairier
Que il reprist ses armes et monta el destrier.
Isnelement s'en torne, si a pris le congié ;
1880 De Blois s'en est tornés, ne se vaut atargier,
Joste l'aigue de Loire commenche a cevaucier.
Ains le jor ne fina desqu'il vint a Orliens :
La trova il le roi qui Franche a a baillier ;
1884 Si fu molt por ses armes gabés et laidengiés.

XLII   Des or chevauche Aiol[s] lés Loire sous :
De Poitiers a Orliens vient en .v. jors.
  - Che fu un markedi devant Pascor
Qu'Aiol[s] entra es rues d'Orliens tous sous.
Mais de che fist il bien que gentiex hons   (b)
1890 Qu'il vint a Sainte Crois aourer le jor.
Par de fors le mostier ot .i. peron ;
Un anel i ot d'or grant et reont
Que fisent saieler li ancissor :

Son destrier i aresne li frans Aiols,
1895 Et l'escu et le lanche drecha desous.
Puis entra el moustier de Sainte Crous,
Devant l'autel se mist a genollons,
Dameldé reclama par ses sains nons :
« Glorieus sire pere, » che dist Aious,
1900 « Qui el cors de la Vierge fustes tan[s] jors
« Et venistes en tere, che fu por nous;
« De li fustes vos nés, bien le savons,
« Par dedens Beleem sor .i. peron;
« Issi com che fu voirs, bien le creons,
1905 « Que rois estes et sire de tout le mont,
« Si faites a mon pere procain secour
« Que je laisai malade(s) et besongous
« Et molt povre de dras et soufraitous,
« Qui est avoec l'ermite el gaut parfont :
1910 « Sainte dame benoite, je en pri vous! »

XLIII Or fu Aiol[s] li enfes [ens] el moustier
Devant le maistre autel agenolié[s],
Dameldé reclama le vrai del ciel :
« Dameldé, » dist il, « pere [le] droiturier,
1915 « Qui la mer et le mont peus justichier
« Et le ciel et le terre as a baillier,
« Tu me garis de mort et d'enconbrier,
« Et me done aventure par te pitié,
« Que je puisse mon pere encore aidier
1920 « Et resvider ma mere qu'en a mestier :
« Dame sainte Marie, vous m'en aidiés! »
Quant Aiols ot Jhesu trés bien proié,
Puis sacha de sa borse .iiii. deniers :
Sor l'autel les a mis li chevaliers
1925 Par non de sainte offrande molt volontiers. (c)
Or sont li .iiii. sol desparellié(s)
Que Elies ses peres li ot bailliés.
Encore ot il .iii. sous et .viii. deniers
Et un bessant d'or mier bien enforcié

	Que por Dé(x) li dona li boins paumiers
1930	
	Qu'encontra el cemin devers Poitiers ;
	Puis en ot il merite et boin loier :
	Il en ot vair et gris et boin destrier.
	Aiol[s] lieve sa main, si s'est sainiés :
1935	« Sainte Crois beneoite, vostre congié!
	« Jou irai querre ostel donc j'ai mestier :
	« Or vos pri que vers Dé(x) que m'en aidiés! »
	Par grant humilité ist del moustier,
	Et trova son ceval aparellié
1940	Qu'il avoit al peron bien atachié.
	N'avoit o lui sergant ne escuier,
	Ains saisi son escu et son espiel ;
	Puis a toutes les rues d'Orliens cherkié :
	Molt i trova serjans et cevaliers,
1945	Et dame et puceles par ces soliers.
	Il ne parla a eles ne nes requiert,
	Ne ne demande ostel, qu'il n'en set nie[n]t :
	Il n'estoit de che querre pas coustumier[s].
	Sa lance fu molt torte, ses escu[s] viés,
1950	Ses elmes n'ert pas clers mes esrungiés,
	Li las en sont rompu et alasquié :
	D'une part le souscline, por poi ne ciet ;
	Et Marchegai li trote, haut tient le cief.
	Forment le vont gabant cil chevalier,
1955	Et dames et puceles des haus soliers,
	Et cil riche borgois, cil macheclier.
	Li uns en a pris l'autre a araisnier :
	« Soions aseuré, joiant et lié :
	« Ne caut mais un(s) des nos a esmaier :
1960	« Tout avons de novel regaingié.
	« Vés en chi un venu des saudoiers (d)
	« Aduré de bataille, hardi et fier,
	« Et servira le roi qui Franche tient,
	« S'aquitera sa tere et son resnié ;

1930 li] .I. — 1954 cis — 1958 joians

1965 « Cis vaura de sa guerre bien traire a cief :
« Riche[s] hom l'a nori et ensengié,
« Si l'a por grans saudees chi envoié(s) :
« Il les conquerra bien a son espiel.
« Bien pert as bele[s] armes et al destrier,
1970 « As riches garnimens que il a chier[s]
« Qu'il n'a en nule tere tel chevalier.
« S'il or treve en bataille les Beruhier[s],
« Tout seront mort et pris et detrenchié.
« Par le mien ensiant n'en ira piés
1975 « S'il estoient ensamble .xv. millier(s).

XLIV — Par la moie foi, sire, » che dist uns autres,
« Vous parlés de folie, che est outrages.
« Li chevalier[s] n'est pas de tel folage;
« Mal pert a son ceval ne a ses armes
1980 « Que il ait en son ceur tel vaselage
« Que il aquitast Franche par son barnage;
« Et sa lanche est molt torte, il le tient basse,
« Li escu[s] de son col molt le travaille. »
Ysabiaus la comtese qui molt fu sage
1985 S'aseoit as fenestres sor un brun paille
Et vit l'enfant Aiol qui bas chevauche :
Ch'estoit fiex sa seror, de son linage;
Molt grant pitié l'en prist en son corage.
Lusiane sa fille s'en est pris garde
1990 Qui molt estoit cortoise et preus et sage :
Corant vint a sa mere, si l'en aresne.

XLV Lusiane fut molt gentiex mescine,
Cortoise et avenant et afaitie,
Et fu nieche le roi de Sain[t] Denise.
1995 Sa mere en apela, prist li a dire :
« En la moie foi, dame, » dist la mescine, [(*f.* 110)
« Chis hon qui la chevauce n'est pas bien rice :

1967 grant — 1988 les pr.

« Des hui matin va il par ceste vile,
« Il a .III. fois passé le bare antive :
2000 « Chevalier et borgois molt l'escarnisent,
« Che me [re]samble enfanche et vilenie.
« Je quic qu'il quiert ostel, qu'il n'en a mie. »
Et respont Ysabiaus : « C'or i va, fille :
« Par le foi que tu dois sainte Marie,
2005 « Se tu povre le vois, nel gabe mie,
« Car che seroit pichiés et vilenie ;
« Et se il vieut ostel, souef l'en guie
« Por amor Jhesu Crist, le fil Marie,
« Et por l'arme del pere qui m'a norie.
2010 — Dame, » dist Lusiane, « n'i faura mie. »
Par milieu de la presse s'est aquellie :
Qui la veist le cors de la mescine
Et la car blancoier, le bouce rire
Jamais ne li membrast de couardise.
2015 Ele ot vestu un paile des(o)us l'ermine,
Li giron bleu et vert furent et inde,
Chauches ot de brun paile, soulers a liste.
Aiol prist par le rene, vers lui le guie :
« Parlés .I. poi a mi, damoiseus sire :
2020 « Molt avés hui alé par ceste vile,
« .III. fois avés passé le bare antive :
« Chevalier et borgois s'en escarnissent,
« Che me resamble orgeul et grant folie.
« Se vos ostel volés, nel celés mie :
2025 « Anuit mais vous ferons hesbergerie
« Por l'amistiet de Dieu le fil Marie :
« Por autre gueredon nel fa ge mie. »

XLVI   Lusiane fu molt de grant renon
       Et vit l'enfant Aiol qui biaus fu mout ;
2030   Mais il ert nus et povres et besongous :
       Poverte si fait home molt angoisous.

2008 fiex — 2017 cauches a l. — 2023 orgeus

Ele l'en apela par grant amor :
« Damoiseus de boin aire, dont estes vous ? (b)
« U alés ? en quel tere ? que querés vous ?
2035 « Se vos volés ostel, dites le nous ;
« Anuit mais a grant joie vos retenrons
« Por amor Dameldé le glorious.
— Grant merchi, damoisele, » che dist Aious.
« Por autre gueredon nel querons nous. »
2040 Puis l'a pris par le resne, mist se el retour.
A mervelle l'esgardent François le jor
Et dames e pucheles et [li] garchon.
Onques ne tresfina jusc'a la court :
La dessendi Aiol[s] al grant peron.
2045 El le prist par l'estrier par grant amor :
« Amis, ostés vostre elme, donés le nous,
« Et monterés la sus en cele tor ;
« Del ceval qui remaint n'aiés paour,
« Car bien sera gardés se nous poons.
2050 « Ma dame est veve feme, n'a pas signor,
« Mais servir vos fera par grant amor
« Dessi que Dex vous doinst serjant millour.
— Grant merchi, damoisele », che dist Aious.

XLVII   Aiols en est montés ens el solier.
2055   La bele Lusiane al cors legier
Un escuier commande le sien destrier :
Si l'a trop bien froté et estrillié,
Torchié et abevré et aaisié ;
En l'estable le maine por herbergier ;
2060 Le frain li abati qu'il ot el cief,
Al kavestre de cerf l'a atachié ;
Del fain et de l'avaine a al mengier.
Puis en vient droit esrant al chevalier :
Un escamel d'ivoire mist a ses piés,
2065 Andeus ses esperons a resachiés,
Puis les a bien forbis et essuiés,
Al renge de l'espee bien atachiés,

Ja les pora reprendre li chevalier[s]
Quant il vaura monter sor son destrier. (c)
2070 Il n'avoit nul serjant pour lui aidier :
« E Dieus, » che dist Aiols, « quel[s] escuier[s]!
« De che serviche avoie [molt] grant mestier. »
S'or seust Ysabieus qu'il fust ses niés,
2074 Molt par fust ses serviches bien enforciés.

XLVIII Ysabiaus fu molt gente, se fille plus ;
Ele ot Aiol l'enfant molt bien veu.
Mais il est nus et povres, s'en est plus mus :
Poverte si fait traire maint home en sus.
« Amis, » dist Ysabiaus, « et dont es tu ?
2080 « U vas ? et en quel terre ? qui te conduist ?
« Ne maines escuier, seul t'ai veu.
— Dame, » che dist Aiol[s], « li cors Jesu ;
« Je n'ai autre garant certes que lui :
2084 « Qui mal me vaura faire, tous sui segurs.

XLIX « Par le moie foi, dame, je sui gascon,
« De la marche freconde le roi Yon :
« Mes peres gist malades en sa maison.
« Gautier de Pont Elie l'apele on ;
« .VII. ans a a le feste le Rovison
2090 « Que il ne pot cauchier ses esperon[s] :
« Faillis li est avoirs et garison[s] ;
« Or m'a bailliet ses armes et ses adous,
« Si m'envoia en France tout besongous.
« Tant avons quis l'ostel que nous l'avons :
2095 « De Dameldé de gloire qui fist le mont
« Et en la sainte crois prist passion
« En aiés vos merite et gueredon !
— Por Dé(x), » dist Ysabiaus, « pensés en dont. »
Luciane la bele mist a raison :
2100 « Par la foi que tu dois a saint Simon,

2086 li r.

« Quir nous bars et angilles, [luz] et saumons,
« Et puiment et claré et venison.
« Cis valès me samble estre de grant renon
« Et por son cors la feste en avanchon. »
2105 Adont vint la pucele par le maison (d)
Rebracie d'un cai[n]se fait a boton :
Qui li veist aler si a bandon
Sambler li poroit feme de [grant] valor.

L   Qui veist la pucele al cors menbré,
2110 De feme de boin aire li deust menbrer.
Le maistre senescal a apelé ;
Se li fist le mengier bien conreer,
De car, de venison et de sai[n]gler;
2114 Vin orent et puiment a grant plenté.

LI Chele nuit fu Aiols bien herbergiés :
Car il orent assés aparelliés ;
Si orent boins sergans et despensier
Et keu et senescal et boutellier.
Signor, cui Damelde[x] savra aidier
2120 Li voirs de sainte gloire par sa pitié,
Ja nus hon nel pora puis enpirier.

LII Ysabiaus prist sa fille par le main destre,
En sa cambre l'en maine, si l'en apele :
« Fille, cis enfes samble de fiere geste ;
2125 « Cil Damede[x] de gloire, li rois chelestre,
« Qui fist et mer et monde, oisel et beste,
« Li doinst icho trover que il va quere :
« Por Dieu te prie, fille, que bien le serves,
« Ne li faille nus biens qui soit en tere.
2130 — Dame, com vous plaira, » dist la pucele.

LIII Lusiane la bele le sert a gré ;

2119 qui — 2129 nul

Quant qu'ele pot le sert a volenté.
La pucele vaillant al cors sené
Del solier avala tous les degrés
2135 Et vint a Marchegai por esgarder,
S'aplanoie ses crins et ses costés;
Et a un escuier o lui mené :
Garder li fait les piés s'il sont feré,
Et on le trova bien encor(e) clavé.
2140 Lors s'en torna la bele al cors molé
Et laise le ceval bien ostelé, (f. 111)
Del feure et de l'avaine li done assés.

LIV La pucele s'en torne al cors gentil
Et laisse le cheval trés bien servi.
2145 En une cambre en entre de marbre bis :
La sist le lit Aiol par grant delit;
Les kieutes sont de paile que desous mist
Et li linceul de soie, n'i ot pas lin;
Li covertoir de martre grant et furni
2150 Et l'oreillier[s] fu fais d'un osterin.
Aiol en apela, se li a dit :
« Damoiseus, venés ent huimais dormir. »
Par le puin le mena dessi al lit.
Garins tient le candeile et sert del vin:
2155 Bien en ont andoi but par grant loisir.
Puis le fist descauchier, nu desvestir,
Et quant il se coucha, bien le covri :
Douchement le tastone por endormir.
Il s'en torne, et regarde, et fait soupir :
2160 Onques mais gentil home ne vit servir,
Car il avoit esté el bos nori[s];
Le deduit de puchele n'ot pas apris.
Dameldé depria qui ne menti
Que il fache a son pere boine merchi
2165 Que il laisa malade et entrepris

2134 auale — 2138 sist s. — 2142 li fait doner a. — 2144 ters — 2150 fait

Entre lui et sa mere el gaut foilli(s);
Mais bele Lusiane bien le servi :
Autressi se contient com s'il fust pris.

LV Douchement le tastone la damoisele :
2170 Ele li mist la main a la maisele;
Oiés con faitement ele l'apele :
« Car vous tornés vers moi, jovente bele;
« Se vous volés baisier, n'autre ju faire,
« J'ai trés bien en talent que je vos serve.
2175 « Si m'ait Dieus del ciel, je suis pucele,
« Si n'euc onques ami en nule tere.
« Mais moi vient en penser, vostre voil estre, (b)
« S'il vos vient a plaisir que je vos serve.
— Bele, » che dist Aiol[s], « li rois chelestre
2180 « Qui fist et vent et mer et ciel et tere
« Vous merite les biens que vous me fetes!
« Car vos couchiés huimais, bien en est terme,
« Laiens en vostre cambre o vos pucheles.
« Enfressi a demain que l'aube pere
2185 « Sarés de mon corage, jou de vostre estre :
« Bien ermes acointié demain al vespre. »
Del respit n'eust cure la damoisele.

LVI La puchele s'en torne toute dolante
Et a laisiet Aiol dedens la cambre.
2190 Plus tart qu'ele onques pot en la soie entre,
En un lit se coucha, molt se tormente.
Mais ele n'i dormist por toute Franche,
Tant i ot mis son ceur et s'esperanche.
Longuement se regrete, après [s]i pense :
2195 « Lasse ! » dist la pucele, « com laide cance
« Quant je le voil amer et lui n'en membre !
« E Dieus ! c'or me consele, vraie poissance !
« Saint Denise en ferai molt bele offrande,
2199 « .XIIII. mars d'argent tout en balance. »

LVII La puchele s'en torne al ceur iré,

En sa cambre s'en entre, l'uis a fremé;
Mais el(e) n'i pot dormir ne reposser,
Toute nuit en parolle en son pensé :
« Damoiseus, molt par estes gentiex et ber !
2205 « Onques ne vi [je] home de vostre aé
« Qui feme ne vausist vers lui torner.
« Bien poés estre moines, se vos volés;
« Alés prendre les dras : porqu'atendés ?
« De vostre amor m'esteut a consirer :
2210 « Quant je n'en puis plus faire, lairai ester.
« Je vous ai en mon ceur si enamé
« Qu'a paines vos porai entroblier. »
Et Aiols s'endormi jusc'au jor cler (c)
Qui cesti ne nule autre ne vaut amer :
2215 Li gentiex chevalier[s] pensoit a el;
Ançois rendra son pere ses iretés
Que amisté de feme voille user.
Il set tout a fianche par verité
Que il poroit son pere tost oublier :
2220 Car amistet de feme fait tout muer
Le corage de l'home et trestorner.

LVIII Toute nuit gist Aiol[s] jusc'al matin.
Quant l'enfes coisi l'aube, si s'esbaudi,
Isnelement se cauche quant fu vesti[s],
2225 Et vait a Sainte Crois le messe oir
Et sieut porsession jusc'au midi;
Quar Elies ses peres li avoit dit
Qu'il se penast toudis de Dé(x) servir :
Chil cui Dex vieut aidier n'ert ja honi[s].
2230 A l'ostel s'en repaire quant tout fu dit;
Li mangier[s] fu tout prest quant il revint.
Aiols et se boine oste i sont asis :
Li senescaus les sert molt bien del vin.
Quant assés ont mangiet par grant delit,

2210 plus laisier ester *cf.* 2488 — 2229 qui

2235 Les deniers de sa bourse a Aiol[s] pris ;
U que il voit s'ostesse, se li a dit :
« Dame, » che dist Aiol[s], « vo grant merchi
« Del bien que m'avés fait puis que vi(e)ng chi ;
« Damede[x] le vos mire qui ne menti.
2240 « Or tenés .IIII. sous que jou ai chi :
« Je quic .IIII. denier en sont failli
« Que j'ofri Sainte Crois, soie merchi :
« Se plus ai despendu, tous sui garni[s]
« Que je meche mon gage et fache fin.
2245 « Encore ai un hauberc et un roncin
« Et un elme d'achier, n'est pas bruni[s],
« Et chil quil me dona ne l'ot si vil
« Que il n'en presist mie son pois d'or fin :
« Il l'a en maint estor de mort gari ; (d)
2250 « Et s'ai .I. branc d'achier, n'en quier mentir,
« Ne quic qu'il ait millor en ces pais ;
« Et s'ai .I. besant d'or, veés le chi,
« Que por Dieu me dona un[s] pelerins ;
« Et s'ai un anel d'or grant et furni
2255 « Que me dona mes ostes al departir,
« Un[s] borgois de Poitiers que Dex ait ! »
Et respont Ysabiaus : « Molt es gentis !
« Estoie tes deniers, biaus dous amis ;
« Se Dieu[s] m'ait de gloire qui ne menti,
2260 « Je n'en prendroie nul devant avril :
« Je ne sui pas borgoise de cheste chit ;
« Ainc ne vendi encore ne pain ne vin,
« Ançois sui gentieu feme, seur Loeys,
« L'enpere[or] de Franche de Saint Denis,
2265 « Qui toute cheste tere a a tenir. »
Quant l'entendi Aiols, liés en devint.
Or set bien que ch'est s'ante près de son lin,
Car Elies ses peres li avoit dit ;
Et dist entre ses dens c'on ne l'oi :
2270 « Dameldé, sire pere(s), grés et merchis
« Vos en puisse jou rendre a vo plaisir

« Que de chest grant pichié m'avés gari,
« Que Lusiane m'ot près escarni :
« Ersoir se vaut couchier ensamble mi :
2275 « Ma cousine est germaine, jel sai de fi ;
« Cui Dieus vaura aidier ja n'ert honi[s] !

LIX — Amis, » dist Ysabiaus, « molt estes ber :
« Estoiés vo[s] deniers, mais n'en parlés.
« Encor(e) nen a il mie .ii. mois passés,
2280 « S'ensi fuisiés venu por conquester,
« Ja ne vos esteust avant aler,
« Car Berruier nos ont tous desherté :
« Il nous gastent et proient par lor fiertés.
« Je ne sui pas borgoise de la chité,
2285 « Ains sui seur Loeys qui cest rené   (f. 112)
« Et toute ceste terre a a garder.
« Li dus Miles d'Aiglent qui molt fu ber,
« Cil tenoit .x. chastieus et .iii. chités,
« Si me quist a mon pere par sa bonté :
2290 « Mes sires ne me pot mieus marier,
« Volentiers me dona et de boin gré :
« N'euc d'oir que ceste fille que chi veés.
« En traison l'ochisent .xiiii. per :
« Li uns en fu Makaires li desfaés,
2295 « De maintes traison[s] est il provés ;
« Puis a il les François si enbevrés
« Et lois et jugemens (est) a lui tornés
« Qu'il a tous les frans homes mal atiré ;
« Elie, mon serouge, qui molt fu ber
2300 « A il par traison desireté(s) ;
« Or en tient les chastieus et les chités.
« Ma seur en est kaitive, jel sai assés,
« S'en ai mon ceur dolant, grain et iré. »
Quand l'entendi Aiol[s], s'en est clinés.
2305 Se or(e) vausist li enfes avant parler,

2298 hons

Ja fuissent acointié par amisté.

LX   « Amis, » dist Ysabiaus, « molt sui marie
   « D'une seror que j'ai, que sai kaitive :
   « Ele est en autre terre et li sien[s] sirés.
2310 « Makaire[s] de Losane les deserite :
   « Mais molt m'aime li rois de ceste vile,
   « Car chou est li miens frere et li miens sire.
   « Cil Dameldex de gloire, li fieus Marie,
   « Qui le ciel et le tere a en baillie,
2315 « Li renge, se lui plest, ses honors quites,
   « Et confonge Makaire le mal traitre
   « Qu'a tort et a pichié les desherite ! »
   Quant l'entendi Aiol[s] li frans nobile,
   Contreval envers tere s'en humelie,
2320 Et dist entre ses dens c'om ne l'ot mie :
   « Par le foi que je doi sainte Marie, (b)
   « Ja ne verés passer Pasque florie,
   « Se j'encontre Makaire le mal traitre,
   « Qu'a l'espee trenchant d'achier bornie
2325 « Cuic envers lui moustrer tele estouthie
   « Dont li gira sanglans li cors sans vie !

LXI   — Sire, » dist Ysabiaus o le cors gent,
   « Damoiseus de boin aire, a vo talen :
   « Vaurés vos i parler prochainement,
2330 « Al fort roi Loeys u Franche apent ?
   — Dame, » che dist Aiols, « n'en sai nient :
   « Ne m'os abandoner si faitement;
   « Bacheler[s] qui est enfes de mon jovent
   « Ne doit aler a cort si prestement,
2335 « S'il nen a gentis armes et garniment :
   « Senpre le gaberoient toute li gent.
   « Mais pleust ore a Dieu omnipotent
   « Qu'or venist a la porte torniement :

2326 sanglant

« Ja m'en istroie fors premierement,
2340 « Mon ceur essaucheroie et tout mon sens,
« Se j'estoie couars u fel u lens.
— Amis, » dist Ysabiaus, « ch'ert a tout tens,
« Quar Beruier nous vienent ichi sovent
« Et Sarrasin nous mainent molt malement :
2345 « Panpelune nous tolent a ensient. »

LXII   Che fust après le Pasque el mois d'esté
Que li quens de Boorges s'est porpensés.
Il a trestous ses homes a lui mandés,
.vii^{xx}. chevalier furent tout adoubé.
2350 Beruier sont en Franche par nuit entré
El val de Suberie de sous Valcler :
La ont mis lor agait a rechelé ;
Tel .iiii. chevalier s'en sont torné
Qui le cembel en portent a le chité
2355 U Aiols se pora ja esprover
Et son grant vaselage bien demoustrer.

LXIII   Des .iiii. robeors qui la iront   (c)
Par le mien ensiant sai bien les nons :
C'est Nivars et Aliaumes, Foucars, Sansons ;
2360 Il orent cleres armes et [biax] poignons
Et boins destriers corans, fors et Gascons.
Il vienent a Orliens, passent le pont,
Et fierent en le bare tout a bandon,
Et crient lor enseinges a [molt] haut ton :
2365 « U estes, Loeys li fieus Charlon ?
« Issiés vos ent cha fors, si vos veron :
« L'onor que conquist Charle[s] vos calengon.
« A tort portés corone, nous le dison ;
« Jamais de ceste guerre fin ne prendron
2370 « Dessi que t'arons mort u en prison. »
Quant l'entent l'enpere[re], pesa l'en mout :

2348 trestout

François corent as armes et as adous.
Aiol[s] li fiex Elie en ot le ton :
Grant joie ot de la guerre, molt li fu boin
2375 Qu'il vaura essauchier s'il peut son non.

LXIV Li cenbiaus fu rendus, li noise est grans :
François corent as armes communalment,
Et Loeys de Franche a fait son ban :
N'en istra chevaliers ne nus serjans
2380 Dessi a icel[e] eure qu'il le commant.
Aiol[s] fu a l'ostel grains et dolans,
Que il n'avoit ami ne nul parent
A qui il ossast dire son erement ;
Ains reclaime Jhesu escortrement :
2385 « Ahi ! glorieus pere, sire poissans,
« Qui fesis Lasaron de mort garant
« Et li vostre saint cors fu sussitans,
« Solel fesis et lune, vens tornians,
« Issi com chou est voir, jel sui creans,
2390 « Car faites, s'il vos plaist, hui por moi tant
« Que chevalier conquerre tout seus el camp
« Que renge mort u pris u recreant,
« Que Loeys le sache et tout li Franc : (d)
« Ne m'iroient huimais François gabant.
2395 « Hé ! las ! comme il me vont escarnissant !
« Dont s'aroie [je] bien dorenavant,
« Mieus esteroit mon pere de son enfant ! »
Quant Jhesu ot proié par avenant,
Il vint à Marchegai son auferant.
2400 Li ber i mist le sele, le frain avant ;
Puis a vestu l'auberc fort et tenant
Et a lachiet son elme, n'est pas luisant,
Et chaint l'espee Elie al gentil flanc :
El roiaume de Franche n'ot plus trenchant.
2405 Lusiane la bele li vient devant :

2388 vent

Si l'en a apelé cortoisement.
Chele fu preus et sage, de bel samblant :
Molt l'amast en son ceur veraiement
Plus que nul home en terre qui fust vivant;
2410 Mais il n'i pensoit pas ne tant ne quant,
Ains avoit de son pere le ceur dolant
Qu'avoit laisié malade et besoignant
Et desgarni d'avoir et desirant
El plenier hermitage a Mongaiant,
2415 Et Avisse sa mere al cors vaillant
Qu'avoit desireté par son engan
Makaire[s] de Losane li souduiant.
« Amis, » dit la puchele al cors vaillant,
« Remetés jus vos armes, laisiés atant,
2420 « Car li roys Loeys a fait son ban,
« N'en istra chevaliers ne [nus] sergans
« Nes uns hon en ces[t] siecle qui soit vivans,
« Dessi a icel[e] eure qu'il le commant.
« Vos armes sont molt vieles, mal avenant,
2425 « Ne sont beles ne cleres ne reluisant :
« Cil chevalier s'en vont escarnissant.
« S[e] or fuisiés issus la fors el camp
« Et se pris vos avoient li souduiant,
« Ochire vous poroient de maintenant;   (f. 113)
2430 « Ne vous iroit secore nus hon vivant :
« Ains i avroit tel noise, mien ensiant,
« C'on n'i poroit oir nes Dieu tonant.
— Bele, laisiés ester, » che dist Aians :
« Cheste gent me vont molt escarnisant,
2435 « Petit sevent mon ceur ne mon talant :
« Car se Jhesu me done par son commant
« Que je m'en puise issir sor l'auferant,
« Passer le pont de Loire qui si est grans,
« Et je truis le cembel la fors es cans,
2440 « Ne lairoie por home qui soit vivant

2414 mongalant *cf.* 2795 — 2433 aiant — 2438 grant

« Que n'i voise ferir de maintenant.
« Se n'abac chevalier de l'auferant
« Et nel renc mor[t] u pris u recreant,
« Que Loeys le sache et tout li Franc,
2445 « Ja Dameldé ne plache, le roi poissant
« Qui fu né de la Vierge en Beleem,
« Que je chaiens repaire en mon vivant. »
Dont ot la damoisele le ceur dolant,
2449 Quant por lui ne vieut faire ne tant ne quant.

LXV « Amis, » dist Luisiane, « frans damoiseus,
« Remetés jus ces armes et cel auberc :
« N'istra hui chevalier[s] de cest recet :
« Li rois i a mis ban par saint Marcel. »
Et respondi Aiol[s] : « Or m'est molt bel :
2455 « Se chevaliers s'en ist, g'irai aprés.
« N'ai riche garniment ne vair mantel
« Ne ne porc lanche pointe ne pingoncel :
« Cil viel home me gabent et cil dansel ;
« Se ne fier par effors en ce cembel,
2460 « J'ai mavais repairier en cest chastel.

LXVI — Sire frans damoiseus, » dist la mescine,
« Remetés jus vos armes que avés prises ;
« N'istra hui chevalier[s] de cheste vile :
« Li rois i a mis ban, ses cors meismes.
2465 « Esgardés de ces rues com sont porprisses,   (b)
« Et ces tors grans et hautes qui sont antives :
« Molt i a chevaliers et dames riches :
« S'or estiés la fors, vos armes prises,
« François ont lor ceurs plains de felonies ;
2470 « Quant il voient povre home, si l'escarnissent,
« Il ne laissent por Dieu riens a [li] dire.
« N'estes pas conreé a le lor guise,
« N'avés pelichon vair, gris ne hermine ;

2445 li r. — 2450 franc

« Ja avroit tel tabor par ceste vile,
2475 « Mieus vauroie estre morte et enfoie
« Que noise ne orgeul vos i fesissent.
« De tant com jou en voi sui jou marie. »

LXVII Aiol[s] ne laisse mie por chou li ber,
Ains vint a Marchegai, si est montés.
2480 « Damoisele, l'escu car me donés :
« S'isterai en ces rues por deporter ;
« Se chevaliers s'en ist, j'ai en pensé
« Que je vauroie senpre après aler :
« Se venoit a bataille ne a joster,
2485 « Mieus vauroie estre mors que chi remés !
— Amis, » dist Lusiane, « molt estes ber !
« De t'amor me convient a consirer :
« Quant je n'en puis plus faire, larai aler.
« A Dé(x) de sainte gloire soit commandés
2490 « Tes cors et ta proeche et ta biauté,
« Que de mort te deffenge par sa bonté ;
« Ne soies mors ne pris ne afolé[s] ;
« Sain et sauf te ramaint en la chité
« Et que je puise encore a toi parler :
2495 « Plus vos aim que nul home de mere né. »
Ele li rent l'escu, si l'a combré,
Si l'a tost par le guiche al cors seré,
Et son trenchant espiel li a doné :
« Bele, » che dist Aiol[s] le gentiés ber,
2500 « Jhesu de sainte gloire de majesté
« Qui le chiel et le tere [a] a garder (c)
« De vostre gent serviche vos sache gré
« Et me doinst aventure par sa bonté,
« Qu'il soit astivement guerredoné ! »
2505 Par miliu d'une rue s'en est tornés :
.c. chevalier l'esgardent jovene et barbé
Et dames et pucele[s] et bacheler ;

2488 Car je — 2490 ta bonte

Le cembel esgardoie[nt] por deliter :
Chou est molt bele cose a esgarder.
2510 Es les vous a Aiol si atorné :
Onques puis de cembel n'i ot parlé,
Et dist li un[s] a l'autre : « Laisiés ester.
« Hé! Dieus! u a il ore tant conversé?
« Quel diable l'ont fait tant demorer?
2515 « Il vauroit orendroit estre al joster,
« Ja (en) aroit .v. ochis et afolé[s] :
« Chis vengera anqui le mor[t] Fouré! »
Quant Aiol[s] l'entendi, s'en fu iré[s];
Par [mi]liu d'une rue s'en est torné;
2520 Par devant .i. chelier est trespassé[s],
Lecheor[s] i avoit molt assamblé[s] :
As mains sont combatu et racordé.
Molt furent laidengié et despané :
Li ostes les ramaine, si prist les dés;
2525 Son plus grant eskekier a aporté,
Ses compaignons en a araisoné :
« Signor, » che dist li ostes, « or entendés :
« A (i)cest cop a il lot bien mesuré
« De tout le millor vin de cest ostel;
2530 « Et qui ne vient a nous al vin geter,
« Si me vuit mon celier et laist ester
« La noise et le tenchon que vos menés :
« N'ai cure de tenchier ne d'estriver,
« Ains voil grant pais tenir en mon ostel. »
2535 Et cil li respondirent sa volenté :
Atant s'en sont rasis al ju del dé.
Atant evous Aiol qu'est trespassés (d)
Par devant le chelier trestout armés.
Li ostes le regarde, si a parlé,
2540 Dist a ses compaignons : « Baron, veés :
« Je voi un chevalier qui est faés :
« Je li dirai ja auques de mes pensés. »

2522 Al — 2523 desp. et laid.

Devant lui est venus tous effreés,
Se li dist fierement : « Sire, entendés :
2545 « On vent chaiens boin vin et boin moré(s);
« Doi serjant orent ore chi tremellé :
« Li uns a molt perdu(s), s'est adampnés.
« Che dist, de mavais giu li ai gué(s);
« On me tient por preudome en la chité :
2550 « Si n'en vauroie mie estre blamés.
« Vasal chevalier, sire, veschi les dés :
« Li uns est menuier[s], l'autre quarés,
« Et li tiers est pleniers por bien juer;
« Tenés les en vo main, ses esgardés :
2555 « Sire, se il sont boin sel me dirés
« Et le droit jugement nous en ferés,
« Car sor vos l'avons mis et atiré. »
Et respondi Aiol[s] : « Laisiés ester :
« Onques en mon eage ne vi juer;
2560 « Vos compaignons arriere le demandés,
« A che qu'il en diront vos en tenés,
« Car voir nul jugement ne sai trover
« Quar onques ne soc riens de ju de dés.
— Vasal, » dist li lechiere, « vos n'en irés ! »
2565 Par le frain l'a saisi, si l'a tiré,
Trés devant le chelier l'a reculé :
Marchegai le regarde, si lait aler
Le pié destre qu'il ot gros et quaré :
Devant en mi le pis l'a encontré;
2570 Un si mervilleus cop li a doné
Que .III. costes li fait el cors froer;
Por un poi que le ceur n'en a crevé :
Trés en mi son celier l'a fait voler, (f. 114)
Mal soit de l'escallon qu'il a conté !
2575 Li lechieres se pasme, ne pot durer,
Et quant il se redreche qu'il pot parler,
A .C. mile diable[s] l'a commandé,
Aiol et son ceval, n'en pot faire el.
Aiol[s] li fieus Elie a tant alé

2580 Qu'al grant marchiet d'Orliens en est entré[s] :
Borgois et macheclier l'ont molt gabé,
Des pomons de lor vakes l'ont il rué :
« Voié(n)s, compere Pieres, » che dist Eldré[s],
« E Dieus! cis avoit ore trop demoré!
2585 « S'il ore avoit ja fors l'estor trové
« Il ne donroit mais trieves devant Noel ;
« Car fust chi Hageneus li enivrés
« Et Hersent, sa mollier al ventre lé !
« Toutes gens set lait dire et reprover ;
2590 « Chele ne voit nul home par chi passer
« Que maintenant ne sache un gab doner ;
« S'ele avoit son coutel grant acheré,
« Son ronchi li aroit ja escoué,
« Dont seroit il plus biaus a amener. »
2595 Et respondi Aiol[s] : « Laisieme ester :
« Vos faites vilonie que me gabés,
« Et tort et grant pichié et mavaisté :
« Ains ne vos forfis riens en mon aé.
« Quant Damelde[x] vaura, j'arai assés
2600 « Qui del sien me donra a grant plenté. »
Li auquant l'ont laisié qu'en ont pité
Por chou que belement l'oent parler.

LXVIII « Sire, » che dist Houdrés, « ce est folie
« Que si matin avés vos armes prises
2605 « Et no gent crestiene volés ochire ;
« Vos parens est Forés, que que nus die :
« Devant Paris fu mors par estouthie,
« Et vous le vengerés après complie :
« A l'espee d'achier ferés martire.
2610 « Molt alastes hersoir par ceste vile,
« Mener quidiés no gent a le folie :
« Ches armes que portés sont molt pories ;
« Por voir les entorchierent gent Sarrasine :

2587 hergeneus cf. 2722 — 2593 escolse

« Qui navrés en seroit ne poroit vivre. »
2615 Quant l'entendi Aiol[s], molt s'en aire.

LXIX Des or chevauche Aiol[s] grains et iriés
Por chou qu'il s'ot gaber et laidengier.
Molt le gabent serjant et escuier,
Meismes Loeys qui Franche tient
2620 Qui fu en son palais grant et plenier.
Al matin s'est levés de son mengier,
Et vit l'enfant Aiol ens el marchié
Et les gens qui tant l'orent contralié.
Li rois en apela ses chevaliers,
2625 A haute vois s'escrie : « Baron, voiés :
« Chi vient un[s] chevaliers aparelliés
« Qui vaura anqui estre as cos premiers,
« S'aquitera ma tere et mon resnié;
« [Quar] il vaura ma guerre bien traire a chief.
2630 « Riches hom l'a nori et ensengié(s);
« Si l'a por grant saudee cha envoié(s);
« Il les conquerra bien a son espiel. »
Quant Aiols ot le roi, molt fu iriés :
Un borgois en apele quenu et viel
2635 Qui devant lui estoit en cel marchié :
« Amis, » che dist Aiols, « bien ait vos ciés ! (c)
« Qui est chis qui me gabe en ces[t] sollier?
— Sire, chou est li rois qui Franche tient,
« Et si vos a gabé et laidengié. »
2640 Quant l'entendi Aiols, molt fu iriés
Et dist entre ses dens c'on ne l'ot nie[n]t :
« Hé ! Dieux ! chou est mes oncles, je sui ses niés;
« Si ne me deust mie contralier. »
Sel seust l'emperere qu'il fust ses niés,
2645 Ja n'i fust plus gabés ne laidengiés,
Ains fust [molt] richement aparelliés.

2618 *Miniature avec cette rubrique* : Ch'est chi ensi com Aiols est venus a Orliens et com li rois de Franche le gaba et ses gens. — 2623 gent — 2646 richemens

Por quel gabe li rois ne fait pas bien :
Anqui en ert Aiol[s] si bien vengiés
Qu'il l'abatra a joste de son destrier,
2650 Si quel veront serjant et chevalier.

LXX [Des] or chevauce Aiols grains et dolans,
Por les gens qui le vont escarnisant.
Li marchiés estoit plains de toute[s] gens,
Et li un et li autre vont poursivant
2655 Aiol le fil Elie, sel vont gabant.
Atant evos Hersent al ventre grant ;
Ch'ert une pautoniere [molt] mesdisant,
Feme a un macheclier d'Orli[e]ns le grant :
Né furent de Borgonge la [de] devant ;
2660 Quant vinrent a Orliens la chité grant,
Ni aporterent il, mien ensiant,
De tous avoirs en tere .v. sous vaillant ;
Ains estoient kaitif et mendiant,
Dolant et mort de fain et pain querant :
2665 Mais par lor esparenge fissent il tant
Que .xx. sous de deniers vont espargnant,
A mont[e] et a usure si vont prestant :
Ainc que fuissent passé plus de .v. ans
Les vont si li diable montepl[i]ant
2670 Ces .xx. sous de deniers qu'il vont prestant,
Un si trés grant avoir vont amassant
Que les .ii. pars d'Orliens vont engagant, (d)
Fours, molins et rechès vont acatant
Et vont tous les frans homes desiretant.
2675 Quant il furent venu en l'avoir grant
Qu'il sont venu a auques de droit niant,
Lors ceullent un orgeul de maintenant,
Ne laisoient durer home vivant.
Ele ert si felenese et mesdisant,
2680 Cuiverte et orgellouse et mal parlant :

2655 fiex — 2666 esparengant

Li borgois de la vile [s']en vont gabant,
De chou que ele dist font joie grant.
Quant le virent venir, si vont criant :
« Et car laisiés aler dame Hersant
2685 « Dessi al chevalier a son talant :
« Ele li dira ja de son romant. »
Envers Aiol s'en vient de maintenant ;
Par le frain le saisi, s'estut devant.
Ele ot le panche grose et le cul grant,
2690 . . . . mal avenant.
Ele dist a Aiol en ranpronant :
« Vasal chevaliers sire, car faites tant,
« Soiés de ma maisnie d'ore en avant,
« Donrai vous une offrande molt avenant :
2695 « Ch'ert une longe andoile grose et pendant,
« Fermee ert en vo lanche al fer trenchant :
« Adonc saront trestout petit et grant
« Qu'estrés de ma maisnie d'ore en avant.
« Si vos iront por moi tout redoutant,
2700 « Car je sui marchecliere, je vos creant ;
« Mais je ne vendi car bien a .xv. ans :
« Neporquant le sornon en ai tous tans. »
Aiol[s] li respondi par avenant :
« Dame, » dist (li) li valès, « laisieme atant :
2705 « Vous m'avés bien gabé, s'en sui dolant ;
« Mais [i]che me va auques reconfortant
« Que vous avés cel cors mal avenant :
« Hideuse estes et laide et mal puant, (f. 115)
« Et le vostre serviche pas ne demanc.
2710 « Molt vous aiment ches mousques par Dé le grant,
« Car vos estes lor mere, mien ensiant :
« Entor vos trevent merde, j'en sai itant,
« Que a molt grans tropiaus vos vont sivant. »
Dont ot li pautoniere le ceur dolant,
2715 Mais ne set que respondre [ne] tant ne quant.

2690 *Le commencement du vers a été gratté.* — 2713 grant

Trés par mi le grant presse s'en va fuiant :
Li borgois de la vile le vont huant,
Et li un et li autre le vont criant :
« Trové avés vo maistre, dame Hersent,
2720 « Onques mais ne veimes home vivant,
« Qui vos ossast responde [ne] tant ne quant. »
Atant es Hagenel le souduiant,
Baron estoit Hersent le mal parlant :
U que il voit Aiol, se li dist tant :
2725 « Vasal, vous n'estes mie trop [par] sachant,
« Que vous alés les gens si esmaiant;
« S'avoie mon coutel le miex trenchant,
« Molt tost le comperiés [de] maintenant,
« Car je vous en feroie ja en lanchant;
2730 « La plus gente bouchiere alés blamant
« Que on trovast en Franche qui est [si] grant. »
Dont lieve la risee el marchié grant,
Que n'i oiessiés mie nes Dieu tonant.

LXXI   Quant Aiols fu partis de la tripiere,
2735 Contreval s'en torna lés la riviere
Selonc une maison qui ert de piere :
Femes i a oies qui sont noisi[er]es,
Qui coisirent Aiol lés la maisiere.
Li une huce a l'autre : « Compagne chiere,
2740 « Raiborc et Holduit et Geneviere,
« Vés la le chevalier qui est songiere :
« Il a prises ses armes, si fait grant chiere;
« Par son grant vaselage rarons no kievre. »
Raiborghe li escrie a vois pleniere :   (b)
2745 « Entendés cha a moi, gentiex poingiere :
« Çaiens gist uns hons mors sor la litiere;
« Bien poés en lui faire amoisne chiere.
« Prestés nous vostre escu, s'en ferons biere
« Tant que l'aions porté jusc'a Saint Pierre,

2722 agenel — 2739 compere

2750 « La u nous l'enforons en la litiere. »
Quant l'entendi Aiol[s] li frans poingiere,
Belement lor respont a simple chiere :
« Car me laisiés en pais, putains sorchieres,
« Que Jhesu vous confonge li droiturieres ! »
2755 Lors s'en torna Aiol[s] lés la riviere,
Dameldé reclama et puis saint Piere.

LXXII Des or chevauce Aiols grains et maris,
Por chou qu'il s'ot gaber et escarnir ;
Mais il fu chevalier[s] preus et gentis :
2760 Si ne li caloit mie de tous lor dis.
En endurer le met et en soufrir,
Car Elies ses peres li avoit dit,
Si l'en ot castoié et bien apris,
Que li hom qui plus tenche plus est honis.
2765 Cent garchon(s) le porsievent grant et petit,
Et li getent chavates et caillaus bis,
Et pomon et caronge et merde ausi.
« Enfant, » che dist Aiols[s], « tornés de chi :
« Ne vos caut a gaber hom[e] entrepris.
2770 « Je sai a ensiant que sui mendis :
« Si n'ai en ceste tere parent n'ami.
« Alés a vos osteus, les vos merchis :
« Jhesu le vos pardoinst qui ne menti.
« Certes je m'ai molt chier, qui qui m'ait vil.
2775 « Ahi ! biaus sire pere, tu me desis :
« Caitif d'autre contree convient tapir. »
Li auquant s'en tornerent que pités prist,
Por chou que belement lor respondi.
Aiols vint a le porte devers Berri ;
2780 Si fesist il a l'autre se il vausist,   (c)
Car il n'estoit [ne] ivres ne estordis.
Et trova le portier quil dut servir
Sor un peron de marbre u il se sist.

2759 gentil — 2761 le vieut et — 2765 Cens — 2781 esdordis

Li lechieres fu fel et faus et bris.
2785 Il est saillis en piés, devant lui vint;
Le pan de son mantel se li tendi,
El puin destre li ploie, se li a dit :
« Sire, tenés mon gage, je me renc pris;
« Si en ferés justiche a vo plaisir. »
2790 Quant Aiol[s] l'entendi, s'en fu maris
Quant il set et entent qu'il l'escarnist :
Talent ot de l'espee l'alast ferir,
Quant li menbre del sens et des boins dis
Que Elies ses peres li avoit dit
2795 El bois en Mongaiant quant s'en parti
Que li hon qui plus tenche plus est honi[s] :
Il rebati el feure le branc forbi :
« Amis, » che dist Aiols, « se Dex m'ait,
« Tu te jues a moi, jel sai de fit :
2800 « Et je voil que tu dies tout ton plaisir;
« Mais ovre cele porte, lai m'ent issir,
« Si sievrai le cembel que je vic chi.
« Se gaing palefroi ne boin ronchin,
« Baille cha ta main destre : je te plevi
2805 « Que je te donrai tant al revenir,
« L'acordanche en ert faite a ton plaisir :
« Ne sui pas chevaliers de riche pris. »
Et respont li portier[s] : « Laisieme oir :
« Par la foi que vous doi, biau[s] dous amis,
2810 « N'istra hui chevalier[s] de cheste chit.
« Remetés en l'estable vostre ronci;
« Poi a mangiet avaine en cest avril.
« Vous feriés la fors le malfé vis :
« Cil qui bien sont armé et bien garni
2815 « Ne lor poriés forfaire un Angevin. »
Quant Aiol[s] l'entendi, molt fu maris. (d)

LXXIII Or sist Aiol[s] li ber sor son destrier,
Desore Marchegai qu'il ot molt chier.
Le portier apela par amistié :

2820 « Oeuvre moi cele porte, par le tien cief :
« Si sievrai le cembel por encauchier.
« Done cha ta main destre, je t'afi bien,
« Se gaing palefroi ne boin destrier
« Je t'en donrai ta part al repairier.....
2825 — Diable vos feroient riens gaingier. »
Quant Aiol[s] l'entendi, molt fu iriés :
Si dist entre ses dens c'on ne l'ot nient :
« Dieus, » dit il, « pere qui tout as a baillier,
« Tant m'aront hui gabé chil renoié !
2830 « Se je fierc ces[t] gloton del branc d'achier,
« Assés tost li aroie le cief trenchié.
« Mais encor ne seroie pas bien vengié[s]
« De tou[s] ciaus qui m'ont hui contraloié ;
« Et je voi c'es[t] borgois mal afaitié[s] :
2835 « Mieus me vient a soufrir tout son plaidier
« Et toute sa parolle qui ne vaut riens
« Que fesise tel cose al commenchier
« Dont je fuisse honis u vergongiés. »
Atant le rapela li fel portiers :
2840 « Entendés, » fait il, « cha, biaus amis chiers ;
« Por chou que je vos voi desconsellié,
« Vos vaurai ja aprendre molt bel mestier,
« Car de chevalerie ne savés nient.
« Prendés de chele lance .iiii. deniers :
2845 « A filet esuer le[s] vaura bien,
« Et ma feme m'en a d'une proié,
« Si les vous en donrai molt volentiers ;
« Et de cel vostre escu .xii. deniers :
« Se fu lieve en la vile s'avra mestier ;
2850 « De vostre elme .iii. sous, tous i est chiers ;
« De vostre hauberc .x. sous, ses vaura bien.
« S'en acatés d'avaine .iiii. sestiers, (*f.* 116)
« Sel donés ce ronchi tout a mangier :
« Il seroit grans et fors s'ert encraisiés,

2824 *Lacune*. — 2829 chis — 2851 sel vaure — 2854 grant

2855 « Boin ronchi i aroit a caretier;
« S'amenés de le laine en cel(e) markiet,
« Nous en acaterons molt volentiers,
« U vous portés carbon a vo somier :
« Vos resamblés bien hom[e] de tel mestier. »
2860 Quant Aiols l'entendi, s'en fu iriés.
Et uns borgois l'esgarde de son solier :
Cil ot non Quikenars li panetiers ;
Cil Damede[x] de gloire qui fu et [i]ert
Trameche a celui [home] mal encombrier.
2865 Car fel estoit [et bris] et mal parliers ;
Il fu parens Makaire le losengier.
Trés par matin fu ivres, si ot mangié
Et le fort vin beu qui monte el cief,
Qui les grandes folies fait essauchier.
2870 Et ot l'enfant Aiol contraloie[r] :
A ses maistres fenestres est apoiés,
Au portier commencha fort a hucier :
« Di, va, lai l'ent aler sans delaier :
« Oeuvre li tost la porte por encauchier,
2875 « Car il nous vengera de l'aversier :
« Se il i est ochis grans honors iert.
« Tu avras de ma borse .iiii. denier[s]
« Et de mon millor vin un boin sestier :
« Loeys le ferai tout otroier,
2880 « Ja n'en eres batus ne laidengiés. »
Or oiés del quivert, del losengier :
Pour mal le quida dire, mais il dist bien.
Quant li portiers l'oi, molt en fu liés :
« Vasal chevalier sire, » dist li portiers,
2885 « Or t'overai la porte molt volentiers,
« Car cis borgois m'en a doné congié :
« Si avrai de sa bor(o)se .iiii. deniers,
« Et de son millor vin .i. boin sestier; (b)
« Loeys le fera tout otroier,

2859 Vos sambleres — 2866 parent

2890 « Ja n'en ere batus ne laidengiés.
« Or t'overai la porte molt volentiers,
« Car por la toie amor ai gaiengié.
« Done moi de la ceue de ton destrier :
« S'en ferai une laise a .I. levrier ;
2895 « Mes ostes m'en proia des avant hier.
— Volentiers, » dit Aiol[s], « vien le sachier. »
Li lechieres s'aproche vers le destrier,
Li cuivers, li lechieres, mal ait ses ciés !
Il ne le faisoit mie por esrachier,
2900 Ains le voloit abatre de son destrier,
Qu'il cuida le vallet jus trebuchier,
Por les grandes risees recommenchier.
Marchegai nel connut, lieve le piet,
Merveilleus coup en done le pautonier :
2905 De desous la maiselle le consuié
Que .III. des mestres cosstes li a brisié ;
Tout envers l'abati sor .I. fomier.
« Cuivers, » che dist Aiols, « a vous blecié ?
— Oil, » dist li lechieres, « et mahangié :
2910 « Ne m'en donoie garde del regibier.
« As diables voist hui vostre destrier[s] !
« Ersoir manga avaine, s'est plus aitiés. »
Et respondi Aiol[s] : « Jel quic trés bien. »
Dameldé en jura le vrai del ciel :
2915 « Se ne m'[o]evres la porte molt volentiers,
« Tu perdras ja la teste al branc d'acier :
« Ne t'en ga[ri]roit hon qui soit sousiel,
« Quant je voi que proiere n'i a mestier. »
Il l'a sachié del feure grant demi piet.
2920 Quant li glous vit le branc reflamboier,
Al pooir que il ot s'est redrechiés,
S'est venus a la porte sans atargier.
Quant il ot le vereil a lui sachié,
Del flaiel de le porte li fiert el cief, (c)

2911 drechier — 2919 la traite

2925 Que tout envers le fist près tresbuchier :
Mais ainc ne s'en senti li chevaliers,.
Car li ber s'en issoit molt volentiers.
Li glous vait a l' ostel, si s'est couchiés :
N'en liet il mais des mois! Aiol n'en chiet;
2930 Et Aiol[s] s'en issi sor son destrier.
Or le garise Deus li voir[s] del ciel
Qu'il n'i soit mors ne pris ne vergongiés,
Et Dex doinst a tous cheus mal encombrier
Qui tant l'ont ranproné et laidengié!
2935 « Hé! Dieus! » che dist Aiol[s], « par ta pitié,
« Tant m'aront hui gabé et laidengié!
« Et il seroit mon pere molt grans mestiers
« Que fesisse tel cose vers chevalier[s],
« Dont je fuise honorés et essauchiés.
2940 « Or ne lairai por home [nul] desosiel
« Que ne voise ferir tout le premier
« Des .IIII. robeors sans plus targier.
« Se nes puis par mes armes bien justicier,
« Se le lairai ester dont s'il me siet :
2945 « N'encaucherai mais home [nul] desousiel,
« Car je n'en sui apris ne ensengiés.
« Dame sainte Marie, » fait il, « aidiés :
« D'ore en avant voil estre vos chevaliers! »

LXXIV Li robeor repairent tout a bandon :
2950 Tout droit a lor agait arier s'en vont;
Les lances portent droites encontre mont
Et ont al vent destors les confanons.
De Loeys s'en gabent le fil Charlon
Et bien l'ont escrié desor le pont :
2955 N'en osa uns issir de ses barons
Qui s'en alast combatre vers les glotons.
Mais ançois que solaus traie a escons,
Lor convenra parler d'autre raison :

2953 De] A, le] li

Li plus ardis des .IIII. qu'el cembel sont
2960 Por Rains n'i vausist estre ne por Soison[s] (d)
Ne por tout le roiaume al roi Charlon,
Car Aiols est montés li gentieus hon
Par desor Marchegai a esperon.
Issus est de la porte tout a bandon,
2965 Si lor a ja de Loire passé le pont;
O lui n'en maine per ne compaignon.
Dameldé reclama par son saint non,
Entre ses dens commenche une orison :
« Ahi ! glorieus sire, » dist li frans hon,
2970 « Qui presis en la Vierge anoncion,
« Et tu fus de lui nés, bien le sait hon,
« S'en fist li clere estoile parition :
« Li troi roi le coisirent de leur roion,
« Adont s'esmut cascuns de sa maison.
2975 « Tous .III. les assemblastes sans mesproson ;
« Il vinrent a Erode le roi felon ;
« Il demanda qu'il quisrent et u iront :
« Onques ne li chelerent, mais dit li ont
« Que nés est li profetes, querrant le vont,
2980 « Qui sera rois et sires de tout le mont.
« Deul en ot et grant ire al ceur felon,
« Qu'il n'i voloit signor nul se lui non ;
« Bien quidoit estre rois de tout le mont.
« Son corage lor chele par traison :
2985 « Alés le donques querre, signor baron,
« Puis repairiés par moi leus a bandon :
« Je l'irai aourer, s'ere ses hon.
« Li troi roi respondirent qu'ainsi feront,
« Mais ne connoisent mie la mesprison
2990 « Ne le felon corage del mal gloton
« Qu'ochire les quidoit par traison.
« Savement les guiastes, pere del mont :
« Tant vos quisent li roi, trové vos ont.

2975 Tout

« Trois offrandes porterent par devison,
2995 « Or et mire et encens; por chou le font
« Que par ces .III. ofrandes nous connistrons:(f. 117)
« S'estes rois teriens, l'or vos donront,
« L'encent s'estes provoire, si connistront.....
« Le corage seustes des .III. barons,
3000 « Car vers vous ne se peut cheler nus hons;
« Toutes les requellistes sans mesproison,
« Des offrande[s] ont il gent gueredon :
« Savement les guiastes, pere del mont;
« D'Erode les gardastes le roi felon
3005 « Qui les quidoit tuer par traison.
« Et quant che vit li fel qu'alé en sont,
« Par lui ne repairierent, escarni l'ont,
« Deul en ot et grant ire el ceur felon :
« Tous les enfans fist querre de son roion
3010 « Manant communalment et près et loin :
« S'en fist trestous eslire les valeton[s]
« De .II. ans et demi que plus n'en ont :
« Puis les fist decoler, inocent sont :
« Si voirement, voirs Dex, con che creons
3015 « Que rois estes et sires de tout le mont,
« Garisieme hui de mort et de prison
« Et donés aventure par vo saint non
« Que secore mon pere a son besoin
« Et ma mere la gente el gaut parfont.
3020 « Molt m'aront hui gabé tout chi gloton
« Et si ont fait lor gas de mon blason :
« Se ne combac as .IIII. qui chi en vont,
« Dont ne pris jou mon cors .I. esperon. »

LXXV Quant Aiol[s] fu des rues d'Orliens issus,
3025 N'a pas gaires alé, quant a veus
Les .IIII. robeors a destre en sus.
Et quant Aiols les vit, ses a connus

2998 *Lacune.* — 3010 Mainte

Car il n'estoit couars ne esperdus;
Ains dessent del cheval a tere jus,
3030 Estroitement le çaint par grans vertus.
.c. chevalier l'esgardent jovene et kenu,
Et dames et puceles qui sont as murs; (b)
Et dist li uns a l'autre : « Or l'ai veu!
« La bataille est remesse, n'en veré[s] plus :
3035 « Li bachelers est ivres, trop a beu.
« Sire, venés vos ent al boin eur;
« Laisiés les ent aler, nes touchiés plus,
« D'ome ochire est pichiés grans et id(e)us.
« Onques mieudres vasaus de vos ne fu :
3040 « Vous arés vos saudees deriere l'uis :
« A cheste Pentecoste serés vestus
« De peliçon hermine et d'ors pelus.
« Che sont .ii. parteures, de tex n'est plus :
« A qui que avoirs faille soiés seurs. »
3045 Quant l'entendi Aiol[s], dolans en fu ;
Parfondement reclaime le roi Jesu :
« Ahi! glorieus sire qui mains la sus,
« Et venistes en tere por nous cha jus,
« Et fustes mis en crois et estendus
3050 « Et ferus de la lance par mi le bu(s)
« Que li sans et li aigue en coula jus :
« Longis en t(r)ert ses ieus, si a veu(s),
« Et si bati sa coupe, verités fu,
« Et vous li pardonastes, pere Jesu,
3055 « Mal gueredon en ont li mescreu,
« En infer en giront el parfont bu,
« Si voirement, dous Dieus, com che voirs fu;
« A vous me comma[n]c jou, nie[n]t a autrui. »
Les consaus de son pere a (bien) retenus,
3060 Que ja qui le kerra n'ert confondus.
Puis acourcha la guiche de son escu
Et a toutes ses armes trait envers lui.

3046 li r. — 3062 trais

Plus bel cor nen ot onques ne quens ne dus,
Et jure Dameldé et sa vertu,
3065 Mieux vauroit estre mors et confondu[s]
Que il n'en fiere .I. u autre lui.

LXXVI   Aiols fu remontés sor Marchegai;
Un[s] lechieres li crie par .I. gavai : (c)
« Amis chevalier sire au cheval bai,
3070 « Assés avez alei, trés bien le sai :
« Car me bailliés ces armes, si josterai :
« Cheste premi[e]re jouste pour vos ferai. »
Et Aiols reclama saint Nicolai :
« Si voirement, biau sire, ma creance ai,
3075 « Les pucheles salvastes del vilain plait,
« Les .III. clers sussitastes, por voir le sai,
« Donés moi aventure, desiré l'ai,
« Que secore mon pere qu'el bos laissai
« Et Avisse ma mere als cors verai
3080 « Qui se pasma por moi quant desevrai.
« Cil borgois m'escarnisent, [trop] bien le sai,
« Por riche garn[i]ment que n'aportai ;
« Mais se Dieu(s) plaist de gloire u creance ai
« Ja ne veront passer le mois de mai
3085 « [Que] teus m'escarnist ore dont me vengrai :
« Cil borgois me porsievent, esgardei l'ai. »

LXXVII   Li robeor repairent tout lor esclos,
Voient l'enfant Aiol ques sieut au dos :
Belement les encauche tous les galos,
3090 Ne se vaut pas aster, car trés bien sot
Qu'il feroit chevalier par son esfors :
« Signor, » che dit Nivars, « estés .I. poi :
« Cis borgois nous porsieut, si fait que faus :
« Avés l'escu veu qu'il a al col ?
3095 « Jo avrai le ceval qui si vient tost

3081 et 3086 Cis

« Et Sanses en prendra l'escu del col.
— Et je, » che dit Aleaumes, « l'auberc del dos.
— Et je avrai, » dist Foukes, « l'elme sans or :
« Se il se vieut desfendre, ja l'avrai mort;
3100 « Cui chaut s'en che fossé remaint li cors ? »

LXXVIII Nivars torne le resne vers le mescin :
Mais Aiol[s] point et broce, sel vait ferir;
Desor la boucle d'or qu'il vit luisir,
Perchié li a l'auberc et molt mal mis; (d)
3105 Par mi le gros del ceur l'espiel li mist,
Toute plaine sa lanche mort l'abati.
.c. chevalier l'esgardent grant et petit
Et dames et puceles as cors jentis
Qui trestout le gaboient gehui matin;
3110 Et si font il encore, n'en prendent fin :
« Hé! Dieus! li qués fu che qui or chei?
« Encor(e) voi tout entier vostre escu bis
« Et sor ses .iiii. piés le bai ronchi. »
Lusiane la bele sot bien et vit
3115 Que c'ert Aiols li enfes qui jus l'a mis :
Dameldé reclama de paradis :
« Sire pere propisses qui tout fesis,
« Vos puissiés hui cest jor avoir merchi
« De l'enfant d'autre tere qui est mendis,
3120 « Qu'il n'a en ceste tere parent n'ami!
« Sain et sauf le ramaine par ton plaisir
« Que il repuist encore parler a mi,
« Car plus l'aim que nul home que Dex feist,
3124 « Ne ja, se je ne l'ai, n'arai mari. »

LXXIX Foucars en apela ses compaignons :
« Estés un poi ichi, signor baron;
« Che me samble gran[t] honte(s) de cel glouton
« Qui nous a mort Nivart no compaignon :
« Mieus vauroie estre mort que nel vengons. »

3100 Qui

3130 Il broche le destrier des esperons
Et vait ferir Aiol tout a bandon,
Lés l'alve de la sele près de l'archon
Que sa lanche il mist ens el braon
Par miliu de la quisse .i. poi amont;
3135 D'autre part li fist fendre lés le giron :
Durement est navrés li gentiex hom,
Li sans vermaus li coule sor l'esperon;
Mais Aiol refiert lui de tel randon
Qu'il li ronpi l'auberc et l'auqueton :
3140 Le fie li caupa et le pomon, (f. 118)
Se li trencha le ceur tout a bandon
Que mort l'a abatu jus des archons.
Loeys est as estres li fiex Charlon·
Sus el palais plenier en son dongon:
3145 Il escrie a ses homes : « Voiés, baron,
« Del povre chevalier que gabion :
« Par saint Denis de Franche, il est preudon.
« Alés vous adouber, sel secorons;
« Ne voil pas qu'il i muire par mesprison :
3150 « Mieus ameroie a perdre Rains et Soison[s]
« Que si boin chevalier i perdison. »
François corent as armes et as adous :
Meismes l'enperere s'arma le jor.
3154 Anqui vaura veir de près Aiol.

LXXX Li cenbiaus fu rendus et li tornois :
François corent as armes tot demanois;
Meismes Loeys s'arma li rois,
Anqui vaura Aiol de près veoir,
Mais il ne sara mie que ses niés soit.
3160 [Et] Sanses et Aliaumes sont a l'estroit,
Il encauchent Aiol a grant esfroi :
Il ne peut de sa lanche mie ravoir :
Il a traite l'espee, fiert demanois,
Et escrie « Monjoie » a haute vois:
3165 « Fil a putain, traitre(s), felon revoi(s),

« Vos gastés ceste terre, n'i avés droit.
« Hui est venus li jors quel comperois.
— Sanses, » [ce] dist Aliaumes, « vien ent, je vois :
« Maleoit soit tex enfes et ses bufois !
3170 « Ha ! Dieus ! quel[s] chevaliers nous a tolois !
« Alon nous ent fuiant tant com nos loist. »

LXXXI [Vont] Sanses et Aliaumes tornant les dos
Et Aiol[s] les encauche tous les galos :
Sa lanche a recovree en .i. des mors.
3175 On blamoit Marchegai, mais il va tost ;
Il ot maigre le crupe et lons les os, (b)
Les .iiii. piés coupés bien fais et gros :
Aiols le laise core par grant esfors.
Desor l'escu Sanson feri tel cop
3180 Que il li a perchié l'auberc del dos ;
Sa grant anste li mist par mi le cors :
Devant lui a la tere l'abati mort.
Aliaumes s'enfui dessi al bos
Et Loeys l'encauche a son esfors ;
3185 .vii. cens et .iiii^{xx}. et quinse i ot
De noble[s] chevaliers as escu[s] fors,
Et puis la gent a pié quil sieut au dos.

LXXXII Aliaumes s'en revait el bos fuiant,
Et Aiol[s] l'en encauche esperonant.
3190 Il tient nue l'espee qui fu trenchant
Et vait ferir Aliaume en ataignant ;
Tel coup li a doné en trespassant
La teste en fist voler en mi le camp.
A tant es Loeys esperonnant ;
3195 Les Beruiers trova el val gissant.
De maisnie sousprise n'en sai niant :
François les vont ferir de maintenant
Des lances qui sont roides as fers trenchans.

3172 tornent — 3182 mors

La veissiés tant sor et tant bauchant
3200 Fuir par le campaigne frains trainant,
Et tans boin[s] chevalier[s] mors et sanglans
Qui remessent gissant par mi les cans.
E Dieus! quel commenchaille por .i. enfant!
Ne doit estre gabés d'ore en avant,
3205 Mais richement servis a son talent.

LXXXIII Molt fu grans la bataille et li estris.
Quant li quens de Boorges vit Loeys
Et sa gente maisnie vit entrepris,
Or poés dire et croire qu'il fu maris.
3210 Signor, chis gentiex quens que je vos di,
Dont ne savés qu'il fu ne dont il vint.
Poi est de jougleor[s] quil vous desist : (c)
Il ne sevent l'estoire ne n'ont apris ;
De chou sont li auquant molt escarni
3215 Et li plussor s'en font por fol tenir,
Quant le verai[e] estoire n'en ont coisi :
Hon qui raison commenche, jel sai de fi,
Quant il al da[e]rain n'en set issir,
Por fol et por musart s'en fait tenir.
3220 Mais je vos dirai bien dont li quens vint
Et de con faite gent : je l'ai apris.
Ja fu che niés Elie le duc gentil
Qui a tort fu cachiés de son pais,
Fieus Marsent sa seror o le cler vis,
3225 Cousin[s] germain[s] Aiol dont je vos di.
Por chou guer[e]oit il roi Loeys
Qu'il encacha son oncle fors del pais.
Aiol[s] nel connissoit n'ainc mais nel vit,
Car si le conneust ne li nuisist,
3230 Ains li aidast sa guerre a esbaudir.
Quant li quens vit ses homes mors et ochis,
Or poés dire et croire molt fu maris ;

3201 tant — 3227 son pere — 3231 mort

Il escria ses homes ciaus qui sont vif :
« Garissiés vos, signor, qui peust fuir,
3235 « Car je ne vos puis ore plus maintenir,
« Ne vos puis aidier ne garantir. »
Par miliu de la presse fuiant s'en vint;
Onques n'i ot François ne Poitevin
Ne Normant ne Mansel ne Angevin
3240 Qui un seul pas ossast avant suir,
Tant par sevent le comte preu et ardi,
Fors seulement Aiol dont je vos di.
Quant il en vit le comte tout seul fuir,
Il broche Marchegai, après s'est mis;
3245 Il le vint ataingant en .i. lairis;
Se li a escrié : « N'ert mie ensis;
« Bien voi qu'estes li maistres a l'esbaudir:
« Vous me lairés ostages al departir; (d)
« Quant vous m'escaperés bien seré fis
3250 « Jamais ne ferés guerre roi Loeys. »
Quant entendi li quens ne pot garir,
Il regarda Aiol, quant il le vit,
Trés bien le reconnust a l'escu bis,
En la ruiste bataille as cos ferir :
3255 « Dameldé, » fait il, « pere qui ne menti,
« Ja est chou li vallés al bai ronci
« Qui si m'a hui mes homes mors et ochis :
« Dieus, donés m'en vengance par vo plaisir!
« Certes je li vaurai grant coup ferir. »
3260 Vers Aiol s'en retorne tous aatis,
Et Aiol[s] contre lui molt tost revint.
Anbedoi s'entrefierent par grant air.
Or en penst Damelde[x] qui ne menti
Des .ii. cousins germains par son plaisir,
3265 Que li un[s] ne li autre n'i soit ochis!
Mervelleus cos se donent al parvenir
Que les escus des cos s'en font partir;
Li quens brise sa lanche, n'a plus conquis;
Mais la viele enfumee ne peut guencir,

3270 Car il n'avoit plus forte en nul pais.
Aiols l'enpoint par forche, qui bien se ti(e)nt,
Que l'escu de son col li a malmis
Et l'auberc de son dos li desronpi :
De joute le costé l'espiel li mist.
3275 Molt fu grans aventure qu'en car nel prist
Al grant cop del vasal qui bien feri,
A l'esfors del destrier qui tost li vint,
Et al fort chevalier qui l'enpoint si :
Le poitral de devant li desronpi
3280 Et les çaingles desronpent tout autressi ;
Le da[e]rain archon a fait croisir
Et andeus les estriers li a mal mis
Que del corant destrier jus l'abati :
Li quens jut a la tere trestous sovin[s],   (*f.* 119)
3285 Del grant coup qu'ot eu fu estordi[s]:
Ne vous en mervilliés s'il fu maris.
Aiols a trait l'espee, si l'a requis :
Amont par mi le cief l'ala ferir
Que les flours et les pieres en abati.
3290 S'il ferist autre coup del branc forbi,
Ja li eust del bu le cief parti,
Quant li quens li escrie : « Frans hom, merchi !
« Ja te renc jou m'espee que je tieng chi :
« Mais garde que n'i muire, se Dex t'ait.
3295 — Ne sai que vous ferés, » Aiols a dit,
« Car je vos renderai roi Loeys
« L'enpereor de Franche de Saint Denis.
« Vous li avés gasté tout son pais :
« Or refera de vos tout son plaisir,
3300 « Si quel veront li grant et li petit. »
Par le nasal de l'elme le va saisir :
Sel delivre Gerart et Amauri,
Hugon et Nevelon et Ahenri ;
Cil sont de la maisnie al roi gentil :

3284 trestout — 3304 Cis

3305 « Signor, gardés le nous, » Aiol[s] a dit,
« Si en fera li rois tout son plaisir. »
Et cil ont repondu si feront il.
« E las! » che dist li quens, « com sui trais!
« Elies, biaus dous oncles, je sui honis.
3310 « A tort fustes cachiés de ces pais :
« Si vous desireta roi[s] Loeys.
« Je sui fieus vo seror, se Dex m'ait,
« Dame Marsent la bele o le cler vis.
« Si [ne] peuc cel hontage nient soufrir :
3315 « Ains manda mes parens et mes amis,
« Les saudoiers de Franche que poc quelir,
« Si lor fis mes tresors tous departir,
« Si aati de guere roi Loeys :
« Plus de mil de ses homes ai puis ochis :
3320 « Ne li fausist la guerre tant com fust vis, (b)
« Mais ore est afinee quant je sui pris.
« Bien sai que se li rois me peut tenir
« C'a nule raenchon n'en puis venir,
« Que ne me fache pendre u mal baillir. »
3325 Aiols li fiex Elie tout chou oi,
Car prés estoit de lui, si l'entendi :
Trestout li sans del cors li est fremis.
« Dameldé, sire pere, » Aiol[s] a dit,
« Qui si faite aventure onques mais vit?
3330 « Bien voi que cis hons est prés de mon lin :
« Se il a le parole ne ne menti,
« Fiex fu Marsent (Marsent) m'a[n]tain, bien l'ai oi;
« Ele fu seur mon pere, jel sai de fi.
« Cis frans quens de boin aire que je voi chi
3335 « Por moi a gueroiet roi Loey
« Et ceste ruiste guere a fait por mi.
« Mal gueredon l'en ai, che m'est avis,
« Al da[e]rain rendu quant je l'ai pris :
« Mais je nel connisoie, se Dieus m'ait.
3340 « Dex, done m'ent consel par ton plaisir,
« Car se je le retieng mal est baillis,

« Et si jel laisse aler, j'ere entrepris :
« Car che dira li rois de Saint Denis
« Que j'avroie del conte grant loier pris;
3345 « De traison seroie retés toudis.
« Je ne voil mon corage nient jehir
« Tant c'arai fait bataille et contes pris
« Et cenbiaus maintenus et envais.
« Toutevois l'iert rendus, n'en peut garir;
3350 « Mais g'i avrai ançois boin convent pris
« Qu'en prendra raenchon de boin or fin,
« Chevaus et palefrois, destrier[s] de pris;
« Et se a l'acordanche ne puis venir,
« Tout atant li porai mal plait bastir.
3355 « Par icel saint signor qui le mont fist,
« Ains que li quens i soit mors et ochis (c)
« I ferai jou mil cos del branc forbi,
« Car mon cousin germain ne puis faillir. »

LXXXIV Aiols ot pris le conte par vigor,
3360 Sel delivra Gerart .i. vavasor
Et Gautier et Hugon et Nevelon.
« Signor, » che dist Aiol[s], « gardés le nous :
« G'irai en la bataille tout a estrous :
« S'auques i puis conquerre, s'i (i) arés prous. »
3365 Il garda en la presse selonc l'estor
Et coisi Loeys l'enpereour;
Cuida as chieres armes qu'il fust des lor :
Encor(e) n'i connoist lance ne gonfanon,
Ne set qui est Flamens ne Brabençon,
3370 Ne ki est Poitevins ne qui Gascon :
Mais as plus beles armes se prent le jor;
La u voit les plus riches et les millors,
Esperone ses cors, a[s] belissor[s] :
N'a cure de jouster as noelor[s].
3375 Belement vi(n)t armé(s) (sor) l'enpereor :

3369 flamenc — 3373 Le esp. son

Il broche Marchegai, sore li cort
Et vait ferir son oncle par grant vigor
Que de l'escu li trenche le maistre flour,
A tere l'abati devant aus tous :
3380 Li auberc le gari de mort le jor.
Il a traite l'espee, sore li court :
Loeys saut en piés par grant vigor ;
Il ot molt grant paour, sel douta molt,
3384 Car bien quida morir tout a estrous.

LXXXV Loeys fu a piet entre ses drus,
Li fieus de sa seror l'ot abatu :
Il a traite l'espec, se li cort sus.
Li rois l'a vu venir, molt l'a cremut :
Il geta sor son cief son boin escu.
3390 Aiol[s] del branc d'achier l'a si feru
Enfressi qu'en la guiche li a fendu :   (d)
Il [le] reust a tere jus abatu,
Quant .xiiii. François i sont couru
Qui por lor signor sont molt irascu.
3395 Aiol le fil Elie ont sus coru,
Quant Loeys escrie : « Estés en sus !
« Mar i sera touchiés ne abatus
« Enfressi que jou aie parlé a lui.
« Damoiseus de boin aire, molt as vertu :
3400 « J'ai a non Loeys de Monleu[n] :
« Voiant tout mon barnage m'as abatu,
« Durement m'as grevé et confondu ;
« Se par .i. chevalier sui retenus,
« Perdre doi ma corone et mettre jus.
3405 « Mais ce n'est pas encore, che saches tu,
« Que je me renge pris ne si vencu :
« Tu i aras ançois maint coup feru
« Et si avras des miens maint receu.
« Je m'afi tant en Dieu le roi Jesu

3395 fiex — 3397 Mais

3410 « Que ja par .1. seul home n'ere vencu[s] ;
« A la rike bataille ne fauras tu.
« Mais or me di ançois dont es venu[s]
« Et de con faite gent tu es issus,
« Que si as mon barnage hui maintenu :
3415 « Tu m'as les Beruiers tous confondus,
« Le conte de Bohorges m'as retenu ;
« Por Rains ne por Biavais ne por Leun
« Ne fusse jou si liés, che saces tu ;
« Moi qui sui rois de Franche as abatu
3420 « Et d'une part et d'autre m'as tu feru.
« Desqués vauras tu estre, diras le tu ? »
Quant l'entendi Aiol[s], dolans en fu :
Il a mis piet a terre, s'est dessendu :
« Sire, por Dieu, merchi, car vostre hon sui ;
3425 « Nel fac a ensiant, merchi Jesu !
« Montés isnelement par grant vertu. (f, 120)
« Beruier sont destruit et confondu :
« Grans eskiés nous i est chi remansu[s]
« Quant li quens de Boorges vos est rendu[s]. »
3430 Quant l'entendi li rois, molt liés en fu.

LXXXVI Vencue est la bataille et li tornois.
Le conte qui la guerre dut maintenoir
Par le puin le rendi Aiol[s] al roi :
« Vous estes mes drois sires, jel sai de voir ;
3435 « Je vos renc or che conte sor vostre foi
« Que nel menés a tort ne a belloi :
« Raenchon en prendés, jel vos en proi.
— Si fera jou, biaus sire, » che dist li rois.

LXXXVII Le conte de Boorges a li rois pris :
3440 Hugon et Nevelon tost le rendi :
« Signor, gardés le nous, » li rois a dit ;
« Menés l'ent a Orliens, ma boine chit,
« Et soit mis en la cartre el font gesir :
« Car me guerre est finee, Dieu merchi,

3445 « Par che franc damoisel que je voi chi. »
Quant l'entendi Aiol[s], avant sailli,
Si parla hautement tant c'on l'oi :
« Empereres de Franche, parlés a mi.
« Je parlerai por lui puisque l'ai pris.
3450 « Ja se Dieu(s) plaist de gloire qui ne menti
« Che n'ert ja esgardé en nul païs
« Que issi gentiex quens soit mal baillis,
« N'en buie n'en carcan n'en cartre mis,
« Mais prendés boins ostages del revenir :
3455 « Si l'en laisiés aler en sen païs
« Tant qu'il resoit d'avoir trés bien garnis,
« Et qu'il ait auné de ses amis :
« Et si revienge ariere a vo merchi,
« Si devienge vostre hon et vostre ami[s].
3460 « Molt devés estre liés, roi Loeys,
« Se vous a l'acordanche poés venir
« Et reçoivre poés .I. tel ami   (b)
« Com li quens de Boorges que je voi chi.
« Ne devés pas vos homes mal baillir,
3465 « Ains les devés aidier et maintenir,
« Et tenir a droiture grans et petis. »
Quant Loeys l'entent, liés en devint.
« Damoiseus, molt par estes frans et jentis,
« Et je ferai del tout a vo plaisir.
3470 — Sire, » che dist Aiols, « vostre merchi.
« Quant sor ma volenté l'avés tout mis,
« Dont ert li quens tous quites, par saint Denis;
« Ja ne li coustera deus paresis
« Fors que de vos tenra tout son païs. »
3475 Quant l'entendi li rois, s'a fait .I. ris,
Et quant che vit li quens, liés en devint,
Car trés bien quidoit estre de la mort fis.
Il est passés avant et si s'est mis
As piés l'enpereor; se li tendi

3449 lui] toi — 3461 le cordanche — 3463 le conte

3480 Andeus jointes ses mains, ses hon devint;
De lui reçut se tere et son pais.
L'enperere de Franche l'omage en prist;
Es les vos acordé[s], si sont ami(s)
Par si faite maniere com vous ai dit.
3485 Li traitor de Franche en sont marit.
Makaires de Lossane, li Dé(x) mentis,
Li malvais losengier[s], quant il chou vit,
Por .I. petit de deul n'esrage vis.
Molt tost s'en vint corant a Loeys :
3490 De ses losengeries vaura servir.

LXXXVIII Li quens fu delivrés et clamés quites :
En sa tere s'en va trestout delivres;
Avoec lui en remaine de son enpire
Chou qu'en l'estor en fu remés en vie.
3495 L'enperrere de Franche conduit l'en livre
Enfressi c'a Orliens la chité riche.
Aiol[s] remest al roi de Saint Denise;
Loeys l'en apele, prist lui a dire : (c)
« [Biaus] amis, dont es tu? ne mentir mie.
3500 — Sire, jou de Gasconge, de Mont Olive.
« Mes peres gist malades en fremerie;
« Faillis li est avoir[s] et man[an]tie :
« Bien a .XV. ans ne fist chevalerie,
« On l'apele Gautier de Pont Elie.
3505 « Il m'envoia en Franche por querre aie,
« Et ving ersoir a prime en ceste vile,
« Ciés Ysabel le franche et le nobile :
« Por amor Dieu me fist herbergerie;
« Damelde[x], se li plaist, il li merisse!
3510 « Mais d'aler à la court ne sai que dire,
« Por riches garnimens que nen ai mie;
« Je n'ai pelichon vair ne gris hermine :
« Si crien que vo François ne m'escarnissent.

3504 mont elie cf. 2088 — 3507 ysabiaus

« Car me retien(t), boin[s] rois, par ta francise :
3515 « Jamais n'aras d'un home millor service.
— Par mon cief! » dist li rois, « n'i faurés mie
« Que je vous doing Estanpes trestoute quite,
« Le borc et le marchié et l'abeie,
« Les lois et les coustumes et les justiches.
3520 — Vostre merchi! boin[s] rois, Loeys sire.

LXXXIX — Sire, franc damoiseus, » ce dist li rois,
« Je voi bien que molt estes preus et cortois.
« Vencue as le bataille et le tornoi ;
« Molt i a pris chevaus et palefrois :
3525 « Jamais n'ert un[s] seus jors miex ne t'en soit :
« .II^c. et .IIII^{xx}. je t'en otroi,
« Et Monleun en France et Estanpoic.
— Vostre merchi, biaus sire, Loeys rois.
« Les chevaus prendrai jo ; mès ne vos poist
3530 « Quant boinement m'avés fait cest otroi
« Et les .II. chastieus, sire, je vos recroi :
« Car n'en baillerai nul a ceste fois
« Tant qu'avrai fait batailles et tornoi[s]
« Et guerres afinees, voiant François. (d)
3535 « Et se j'en forceur cose sai moustrer droit,
« Si que creantent tout vostre François
« Et que die li siecles que c'est mes drois,
« Vostre merchi, biaus sire, rendeles moi.
— Par foi, n'i faurés mie, » che dist li rois :
3540 « Tout voiant mon barnage, le vos otroi. »
Et Aiols respondi comme cortois :
« Et je vos servirai par boine foi(s). »
Quant l'entendi Makaires, s'en ot anoi ;
Il fu molt fort traitre de pute loi :
3545 Molt tost s'en vint ester devant le roi,
A une part le trait a .I. recoi.

XC Makaire[s] de Losane fu mal parliers,
Fols fu et fel et malvais losengiers :

Il cort a Loeys por consellier.
3550 Si l'en a apelé et araisnié :
« Sire drois enpereres, ne fais pas bien
« Qui cel garçon dones tous ches destriers.
« S'il en a .II. u .IIII., assés en [i]ert.....
« Caitis d'estrange tere enorgelliés
3555 « Qui demain s'en ira si com vint hier.
— Tais, glous, » dist Loeys, « mais n'en plaidiés.
« Fieus a putain, traitres, fel losengiers,
« Onques en ton vivant ne fesis bien.
« Tel home(s) m'as tolu dont sui iriés ;
3560 « Elie, mon serouge, le franc guerrier,
« Me fesis tu de Franche a tort cachier
« Et desevrer del resne et essillier.
« Ma seur en est kaitive, mains en sui chiers.
« A tort en tiens la tere et a pichié :
3565 « Je ne l'otroi mès mie, par le mien chief !
« Car s'il issoit nus hoirs de sa mollier,
« Assés saroit li siecles c'estroit mes niés. »
Aiol[s] le regarda, molt fu iriés :
Quant il oi parler le losengier,
3570 Et il l'oi nomer, sel connut bien. (f. 121)

XCI Aiol[s] li fiex Elie l'a regardé
Et vit qu'il ot son pere desireté,
Et il li avoit bien tout aconté
Quant il parti de lui el gaut ramé
3575 Qu'ensi l'avoit Makaires li fel mené.
Quant Aiol[s] l'entendi, s'en fu irés :
Trestous li sans del cors li est mués.
S'il le peust exploitier, il a pensé
Qu'il li vaura le cief del bu sevrer.
3580 Portant si l'en convient par tans ester :
Ne se vaut acusser ne trop aster.
« Sire, » che dist Aiols, « laisiés ester.

3553 *Lacune après ce vers ?*—3559 Mes *cf.* 3586—3577 Trestout

« Puisqu'il quiert [vostre] boin, ne le blamés.
— Amis, » dist Loeys, « je pens tout el :
3585 « Il quiert mon grant damage et ma vieuté.
« Tel home m'a tolu j'en sui irés :
« Elie, mon serouge, qui tant ert ber,
« Fist il par traison desireter,
« Et si tient ses chastieus et ses chités.
3590 « Ma seur en est kaitive, jel sai assés ;
« S'en ai mon ceur dolant et airé.
« Jamais jor de ma vie ne l'arai cler.
— Sire, » che dist Aiol[s], « car me donés
« Les chevaus que vous dites que pris avés :
3595 « Conduire les ferai a mon ostel :
« Car je sui en la quisse auques navrés,
« Si m'en ferai garir et respasser.
— Amis, » dist Loeys, « or les prendés.
« Cui qu'en poist ne cui non, vous les arés,
3600 « Car par vostre proeche sont conquesté. »
Il les fit en la plache tous amener :
.II^c. et .IIII. vins en a sevrés,
De trestous les millors qu'il pot trover.
Aiol[s] les fait conduire a son ostel :
3605 Dont fu il par la vile molt esgardés ;
Tout li saint en sonerent en la chité. (b)
Ne sara laidengiés plus ne gabés,
Mais richement servis et honorés ;
3609 Encor(e) rendra son pere ses hiretés.

XCII Or se metent François el repairier.
Encontre vont sergant et escuier ;
Li uns se prist a l'autre a conseillier :
« Di, va ! car voi venir le cevalier
« Qui nous a de no guerre si trait a cief !
3615 « Ainc mais si fais vasaus ne fu sousiel. »
Hageneus [en] apele dont sa mollier :

3599 Qui quen p. n. qui — 3612 li pr. — 3613 car vien — 3615 fait — 3616 Haguenons *cf.* 2722

« Dame Hersent, » dist il, « mal sons baillié.
« Vous gabastes jehui che chevalier :
« Sachiés que ces ranprones vous vendra chier.
3620 — Sire, » che dist Hersent, » car vos targiés :
« Je m'acorderai bien au chevalier. »
Ele s'en va corrant com aversier,
Par la porte s'en ist, après s'en vi[e]nt :
Par de jouste le roi qui France ti[e]nt
3625 A la saisir Aiol par son estrier,
A sa vois qu'el ot haute prent a huchier :
« Sire, merchi por Dieu vos voil proier.
« Je vos gabai gehui al commenchier;
« Or vous en ferai droit molt volentiers
3630 « Par .xiiii. toniaus de nos cheliers
« Tout plain[s] del vin d'Auçoire qui sont molt
« Et .xiiii. bacons grans et pleniers   [chier,
« Qu'ai fait ciés Ysabiau ja caroier. »
Ançois qu'Aiols i vienge, sont descargié.
3635 Quant Aiols entra primes dedens Orliens
Meismes Loeys qui France tient
De jouste lui chevauce par amistié :
Sos lui trait son brac destre, al col lachié ;
Plus l'aime que nul home qui soit sousiel,
3640 Qu'il li a de sa guerre bien trait a cief.
Aiols se regarda, vit le portier
Qui si l'ot a l'issir contraloié.   (c)
Il [l']en [a] apelé et araisnié :
« Vous m'ovristes la porte, miex vos en [i]ert. »
3645 Par le resne li done .i. boin destrier,
Et cil l'a encliné jusques as piés.
Et quant li rois le vit, molt en fu liés.
Il apela Aiol par amistié,
Si l'a par grant amor contralié :
3650 « Gentiex damoiseus sire, par le mien cief,

3617 somes — 3619 vendra *écrit au-dessus de* vengra — 3646 la] len

« Onques mais ne vi jou home sosiel
« Mautalent pardonast si volentiers :
« Qu'a ceus qui vous gaboient al commencier
« Vous voi ore doner les boins destriers,
3655 « Et si lor pardonés trop volentiers.
« Ses peusiés de Franche trestous cachier
« Et banir de ma tere et essillier :
« Et je l'otrieroie molt volentiers. »
Aiol[s] respont com sages et afaitiés
3660 Et com hom qui estoit bien ensegniés :
« Sire, » che dist li enfes, « bien le saciés :
« Se je voloie ceus tous guerroier
« Qui gehui me gaberent al commencier,
« Dont ne me fauroit guerre jor desosiel.
3665 « De vostre cors meismes fui laidengiés :
« Bien vous oi parler de vo solier :
« Encontre vos aroie mal gueroier. »
Quant li rois l'entendi, molt en fu liés :
Il acola Aiol par amistiés
3670 Et puis l'a par amor assés baisié(s).
Aiol[s] s'en part del roi et prent congié:
A son ostel ariere est repairiés
Ciés Ysabel s'antain, nel vaut laisier,
Qui a la poverteit li ot aidiet,
3675 Et il a la ricoise nel vaut laisier.
Quant Aiols dessendi de son destrier,
.v. chevalier li sailent a son estrier
Qui le sievent de gré et volentiers : (d)
Desor(e) mais ara il des escuiers,
3680 Et keus et senescal et boutelliers.
Lusiane la bele devant lui vient,
Et quant ele le vit si fort sainier,
Del grant deul qu'ele en a pasmee ciet.
« Fille, » dist Ysabiaus, « car vos targiés,
3685 « Trop i avés torné vo(u)s amistiés :

3653 Que c.

« Pensés tost, bele fille, qu'il soit couchiés.
— Dame, » dist Lusiane, « molt volentiers. »
L'enperere de Franche qui molt l'ot cier
Li envoia .c. livres de boin[s] deniers
3690 Et vint anas d'argent et dis d'or mier;
Car salee et forment et boin vin viés
Li fist tant a l'ostel acaroier
Dont il pora bien paistre .x. chevalier[s]
Et tenir de maisnie et costengier;
3695 A son oste delivre tant gent loier
Qui l'avoit honoré et herbergié :
.xxx. chevaus li done tous des plus chiers
Et vint anas d'argent et dis d'or mier;
Tous les bacons fist metre en son lardier
3700 Et tout le boin forment en son grenier
Et les toniaus de vin en son celier,
Et si mist en s'estable ses boins destriers.
« Dame, » che dist Aiol[s] li frans guerriers,
« Faites moi la chité toute cerkier,
3705 « La contree environ et le resnié
« S'il i a gentil home ne chevalier
« Qui poi aient avoir et gaingié
« Par prison despendu et engagié :
« Faitele a moi parler par amistié.
3710 « De l'avoir li donrai qu'ai gaignié.
— Sire, » che dist la dame, « molt volentiers. »
Per son consel envoie les messagiers,
Manda les gentiex homes, les chevaliers,
Les naturaus serjans bien afaitiés : (f. 122)
3715 Cil i vienent de grei et volentiers,
Ains le vespre en i vient .cc. et miés.
.xxx. borgois manda des plus prisiés:
Si acroit les mantieus et le[s] dras chiers,
Les bliaus trainant jusques as piés,
3720 Que li damoiseus done as chevaliers;

3690 darges — 3703 franc — 3713 hons

Et en après dona les boins destriers.
Or tient Aiol[s] meisnie de chevalier,
S'en servira le roi qui Franche tient :
Encore en ert Elie[s] ses peres liés,
3725 Si en sera Makaires grains et ir[i]és.
Les noveles en vont par le marchié,
Et la sus el palais grant et plenier
Le va un[s] mes[agiers] le roi nonchier
Que tel largeche maine li chevaliers.
3730 Quant l'entendi li rois, s'en fu molt liés :
Son senescal (en) apele par amistiés,
Se li a fait el bourc un ban noncier.
« Or m'entendés, » fait il, « franc chevalier,
« Marceant et borgois, vos del marchié
3735 « Qui les march[e]andies savés cachier
« Et vendés vair et gris, hermine chier,
« Les haubers et les elmes et les espieus,
« Et les boins palefrois et les destriers,
« Et l'or fin et l'argent et les deniers,
3740 « Les bacons et les vins, les poisons chiers!
« Quanc' Aiol[s] vieut avoir li frans guerriers
« Enfressi a .i. an trestout entier
« Li faites a l'ostel tout envoier,
« Et contés as sergans, metés en brief :
3745 « Ne demandés Aiol .i. seul denier :
« Li rois paiera tout molt volentie[r]s. »
Quant li borgois l'entendent, s'en sont lié ;
Or sevent qu'il vauront bien gaingier.
Aiols a pris .c. marcs de boin[s] deniers,
3750 Ses bailla .i. message, et .i. destrier
Et uns dras d'escarlate riches et cier[s],
Foré furent d'ermine jusques as piés :
Son oste les envoie droit a Poitiers
C'un anel li dona par amistiet,
3755 Le chemise et les braies dont ot mestier.

3732 noncier] crier. — 3750 Sel-

Li mesages s'en torne sans atargier
Qui fu preus et cortois et afaitiés.
Or a il tant esré et chevaucié(s)
Que il vint en .v. jors droit a Potiers.
3760 Forment s'en est penés et travilliés,
Tant a quis le borgois quel trova bien :
Aiol[s] li ot nomé et ensengié.
De Dieu le salua le voir del ciel
Et d'Aiol son signor qui molt l'ot chier.
3765 De soie part li done le boin destrier
Et après les .c. mars des boins deniers,
Et les dras d'escarlate qui mol sont chier.
Li borgois les rechut, molt en fu liés.

XCIII Li borgois de Poitiers les deniers prist
3770 Et les dras d'escarlate, si les vesti.
Puis mande ses parens et ses amis;
Quant il furent ensemble, si lor a dit :
« Signor, por amor Dieu qui ne menti,
« Remembre vos encore del bel mescin
3775 « A le lanche enfumee, a l'escu bis
« Et a l'elme enrungié, al bai ronci,
« Que veistes passer l'autrier par chi ?
« Molt ert povre de dras, nus et despris,
« Qar les gens le gaboient de son ronci;
3780 « Jel vous oi gaber et escarnir.
« Gentieus hon me sambla, pitié m'en prist :
« Çaiens le herbergai, por bien le fis;
« Chemise et blanches braies li fis vestir,
« Mon anel li donai al departir.
3785 « Molt est boins chevaliers, preus et ardis:
« Or a [a] grant plenté et vair et gris, (c)
« Et vaillans saudohiers a lui servir.
« Le conte de Boorges l'autre jor prist,
« Et .IIII. chevaliers tous seus ochist

3763 de v. — 3776 un elm. — 3781 len — 3789 tout

3790 « Et fina une guerre roi Loeys
« Dont onques mais ne pot a fin venir.
« .c. mars m'a envoiés de paresis
« Et ceste riche reube que j'ai vesti
« Et che corant destrier que veés chi.
3795 « Signor, je le vous moustre, si le vos di :
« Qui a preudome sert, tous est gari[s]. »
Et cil ont respondu : « Bien avés dit. »
Et Makaires s'en va a Loeys,
Coiement l'araisone, se li a dit :
3800 « Mavais consel avés, boins rois gentis,
« Que çe garçon avés mis en tel pris :
« Tout le premerain jour que il vint chi
« De chevaus li donastes .[x]IIII. vins
« De trestous les millors, des plus eslis
3805 « Que vo François avoient en l'estor pris.
« Mais tant est souduiant et de mal vis
« Mal ait quant il en daigne un retenir :
« Mandés a les frans homes de cest pais,
« Si lor a tous donés et departis.
3810 « Or mande les borgois de vostre chit,
« Si acroit et manteus et [vair et] gris,
« Et piaus et peliçons a grans estris :
« Ses fait communalment tous departir;
« Ains n'en veut a son eus nul detenir.
3815 « Ja n'ert chis ans passés ne acomplis
« Qu'il les fera venir si a merchi
« Qu'il sera rois de Franche poestis,
« Et vous desiretés povres mendis.
« Se vos me creés, roi, par saint Denis,
3820 « Demain l'encacherés de vos pais.
« Qu'en avés vos a faire? que fait il chi ?
« — Tais, glous, lai moi ester, » dist Loeys; (d)
« Fieus a putain, parjures, Dieu menti[s] !

3803 cf. 3526 — 3807 quanquil — 3808 francois hons — 3810 les barons cf. 3717 — 3812 grant

« Onques en ton vivant bien ne fesis.
3825 « Che li vient de nature et de boin lin
« Que il aime frans homes et met en pris.
« Tel home m'as tolu dont sui maris :
« Elie, mon serouge, le duc gentil
« Me fesis tu cachier de ces pais.
3830 « Or est en autre tere remés caitis ;
« Ma seur en est kaitive, s'en sui plus vis.
« Je ne sai en quel tere il est fuis ;
« Cis est de son linage, si com je quic,
« Que il m'a de ma guerre bien trait a fin ;
3835 « Car pleust ore a Dieu qu'il fust ses fis
« Et qu'il fust acointiés ore envers mi !
« Ses honors li rendroie ja a tenir :
« Gonfanonier[s] seroit de mon pais,
« Si aroit mon roiaume tout a baillir. »
3840 Adont par fu Makaires forment maris :
A poi que il de deul n'esrage vis.

XCIV Aiol[s] a pris .c. livres d'orlenois
Et deus paires de reubes fait a orfrois,
Ses mist en une male qu'iert de corvois ;
3845 Assés i mist velous et covertoirs,
Et riches dras en lit que il avoit
Et or fin et argent et autre avoir(s).
Sor .i. ceval le torse corant norois ;
Son pere les envoie par .i. borgois.
3850 Il li a fait jurer sor sains .iii. fois
Pardes(o)us les reliques de sainte crois
Ja nel descovera de son consoil,
Ne ne dira parole dont pis li soit.
Li mesagiers s'en torne qui fu courtois :
3855 Aiol[s] le convoia dessi a Blois.
Tant a fait par la tere de ses voloirs
Que molt durement l'aiment tout li François.

3852 consel

XCV　Li messagiers s'en torne tost et esrant.　　(f. 123)
　　　Il fu preus et cortois et molt vaillant;
3860　Torsé ot les .c. livres sor l'auferant.
　　　Il a trespassé Blois premierement
　　　Et est venus a Tours la chité grant.
　　　Si a fait ses journees, je nen sai quant;
　　　Tout son chemin esra plenier et grant,
3865　Et vint a le capele de Mongaiant :
　　　Ileuc trova Elie le gentil franc
　　　Et se gente mollier al cors vaillant;
　　　L'ostel li demanda de maintenant :
　　　« Sire, herbergiés moi por Dé(x) le grant,
3870　« Por le premiere joie de Belleant
　　　« Dont nostre sire fu aparissant.
　　　— Volentiers, » dist Elies, « venés avant. »
　　　Li messagiers dessent de maintenant :
　　　Jouste le duc s'asist desor .i. banc.
3875　Ja li dira noveles de son enfant
　　　Dont il ara son ceur lié et joiant.

XCVI　Li messagier[s] dessent qui fu preudom.
　　　Elies l'apela, mist le a raison :
　　　« Maistre, » che dist Elies, « dont estes vous ?
3880　— Sire, je suis d'Orliens, le maistre bourc.
　　　— Veiste[s] .i. mien fil, biaus amis dous,
　　　« Un enfant de boin aire, s'a non Aiols ?
　　　« Je li cargai mes armes et mes adous :
　　　« Si l'envoiai en Franche a le roi court,
3885　« Mais molt i ala povres et besoignous
　　　« Et desgarnis de dras et soufraitous.
　　　« Ne sai se a nul jor mais le verons.
　　　— Certes, » dist li messages, « che savons nous.
　　　« Molt est boin[s] chevaliers vos fiex Aiols :
3890　« Le conte de Boorges prist l'autre jor;
　　　« .iiii. chevaliers autres ochist tous sous;

3874 J. li — 3878 la a

8

« Bien l'aime Loeys l'enperreour
« Plus que nesuns des autres de sa maison.
« Ches[t] destrier vous envoie de grant valor, (b)
3895 « Et de deniers .c. livres que jou ai tous. »
Quant l'entendi Elies, li gentiex hon,
Ne se tenist de plor por tout le mont.
Il ploura de pitié et de douçor;
3899 Entre lui et Avisse grant dolor font.

XCVII Quant la dame ot parler de son bel fil,
Del ceur qu'ele ot el ventre jete .r. souspir,
Et ploura tenrement des iex del vis :
« Di moi, frere message, se Dex t'ait,
« Parla onques mes enfes a Loeys,
3905 « Et s'en la maistre court onques se mist?
« Il s'en ala molt povres, nus et mendis.
— Oil, » dist li messages, « se Dex m'ait :
« Molt est boins chevaliers Aiols vo[s] fis;
« Le conte de Boorges l'autre jor prist,
3910 « .IIII. chevalier[s] autres le jor ochist
« Et fina de sa guerre roi Loeys
« Dont onques mais ne pot a chief venir.
« Che destrier vous envoie corant de pris
« Et de deniers .c. livres de paresis,
3915 « Et de dras plaine male pour revestir
« Et vos et son chier pere, le duc gentil. »
Il prent le grant avoir, se li rendi :
Avisse la ducoisse le requelli.
Li mangiers fu tous prest si com s'en vint;
3920 Assés orent pain d'orghe, aigue del riu :
Il ne vivoient d'el en ces pais.
Quant il eurent mengié, si font les lis;
Mais si grande poverte les ot souspris,
Li messages n'o[t] kieute, neis un cousin,
3925 Fors la mosse del bos qu'il estendi,
Et a saisi .r. grés c'a son cief mist :
Il se torne et retorne, ne pot dormir

Dessi a l'endemain qu'il esclairi.
Li messages saut sus tous estordis,
3930 Molt li deulent les os por le dur lit. (c)
Il jure Dameldé qui ne menti :
« Si j'estoie ore en Franche en mon païs,
« Jamais en ceste tere ne quier venir.
« Molt a lonc tans esté cis dus kaitis;
3935 « Bien devroit trestout ceus de mort air
« Qui si l'ont de son resne a tort fors mis.
« Ne vous esmaiés mie, frans dus gentis :
« Ja n'ert cis ans passés ne acomplis
« Que vous arés tout quite vo païs. »
3940 Il ist de l'hermitage, s'a congiet pris,
Enfressi c'a Orliens tost s'en revint.

XCVIII Or fu Elies riche et sa mollier(s),
Et li mès est en France repairiés :
Aiol[s] le voit venir, molt en fu liés;
3945 Il est alés encontre, se l'a baisié,
Demande de son pere com se contient,
Et cil respondi : « Sire, en nom Dieu, bien;
« Mais forment est li ber afebloiés :
« Por amor Dieu vous prie que li aidiés.
3950 — Volentiers, » dist Aiol[s], « par le mien chief;
« Mais je te voil desfendre, dire et proier,
« Si com tu vieus johir de m'amistié,
« Ja com vive mon pere ne dites nient
« A borgois n'a sergant n'a chevalier
3955 « Ne a nul home en tere qui soit sousiel.
— Non ferai jou, biaus sire, par le mien cief:
« Ja nel dirai a home qui soit sousiel,
« A neveu ne a oncle ne a mollier :
« Ançois me laisseroie mal atirier. »
3960 Aiols fu preus et sages et ensengiés;
Sa deserte ne vaut pas oublier :

3946 Demandel

.II. mars d'argent li done et .I. destrier ;
Or a de sen serviche molt gent loier.

XCIX Or fu Elies rices et asasés.
3965 Aiol[s] fu a Orliens la fort chité,
Forment l'aime li rois, nient nel het; (d)
Makaires de Losane nel pot amer :
Fel fu et fiers et fors, grains et irés ;
Ne sai quel[s] vis diable[s] li fist penser
3970 Qu'autressi ot son pere desireté.
Che fu a Pentecouste el tans d'esté
Que li rois tint sa court a grant barné :
Assés i ot demaines, princes et pers.
Aiol[s] li fieus Elie sert au disner :
3975 Makaires de Losane en fu irés,
Quant il voit le vallet si amonté.

C Molt par fu grant la court que li rois tint :
Assés i ot demaisnes, dus et marcis ;
Aiols li fiex Elie les sert del vin.
3980 Atant es vous .I. mès des Sarrasins
Que li rois de Nubie i ot tramis ;
Tornebeuf l'apeloient en son pais.
Onques plus hideus hom[e] nus hon ne vit:
Il avoit l'un oel grant, l'autre petit,
3985 N'avoit nul drap sor lui, n'ert pas vesti[s] ;
Il cort plus tost a pié que un[s] roncins ;
Il portoit une mache de fust cainin,
.CCC. claus i avoit de fer massis :
Onques Dieus ne fist home grant ne petit,
3990 Se le mache trovast en .I. lairis
Qu[e] a paine a .II. mains le remuist.
Venus est a Orliens, le maistre chit ;
Qui dont veist les gens por lui fuir :
Et dames et pucheles as cors gentis

3969 vif — 3982 Tornebeut

AIOL

3995 S'apuioient al mur por lui veir,
Et Tornebeuf s'en torne, ainc n'i prist fin
Jusc'a le maistre sale roi Loeys.
Onques n'i ot portier n(e)' huissier de pris
Qui les huis li ossast contretenir.
4000 L'enperere de France al mangier sist;
Lors a pris[e] le make li glous qu'il tint,
Si le fiert a .I. marbre quel fait croisir. (*f.* 124)
Ains n'i ot chevalier ne tressaillist,
Meismes l'enperere qui Franche tint :
4005 Quant il regarde Aiol en mi le vis,
C'est cil de ses barons u plus se fit.

CI Molt est grande la cort, plaine la sale :
Assés i ot de princes et de barnage.
Atant es le gloton cui Dex mal face :
4010 Il a levé en haut sa grande mace,
Si le fiert a .I. marbre qu'en croist la sale.
Ains n'i ot chevalier qui n'en tressaille;
Aiol[s] devant le roi tenoit .I. madre :
Isnelement l'asist desor la table.
4015 Venus est au glouton, dist lui en haste :
« Trai toi en sus, lechieres, Dex mal te face !
« Ne faire nul desroi par ceste sale :
« Ja t'aroi[e] batu si com un asne. »
Et respont Tornebeuf : « Je sui message
4020 « Al fort roi Mibrien, celui d'Arabe,
« Qui m'a chi envoié a ceste marche :
« Ja dirai, par mon cief, tout mon message.

CII — Amis, » che dist Aiols, « es messagiers ?
« Di dont de tes noveles : que vieus ? que quiers ?
4025 — Je suis mès de Nubie roi Mibrien;
« Si ne doi avoir garde ne mal ne bien,
« Ne doi estre batus ne laidengiés.
« Il m'a a Loeys cha envoié(s) :

4009 que — 4024 tel

« Si dirai mon message de cief en cief :
4030 « Ne lairoie por home qui soit sousiel.
— Amis, » che dist Aiols, « vieus ains mengier? »
Et respont li messages : « J'en ai mestier. »
Il jete jus sa make, puis si s'asiet.
Aiols le fist servir .II. chevaliers :
4035 Li uns li porta l'ague tout de premier,
L'autre porta toialle por essuier ;
Aiol[s] li fist porter .v. pains entier[s],
De trestout le menor, sans nul dangier,   (b)
Se peust .I. vilains bien aaisier,
4040 Et .II. hastes de porc lonc de .II. piés,
Une grue et .II. gantes et .III. ploviers ;
Et un anap de madre d'un sestier
Li fist Aiol[s] porter plain de vin viés ;
Dont manga li lechieres, qu'en ot mestier,
4045 Si a son grant anap trestout vuidié :
Deus oes ne valut mie tous li reliés.
« Amis, » che dist Aiol[s], « veus tu mais riens? »
Et respont li paiens : « Il m'esta bien. »
Il saisi sa grant make et saut en piés :
4050 Ja dira son message sans atargier.

CIII Quant li glous ot mangié, en piés sailli ;
Venus est a se mache, si le saisi.
Aiol en apela, se li a dit :
« Dites, frans damoiseus, u'st Loeys,
4055 « L'enperere de Franche, de Saint Denis ?
— Amis, » che dist Aiols, « voi le [i]chi
« A ces grans piaus de martre, a cel hermin :
« Cil franc baron le servent que tu vois chi. »
Esraument li escrie quant il le vit :
4060 « Sire, » dist Tornebeuf, « fai moi oïr,
« Entendre et escouter par ta merchi,
« Tant qu'aie mon message conté et dit.
« Oiés et escoutés que je chi quis :
« Che mande Mibrien[s] li Arabis

4065	« C'a tort portes corone, jel contredis;
	« Et mieus vaut Mahomet et Apolins
	« Que ne fait li tien[s] Dieus que vieus servir;
	« Et a tort tiens la terre que Karles tint.
	« La bataille te mande, s'en es garnis,
4070	« A l'issir de Gasconge a Mont Olis:
	« Ne te laira chastel ne tour ne chit
	« Ne maison ne recet ne planteis. »
	Quant l'entent l'enperere, s'en fu maris;
	Honte en ot por François qui l'ont oi. (c)
4075	.IIII. sergans apele, si lor a dit :
	« Prendés tost cel gloton, cel foi menti,
	« Copés li tost le nés en mi le vis,
	« Le destre oel li crevés, si soit honis
	« El despit Mahomet et Apolin. »
4080	Quant li François l'entendent, si l'ont saisi;
	Par le commandement roi Loeys
	L'abatent contre tere trestout sovin;
	Un grant huis li geterent desor le pis;
	A lor tranchant coutiaus d'achier bruni(s)
4085	Li copassent le nés en mi le vis
	Et crevaissent .I. oel pour lui honir :
	Entr'eus se fiert Aiols, si lor toli.
	A son ostel l'en maine, si l'a guari,
	Bien l'a fait et baignier et revestir
4090	De chemises, de braies, de blanc cai[n]sil;
	Un mulet afeutré trés bien garni
	Li a fait amener a son plaisir:
	Se li dona .c. sous al departir;
	Se li a fait jurer et bien plevir
4095	Quant il venra el resne as Arabis
	Que ja ne mesdira de Loeys.
	Il se met en la voie tout son chemin,
	Dessi a Panpelune se reverti:
	Tant a fait de jornees que il i vint.
4100	Lié en furent paien quant il parvint,
	Après la joie furent grain et mari.

Mibrien[s] l'en aresne, se li a dit :
« Tu viens molt achesmés et bien garnis :
« Por Mahomet, qui t'a si revesti ?
4105 « Fus tu en douche Franche ? c'or le me di ;
« Comment se contient ore roi[s] Loeys ? »
Et respont li messages : « Molt est gentis;
« A mervelleus barnage se fait servir :
« Ne peut nus hom en tere son coust sofrir.
4110 « Je li dis mon message sans contredis : (d)
« A François me fist prendre tost et saisir
« Et contre tere abatre trestout sovin ;
« Un grant huis me geterent desor le pis ;
« A lor coutiaus trenchans d'achier bruni[s]
4115 « Me trenchasent le nés en mi le vis
« El despit Mahomet et Apolin,
« Ne fust uns damoiseus frans et gentis
« Qui novelement a garnimens pris :
« Franc l'apelent Aiol, jovene mescin ;
4120 « Mieus [est] que tout li prinche qui or sont chi :
« Le conte de Boorges l'autre jor prist
« Et afina la guerre roi Loeys
« Dont onques mais ne pot a fin venir :
« François en font signor en lor pais
4125 « Par le commandement roi Loeys.
« Il jure Dameldé qui ne menti
« Qu'il mandera ses homes et ses amis ;
« Si te venra requerre en ces pais,
« Ne te laira chastel nul a tenir
4130 « Ne maison ne recet ne plaisceis ;
« Un grant carcan de fer a claus massis
« Te fera metre el col, si com il dist ;
« Puis t'en menra an Franche a Saint Denis,
« La te fera ardoir a grant essil
4135 « Se ne vieus en Dieu croire de paradis
« Qui fu nés de Marie, et hom nasqui[s]. »

4136 et com

Honte en ot Mibrien[s] li Arabi[s]
Por l'amor des paiens qui l'ont oi;
Il tenoit en sa main un dart forbi :
4140 Ja l'en eust feru et mal bailli
Quant paien li tolirent, si l'ont saissi.
« Signor, » che dist li rois, « bien m'a trai ;
« Or oiés del glouton com a menti :
« Por nient ne l'a on mie si bien vesti :
4145 « Il n'a [pa]s son message a droit furni.
« Or jure Mahomet et Apolin (f. 125)
« Ne garira en Franche rois Loeys;
« Ains manderai mes homes et mes amis
« Tant qu'en aie asamblé .cccc. mil;
4150 « Si m'en irai en Franche a Loey,
« Si prenderai Orliens et puis Paris,
« Estanpes et Biavais et Saint Denis,
« Hainaus et tout Braibant et Canbresis :
« Quant le val de Soison[s] arai conquis,
4155 « A Ais a la chapele que Karles tint
« Me ferai coroner a mes amis. »
Or oiés del glouton, del Dieu menti :
Vantés est de folie, che m'est avis :
Se Dieu[s] garist Aiol l'enfant gentil,
4160 Ja n'ert li mois passés ne acomplis,
Tel cenbel li fera en son pais
Dessi a Panpelune sa boine chit
Dont il ara son ceur grain et mari;
S'en amenra sa fille o le cler vis.
4165 Chi le lairons ester des Sarrasins
Et des fieres vantanches que li glous dist;
Si vos dirons avant de Loeys,
D'Aiol et de Makaire le Dieu menti.
Molt par est grans li court que li rois tint
4170 Droitement a Orliens sa boine chit :
Assés i ot demaisnes, dus et marchis;

4146 Il jure

Un cor[s] i ot wagié et arami
Dont le jor fu Makaires molt entrepris,
4174 Com vous porés entendre se jel vos di.

CIV Che fu a Penteçousté a le roi court
Que Loeys de Franche fist faire .I. cor[s].
E Dieus! tant boin destrier i ot le jor!
Marchegai ne fu mie de[s] noellors :
Aiols i mist le frain, qui l'ama mout;
4180 Il le traist en la plache voiant aus tous;
Al pan de son hermine li tert le front,
Le col et les espaules et le crepon. (b)
« Amis, » dist l'enperere, « molt estes prous;
« Venés ent cha seoir de joste nous. »
4185 Makaires de Lossane en fu irous :
Fel fu et fier[s] et doines et traitors;
Loeys apela par grant iror :
« Sire drois enperere, ne faites prou;
« Or sont li avolé miex en vo court
4190 « Que ne sont vo neveu ne li millor :
« Cis garchons vint en France povres et lous;
« Sachiés qu'il s'en ira un[s] de ces jors :
« Se d'aucun de vos pers paine vos sort,
« Si remendra li paine toute sor nous.
4195 « Se François m'en creoient a icel jor,
« Il vos lairoient Franche toute par vous,
« Ja n'en arés aie ne nul secors,
« Qu'en tel point avés mis cel leceour :
« .XIIII. [vins] chevaus tous des millors,
4200 « C'orent François conquis en cel estor,
« Li donastes vos, sire, le premier jor.
— Tai, glous, » dist Loeys l'enpereor,
« Fil a putain, traitres, fel envious.
« Ja ne t'amerai mais a nes .I. jor;
4205 « Tu encachas Elie de ses honors :

4193 Se] Et — 4199 cf. 3526 — 4201 li p.

« Or est en autre tere, je ne sai hou,
« Escaitivés del resne o ma serour. »
Aiols le regarda, s'en ot irour.

CV Aiols li fieus Elie fu molt dolans
4210 Des contraires Makaire le souduiant :
Plus le het que nul home qui soit vivant ;
Volentiers s'i mellast de maintenant :
Mais n'ert pas acointiés a ses parens,
Ne nel connoist encore li rois des Frans,
4215 N(e)' il ne vieut son corage jehir de niant
Tant qu'il ait fait bataille et estor grant
Et guerres afinees devant le[s] gens.
Porquant il li respont cortoisement : (c)
« Sire, porcoi m'alés si fort blamant ?
4220 « Se je vous ai forfait ne tant ne quant,
« Je vous en ferai droit par avenant :
« Prest en sui et garnis, voian[t] les Frans ;
« Et se vos envers moi d'ui en avant
« Me dites nule cose qui soit nuisant,
4225 « Il m'en pess[er]a molt, jel vos creant.
— Tai, glous, » che dist Makaires, « ne parlés tant :
« Car molt tost te feroie grain et dolant.
« Vostre chevaus n'est mie des miex corans :
« L'autre jor nen ert mie si rabiant,
4230 « Ains resambloit ronchin a paisant,
« Destelé de kerue, las, recreant,
« Et si vos en gaboient .ccc. enfant :
« Anqui sera au cour[s] des plus taisans. »
4234 Quant l'entendi Aiol[s], s'en fu dolant.

CVI Aiol[s] li fieus Elie fu molt maris
Des contraires Makaire qu'il ot ois :
« Sire, porcoi blamés a tel loisir
« Ne moi ne mon cheval ? che poise mi ;
« Et quanque vous mesdites m'esteut oir.

4207 Encaitiues — 4228 corant — 4233 taisant

4240 « Vos estes riches hom, je sui un[s] bris;
« Mais del ceval me poise c'avés laidit :
« Il est et biaus et cras et bien garnis,
« Si n'en a nul millor en ces pais
« Fors seulement le vair roi Loeys.
4245 « Sire, chelui ne voil mie aatir :
« Chou est mon droit signor, nel voil laidir;
« Mais encontre lé tien bien l'aatis
« Por une liewe corre tout .I. chemin;
« Et se li miens peut vaintre, si me plevis
4250 « .M. mars de blanc argent et .C. d'or fin,
« Et del destrier a faire tout mon plaisir;
« Se li tien[s] vaint le mien, jel fac ausi.
— Par mon cief, » dist Makaires, « je l'otri
« Sor tel crestienté com Dieus me mist. » (d)
4255 Es vos le cour[s] gagié et arami
Dont puis mut en la court si grañs estris
Dont furent mort .C. home[s], voire .VII. vint.
« Par foi, or esta bien, » dist Loeys :
« S'Aiol[s] pert Marchegai, tous sui garis,
4260 « Que je l'en donrai senpre u .V. u sis
« De trestous les millors de ces pais :
« Il m'a de ma grant guerre bien trait a fin. »
Adont par fu Makaires forment maris.

CVII   Or fu li cors gagiés et afiés,
4265 Et Loeys a fait ses cors soner,
Ses olifans bondir et acorder.
Hé! Dieus! tant boins chevaus i ot mené
Sor[s] et bais et bauçans et pumelés;
Marchegai ne fu mie des mains loés.
4270 Aiols i mist le frain, si est montés :
Molt tost en est venus a son ostel;
Ciés Ysabel s'antain en est alés,

4247 le atis — 4256 grant — 4257 .VIIXX. — 4261 trestout —
4269 del m. — 4272 ysabiaus

Lusiane sa fille l'a apelé.
Elé li court encontre por demander :
4275 « Comment est del cors fait que pris avés ?
— Bele, » che dist Aiol[s], « bien le verés
« Ançois que li solaus soit esconsés. »
Aubregon et cuirie a leus combrés:
De traison se crient li bachelers;
4280 Maintenant l'a vestu et endossé,
Et après une cote de grant cierté
De vermel escarlate, li pan sont lé;
Çaint une grant espee al puin doré
Si par desous le cote que point ne pert,
4285 Et jure Dameldé de majesté :
« Teus me pora anqui orgeul moustrer,
« Ja aval a cel cors en mi che prei,
« Vos m'i serés compaing al desevrer. »
Au cors en est venus tous abrivés;
4290 Par de joste Makaire s'est arestés (f. 126)
Tant que Loeys fist les cors soner,
Ses olifans bondir et acorder.
Qui dont ot boin ceval nel pot celer :
Cascuns voloit le sien mieus esprover.
4295 L'enperere meismes estoit es prés :
Quant il les vit de core bien aprestés,
A haute vois s'escrie : « Baron, montés !
« Cil qui ançois venra en la chité
« Et sor le pont de Loire pora monter,
4300 « S'il en a tesmongaje de mon barné,
« Ill avra gaingié et conquesté
« .M. mars de blanc argent et .C. d'or cler,
« Et des chevaus fera sa volenté. »
Adont parla Aiol[s] comme senés:
4305 Il a dit a Makaire : « Vous moverés :
« Vous estes riches dus de parentés,
« Je sui uns hom(e) estrange d'autre resné,
« Si sui venus al roi por saudoner;
« Et por chou, s'il vos plaist, que miex valés

4310 « Vous ferai avantages par ma bonté(s)
« Un grant arpent de terre mesuré
« Ançois que je m'en meue d'en mi che pré.
« S'adont vos puis ataindre ne trespaser,
« Si diront chevalier et bacheler
4315 « Que je vos arai fait molt grant bonté.
— E glous, » che dist Makaires li desfaés,
« Com tu par es traitre et parjurés !
« Bien sés honir franc home(s) et vergonder. »
Adont parla Aiol[s] comme senés :
4320 « Sire, » che dist li enfes, « grant tort avés :
« Trop laidement vos ai oi parler,
« Si ne vos volés onques amesurer;
« Ne porquant l'avantage vos ai doné :
« Ja nel vos retanrai, mais ore alés. »
4325 Dont s'en torna Makaires li desfaés,
Al bruit esperonant tout abrivés :   (b)
Aiol[s] se tient tous cois en mi les prés
Tant c'un arpent de tere ait trespassé,
Voire plus s'il venist al mesurer.
4330 Et quant le voit li rois, molt fu irés;
Il apela Aiol par grans fiertés :
« Vasal, » dist l'enperere, « quel en ferés ?
« Lairés vos ent Makaire ensi aler ?
« S'il peut ançois venir en la chité
4335 « Et sor le pont de Loire puisse monter,
« L'avoir vaura avoir tout conquesté,
« Et j'ere molt dolant se le perdés.
— Sire, » che dist Aiol[s], « ne vos doutés :
« Tant m'afi jou en Dieu de majesté
4340 « Et en che boin ceval que chi veés
« Que tost l'arai ataint et trespasé. »
Il broche Marchegai par les costés
Des esperons a or bien amorés
Si que le sanc vermel en fait voler;

4331 grant

4345	Et Marchegai l'enporte par grant fierté :
	Qui li veist les autres tous trespaser !
	Il fait les pieres fendre et fu voler
	Que les esclos en fait estincheler,
	Les grans et les petis tous trespasser :
4350	Venus est a Makaire, si l'a outré.
	Et quant Aiol[s] vint outre, qu'il ot passé,
	Fierement le regarde, si a crié :
	« Sire, » che dist Aiols, « car vos astés,
	« Vostre corant destrier(s) esperonés !
4355	« Venés .i. poi plus tost, se vos poés,
	« Car che vous di je bien par verité
	« Se vous venés si lent, vos perd[e]rés. »
	Aiol[s] li fiex Elie a tant alé
	Que il vint a le porte de la chité :
4360	Desor le pont de Loire s'est arestés,
	Et regarda ariere devers les prés :
	Vit les chevaus de Franche tous arestés ; (c)
	Mais li destrier[s] Makaire est si menés
	Qu'il ne se peut movoir ne remuer :
4365	Par gas i sont venus cis baceler,
	Sel vont batant de fust et de tinés,
	La coe li manachen[t] a recoper
	Et recreant ronchi l'ont apelé.
	Aiols fu a Orliens la fort chité :
4370	Chevalier et borgois l'ont esgardé,
	Et dist li uns a l'autre : « Molt est chis ber !
	« Molt par l'a bien Jesu enluminé.
	« Mieus samble Karlemaigne que home né :
	« Je quic qu'est del linage, del parenté ;
4375	« Car pleust Dameldé de majesté
	« Que Makaires eust le cief caupé
	« Et fust as vis diables tous commandés,
	« Et cis eust de Franche la duceté
	« Que tint li dus Elie qui tant fu ber.
4380	« E Dieus ! com il seroit bien recetés
	« Quant il si par tans maine tel barné. »

Atant evous Makaire tout airé,
Et tenoit .i. baston grant et quarré,
S'en vaut Aiol l'enfant .i. cop doner;
4385 Mais Aiol[s] trait l'espee al puin doré
Qu'avoit desous sa cote estraint li ber :
Sore li est courus par grant fierté :
Ja li eust del bu le cief sevré
Quant l'a rescous Bernars et Guinemer[s],
4390 Sanses et Amori[s] et dans Quarés :
« Tornés, sire, ne faites, laisiés ester.
« Makaires est forment enparentés,
« Il est dus de Losane, le fort chité :
« Vessi son grant linage tout asamblé.
4395 « Ja vos aroient mort et afolé,
« Vos n'en poriés mie vis escaper. »
Quant l'entendi Aiol[s], molt fu irés.
Il set bien qu'il li dient la verité; (d)
Un poi s'est trais ariere li bachelers
4400 Quant des consaus son pere li est membré(s)
Et des castiemens del gaut ramé.
Uns des neveus Makaire i est alés :
Fieus fu de sa seror, ch' oi conter;
Chevalier[s] fu noviaus et adoubés :
4405 Manechier ot son oncle, s'en fu irés;
N'osa envers Aiol as puins aler;
Quant il le vit tenir le branc letré,
Il saisit un espiel gros et quaré
C'uns escuiers tenoit en mi le pré;
4410 Si en ala Aiol .i. caup doner :
Devant en mi le pis l'a encontré,
La cote d'escarlate a despané :
Mais li haubers l'a [bien] de mort tensé
Que il avoit vestu et endossé :
4415 Il brise son espiel, si l'a froé.
Aiols li fieus Elie se tient li ber;

4389 bernart — 4413 hauberc

Encore tenoit il son branc letré :
S'en ala le glouton .I. caup doner,
Amont par mi le cief l'a encontré,
4420 Enfressi que es dens li fist couler,
Que mort l'a abatu et craventé :
« Outre, » fait il, « lechieres, n'i garirés;
« Comment que li plait prenghe, chi remanrés :
« Jamais s'o[n] ne vos porte ne leverés.
4425 « A vos me sui paisiés et acordés :
« Or ai mains d'anemis en ce resné :
« Dieus me consaut des autres par sa bonté ! »
Et quant che voit Makaires, s'en fu irés;
A sa vois qu'il ot haute prist a crier :
4430 « Ou estes vos, » dist il, « mes parentés ?
« Vos qui de moi tenés bours et chités,
« Dont n'avés vous veu cest avolé,
« Qui mon neveu m'a mort et afolé
« Et a mes ieus voiant l'a chi tué ? (*f.* 127)
4435 « Se il vis en escape bien peut vanter,
« Tous les jors de sa vie s'en peut gaber. »
Et cil ont respondu : « N'en peut aler. »
Plus furent de .L. d'un parenté
Des neveus Guenelon et de Hardré
4440 Et des pare[n]s Makaire le desfaé.
Aiol corurent sus par grant fierté :
Mais il n'eurent nul[e] arme la aporté,
Qu'il quidierent Aiol as puins combrer :
Mais il tenoit encore le branc letré.
4445 Ens es parens Makaire s'est mellés,
A destre et a senestre prist a capler :
Cui il consieut a cop ne peut durer,
Ja mar mandera mire pour lui saner.
Plus en a de .XIIII. ileuc tués :
4450 Li saudoier Aiol l'ont esgardé
Cui il avoit l'avoir abandoné,

4448 Jamai

Et dist li uns a l'autre : « Car esgardés
« De cel franc chevalier de grant bonté,
« Com il a le ceur plain de grant fierté :
4455 « Molt desfend bien son cors a saveté ;
« Et ja li somes nous sor sains juré
« Que ja ne li faurons en notre aé.
« Par foi, nous somes ja tout parjuré
« Quant si li corent sus devant no nés :
4460 « Car li alons aidier, se vos volés. »
Plus furent de .L. des bachelers
Qui saillent as maisons et as ostés,
Et requirent bastons, fus et tinés
Et rois espieus trenchans et brans letrés.
4465 A l'estor repairierent tout abrivé(s),
Grans cos et me[r]vellous i ont donés,
La secourent Aiol par grans fiertés :
La ot maint chevalier mort et navré(s) ;
4469 Li rois i vint corant por desmeler.

CVIII Loeys ot la noise si grant et voit.   (b)
Il escrie ses homes : « Prendés le moi !
« Gardés que cis traitre ne me foloit :
« J'en ferai me justiche, se vous n'en poist,
« Selonc chou qu'il se maine a tel desroi. »
4475 Et François li ont dit : « Vous avés droit. »

CIX François i sont venu communalment
Et saisirent Makaire de maintenant :
Tous li ont desronpu ses garnimens.
Loeys jure Dieu omnipotent :
4480 « Ja n'istra de prison en son vivant
« S'Elie mon serouge vif ne me rent.
« Fieus a putain, lechieres, fel souduiant,
« Delivrés tost Aiol .M. mars d'argent
« Et l'or que li eus mis en covent.

4467 grant — 4478 garniment

4485 — Sire, » che dist Makaires « qui le desfent?
« Tant li donrai destriers et garnimens
« L'acord[anch]e en ert faite a son talent. »

CX — Sire, » che dist Makaires, « por Dieu, merchi!
« Tant li donrai destrier et vair et gris
4490 « L'acordanche en ferai a son plaisir.
« Puis irai a Lossane dont je vi(e)ng chi;
« Jamais ne quirc entrer en ces pais.
— Tais, glous, « dist l'enpereres, « n'est mie ensi :
« Jamais en ton vivant n'iras de chi,
4495 « S'Elie mon serouge ne me rens vif.
« Fieus a putain, parjures, fel Dé(x) menti[s],
« Tu l'encachas a forche de ces pais,
« Si le fesis de Franche a tort bannir. »

CXI Locys apela contes et dus;
4500 Si lor a escrié a molt grant hu(s) :
« Prendés moi che glouton, che Dieu parjur,
« Sel jetés en ma cartre el font la jus. »
Et il si fissent senpre, n'atargent plus.
Li saint sonent as vespre[s], si i vont tuit :
4505 Par toute la chité leva li bruis :
Che dient qu'al cor[s] furent, qui l'ont veu, (c)
Li boin[s] destrier[s] Aiol a tout vencu.

CXII Li rois ist del moustier, se gent après,
Et prist l'enfant Aiol par le mantel.
4510 Che dist roi[s] Loeys al damoisel :
« Des chevaus c'as vencus m'est il molt bel;
« Or serés compaignon, vous et Jobert,
« Ylaires ert li tiers de Saint Lambert :
« L'autre jor m'en proierent a saint Marcel.
4515 — Sire, » che dist Aiol[s], « si com vous plest;
« Des que vous le volés, molt m'en est bel. »

4495 vis

CXIII Aiols fu chevaliers preus et cortois :
Ylaires et Jobers fu molt adrois,
Si se sont compaignié devant le roi;
4520 Sor sainz se sont juré, plevi par foi,
Que l'uns ne faura l'autre por riens qui soit.
« Baron, » dist l'enperere, « or estes troi :
« Or poés vos ma guerre miex maintenoir
« Et faire par ma tere tout vo voloir.
4525 « A vous m'an cleim, » fait il, « baron François :
« Sarrasin me demainent a grant belloi
« Et sont a Panpelune, jel sai de voir.
« Un[s] paien[s] le dist chi, que bien en croi,
« Si me vi(e)nt desfier devant François :
4530 « Cuidés vos dont, signor, que ne m'en poist ?
« Signor franc chevalier, qui m'i iroit,
« Certes qui cest message me furniroit,
« Tous les jors de ma vie mon gré aroit,
« Et desist Mibrien qu'il m'atendroit
4535 « Et laisast moi ma terre, bien feroit. »
Dont se teurent Normant et Hurepois
Et Flamenc et Berton et li François;
Mal ait cil qui s'osast lever des dois,
Tant doutent Mibrien cel riche roi.
4540 Aiols li fieus Elie fu molt cortois,
Qui ses compaignons traist en .i. recoi.

CXIV Aiols en apela ses compaignons : (d)
« Entendés, » fait il, « cha, signor baron.
« Dont n'avés vous oi del fil Karlon,
4545 « Qui s'i s'est dementés voiant aus tous,
« Que Sarrasin li tolent tout a bandon
« L'onor que conquist Karles a esperon ?
« Et sont aparellié : car i alons.
« Des crestiens ochient a grant fuison,
4550 « Et dames et puceles et enfançons.
« Signor, por l'amor Dieu, car i alons;

4528 qui — 4544 fieus — 4546-7 *intervertis.* — 4548 *altéré?*

«Nos cevaus et nos armes i conduisons
«Et soions en la tere, s'i sejornons.
«Par le mien ensiant ja n'en venrons
4555 «Tant c'arons fait bataille vers les felons
«Dont par la tere ira molt grans renons.»
Et cil li respondirent par grant amor :
«Sire, a vostre plaisir nos en ferons,
«Car ja por nule riens ne vos faurons :
4560 «Mais faites vo voloir, nous l'otrions.»

CXV Li troi baron repairent quant orent consellié :
Si sont assis es rens des barons chevalier[s].
Encore se demente li rois qui Franche tient :
«Baron,» dist l'enperere, «par les sains desosiel,
4565 «Dont ne troverai jou en ma cort chevalier
«Qui voist a Panpelune mon message nonchier?»
Encor se teurent tout Alemant et Baivier,
Et Normant et Breton et Flament et Pohier :
Mal de(l) cel qui osast ne lever ne drechier,
4570 Tant doutent Sarrasins et cel roi Mibrien.
Aiol[s] li fieus Elie est saillis sus en piés :
En trestoute la cort n'ot plus bel chevalier
Ne nul miex acesmé ne mieus aparellié
Ne mieus sache parolle a preudome nonchier.
4575 Devant le roi de Franche s'en vint ester en piés,
Si hautement parla que on l'entendi bien :
«Sire drois enpereres, faites pais, si m'oiés ;
«Sarrasin vos gueroient, si en estes iriés,   (f. 128)
«Et sont a Panpelune par forche hebergié(s).
4580 «Jou et mi compaignon qui molt font a prosier
«Que vos m'avés, biaus sire, donés et fianciés,
«Irons a Panpelune vo message nonchier
«Et de la vostre part vo tere calengier.
— Amis,» che dist li rois, «ne peut estre otroié(s) :
4585 «Vos m'avés de ma guere richement trait a cief,
«Ne vos vauroi[e] perdre por la chité d'Orliens ;

4556 grant — 4573 nus

« Assés troverai mès qu'i vaurai envoier.
— Sire, » che dist Aiol[s], « ne plache a Dé(x) del ciel
« Que ja en lieus de moi i soit autre envoiés :
4590 « Car nus ne se doit faindre de son signor aidier
« A cel[e] eure qu'il voit qu'il en a le mestier.
— Amis, » che dist li rois, « tant su je plus iriés.
« Or me poés dont dire le fort roi Mibrien
« C'a grant tort tient la terre dont je sui iretiers,
4595 « Que conquist Karlemaignes, mes peres li proisiés ;
« Mais vienge a moi droit faire [u i]ci a Orliens,
« A Paris u a Cartres u al bourc Saint Michiel
« U la u je serai et ma cort plus grant [i]ert ;
« Fache lui et ses homes lever et baptisier ;
4600 « Et se il nel veut faire, ne li célés nient
« Que je l'irai requerre en cest esté premier,
« Ne li larai chité ne borc a desrochier
« Ne haute tor de piere ne castel a brisier ;
« Et se jel puis tenir ne a mes mains baillier,
4605 « Ains de si laide mort ne fu nus essilliés
« Con ge ferai son cors honir et vergongier.
— Sire, » dist li Aiols, « che li dira ge bien
« Et encore assés miex, se Dex l'a otroié. »
Del palais en avale quant il ot pris congié ;
4610 A l'ostel Ysabel sont la nuit repairié,
A molt grant joie sont la nuit esbanoié
Et après le souper se sont alé couchie[r] ;
S'Aiol[s] dort en son lit, a ente peut songier,
Car li parent Makaire se furent porcachié, (b)
4615 Et furent jusc'a .x. li quivert renoié.
En .i. escons se misent dedens .i. mostier viés ;
Dist Ferans de Losane qui Makaire estoit niés :
« Entendés cha vers moi, nobile chevalier,
« Con nous somes trestout honi et vergongié,
4620 « Par un glouton estrainge cliné et abaisié :
« Car par lui est mes oncles en cartre trebuchié[s]

4621 onql

« Et tous nos grans linages honni[s] et vergongié[s];
« Et or est dru[s] le roi et maistre conseillier[s]
« Et vait a Panpelune son message nonchier.
4625 « Le matin s'en ira, ne(n) n'estra que il tiers ;
« Mais qui or se poroit anuit mais porcachier,
« El bos de Quintefeulle fuisiemes enbuscié :
« La li poriens demain tous les membres tranchier :
« Il ne seroit jamais par nul home vengiés ;
4630 « Ne savons dont il est ne de quel terre vient. »
Li .x. s'entrafierent, grant et fort pautonnier,
Que l'uns ne fauroit l'autre por les membres trancier :
La mort Aiol jurerent sor les sains del mostier ;
Puis monterent es sele[s] des auferans corsier[s]
4635 Et pendent a lor caus les escus de quartier
Et eurent en lor puins les rois tranchans espiels
Et ont es roides lances les confanons tachiés.
Bien furent il armé li quivert renoié
D'auberc et de brun elme et d'espee d'achier.
4640 Par nuit s'en sont issu de la chité d'Orliens ;
Toute nuit ne finerent le chité eslongier ;
El bos de Quintefeulle se furent embuissié :
Cil sires les confonge qui tout a [a] jugier !
Toute la nuit i furent dessi a l'esclarier.
4645 Al matin par son l'aube lievent no messagier :
Lusiane se paine d'aus molt aparellier ;
Ysabiaus lor carga .iii. vaillans escuiers,
C'est Ponces et Bernars et Rainaus li prosiés ;
Né furent de Soison[s], fil al conte Gautier,
4650 Cousin germain Aiol, n'en savoit [onques] nient : (c)
Ançois que il soit vespres li aront grant mestier.
Il metent as almaries les bruns elmes d'achier,
Et avalent es coufres les blans aubers doublier[s],
Et menerent en destre les boins corans destrier[s],
4655 Et portent les escus et les tranchans espieus ;
Et li baron monterent sor les mulès prosiés ;

4625 li t. — 4643 confange — 4644 desse — 4648 bernart

A molt grant joie issirent de la chité d'Orliens.
L'enperere de France les ala convoier :
Si ot en sa compaigne .lx. chevaliers.
4660 Il appela Aiol par molt grant amistiet :
« Amis, » dist l'enperere, « je vous ai forment chier :
« Se Damede[x] che done que vos sain reperriés,
« .iiii. chastieus en Franche vos donra jo en fief.
— Sire, » che dist Aiol[s], « grant merchi en aiés ;
4665 « Mais de vostre contree ne vos voil abaisier,
« Ançois vous vaurai bien servir et avancier.
« Se Damede[x] ce done que puise repairier
« A los de vos barons que vous avés plus cier[s],
« Se vos chou me donés qu'il oseront jugier,
4670 « Certes vos en serés molt durement carciés. »
Atant se departirent, si demandent congié :
Li rois les commanda al pere droiturier
Qu'il desfenge lor cors de mort et d'encombrier.
S'il seust l'aventure des mortex losengiers
4675 Qui el bos les atendent pour eus adetrencier,
Molt envis les laissa[st] issi seul[s] chevacier.
Ysabiaus en plora(st) des biaus iex de son cief ;
Lusiane sa fille ne se seu(s)t conseillier
Qu'ele ne se pasmast sor l'arçon a or mier.
4680 « Fille, » dist Ysabiaus, « cest deul esteut laisier. »
Sa mere le redreche o le viaire fier.
Aitant se depart[ir]ent, prendent a cevalcier :
Li baron et les dames repairent a Orliens,
4684 Et li mesage en vont, que Diex puist conselier.

CXVI [Des] or chevauce Aiol[s], li troi baron gentil, (d)
Et li .iii. escuier, a ces furent il sis.
Une pleuete chiet, si faisoit molt seri :
Aiols canta un son por eus a esbaudir ;
Quant li son[s] fu finés, a porpenser se prist.

4679 lancon — 4684 *Miniature avec cette rubrique :* Ch'est chi ensi com Aiols en va a Panpelune el message et si doi compaignon.

4690 « Signor, » che dist Ylaires, « entendés en vers mi :
« Anuit songai un songe dont forment sui mari[s],
« Qu'el bos de Quintefoille nos estiemes tout mis :
« La vi ge .ii. broions fors del breullet issir,
« Les menbres nos volloient desmembrer et tolir
4695 « Quant Diex nous en aida par la soie merchi ;
« S'aviés avoec vos .iii. brakès de grant pris
« Qui tout les nos aidoient molt tost a departir.
« Ja li parent Makaire n'erent Aiol ami :
« El bos de Quintefoille se seroient tost mis.
4700 « Se mes consaus estoit ne creus ne ois,   [pris,
« Nous p[r]enderons nos armes sor nos destriers de
« S'en seromes plus haut, plus seur et plus fit ;
« Et se nous passons outre que ne soions requis,
« Par Dieu del desarmer ne poons faire pis.
4705 — Amis, » che dist Aiols, « or avés vos bien dit :
« Qui consel ne vieut croire bien doist estre honis. »
Il dessendent a terre el pendant d'un lairis
Et li franc escuier les servent a plaisir :
En lor dos ont vestu les blans haubers trellis,
4710 Puis fremerent es ciés les vers elmes brunis
Et çaingent les espees dont li branc sont forbi(s) (f. 129)
Et pendent a lor caus les fors escus vautis
Et montent es cevaus corans et arabis.
Quant Aiol[s] fu montés, a regarder s'est pris,
4715 Et dist entre ses dens que nus ne l'entendi :
« Pleust a cel signor qui les paines sofri
« Que chi fust or(e) Makaires et de ses parens sis !
« Anqui lor venderoie a branc d'achier forbi
« Le grand dolor mon pere qu'il cacha el essil. »
4720 E Dieus, por coi se vante li chevaliers gentis ?
Ja ançois n'en ert vespres ne li jor[s] a declin
Se il par sa proeche ne s'en peut departir
Molt en sera dolant ains que soit avespri.

4696 nos — 4710 el c. — 4717 p. .vi.

CXVII Or sont tout .iii. armé li nobile baron
4725 Et ont al vent destort les vermel[s] confanon[s].
　　　Aiols se ragarda, s'apuia sor l'arçon,
　　　Rainalt son escuier en a mis a raison :
　　　« Or pensés de bien faire, » dist Aiol[s], « gentix hon !
　　　« Se che vient a bataille que vos veés l'estor,
4730 « Gardés bien vo arnas, que ne soiés bricon.
　　　— En la moie foi, sire, » li escuier[s] respont,
　　　« Se che vient a bataille que voie le besoing,
　　　« Ja de garder arnas ne tenromes raison :
　　　« Mainte communalment tout ensamble ferons
4735 « Entre moi et mes freres andeus ces danselons.
　　　« Nous fumes fil Gautier le conte de Soison[s],
　　　« Et cil fu frere Elie le nobile baron
　　　« Qui fu caciés de France par mortel traison. [om. »
　　　« Bien nous vient de linage que cascun[s] soit prud-
4740 Quant Aiols l'entendi, grant joie ot li frans hom.

CXVIII Or sont tout .iii. armé li nobile vasal,
　　　　Et ont al vent destort les pengons de cendal.
　　　　Aiols li fiex Elie sor destre regarda,
　　　　Dameldé et son non duremement reclama.
4745 Li .x. furent el bos cui Dex tramace mal.
　　　Cis Ferans de Losane Agenon apela,
　　　Et Garin et Richart et Hugon de Monbart　　　(b)
　　　Et Jofroi de Verson et son frere Gontart
　　　Et Guillaume le Brun et son frere Reinart
4750 Et de(l) Roimorentin a apelé Bernart :
　　　« Or para del vengier, » fait il, « baron vasal :
　　　« Vés la les .iii. armés, cascun[s] a son ceval.
　　　« Et Jofroi[s] et Ylaires sont chevalier loial :
　　　« Se nous les ochions, picié ferons et mal ;
4755 « Il sont de grant linage, molt grant guere en naistra ;
　　　« Mais alons i nos .iii. le pendant de che val,
　　　« Si faisomes marchié as nobile[s] vasal[s]

4745 Le, que d. — 4749 gontart — 4757 al

« Qu'entre nous lor donrons tout cargié .1. ceval
« Entre or fin et argent, et s'ai[en]t maint cendal,
4760 « Mais que vengier nous laisent del quivert desloial.
— Jo irai, » dist Richiers, « et Hues de Monbart,
« Et de(l) Roimorentin ensemble nos Bernars,
« Et vos, Reinart, [i]chi, cascun[s] sor son ceval.
« Se nous avons besoing, ne vos atargiés ja,
4765 « Mais venés nos secoure isnelement le pas. »
Et cil ont respondu : « Ne vos esmaiés ja :
« Alés seure(e)ment, ja nus ne vous faura ! »
Li troi s'en avalerent le pendant d'un costal :
Aiols les voit venir qui reconnus les a :
4770 Trés bien vit a lor armes que de riens nes ama ;
Ses compaignons apele, douchement lor mostra :
« Quel le vaurés vos faire, franc chevalier loial ?
« Volés me vos aidier u cascun[s] me faura ? »
Et il ont respondu : « Onques ne parlés ja !
4775 « .c. dehès ait el col qui ja s'en pensera,
« Por nule riens en tere le vostre cors faura. »
Quant Aiols l'entendi, onques ne se targa,
Mal ait onques parole ne dit i escouta :
Il broche Marchegai qui molt tost l'enporta,
4780 Et a brandie l'anste de l'espiel qu'il porta :
Devant en son escu fiert Huon de Monbar,
Desor la boucle d'or li fraint et pechoia
Et l'auberc de son dos desront et desmailla, (c)
Par mi outre le cors la lanche li passa,
4785 Toute plaine sa lanche l'abati del ceval,
Et escrie Monjoie a loi d'ome vasal :
« Fil a putain, glouton, vos n'i garirés ja.
« Chou est Aiols meismes qui reconnus vos a :
4789 « A l'espee tranchant a vos s'acordera ! »

CXIX   Aiols li fiex Elie abati le premier ;
Et Jobers et Ylaires furent boin chevalier,

4758 li d. — 4759 et si — 4761 monral — 4762 berart

Coragous et ardit por les armes baillier.
Ambedui laisent core, ne se vaurent targier,
Quanque chevaus peust rendre, des esperons d'or
4795 Cascun[s] feri le sien, ne l'a mie espargniet: [mier,
Onques toutes lor armes ne lor orent mestier
Que mors nes aient fait a tere trebuchier.
Huimais porés oir des .III. frans escuiers:
Quant virent les .III. mors, ainc ne furent si lié;
4800 Chele part sont venu esrant sans detrier,
Des ronchins dessendirent isnelement a pié,
Si lor ont les vers elmes des testes esraciés,
Si lor traient des dos les blancs aubers doubliers;
Isnelement les vestent, s'ont les elmes lachiés,
4805 Et çaingent les espees as brans forbi[s] d'achier,
Et pendent a leur caus les escus de quartier,
Puis laisent les roncins ens el pré estraier.
Si saillirent es seles des auferans corsiers:
Huimais seront il .VI. a l'estor commenchier.
4810 Li .VII. furent el bos dolant et courechié:
Volentiers s'en fuissent, mais ne lor vaura nient,
Car il n'ont nul recet u puisent herbergier.
Fors del bos s'en issirent li quivert renoié:
Par proeche s'avalent li .III. franc escuier,
4815 Devant sor les escus fierent les .III. premiers
Que çaingle ne poitral ne lor ot ainc mestier
Que par tere nes facent contreval trebuchier.
Et Aiols et Ylaires et Jobers li guerriers (d)
Laissent core a eslais les boins corans destriers
4820 Et vont ferir les .III. es escus de quartier:
Desor les boucles d'or les ont frains et perciés,
Les haubers de lor dos desrous et desmailliés,
Et les fers et les fus lor font es cors baignier,
Com mors les trebuchierent el pendant du sentier.
4825 « E Dieus, » che dist Aiols, « par ta sainte pitié,
« Com je sui richement de ces gloutons vengiés! »

4792 ardis — 4795 esparengiet — 4811 Valentis — 4822 desront

Un en prisent tout vif, les poins lui ont liés,
Les autres ont molt tost des aubers despolliés :
Cele part les trainent as ceues de destriers :
4830 Tous .x. les i pendirent, ains n'en prisent loier.
Ja fu Bernars pendus, .i. molt riche terriers :
Il tient Roimorentin, .i. grand castel plenier,
Qui siet a .vii. jornees la grant chité d'Orliens :
Par devers le Berri est fors et batelliés ;
4835 Cil estoit niés Makaire et fu frere Reinier ;
Puis en avi(e)nt Aiol .i. si fort encombrier
Ains qu'il entrast en Franche ne qu'il veist Orliens
Qu'il en ot tel paor de la teste trenchier
Que il n'i vausist estre por le chité d'Orliens.
4840 Aiols li fieus Elie al duc parla premier[s] :
« Signor franc compaignon, faites pais, si m'oiés :
« Dont n'est de sor nous .iii. li mesages cargiés ?
« Se n'i devons mener plus autres chevaliers :
« Puis que cis .iii. valet se sont aparellié,
4845 « Mal dehait ait el col, en la barbe et el cief
« Qui jamais lor taura le non de chevalier.
« Et se plus nous servoient, voir che seroit peciés :
« Il ne le doivent faire puisqu'il sont chevalier ;
« Mais or prengent l'eskiec qu'avons ci gaingiet,
4850 « Si revoisent ariere en la chité d'Orliens :
« Si diront Loeys com avons esploitiet. »
Et cil ont respondi : « Molt par avés dit bien. »
Quant li enfant l'oirent, molt en furent iriet : (f. 130)
Mais lor signor le vaurent, si ne l'ossent laisier.
4855 Ariere s'en revont dolant et courechié,
Si remainent l'eskiec que il ont gaingié,
.x. ha[u]bers et .x. elmes et .x. escu[s] quartier[s].
Ains le jor ne finerent, si vinrent a Orliens,
Et vont a Loeys le message nonchier.
4860 Quant les ot l'enperere forment en fu iriés
Et de l'autre partie en ot le ceur si lié

4829 trairent — 4831 bernart — 4849 eskies

De chou que li glouton sont mort et detranchié.
Or fut li pleit Makaires durement empiriés.
Des or chevauche Aiol[s] li frans guerriers,
4865 Et si doi compaignon joiant et lié
Por l'estor c'ont vencu as brans d'achier;
Et mainent avoec aus .i. fort somier
Cargié de garniment et de deniers.
Signor, bien doit tel homme Jesu aidier
4870 Qui la venganche Dieu si lonc requiert.
D'Orliens a Panpelune, .v. jors entiers,
Ne sai de lor jornees conte nonchier :
Vien[en]t a Belquare[l], sont hebergiet :
4874 .ii. jors i sejornerent et tout le tierc.

CXX Troi[s] jor[s] sejorne Aiol[s] a Belquare(i)l,
Ensamble o lui Ylaires et dan[s] Jobers;
Et forbisent lor elme et lor hauberc,
Regardent [as] destriers, si metent fers.
Au matin s'en issirent li .iii. dansel :
4880 Foucars ot non li ostes de cel castel.
Entre midi et none vien[en]t molt près
De la chité ou vont li damoisel,
Et trevent .i. bosket flori et bel :
Mibrien[s] l'ot fait clore de pel novel,
4885 Assés i avoit pors et dains et cers :
« Signor, » che dist Jobers, « franc damoisel,
« Près sons de Panpelune le fort recet :
« Qu'avés vos en pensé? comment e t fait? » (b)
Et Aiols qui fu sages li dist après :
4890 « Huimais sejornerons, sire Jobert,
« Enfressi c'a demain que jor[s] ert bel[s] :
« Ne poons faire agait ne nul cembel. »

CXXI Or sont ensamble el bos li baron franc :
Virent de Panpelune les larges pans,

4876 jobert — 4886 d; ylaires — 4887 somes

4895 Les murs et les soliers, le[s] abat vens,
Et par defors paiens et Nubians
Qui se vont par defors esbaniant.
« Signor, » che dist Ylaires li avenans,
« Comment le ferons nous vers les Persans ? »
4900 Et Aiol[s] qui fu sages respont avant :
« Huimais sejornerons, mien ensiant,
« Enfressi c'a demain que jors soit grans,
« S'irons a Panpelune tout droit avant
« Querre chevalerie et joste grant :
4905 « Damede[x], se lui plest, nous en avant!

CXXII — Signor, » che dist Ylaires, « nos somes chi,
« Se Damelde[x] n'en pense, près de no fin.
« U vous alés avant u estés chi,
« Che[s] chevaus vos convient a departir :
4910 « Atachi[é]s Marchegai desous cel pin
« Qui mort et brait [toujours], fiert et henist,
« Ne peust autres chevaus lés lui sofrir.
« Nos ne garderons l'eure que soions pris :
4914 « Se paien nous perçoivent, mal sons bailli.

CXXIII — Signor, » che dist Aiols, « vos remanrés,
« Que ja por mon ceval ne vos movés.
« Je m'en irai avant se vous volés
« A cel abateis que vous veés.
« Par matinet soiés tout apresté(s) :
4920 « Si aiés vo[s] destriers estroit ceinglés ;
« Un cembel trametrons a la chité.
« Se Sarrasin s'en issent par lor fierté,
« Faites qu'il ne s'en puisent mie gaber.   (c)
« Se nous en poions .iii. d'eus [mors] porter,
4925 « Che sambleroit ricese et grans bontés :
« Si seriemes en Franche miex alossé. »
Il broche le destrier par les costés ;

4895 auant v. — 4914 sont

Lors s'est [de]partis d'aus et dessevrés.
Grans .iiii. pars del bos est trespassés,
4930 Trova une fontaine, li ruis est clers :
A pié est dessendus el bos ramé(s)
Et si a Marchegai bien aresné(s)
Al caveström del quir estroit seré(s);
De l'avaine li done c'ot aporté
4935 Et l'escu et le lanche drecha de lés.
Il se coucha sor l'erbe el bos ramé,
Car molt est travilliés et fort penés
De l'escu et des armes qu'il ot porté.
Molt tost s'est endormis li bachelers
4940 Dessi a l'endemain que jors est clers :
Dont par fu de dormir si apressés
Ne s'esvellast por l'or de .x. chités.
Ylaires et Jobers sont esfreé(s) :
Virent le soleil luire et le clarté,
4945 S'ont oi les oiseus sor aus crier,
Et regardent ariere el bos ramé :
Virent .vii. chevaliers de la chité,
Et vi[n]rent bohordant parmi ces prés :
Cil doi furent de guere si atorné
4950 Qu'il vien[en]t as cevaus, si sont monté,
Et prendent les escus a or listés,
Vers les paiens s'eslaissent tout abrivé.
Hé ! Dieus, com grant damage c'Aiols nel set
Qui s'estoit endormis el gaut ramé !
4955 Se Damede[x] n'en pense par sa bonté,
Ja nes revera mais si ert iré[s].

CXXIV Li doi baron chevauçent par grant fieror,
Et dist li uns a l'autre : « U est Aiols ?
« Par foi, il dort encore el bos tous sous. (d)
4960 « Jamais en s'amisté(s) nen arons prous :
« V(e)és ichi la bataille et prest l'estor,

4945 Dont

« Se retornons ariere por son secors,
« Ja perdrons nostre afaire tout a estrous ;
« Mais faisons de Jesu nostre signor,
4965 « De Dameldé le pere glorious ;
« Et se Dieus nos vieut faire si grand secor[s]
« Qu'il nous doinst la bataille vaintre et l'estor,
« Si retornons ariere droit á Aiol :
4969 « Sel faisons de l'eskiec cief et signor. »

CXXV Dist Jobers et Ylaires : « Issi peut il bien estre
« Qui de chou vos faura ja n'ait honor en terre. » .....
Ingresain et Ingrant Ingernars en apele :
« Faites venir Tabrin et Haston de Tudele,
« Et Tabor[s] ert li sistes et Nustrans ert li semes.
4975 « Je voi .ii. chevalier[s] qui nostre gent enserent :
« Par la loi Mahomet qui le siecle governe,
« De Franche me resanblent la glorieuse terre.
— J'en ferai senpre[s] .i., » dist Astes de Tudele;
« De lui ira en France dolorouse novele ! »
4980 Puis broche le destrier, se li lasque le resne,
Et Ylaires le sien, fierement le desere :
El cors li mist l'espiel entre les .ii. mameles,
Toute plaine sa lanche l'abati mort sor l'erbe,
Puis escrie s'enseinge, Monjoie, aute et bele :
4985 « Sire compains Aiols, dous amis, c'or n'i estes !
« S'il fuisent .[x]xiiii. n'en portaisent il teste. »

CXXVI Tabrins point le ceval qui de Dieu nen ot cure,
Et Jobers point le sien(t) qui li cort a droiture :
Le paien vait ferir en l'escu a painture,
4990 Desor le boucle d'or a le targe fendu[e]
Et la bronge del dos desroute et desrompue ;
Par mi le gros del ceur li mist l'ensinge nue,
Toute plaine sa lanche del ceval mort le rue.
Puis escrie s'ensainge : « Montjoie ! Dieus aiue !

4971 *Lacune après ce vers.* — 4972 Eng. et ingrans ingernart —
4986 *cf.* 5006 — 4989 a droiture

4995 « Sire compains Aiol[s], dous amis, c'or n'i fustes! »

CXXVII. Tabors poinst et brocha le destrier u il sist,
Un[s] paiens de put aire qui ainc Dieu ne crei,
Et Ylaire[s] le sien fierement ademis ;
Vait ferir le paien, mie nel mescoisi
5000 Que l'escu de son col li quassa et fendi,
Et l'auberc de son dos desmailla et rompi ;
Par mi le gros del ceur son boin espiel li mist,
Toute plaine sa lanche l'abati mort sovin,
Puis escrie Monjoie, l'ensenge saint Denis :
5005 « Sire compains Aiols, car n'i fustes vos chi !
 « S'ils fuissent .xxxiiii., n'en escapast .i. vis. »
Et Jobers fiert le quart del branc d'acier forbi
Pardes(o)us les espaules si que la teste prist.
Ingresains, Ingernars et Ingrans l'ont guerpi ;
5010 Cil s'en tornent fuiant tout .i. feré cemin
Tout droit a Pa[n]pelune la cité por garir.
Si s'en entrerent ens corechous et mari(s) :
Li Sarrasin dedens sont trestout estormi.
Il s'en vont adouber enfressi c'a .vii. vins ;
5015 Il vestent les aubers, lacent elme[s] brunis,
Et çaingent les espees dont li branc sont forbi,
Et pendent a lor caus les escus [a flours] bis,
Et montent es chevaus corrans et ademis ;
Par la porte s'en issent fierement a .i. brin.
5020 Les nos ont encauchiés tout .i. feré cemin ;
Quant il vinrent el bos, si sont arier verti :
Il se criement d'agait que por aus ne soit mis.
Agait i avoit il, mais molt estoit petis :
N'i avoit fors Aiol qui s'estoit endormis.
5025 Et Jobers et Ylaires li chevalier(s) gentil,
Quant il virent paien ariere revertir,
Fierement lor trestornent le pendant d'un lairis :

4996 Tabarin point et broche — 5007 et 5025 jobert — 5009 et ingrant et grenoart — 5014 .vii^x. — 5025 les ch. gentis

Par devant Mibrien ont .ii. paiens ocis.
Mibriens les apele, ses a a raison mis :
5030 « Dont estes, chevalier qui m'avés envais?
« Molt m'avés fait dolant et mes homes ocis.   (b)
—Sire,» che dist Ylaire[s], «nous ne querrons mentir.
« Nous somes né de France del resne Loeys ;
« De soie part avons calengié ces pais.
5035 « A tort tenés la tere que Karlemaignes tint :
« Ce vos mande par nous li rois de Saint Denis
« C'a Rains u a Orliens le venés la servir,
« A Biavais u a Cartres u au borc Saint Denis,
« Si vous faites en fons baptisier et tenir,
5040 « Sainte krestienté aorrer et servir ;
« Et se vos chou ne faites, bien poés estre fis
« Qu'il vous venra veir en mai après avril
« Atout .lx^m. de chevaliers gentis :
« S'il vos treve en sa tere, vos serés escarnis,
5045 « Que il vous fera pendre et tous metre a essil.
« Se vos volés bataille, n'i poés pas faillir :
« La outre est nos agais en cel breulet foilli ;
« Se plus venés avant tout estes mors et pris. »
Quant l'entent Mibrien[s], tous en fu esmaris ;
5050 Il en a apelé paien[s] et Sarrasins :
« Signor, tornés bataille, por la loi Apolin!
« Sa gent a asamblee li fors rois Loeys ;
« Je cuic en cel boscage sont asamblé et mis :
« Par le mien ensiänt il sont bien .xxx. mil.
5055 « Se li rois nos ataint, nous somes mort u pris :
« Vers les caus des François ne peut nus hon garir. »
Quant paien l'entendirent, si se sont reverti,
Dessi a Panpelune ne prisent onques fin :
Si s'en entrerent ens por lor vies garir.
5060 Li paien de laiens se sont tout estormi :
Si fissent enterer et portes et postis.
Aiol[s] dormoit encore desous l'arbre foilli ;

5038 carters

Marchegai ot la noisse des quivers Sarrasins,
S'ot les escus as elmes et as lances tentir :
5065 Tel deul fait li chevaus a poi n'esrage vis,
Del destre piet grata et durement heni,
Et demaine tel noise q'Aiols s'en esperi. (c)
S'a veu le soleil desore soi luisir,
S'oi les oiselons chanter et esbaudir ;
5070 Ses compaignons apele : « Nous somes mal bailli!
« Alés tost as cevaus, près est de miedi. »
Il a vestu l'auberc, laché l'elme bruni,
Et a çainte l'espee, le fort escu saisi,
Et monte en Marchegai que ses peres nori,
5075 Et prist en son puin destre le roit espiel bruni,
Et par mi le forest a adrechier se prist.
Onques n'i prist li ber ne voie ne cemin
Enfressi que il vint sous les arbres foilli[s]
U il avoit laisiés ses compaigno[n]s jesir.
5080 Quant il ne les trova, le sens quida marir ;
Forment en son corage a dementer se prist,
Si se claime dolant, maleurés, caitis :
« Ahi ! mi compaignon, com m'avés escarni,
« En cel[e] ter(t)re estrainge laisiet et deguerpi!
5085 « Ja mais ne soit nus hom qui en autre se fit! »
Al grant deul que il maine et as mervelleus dis
Evous ses compaignons et l'eskiec qu'il ont pris :
.iiii. chevaus amainent corans et ademis,
Et deseure les testes des .iiii. Sarrasins
5090 Qu'il avoient tranchies as brans d'achier forbis.
U qu'il voient Aiol, si l'ont a raison mis :
« Por Dieu, sire compains, ne vos desmentés si!
« Ja vos jurons sor sains .v. foies u dis
« A Paris u a Cartres u al bourc Saint Denis
5095 « Onques a ensiant n'en fesimes obli.
« Or prendés cest eskiec que vos veés ichi ;
« S'en soiés ciés et sires tout a vostre plaisir :

5078 sor

« Nous ferons bien acroire as grans et as petis
« Par vo chevalerie avés trestout conquis. »
5100 Quant l'entendi Aiol[s], a poi n'esrage vis :
« Signor, ne plache a Dieu qui onques ne menti
« Que ja por vos avoir[s] en soit mençoinge dit :
« Je prend[e]rai les miens se Dieu plaist et je vif. (*d*)
« Mais nostre compaignie convient a departir :
5105 « Vos en irés en France dont vos venistes chi ;
« Si dites Lusiane la bele o le cler vis
« Que Dieus le saut et gart qui onques ne menti ;
« Et Ysabel sa mere les biens qu'ele me fist
« Li renge Dieus de gloire qui onques ne menti.
5110 « Quant je primes i ving, molt estoie apovri[s],
« Car je n'avoie cote ne peliçon hermin.
« Salués moi le roi qui Franche a a tenir :
« Jo li ai aquité sa tere et son pais ;
« Car je remanrai chi entre mes anemis
5115 « En cest large boscage entre les Sarrasins.
« Je l'ai plevi par foi, si le sachiés de fi,
« Que je n'en partirai jamais a nes .i. di
« S'arai faite bataille et tel eskiec conquis
« Que porai bien mostrer al fort roi Loeys. »
5120 Quant li baron l'entendent, si en sont esmari,
Et dist li uns a l'autre : « Nos somes mal bailli. »

[sire !
CXXVIII Dist Jobers et Ylaires : « Por Dé(x), merci, biaus
« Ne mostrés envers nos, s'il vos plaist, si grant ire.
« Nos vous jurons sor sains .x. foi[e]s u quinse
5125 « A Paris u a Cartre u a bourc u a vile
« Onques a ensiant ne fesimes oublie ;
« Mais prendés cet eskiec, s'en soiés ciés et sire :
« Nous ferons bien acroire as barons de l'empire
« Tous seus l'arés conquis par vo chevalerie. »
5130 Quant l'entendi Aiols, si en ot molt grant ire :
« Signor, ne plache a Dieu le fieu sainte Marie

5098 grant — 5108 ysabiaus

« Que ja por vos avoirs en soit mençoinge dite :
« Je reprendrai les miens se Dex me donne vie.
5134 « Mais departir convient la nostre compaignie. »

CXXIX Dist Jobers et Ylaires, li gentiex et li ber :
« Gentiex hon de boin aire, mal baillis nos avés.
« Or dira Loeys et querra par vertés
« Que nos vous avrons mort, murdri et estranlé,
« Et pris par traison et as paiens livré(s).   (f. 132)
5140 — Signor, » che dist Aiol[s], « por nient en parlés,
« Que je ne le feroie por l'or de .x. chités :
« Je remanrai ichi et vos vous en irés. »
Dist Jobers et Ylaire[s] : « Sire, car en venés :
« Quant vos nel volés faire, nos n'en poons faire el. »
5145 Atant s'en retornerent coureçous et iré.
Li dui baron s'en tornent cor(e)ços et abosmé
Isnelement ariere tout le chemin ferré :
Ils sorent bien la voie, car del pais sont né.
Tant ont par lor jornees exploitiet et esré
5150 Qu'il vinrent a Orliens la mirable chité.
Li rois i tient sa court o son rice barné;
Quant il les vit venir, si lor a demandé :
« Dites, signor, d'Aiol com estes dessevré ? »
Cil ont molt [boin le] ceur, ne le vaurent blamer,
5155 Ains l'ont quanques il peuent essaucié et levé :
« Il est teus chevaliers onques ne fu ses pers;
« .IIII. paiens ochist l'autre jor al jouster :
« Vés ent chi les chevaus qu'il nos en a donés,
« S'en aportons les testes que vos miex le creés.
5160 « Mais a .I. gentil home l'a Jesu asené
« Qui doit faire une guerre en[con]tre .I. de ses pers;
« Si est remés a lui del premier jor d'esté
« Tant qu'il ait son pais et son resne aquité,
« Puis vous venra servir volentiers et de gré. »
5165 Quant l'entendi li rois, por poi qu'il n'est dervés :
« Fil a putain, glouton, ains le m'avés emblé,
« Et pris par traison et as paiens livré! »

A haute vois s'escrie : « Baron! or le[s] prendés! »
Li rois les a fait prendre, loier et estreper,
5170 Et grans carcans de fer lor fist as cos fermer,
A cascun une buie en ses jambes cloer;
En sa cartre perine les a fait avaler :
Ses fesist pendre as forques s'on ne l'eust blamé,
Mais c'estoient riche home et de grant parenté.
5175 N'istront mais de prison s'ert Aiol[s] retorné[s]. (b)
Qui dont oist le deul par [toute] la chité!
Et dames et puceles [se prisent] a plorer;
Lusiane [la bele] fu près del forsener.
« Ahi! biaus sire Aiols, qui s'an deust penser
5180 « Que no grans amistés [se] deust desevrer!
« Se ne vous doi avoir, ne place Dameldé
« Que j'aie mais signor en trestout mon aé!
« Ançois serai rendue a .i. de ses ostés:
5184 « De toute honor terestre m'estevra consirer. »

CXXX   Signor, grans fu li deus par mi Orliens la riche :
Pleurent i chevalier, puceles et mescinés,
Li moigne et li canoine et clerc en abeie;
Tel deul a Lusiane a poi n'esrage d'ire :
« Ahi! biaus sire Aiols! frans chevaliers nobile!
5190 « Com vos avés laisiet la tere toute quite
« Des felons Beruiers qui l'avoient gastie!
« Vos l'avés aquité par vo chevalerie,
« Si deusiés rois estre de France le garnie.
« Car pleust ore a Dieu le fil sainte Marie
5195 « Que j'en fuisse remese enceinte et engrossie!
« Ahi! lase kietive, com je sui mal baillie!
« Onques n'en poc avoir amor ne druerie. »
Del doel qu'ele demaine ciet pasmee sovine.

CXXXI   Assés l'avés oi, tex deus gaires ne dure :

5180 grant — 5187 Et m. et c. — 5194 fiex — 5195 toute grosse et enceinte

5200 Tost l'orent oblié cil qui riens ne l'en fu(re)rent.
Aiols estoit el bos qui soufre et si endure :
Montés en est li ber sor une roche brune,
Contreval a gardé, s'a veu Panpelune,
Les murs et les soliers et les autes pointures : [lune!
5205 « Hé! Dieus, tant mar i fustes, » dist Aiols, « Panpe-
« Si mar vous conquist Karles a la barbe quenue,
« Quant nostre chrestian vos ont la si perdue!
« Las! ne ferai mais cose dont frans hon ait aiue? »
5209 Del mautalent qu'il ot tous li sans li remue.

CXXXII Aiol[s] estoit el bos dolant et irascus :
Toute jor a souffert qu'il onques ne s'en mut, (c)
Tant que il vint al vespre al soir et a l'oscur.
Il a çainte l'espee et prist le fort escu,
Et vi(e)nt a Marchegai, par l'estrier monta sus,
5215 Et prist en son puin destre .I. roit espiel molu.
Ensi s'en est entrés en son chemin herbu ;
Dessi a Panpelune ne s'est aresteu.
Quant il vint a le porte, devant torna l'escu
Que dedens ne li lancent quarrel ne pel agu ;
5220 Esgarda le palais qui Karlemaigne fu :
« E las! » che dist Aiol[s], « com m'est mal avenu!
« Ahi! mi compaignon, com m'avés decheu,
« En ceste estrange tere laisiet molt irascu !
« Bien i porai tant estre que tous serai kenu[s],
5225 « Par le mien ensiant .IIII^{XX}. ans et plus,
« Ains que fesise cose c'om en France seust. »
Entor la chité vait si qu'il n'i parla plus,
Et trova un vergier qui Karlemaigne fu
De ciprès et de pins et de loriers menus.
5230 Et Aiol[s] i entra trés par mi un gaste huis :
Quant il vint el vergier s'est a pié dessendus,
Marchegai atacha a un arbre de fust ;
Haut li loia la teste, n'estoit mie aseur :
Il crient qu'il ne henisse u qu'il soit perceus :
5235 Se Sarrazin le sevent mal li est avenu(s).

Son escu et se lanche mist a le tere jus,
Puis va par le vergier dolant et irascu[s].
Durement se demente li fieus Elie al duc
Et regarda sor destre tout .i. cemin batu :
5240 Coisi .ii. Sarrasins maus gloutons mescreus.
L'un[s] en ert Kinkernars [et] l'autre Barbarus :
A lor coutiaus d'achier trenchans et esmolus
Ont le mur effondré, fait i ont grant pertuis :
Laiens voilent entrer li glouton mescr[e]u
5245 Enbler une pucele, ainc si bele ne fu ;
Uns rois les i tramist qui por li est venus :
Si ot a nom Gorhan, sire d'Aufrike fu ;   (d)
Ses atent d'autre part en .i. breulet foillu
Atout .c. Sarrasins les blans aubers vestus ;
5250 Ele li ot mandé tout en soit aseur,
Ja li consaus son pere n'i sera atendus
Mibrien de Persie le viel et le kenu :
Comment que li plait prenge, ele ira a son dru.
Bien a le fiex Elie tout lor sens entendu ;
5255 Puis (si) s'en est la dedens après paiens feru,
Et jure Dameldé et la soie vertu
Que s'il peut esploitier il ont fol pleit meu :
Bien sont a mort jugié li quivert mescreu,
Il lor taura la dame ains que jors soit venus.
5260 Il se mist d'autre part entre cambre et le mur
Par delés .i. piler dejoste .i. arc volu :
Les dis as Sarrasins a molt bien entendus,
S'oi bien de la dame chou qu'ele a respondu.
5264 Quant Aiol[s] l'entendi, ainc si joiant ne fu.

CXXXIII Li doi paien s'esturent en l'onbre de la cambre
A le maistre fenestre por le mesage rendre.
Aiols fu d'autre part desous l'ombre d'un[e] ente,
Et coisi la clarté des cierges et des lanpes,
Et voit la damoiselle qui tant par estoit gente :

5245 .i. pucele

5270 En la chrestienté n'avoit plus bele feme.
Li paien le salue[nt] en la loi dont lor menbre :
« Mahomet soit o vos, seur douche, amie gente !
« De par le roi d'Aufrike somes message, dame.
« Si vos a chi mandee par briés et par fianche
5275 « A lui vos en viengiés; tous est prest qu'il vos prenge.
« Mesire est rice rois, ne vieut se loi offendre :
« Il vos atendra bien toutes vos convenences;
« Mieus vauroit estre mors c'a feme ne vos prenge. »
La pucele respont par molt grant essianche :
5280 « Voir molt le doi amer quant il chou me [de]mande.
« Va tost : di ton signor que .i. petit m'atenge :
« Bien m'en poés porter par le rue d'Otrente. [(f. 133)
« Mal grei en ait mes peres, estre peut a fianche. »
Quant Aiol[s] l'entendi, grant joie en ot el ventre,
5285 Et jure Dameldé a le fiere poissanche
Souef entre ses dents que nus d'aus ne l'entende,
Que s'il peut esploitier, il lor taura la feme.

CXXXIV   Aiols s'en est tornés qui la covine sot:
Par le pertrui[s] s'en ist, c'atargier ne se vaut.
5290 Venus est el vergier, si prist ses armes tost :
A loi de hardi ome aparella son cors,
Puis monte en Marchegai son ceval qui va tost.
Del vergier s'en issi, al plain se mist defors.
Li doi paien s'en issent, Dieus confonge lor cors!
5295 Vien[en]t a lor signor ques atent el breullois.
Kinkernars parla primes qui la covine sot,
Et dist a son signor : « Faites vos fier et fort :
« La fille Mibrien aparelle son cors.
— Alés dont, » dist li rois, « chevauciés a esfors :
5300 « Vos dui le m'amenés seul a seul, cors a cors,
« Car Mibrien[s] me het et je lui jusc'a mort :
« Issir voil de sa tere que ne truist mes esclos.
« Mirabel le vaillant qui tant a gent le cors

5296 Kinkernart — 5303 Mirabiaus

« Che palefroi li maine, onques millor n[en] ot :
5305 « ·N'en donroi[e] la sele por .lx. mars d'or. »
Li Sarrasin s'en tornent isnelement et tost :
Dessi a lor pertruis ne cangierent esclos ;
La fille Mibrien troverent ça défors :
El palefroi le lievent isnelement et tost.
5310 Mais Aiols après vait qui la convine sot :
Damede[x] le garisse et conduie son cors !

CXXXV Li dui paien en mainent le france Mirabel,
Si sist en la sanbue del palefroi isnel :
La sele de son dos vaut l'onor d'un castel ;
5315 Li frains c'ot en la teste fu tous fais a noel
A pieres presieuses, ains mais ne vi tant bel.
Et Aiol[s] qui fu sages va porsivant après
Tant que trespassé orent le pui de Montinel,
Et trespassent [après] une aigue et .I. poncel. (*b*)
5320 Lors point Aiol[s] et broce, ne se vaut targier mès :
Si se mist a bandon entr'aus et le castel.
Hautement lor escrie : « N'i garirés, quivert !
« Tart menrés la pucele a bourc ne a chastel ! »
Il fiert l'un des paiens trestout de plain eslais
5325 Que l'escu lui peçoie et desronpi l'auberc ;
Par mi le gros del ceur li fist passer le fer ;
Toute plaine sa lanche l'abati mort envers.
Et quant le voit li autres, ne li fu mie bel,
5329 Qu'il set bien et espoire que li mort li est près.

CXXXVI Quant li Sarrasins voit son compaignon a tere
Qui fu mors et ocis, sanglent sor la vert herbe,
Lor[s] a tel deul al ceur por poi que il ne derve.
Volentiers le vengast li glous si l'ossast faire,
Mais il vit le vasal tant aduré de guerre......
5335 Et sist sor .I. destrier, il n'ot millor en tere,
Et li coroit plus tost sor la montaigne bele

5315 fait — 5319 .I. aigue — 5326 del fer li desronpi le ceur —
5334 *Lacune après ce vers.*

Que ne cort cers ne dains, saingler[s] ne beste.
Li glous s'en va fuiant par mi le tertre :
Aiol[s] point le ceval, (se li) lasque le resne,
5340 Et a brandie l'anste, l'ensenge bele ;
Vait ferir le paien en la roele,
Desor la boucle d'or li esquartele,
Et la bronge del dos toute dessere :
Par mi le ceur li met l'anste novele,
5345 Tout estendu l'abat mort [de]sor l'erbe :
Puis a traite l'espee que il ot bele,
As .II. mors Sarrasins trencha les testes,
Puis dist une parole qui molt fu bele :
« Qui ces mors fouira, miex l'en doit estre ;
5350 « S'en prenge les aubers, les armes beles :
« Les destriers en menrai ens en ma tere. »
Il rekevre sa lanche, (et) vint a (la) pucele.
Aiol[s] tendi le main, sel prist al resne,
En riant li a dit : « Pris[e] estes, bele.
5355 « Vos n'irés mais avoec la gent averse : (c)
« O moi venrés en France la boine terre ;
« Si serés baptisie et Dieu converse,
« Puis vous prendrai a feme, ne sai si bele. »
5359 Quant Mirabiaus l'entent, por poi ne derve.

CXXXVII Des or chevauche Aiols vers sa contree :
S'en maine la pucele de Dieu donee.
Oiés com faitement s'ert dementee ;
Molt se claime souvent mal euree :
« Or puis [jou] molt bien dire mal sui menee ;
5365 « Mar me noristes onques, sire chier pere !
« A tort et a pecié m'en sui sevree :
« Jamais le roi d'Aufrike n'ere espousee !
« Sire, car me laisiés por l'ame vostre pere,
« Si m'en irai ariere en la moie contree :

5350 auberc — 5357 conuerte — 5359 mirabel. *Miniature avec cette rubrique* : Ch'est chi ensi com Aiols a conquisse la puchele. — 5361 que dex li a donee

5370 « Demain ains eure none quic estre recovree. »
— Par mon cief, » dist Aiols, « n'en irés mie a tele ;
« O moi venrés en Franche en la tere honoree,
« Si serés baptisie et en sains fons levee ;
« Puis vous prendrai a feme, si serés m'espousee. »
5375 Quant Mirabiaus l'entent, por poi que n'est dervee,
Et respont la pucele : « N'en sui pas porpensee.
« Dessi a molt grant pieche n'i serai atornee :
« Ja la loi Mahomet n'ert par moi vergondee :
« Molt ameroie miex que je fuise tuee,
5380 « A keues de ceval destruite et trainee ! »

CXXXVIII Des or s'en va Aiol[s], s'en maine la meskine :
Toute nuit cevauchierent que il onques ne finent,
Dessi c'a l'endemain que l'aube est esclairie. (d)
La fille Mibrien fu auques rebaudie ;
5385 Ele vint a Aiol, se li commenche a dire :
« Qui estes vos, vasal, c'a forche m'avés prise?
« Ainc mais si riche eskiec de vos iex ne veistes,
« Car fille sui de roi et ma mere est roine.
— Bele, » che dist Aiols, « ne vos celerai mie :
5390 « Je vos en dirai tant, se Dieus me beneie,
« Ainc mais nel di a feme ne a home qui vive.
« Voir on m'apele Aiol : mes peres est Elie ;
« Niés sui l'enpereor qui Franche a en baillie ;
« Je suis fieus sa seror la gentil dame Avisse :
5395 « Mais cachie(s) est de Franche et del resne formisse
« Par le consel Makaire, que li cors Dieu maudie,
« Un malvais losengier, .1. glouton, .1. traitre :
« Morir l'en covera se Dieus m'en done vie.
« Tant ai je esploitié par le Jesu aie
5400 « C'a Orliens l'ai fait metre en la cartre perine
« Dont il n'istra jamais en trestoute sa vie,
« Ains·sera vergongiés et livré[s] a martire.
« Ne por mon grant parage n'i perderés vos mie :

5375 mirabel

« O moi venrés en Franche en la terre garnie,
5405 « Puis vous prendrai a feme, se Dex le me destine. »
Et respont Mirabiaus : « Ce ne vos otroi mie;
« Car Mahons est mes dieus, si maine grant justice,
« Et por nient s'esmaie qui en lui bien se fie. »
Quant l'entendi Aiol[s], si en ot deul et ire,
5410 Et respondi .ii. mos, par mautalent s'aire :
« Mal dehès ait Mahons et qui en lui se fie !
« Car ses vertus ne valent une pume porrie;
« Et jure Dameldé le fieu sainte Marie
« Se jamais en parlés, tost en perdrés le vie. »
5415 Quant l'entent la pucele, molt en fu asouplie.

CXXXIX Des or s'en va Aiol[s] en Franche son pais,
Se maine la pucele al gent cors signoris;
De mangier et de boire li estoit talent pris :
Se la bele n'en a, la cuidera morir.   (f. 134)
5420 Ele sut bien parler de .xiiii. latins :
Ele savoit parler et grigois et hermin,
Flamenc et borgengon et tout le sarrasin,
Poitevin et gascon, se li vient a plaisir.
Ele vint a Aiol, par le resne l'a pris,
5425 Cortoisement l'apele, si l'a a raison mis.
« Savés, franc damoiseus, que je vos voil jehir?
« Molt volentiers mangaise et beusse .i. petit.
« Je ne mengai hersoir qui valut molt petit,
« Non, hui est li tiers jors, vaillant .i. paresis,
5430 « En tel freor estoie por cel roi mon ami :
« Avoir me dut a feme et je lui a mari;
« Nel reverai mais, lasse, ne il moi a nul di,
« Tant a je plus mon ceur corechou[s] et mari.
— Bele, » che dist Aiol[s], « onques mais tel n'oi :
5435 « Ne vos ai que doner se Damede[x] m'ait :
« Nous ne trovons a vendre ne pain ne car ne vin.

CXL « Bele, » che dist Aiol[s], « sofrés et endurés.

5406 mirabel — 5412 .i. pume

« Par la foi que vos doi ne vous ai que doner :
« Vés la tere gastee et le pais reubé;
5440 « Nous ne somes a borc, n'a vile, n'a chité
« U nos truisons a vendre ne pain ne vin ne el. »
A iceste parolle entrerent en .I. prei,
Trovent une fontaine sous .I. arbre ramé :
Aiols i dessendi de son ceval li ber,
5445 Et mist jus la pucele al gent cors honoré ;
Ses cevaus enpasture, si a les frains ostés,
Si lor lait boire l'aigue et l'erbe pasturer ;
Puis se coucha sor l'erbe qui verde estoit el pré.
La pucele se couche delés le bacheler :
5450 Ele ot molt gent le cors et le viaire cler,
Et la color vermelle, plus bele ne verés.
Aiols li fieus Elie le prist a regarder,
Ens en son ceur le prist forment a enamer :
Ja le vausist baisier s'eust kerstienté,
5455 Mais por chou qu'ert paiene, ne le vaut adeser : (b)
La loi au roi Jesu ne voloit vergonder,
Ançois le voloit faire baptisier et lever,
Si le prendroit a feme, a mollier et a per.
Il estoit molt forment travilliés et penés
5460 De l'escu et des armes que il avoit portés,
Et avoit toute nuit chevauciet et esré :
Senpre s'est endormis, si a tout oublié.
La pucele vella qui a le ceur iré,
Qu'ele ne se dormist por les menbres coper :
5465 Ains regarda ariere tout le cemin feré,
Se la veist nul home ne venir ne aler
Qui après li venist por ariere mener.
Dieus, por coi se coucha li chevalier[s] menbrés ?
S'or n'en pense Jesu qui a mort fu livrés,
5470 Anqui sera del cors honis et vergondés !
La chité s'estormist dont il furent torné,
Et kierent la pucele, mais nel peuent trover :
Ains ont trové le mur perchié et effondré.
Lor veissiés paiens .I. grant deul demener,

5475 Mibrien et se feme lor ceveus deskirer;
Sarrasin et paien se coururent armer :
En avant de .vii^m. ont les elmes fremés;
Par la porte s'en issent de la boine chité,
A bandon s'espartissent tout par tout le resné
5480 Qu'il ne savent quel part (il) le peusent trover.
Les esclos la pucele se sont li .iiii. alé
De tous les plus ardis et les plus alosés :
Ja nel guerpiront pas s'aront Aiol trové
Qui s'estoit endormis desous l'arbre ramé.
5485 La pucele vella qui son ceur ot iré,
Et regarda ariere con il erent alé :
Vit les .iiii. paiens de Panpelune nés;
As chevaus et as armes les reconnut assés :
Se ele en ot grant joie ne l'esteut demander,
5490 Car li un[s] fu ses freres de novel adoubé[s]:
N'avoit que .xv. jors ses garnimens portés; (c)
Li autres ert ses oncles, si l'ot en grant cierté,
Et li dui si cousin et de son parenté.
« E Mahomet, » dist ele, « con vos par estes ber!
5495 « Qui vous croit et aoure plus a ses volentés
« Que ne savroit ceur d'ome ne dire ne penser :
« Or m'avés vos rescousse par la vostre bonté. »
En après se porpense de grant nobilité,
Jamais de Sarrasine n'orés de tel parler :
5500 « Lase ! » dist la pucele, « c'ai eu enpensé?
« Comment porai jou faire si grant desloiauté
« Que lairai ce baron en dormant afoler?
« Ja m'avoit il conquise par son rice barné,
« Et boins chevaliers est et vasaus adurés.
5505 « Puiske je sui rescousse, je l'en lairai aler :
« Mahons li doinst en Franche sa vie recovrer ! »
Ele se trait vers lui al senestre costé ;
Se li dist en l'orelle coiement et celé :
« Gentiex damoiseus sire, trop poés reposer :

5482 tout — 5496 seroit

5510 « Par icele grant foi que je vos doi porter,
« Veschi .iiii. paiens de Panpelune nés :
« Che sont li dru mon pere, car jes connois assés.
« Il vos ochiront ja, jel sai de verité :
« Alés tost al ceval, sus a bandon montés;
5515 « Tornés vos ent ariere ce grant cemin feré,
« Car par icele foi que doi Mahon porter,
« Miex vaut un[s] boins fuirs que melement esrer.
« Quant il veront a moi jes ferai arester;
« Tant lor dirai paroles, mençoinges et vertés,
5520 « Que bien poés garir, se croire m'en volés.
— Bele, » che dist Aiol[s], « .v^c. merchis et grés !
« Par la foi que vos doi, dit avés grant bontet.
« Jamais n'ert .i. seus jors ne vos en doie amer,
« Mais ne place a Jesu qui en crois fu penés,
5525 « Por .iiii. paiens fuie tant que j'aie josté:
« A tout mon grant linage seroit mais reprové. »
Il est saillis en piés, si se seina de Dé,   (d)
Et prist ses garnimens, si s'en est aprestés,
Et vint a Marchegai, ne s'est asseurés :
5530 Le frain li met el cief, s'est par l'estrier montés;
De desfendre son cors s'est molt bien aprestés.
Evous .i. des paiens de Panpelune nés,
J'oi dire mon maistre que che fu li ainés,
Oncles ert la pucele al gent cors honoré :
5535 Plus vint devant les autres qu'uns ars ne peust jeter,
Qu'il siet sor boin ceval corant et abrivé,
A haute vois escrie : « Quivers, n'i garirés !
« La fille Mibrien a grant tort en menés,
« Sans le los de ses homes que garant n'en avés;
5540 « Hui est venus li jors que chier le comperrés :
« Ja n'i metrés escange de le teste a cauper. »
Aiols li fiex Elie n'ot cure d'estriver,
Car onques de tenchier ne fu acostumés;
Ains broche Marchegai par grant nobilité,
5545 Et a l'anste brandie del roit espiel quarré.
Vait ferir le paien, nel soufri plus parler

Que l'escu de son col li a fraint et froé
Et l'auberc de son dos desmalliet et fausé :
Par mi outre le cors li a le fer passé :
5550 Toute pleine sa lanche l'abati mort el pré :
« Cuivers, » che dist Aiol[s], « vous l'avés comperé !
« De vostre part ai bien cest eskiec aquité :
« Dieus me consaut des autres par la soie bonté ! »
Et li .iii. Sarrasin l'ont si de près hasté
5555 Ne pot li gentiex hom a l'espiel recovrer,
Ne a lui resachier ne del paien jeter.
Puis a traite l'espee dont li puins fu dorés :
S'en va ferir .i. autre que il a encontré :
Par des(o)us les espaules li fait le cief voler :
5560 Les .ii. paiens eslonge .i. arpent mesuré ;
Il vit les .ii. ensanble, tant les a plus doutés.

CXLI Aiol[s] point le ceval, fierement s'eslaissa,
Un grant arpent de tere les paiens eslonga. (f. 135)
Il vit les .ii. ensamble, forment les redouta :
5565 N'avoit espiel ne lanche li nobile[s] vasal[s] ;
Li dui paien quidoient que fuiant s'en alast,
La pucele en menaissent que nus nel calengast ;
Folie ont enpensee, car corage n'en a :
Ançois que lor guerpisse molt chier lor vendera.
5570 Aiols point le ceval, fierement retorna :
Al tor françois qu'il fist son espiel recovra ;
Par son fier ardement del paien le geta.
Ferir en vait .i. autre que li ber encontra
Que l'escu de son col li fraint et peçoia,
5575 Et l'auberc de son dos ronpi et desmailla ;
Par mi le gros del ceur son espiel li passa.
Toute plaine sa lanche l'abat mort del ceval :
« E Dieus ! » che dist Aiol[s], « or somes paringal :
« Dehait qui por cesti la pucele laira
5580 « Dessi a icel[e] eure que comperé l'avra. »

CXLII Aiol[s] point Marchegai, les .ii. renes li lasque,

Et vait ferir le quart en la doree targe.
Mervelleus cop li done, que de riens ne l'espargne,
Que l'escu de son col li peçoie et dequasse,
5585 Et l'auberc de son dos li desront et desmaille :
Son boin espiel trenchant par mi le cors li pase,
Devant lui a la terre l'abat mort en la place.
La fille Mibrien en un tertre l'agarde,
Molt se claime kaitive [et molt] dolante et lasse :
5590 « Que folie fesis quant che franc esvellastes !
« Molt est boins chevalier[s] et coragous as armes :
« Or m'a ocis mon frere, toute kaitive lase,
                                          [damages !
« Mes cousins et men oncle, miens en est li
« Par le mien ensiant, s'il fuissent .xx. et quatre,
5595 « Ses eust il tous mors, car molt a vaselage. »
Bien avés oi dire et as uns et as autres
Que feme aime tost home qui bien fiert en bataille :
Ele li escria, qu'il l'entent en l'angarde :
« Sire, venés vous ent qui preus estes as armes; (b)
5600 « Por vous querra je Dieu l[e pere] esperitable. »
Quant Aiol[s] l'entendi, molt grant joie en a faite.

CXLIII   Aiols[s] li fieus Elie a le dame entendue.
As .IIII. Sarrasins a les testes tolues ;
Sor les chevaus les torse, n'en vieut laisier [nes] une,
5605 Ains les a a l'archon par les cevieus pendues.
La fille Mibrien la bataille a veue,
Si set molt bien c'Aiols par forche l'a vencue ;
Ele li escria, que bien l'a entendue :
« Sire, venés vous ent, car je sui vostre drue :
5610 « Por vos querra ge Dieu qui fu mis el sepulcre ;
« Si serai en sains fons baptisie et tenue,
« Car les vertus Mahon sont a tere keues,
« Quant par ton cors tout seul as les testes tolues
« As .IIII. Sarrasins qui de Dieu nen ont cure.

5583 esparenge — 5611 saint

5615 « Molt me nuist cil dessers et la selve ramue;
« Nous ne tenons chemin ne grant voie batue :
« Or nous consaut cil sires qui maint ens en la nue!
« Molt desir qu'en vo terre fuisse a joie venue :
« S'il vos vient a talent, quitement sui vo drue. »
5620 Et Aiol[s] s'escria : « Monjoie! Dieus aiue! »

CXLIV Des or s'en va Aiol[s], s'en maine son eskac.
La pucele fu lasse, se li greva li caus;
Ele vint a Aiol, si l'en araisona :
« Gentieus damoiseus sire, et de moi que sera?
5625 « Je ne mengai her soir ne hui trois jors [i] a!
— Bele, » che dist Aiol[s] li preus et li loial[s],
« Ne vos ai que doner, foi que doi saint Tumas!
« Vés la tere gastee et le pais tout ars. »
Aiol[s] li fieus Elie devant lui regarda :
5630 Coisi .i. pelerin qui a saint Jake ala,
Et vi(e)nt de douche Franche : molt forment se pena.
Aiol[s] point le ceval, contre lui cevaucha;
Li pelerin[s] le vit, forment le redouta :
Crient ne fust mavais hon qui venist por son mal.
5635 Atant es lui Aiol qui bien le salua   (c)
De Dieu de sainte gloire qui le mont estora.
Cil ot de Dieu parler, molt se reconforta :
« Icil sires vos gart qui tout le mont forma!
— Amis, » che dist Aiols, « dont viens? et de quel [part?
5640 — Sire, je vieng d'Orliens la fort cité roial.
« La laisai jou le roi molt coreciet et mat
« Por un sien dru Aiol qu'en Espainge envoia :
« Si compaignon l'ont mort cui il le commanda,
« Et li rois lés a pris et avalé les a
5645 « Ens el font de sa cartre : si dist qu'il les pendra;
« Se Aiol[s] ne repaire, justices en fera. »
Quant Aiol[s] l'entendi, forment s'en esmaia;
Pour ses .ii. compaingons en grant freor entra.
Bien et cortoisement Dameldé reclama

5621 sen m. s. eskiec — 5628 tous — 5643 qui

5650 Que de mort les desfenge tant qu'en France venra;
S'a tans i peut venir, bien les delivera,
De la prison le roi andeus les jetera,
Quant il en douche France et a Orliens sera.

CXLV « Amis, » che dist Aiol[s], « Dex te gart d'encon-
5655 « Pelerins, biaus amis, sés me tu consellier ? [brier !
« Avroies tu o toi a boire n'a mengier,
« Ne nule creature dont me peusse aidier ?
« Je maing chi une dame, lase est de cevacier :
« Ele a tel fain al ceur vive quide esragier. »
5660 Dist li pelerins : « Sire, ja celer ne vos quier,
« J'ai chi un demi pain et .i. grant tout entier :
« Prendés ent a plaisir, quar jel voil otroier,
« Car onques a franc home ne veai mon mengier.
— Hé ! Dieus, » ce dist Aiol[s], « t'en soies grasiés !
5665 « Por .xxx. mars d'argent ne fuisse jou si liés ! »
Aiols dessent sor l'erbe, li gentix chevaliers,
Et vint a la pucele, jus l'a mis sans targier :
Andoi se sont assis soz .i. arbre foillié.
Li pelerins fu sage[s], cortois et ensengiés :
5670 A bandon lor a mis son pain molt volentiers;
Aiols et la pucele en ont assés mangiet, (d)
Mais il n'i ot que boire, de chou fu li mesciés.
Li pelerin[s] ot aigue puissie en .i. vivier
Qu'il porte en un bochel por se(n) soif refroidier :
5675 Aiols et la pucele en burent sans dangier.
« E Dieus, » che dist Aiol[s], « com ore ai mon ceur
« Por amor ceste dame qui un poi a mangié ! [lié
« Pelerin[s], biaus amis, molt as bien esploitié :
« Onques mais nus disner[s] ne fu miex enploié[s] !
5680 « Car je te baillerai un boin corant destrier;
« Vois ent chi .vi., biaus frere, molt bien aparel-
« Or prent tout le millor, coisi a ton congié, [liés :
« Et pren en cele male .c. sous de mes denier[s]
« Por porter avoec toi al coroi del destrier :

5668 sor :i.

5685 « Por esploitier ta voie t'aront molt grant mestier. »
Dist li pelerins : « Sire, por noient en plaidiés ;
« N'ai soig de vostre avoir, car del mien sui cargiés :
« J'en aporc a plenté por ma voie esploitier ;
« Ne vo corant destrier ne m'aroient mestier,
5690 « C'ançois demain al vespre que solaus fust couciés
« Poroie par tel lieu esrer et chevaucier
« Que je seroie tost ocis por cest destrier.
« Vos estes près des marches u mainent li paien :
« Pensés d'esperoner et de vos eslongier,
5695 « Car s'il vos aperçoivent, vo vie n'a mestier. »
Atant s'entrencommandent a Dameldé del ciel.

CXLVI Des or s'en va Aiol[s], del pelerin s'en part.
Li gentiex chevaliers toute jor chevauca,
Vit le vespre aprochier et le jor declina,
5700 Le solail abaiscier, vers l'esconser torna :
Bien et cortoisement Dameldé reclama
Que boin ostel li doinst, car grant mestier en a.
Aiol[s] li fieus Elie sor destre regarda
Entre .I. bos et un pré que li frans hon trova ;
5705 Dejoste la forest droitement regarda,
Et vit une maison u .VII. larons trova.
A grant pont torneis hautes portes i a, (f. 136)
Et grant fossé parfont, u on a fait maint mal :
Quant frans hon i passoit qui a saint Jaque ala,
5710 Chevalier[s] u borgois qui la s'achemina,
Cil faisoient acroire qu'erent d'un ospital :
Ne pooit nus passer que on nel desreubast.
Aiol[s] point cele part, le ceval avancha,
Cha defors sous .I. arbre les VII. larons trova.
5715 Atant evous Aiol qui bel les salua
De Dieu de sainte gloire qui tout le mont forma :
Nus ne li respondi, l'un[s] l'autre regarda.
Et quant che vit Aiol[s], forment se corecha ;
5719 Mirabiaus la pucele forment s'en mervella.

5704 franc — 5711 Quil — 5712 nul — 5719 Mirabel

CXLVII Aiols a les larons ensamble salués :
Ains ne li respondi nus des gloutons faés.
Et quant che vit Aiol[s], molt s'en est airés ;
Fierement les rapele, si com oir poés :
« Signor, » che dist Aiol[s], « molt grant tort en avés,
5725 « Qui de Dieu vos salue, si ne me respondés.
« Gardés que vous n'aiés vers moi nul mal pensé(s) :
« Par icel saint apostle c'on quiert en Noiron pré,
« A ceste moie espee qui me pent a mon lés
« Vos quic si estormir ains qu'il soit avespré(s),
5730 « Ja li mieudre de vous ne s'en pora vanter
« Que vos n'aiés les ciés et les membres copés. »
Quant li laron l'oirent si faitement parler,
Trestous li plus ardis a de paor tranblé.
Robaus qui fu li maistres en est en piés levés ;
5735 Cis ert maistres des autres, ses avoit a garder,
Et ot en son eage .IIII^{xx}. ans passés :
Molt ot longe le barbe dusqu'al neu del baudré ;
Maint pelerin avoit mordri et estranlé,
Dont li pecié li furent dedens le cors remés.
5740 Venus est a Aiol, si l'a araisoné :
« Gentieus damoiseus sire, molt grant tort en avés :
« Ainc ne vos mesfesismes .i. denier moneé,
« Et si nous manechiés de la teste a cauper. (b)
« Ja somes nous convers [et] rendu et rieulé ;
5745 « Si ne devons a home ne plaidier ne parler :
« Il nous est en capitle desfendu et veé,
« Ne nostre obedienche ne volons trespasser.
— Sire, » che dist Aiol[s], « bien peut estre vreté :
« Se je vous ai mesfait, or le me pardonés.
5750 « Je sui uns chevaliers nés d'Orliens la chité,
« Si sui hom Loeys le fort roi coroné ;
« Je vieng de Panpelune la mirable chité.
« Anuit mais, s'il vos plaist, me prestés vostre ostel,
« Enfresi a demain que il soit ajorné :
5755 « Un(s) des millors chevaus que vous ichi veés,
« Sire, por vostre ostage, se il vos plaist, prendés,

« Fors seulement le mien dont je sui adoubés,
« Car ne donroie cel a home qui soit né[s]. »
Quant l'entendi Robaus, grant joie en a mené,
5760 Et dist entre ses dens coiement a celé :
« Par le mien ensiant, quant de moi partirés,
« Onques mais a nul home s'amie ne taurés. »
Dieus! c'Aiol[s] ne l'entent, li gentiex bacelers!
Ja li trenchast le teste a son branc aceré.
5765 « Vasal, » che dist li leres, « or ne vous desmentés;
« Herbergiés serés vous a vostre volenté :
« Ainc ne le vi faire home de tout mon parenté
« S'il herbergast franc home, ne eust ostelé,
« Que ja por une nuit li contast son souper;
5770 « Et non fera ge vos, car vous me samblés ber.
« Mais chevaciés avant, vostre cors desarmés.
— Sire, » che dist Aiol[s], « .v^c. merchis et grés. »
Hé! Dieus! qu'il ne sot mie son ceur et son pensé!
Il ne s'i arestast por l'or de .x. chités :
5775 Se Damede[x] n'en pense par la soie bonté,
Ainc mais li fiex Elie n'ot .i. si mal ostel
Com cil li venderont ains qu'il soit ajorné.

CXLVIII Aiol[s] point Marchegai, si cevaucha avant,
Dessi a le maison ne fist arestement :   (c)
5780 Ne vit fu alumé ne feme ne enfant
Ne de quisine faire nul aparellement.   [mant,
« Hé! Dieus! » che dist Aiol[s], « par le vostre com-
« Quel gent peuent che estre, pere de Belleant,
« Qui mainent en che bos çaiens si soutiement?
5785 — Sire, » dist Mirabiaus al gent cors avenant,
« Ja ne me querrés mais en trestout mon vivant
« Se che ne sont laron, traitor souduiant :   [lant;
« Gardés ne vous souprengent, franc chevalier vail-
« Puis que hon est souspris il ne vaut mie .i. gant.
5790 —Bele, » che dist Aiol[s], « porqu'en parlés vos tant?

5759 robaut — 5762 Jamais — 5777 ainc — 5785 mirabel

« Par icel saint apostle que quierent peneant,
« N'arai deslaciet helme ne osté garniment,
« Ains arai toute nuit çainte l'espee al flanc:
« S'il meuent contre nos ne orgeul ne beubant,
5795 « Jes quic si atorner a mon acherin branc
« Vers les cos de m'espee n'aront de mort garant. »
Il dessendi a terre del destrier auferrant,
Puis vint a la pucele al gent cors avenant;
Entre ses bras le prent, tout soef le dessent,
5800 Trés en mi le maison l'asist desor .i. banc,
Puis vi[n]t a ses chevaus, si les va atachant,
As kevestres de quir les va bien atenant :
Il a trové del feure, si lor en met devant.
Dejoste Mirabel se rasist maintenant.
5805 Encor(e) furent soz l'arbre li quivert souduiant;
Je les vos nomerai, s'il vos vient a talent :
C'est Estous et Harpins et Piniaus li Normans,
Magegos et Henris et li siste[s] Sorans,
Et li semes Robaus, li cuivers souduiant :
5810 Cil est maistres des autres, a lui vont apendant
Et font ses volentés et trestout sen commant,
Que il ne li fauront por les menbres perdant.
Li lere les apele, si les va consellant :
« Entendés cha vers moi, franc chevalier vaillant:
5815 « Par Dieu(s), cis chevaliers nos va molt redoutant, (*d*)
« Neporquant si est il chevalier[s] molt vaillant :
« Avés veu l'espee que il a çainte al flanc?
« Les testes des paiens qu'il a ocis en camp?
« Nos ne l'asaurons mie, par le mien loement,
5820 « Tant qu'il avra mangié et beu a talent.
« Quant il ert endormis en son lit belement
« Dejouste la pucele al gent cors avenant,
« Si en prendrai la teste a mon acherin branc;
« Puis partirons l'eskiec mainte communalment,
5825 « Et ferons de la dame trestout a no talent.

5805 sor — 5807 normant — 5808 sorant

« Tout somes compaignon juré par sairement,
« Ne nus de l'un a l'autre ne doit faillir noiant. »
Et cil li respondirent : « Nos ferons vo talent
« Et trestout vo plaisir et le vostre commant :
5830 « Nos ne vos faurons mie por les menbres perdant. »
Atant s'en sont entré en l'ostel maintenant :
Del mangier aprester s'en va cascuns astant,
Del fain et de l'avaine donent as auferans.
Oster voilent les seles, mais Aiol[s] lor desfent,
5835 Qu'il soient apresté s'il en a besoing grant.
Ens el lieu de Judas se metent maintenant,
C'Aiol quident ochire cele nuit en dormant.

CXLIX Aiol[s] se fu assis dejouste Mirabel,
Et li laron entrerent dedens l'ostel tout se(e)t.
5840 Robaus qui fu li maistres s'aprocha del dansel :
« Gentiex damoiseus sire, de vo venir m'est bel ;
« Car deslaciés cel elme, si desvestés l'auberc :
« S'estiés desarmé, il m'esteroit plus bel. »
Et Aiol[s] respondi : « Par mon cief non ferai :
5845 « Quant je parti d'Orliens, del plus maistre recet,
« Je plevi Loeys et sor sains li jurai
« Enfressi c'a cel[e] eure c'ariere revenrai
« N'avra[i] (ge) deslaciet l'elme ne desvestu l'auberc :
« Ains girai tous armés, si souferai le fer. »
5850 Quant l'entendi Robaus, por poi le sens ne pert :
Il prent l'espiel Aiol et son escu novel,   (f. 137)
Dameldé en jura qui sauva Daniel :
« De cestui ne movrés huimais vers moi cembel ! »
Quant l'entendi Aiol[s], por poi le sens ne pert ;
5855 Par mautalent en jure le cors saint Daniel :
« Ne me querroie en vos por l'onor d'un castel. »
Il a traite l'espee dont trenche[nt] li coutel,
Dameldé en jura et le cors saint Marcel :
« S'or ne més jus l'escu, ja prendrai tel bendel

5850 robaut

5860 « Dont mes brans acerins te bevra el cervel;
« Cuivers, met jus mes armes, n'ai cure de revel. »

CL   Aiol[s] li fieus Elie saut en piés maintenant;
Venus est a Robaut, le quivert souduiant :
Il jure Dameldé le pere raiemant :
5865 « Fil a putain, lechieres, fel viellart souduiant,
« Se ne mès jus mes armes ore[n]droit maintenant,
« Tu perdras ja la teste, n'aras de mort garant. »
Quant li lercs le voit lever par mautalent,
Dusqu'a l'ongle del pié li va li cors tramblant;
5870 Li boin[s] espiel[s] Aiol li cai maintenant :
« Vasal, » che dist li leres, « molt par estes vaillant
« Et hardis de corage et preus et removans :
« Vessi toutes vos armes, faites ent vo talent;
« Ja nes quier mais baillir en trestout mon vivant. »
5875 Li laron d'autre part peureus et tramblant
Aiol en apelerent, si le vont losengant :
« Gentiex damoiseus sire, merchi por Dieu le grant!
« Onques mais ne veismes .I. seul home vivant
« Qui si alast son oste fierement destraingant
5880 « Com vos alés no maistre asprement justichant :
« Ja ne vos ferons cose qui vos voist desplaisant,
« Ançois vos servirons tout a vostre talent. »
Dont ramembra Aiol de Dameldé le grant :
Por chou qu'il sont si oste, l'a laisé aitant;
5885 Quant il les a oi parler si belement,
Il renbati s'espee el feure maintenant :
Dejouste Mirabel se rasist sor le banc.   (b)
Onques si grant folie ne fist en son vivant,
Se Dameldé[x] n'en pense par son dinge commant!
5890 Car li laron s'en tornent, cui li cors Dieu cravent;
Le mengier aporterent en la sale laiens;
Quant le durent drechier, si se vont aprestant :
N'orent auberc ne elme ne nul espiel trancant,

5879 Que — 5890 qui

Ains s'en vont adouber a loi de paissant :
5895 Capieus orent de fer et quiries devant,
Et çaingent les espees dont povre sont li branc ;
N'orent escu ne lanche, mès maçues pessant.
Mirabiaus la pucele s'en va aperchevant,
Car ele est preus et sage et de boin ensiant ;
5900 Ele apela Aiol, se li dist maintenant,
Ens en la destre orelle li consella esrant :
« Ja mar me kerés mais en trestout mon vivant
« Se cil laron ne s'arment en la càmbre laiens :
« Gardés ne vos sousprengent, franc chevalier vail-
5905 Et Aiol[s] saut en piés tost et isnelement, [lant! »
Et vit derier le feu une hace pendant :
Grant plain pié mesuré ot de lonc li tranchant,
De fer loié[s] el manche dusqu'es poins de devant ;
Icele estoit Robaut le quivert souduiant.
5910 Aiols vint cele part, a ses .ii. mains le prent ;
Desor l'espaule lieve contremont le trenchant ;
Il l'estraint et manie, si le va paumoiant ;
Venus est a Robaut le maleoit tirant :
Il jure Dameldé le pere roiamant,
5915 Se tous ses compaignons ne fait venir avant
Et porter le mengier orendroit en present :
« Tu perdras ja la teste, n'en averas garant,
« A le hace danoise que chi tieng en present. »
Quant li leres l'entent, sel va molt redoutant ;
5920 .iiii. mos s'escria hautement en oiant :
« Baron, issiés cha fors, c'alés vos atendant?
« Aportés le mengier, car jel voil et commanc :
« Par Dieu, cis chevaliers se va molt redoutant; (c)
« Il n'estroit aseur por les menbres perdant. »
5925 Quant li laron l'entendent, si se vont desarmant ;
Et portent le mengier, entr'aus vont consellant,
Se Aiol peuent prendre a la table seant,
Les puins li loeront, de mort n'ara garant :

5898 Mirabel

En prison le menront en la forest plus grant.
5930 Cil sire le garisse qui forma toute gent,
Et de la sainte Vierge nasqui en Beleant!

CLI La grant table fu mise et Robaus se leva;
U que il voit Aiol, si l'en araisona :
« Gentieus damoiseus sire, a moi entendés cha :
5935 « A ceste haute table li vostre cors sera,
« Dejoste vos la dame : cascuns le servira. »
Et Aiol[s] en jura son cief que non fera :
« Quant je parti d'Orliens la fort chité roial,
« Je plevi Loeys, mon signor natural,
5940 « Ne mangerai a table tant qu'il me revera :
« Entre moi et ma dame mengeron par decha. »
Prist l'escu as enarmes que durement ama,
Et son espiel forbi u forment se fia,
Et la hace danoise que mie n'eslonga;
5945 Par devers ses chevaus en l'ostel s'en torna.
Mirabel la pucele delés lui apela :
« Bele seur, douche amie, traiés vos par decha :
« Si serés ma compaigne tant com Jhesu plaira. »
Ele fu preus et sage, maintenant i ala.
5950 Et quant ce voit Robaus, por poi qu'il ne derva.
Par molt fier mautalent Dameldé en jura :
« Je cuic cis chevaliers nos tient tous a musars :
« Honis soit ses dangiers ne plus le soufera;
« Alés vos adouber, s'asalons d'ambes pars. »
5955 Cil saillent en la cambre, si s'arment a estal,
Et dan[s] Robaus s'enfui, ses compaignons laisa :
Tout aval le grant pont ens el bos se ficha;
Tout droit a Malrepaire son recet s'en ala
U ot laisiet ses armes et son corant ceval ; (d)
5960 Et jure Dameldé qui le mont estora,
Puis qu'il ert adoubés, le vasal porsievra,
Mais tant qu'il ert delivres ja ne l'adesera ;

5950 robaut — 5952 tout a musart

Si le voit encombré, volentiers i fera;
La pucele covoite, forment le dessira.
5965 Mais ains qu'en soit saisis, molt chier le conpera.

CLII   En moie foi, signor, a celer nel vos quier
Que mainte conpaignie fait molt a blastengier.
Jel vos di por Robaut le cuivert losengier :
Bien a ses compaignons en la trape laisiés;
5970 Par lui n'erent jamais secouru ne aidié(s).
Or conterons d'Aiol le gentil chevalier
Et de la demoisele al gent cors afaitié
Qui sont o les larons la dedens herbergié.
S'envers les .vi. larons ne se peut desrainier,
5975 Malvais ostel aront aquenuit al couchier.
Mirabiaus la pucele l'en aresna premier :
« Gentiex damoiseus sire, par les sains desousiel,
« Prestés moi cele hace, que je vous voil aidier :
« Vos savés bien ferir de l'espee d'achier.   [iert,
5980 — Bele, » che dist Aiòl[s], « com vous plaira s[i]
« Mais gardés que nul homme ne le laisiés baillier !
—Sire, » dist la pucele, « por nient en plaidiés :
« Je me lairoieançois tous les menbres tranchier
« Que je ja le laisaise a home manoier. »
5985 Par le manche planee li vait Aiol[s] baillier,
Et cele le reçut de gré et volentier[s].
Atant es les larons trestous aparelliés,
Et issent de la cambre et seré(s) et rengié(s).
Mirabiaus s'avancha la pucele al vis fier,
5990 A l'issir de la cambre les prist a avanchier :
De la hace danoise vait ferir le premier :
Sor le senestre espaule li a tel cop paié
Enfressi al braier l'a pardevant trenchié,
La boele en espant devant lui a ses piés :
5995 Ele a estort son cop, si l'a mort trebuchié.   (f. 138)
« E Dieus, » che dist Aiol[s], « tu soies grasiés !

5971 gentiex — 5976 et 5989 Mirabel

« Or ai boin compaignon qui bien se set aidier;
« Et se Jesu en Franche me laise repairier,
« En douaire en ara le fort chité d'Angiers.
6000 — Sire, » dist la pucele, « .c. mercis en aiés! »
Aiol[s] alonge l'anste del roit tranchant espiel;
Si va ferir un autre, ne l'a mie espargniet,
Que trés par mi le cors li fist passer l'achier,
Par milieu de la cambre l'a jus mort trebuciet.
6005 Puis a traite l'espée al branc forbi d'achier;
Si vait referir l'autre qui de la cambre vient,
Par les las de son elme li fait voler le cief;
Puis referi le quart qu'en a fait .ii. moitiés.
Li doi sont en la cambre dolant et courecié :
6010 Par une grant fenestre qui siet lés .i. vergier
Se tornerent en fuie li quivert renoié;
Contreval le grant pont el bos se sont fichié.
Mais Aiol[s] nes vaut mie longuement encauchier;
Ains refrema la porte, s'a le pont sus sachié,
6015 A caines de fer seré et atachié.
Dessi a le maison ne se sont atargié :
Vint as .iiii. larons qui furent detranchié;
De le maison les trait un et un par les piés,
Ses a jus del grant pont en l'aigue trebuciés.
6020 En le maison retorne, ne se vaut atargier.
Cele nuit fu Aiol[s] en tel point herbergiés :
Mais onques ne s'oserent reposer ne couchier.
Mirabiaus la pucele l'en aresna premier :
« Gentiex damoiseus sire, por les sains desousiel,
6025 « Ne deslaciés cel elme, nobile[s] chevaliers,
« Ne ostés les manicles de cel auberc doublier :
« Che seroit grant folie se si tost le traiés :
« Nous ne savons encore u somes herbergié(s).
« Et je vos donrai l'aigue; s'aseons al mengier.
6030 « Vés ent chi grant plenté de bien aparellié :
« No part nous en quidierent li laron vendre chier; (b)

6002 esparengiet — 6023 Mirabel — 6026 mameles

« La merchi Dameldé, bien l'avons esligié :
« Mangons seurement, nos escos est paiés !
—Bele, » che dist Aiols, « com vou[s] plaira s[i] iert. »
6035 Por le cop de le hace le courut enbrachier :
S'eust krestienté ja le vausist baisier,
Mais por chou qu'ert paiene ne le vaut atoucier;
La loi al roi de gloire ne voloit vergongier,
Ançois le vaura faire lever et baptisier :
6040 Si le prendra a feme, a per et a mollier.
Tant fist Aiols en tere que il est sains el ciel.

CLIII Aiols li fiex Elie fu molt preus et gentis :
Il deslacha son elme, sor le table le mist,
Et oste les manicles del blanc auberc trellis.
6045 Mirabiaus la pucele se pena del servir :
Se li dona de l'aigue, al mangier sont assis.
Aiol[s] manga assés, mais de vin but petit;
Car durement se gaite li chevalier[s] gentis.
Quant il orent mangiet et beu par loisir,
6050 Mirabel la pucele fist couchier en .I. lit,
Et il a fait grant feu ; en lit ne vaut dormir
Dessi c'a l'endemain que li jor esclairchi
Que il remet les frains es auferans de pris :
Puis a traite l'espee, s'a l'escu avant mis.
6055 Trestoute la maison recierka et enquist :
Assés i a trové [et] argent et or fin
Et pailes et cendaus et peliçon hermin;
Plus valut li eskiés de .xxx. mars d'or fin.
Sor les cevaus le torse li chevaliers gentis;
6060 Mirabiaus les conduist jusqu'al pont torneis.
Aiol[s] fu en l'ostel, de .IIII. pars l'esprist;
Il a fait son atrait sor le pont torneis,
Le fu i a bouté ains qu'il s'en departist :
Durement venta bise, tost fu ars et bruis.
6065 Li laron(s) l'esgarderent qui el bos furent mis;

6044 mamele — 6045 et 6060 Mirabel

Tant redoutent Aiol ne l'osent envair.
Plorant s'en sont torné, Dex les puist maleir! (c)
Dessi a Malrepaire ne prisent onques fin.
Robaus les voit, lor maistres, a l'encontre lor vint :
6070 Il les [a] apelés com ja porés oir :
« Com avés vos ovré, franc chevalier gentil? »
Et cil li respondirent ; « Tout somes mal bailli,
« Et en vo compaignie nos fiomes petit :
« Tout est vo maison arse et vo pont leveis,
6075 « Et no compaignon sont detranchiet et ocis. »
Quant l'entendi li leres, a poi n'esrage vis :
Il a prises ses armes, s'a son ceval saisi ;
Trés par mi le grant bos a adrechier se prist :
Dessi a le maison ne prist il onques fin,
6080 Si le trova toute arse et son grant pont brui ;
Il vit ses compaignons ens el fosé gesir ;
Et quant le voit li leres, a poi n'esrage vis.
Il repaira as autres, ses a a raison mis :
« Venrés vos avoec moi, franc chevalier gentil?
6085 « Si sievrai le glouton qui si m'a escarni :
« Se je le puis ataindre a pui ne a lairis,
« A fossé u a ter[tr]e u il soit endormis,
« Je n'en prendroie mie trestot l'or que Dex fist
« Que n'en prenge la teste al branc d'achier forbi ! »
6090 Li laron respondirent : « Mervelles avés dit :
« Maistre Robaut, biaus sire, vos nos este[s] failli ;
« A che premier besoing vos estes foi menti :
« De vostre compaignie somes tout departi,
« N'irons mais avec vos tant com nos soions vif. »
6095 Quant l'entendi li leres, le sens quida marir :
« Comment, fil a putain, si m'estes defailli !
« Vos l'esteut comperer, par les sains que Dex fist! »
Molt bien se fu armés, cil erent desgarni :
Il broche le cheval et son espiel brandi ;
6100 Il fiert le premerain par mi le gros del pis,

6069 Robaut — 6094 vis

Devant lui a la terre l'abati mort sovin ;
Puis a traite l'espee, si va l'autre ferir
Par des(o)us les espaules si que la teste en prist :(d)
Si faite compaignie li mavais hom lor fist.
6105 Après Aiol s'akieut tout le feré cemin ;
Encor(e) le fera il coureçou[s] et mari
S'Aiols ne s'en prent garde qui oire son chemin.

CLIV   Des or s'en va Aiol[s] tout son chemin plenier ;
S'en maine la pucele et les corans destriers.
6110 Toute jor a li ber esré et chevalciet
Tant que il refu vespre et près de l'anuitier :
« Hé ! Dieus ! » dist Mirabiaus o le cors afaitié,
« Molt est lonc cele Franche ou devons repairier !
— Bele, » che dist Aiol[s], « or ne vos esmaiés :
6115 « Chi devant a un pui et un castelet viés
« Et une vile gaste, li mur sont desrochié ;
« Mais il n'y maint nus hon né[s] de mere sousiel.
« Cele part, se je puis, me metrai volentiers :
« Bien i porons huimais lés le mur herbergier ;
6120 « Demain arons secor[s], se Dieus l'a otroié.
— Sire, » dist la pucele, « che soit al dieu congié. »
La vile trovent gaste u durent herbergier,
El chief d'une montainge lés .i. desrube fier :
Desous ot .i. praiel et .i. large vivier.
6125 A pié sont dessendu des auferans destrier[s] :
Aiol[s] les enpasture, li gentieus chevaliers ;
Li ceval peurent l'erbe et burent el vivier.
La pucele se couche dalés le chevalier :
Hestes vos gentil home povrement herbergiet,
6130 C'Aiol[s] ne la pucele n'ont la nuit que mangier :
Ja donast por un pain tout le millor destrier
Des .vii. que il avoit conquis et gaingié.
Il ot l'auberc vestu et son elme lachié,
La grant espee çainte, son escu sor son chief,

6107 Caiols — 6112 mirabel — 6113 lons

6135 Sa lanche joste lui, ses esperons es piés,
Se bataille li sort qu'il soit aparelliés,
Car molt crient les larons qu'el bos avoit laisiés.
Il estoit molt forment penés et travelliés,
Car il ot toute jor esré et chevaucié (f. 139)
6140 Et la nuit a l'ostel as maus larons vellié,
Et l'autre nuit devant tout adés chevaucié.
Aiols n'avoit dormi bien ot .III. jors entiers
Tant que demie liewe alast uns hom(e) a pié :
Senpre s'est endormis li gentiex chevaliers,
6145 Et il et la pucele al gent cors afaitié;
Mais la nuit li avi(e)nt tant orible pechié :
Ains n'avi(e)nt issi aspre a .I. seul chevalier,
Car diables le vaut tout enfin engingier.
Uns serpens de put aire est issus del rochier
6150 Qui bien avoit de lonc une ausne et .XV. piés ;
Molt noir[s] et molt idus, mirabellous et fiers,
Et ot entre .II. iex largement demi pié.
Les paiens de la terre avoit tous essilliés ;
Onques ne trova beste ne vausist justicier :
6155 Hastivement se lanche contreval le rochier
Dessi que a Aiol le gentil chevalier.
La jambe li engoule ensamble atou[t] le pié,
La quisse et le genoil dusqu'al neu del braier
Souavet li estraint, n'a cure del mengier ;
6160 Par la vertu del ciel ne l'ose plus touchier :
Contredit li avoit nostre sires del ciel,
Et por la trieve Dieu nel pot mie enpirier :
Ne peust estre honis cui Dieus vaura aidier !
Che fu par un devenres que Dex fu laidengiés,
6165 Et qu'il fu mis en crois por nos d'infer sacier :
Dessi a l'endemain ne s'i pot esvellier.
La fille Mibrien le coisi tout premier,
Et vit le serpent grant, parcreu et entier :
Tel hisde en ot la dame le sens quide cangier,

6140 as mains — 6143 nul h. — 6149 serpent — 6163 qui

6170 Que ne s'ose movoir ne parler ne hucier.
Mais a Aiol se traist a droit selonc le cief,
Et li dist en l'orelle cortoisement et bien :
« Gentiex damoiseus sire, mal somes engingié!
« El cors a un serpent tenés tout vostre pié,
6175 « La quisse et le genoil jusqu'al neu del braier. (b)
« Por Dieu, damoiseus sire, ne vous caut de noi-
« Ja ne movrés tant poi que ne soiés mangiés. » [sier:
Quant l'entendi Aiol[s], molt en est esmaiés :
Puis regarda sa jambe, s'a coisi l'aversier,
6180 N'ot tel paor de mort a nul jor desousiel :
Une orison commenche que li ot grant mestier;
Dameldé reclama le glorieus del ciel :
« Glorieus sire pere qui fu et tous tans [i]e[r]s,
« Et car et sanc presis en la dinge mollier
6185 « Et de li fus tu nés, ja mescroire nel quier,
« Et en la sainte crois te laisas cloficier,
« Al jor al lonc devenres pener et travillier,
« Quant Longis te feri, qui ne s'i sot gaitier,
« De la lanche el costé qu'en fist le sanc raier,
6190 « Tout aval le grose anste jusques as puins glachier;
« Il le tert a ses iex, sel fesis esclairier,
« Et il bati sa coupe, si se repenti bien :   [gier;
« Dieus, vos li pardonastes boinement sans dan-
« Dessi qu'a Golgatas fesis ton sanc raier
6195 « Et del mont de Calvaire la piere peçoier :
« Li pelerin le voient qui la le vont baisier ;
« Sire, por vostre mort, che savons sans quidier,
« Crola par tout le mont li terre et li herbier,
« Et les hautes montaignes et trestout li rochier :
6200 « Oisiaus ne pot voler cel jor n'esleechier,
« Ne nule beste vive, che savons nos trés bien;
« Tristre furent et morne, n'i ot que courecier;
« El saintisme sepulcre vos fesistes coucier :
« Gaitier vos fist Pilate, si ot maint saudoier,

6200 Oisel

6205 « Mais tout lor gaitement ne valut .1. denier :
 « Al tierc jor sussitastes, biaus pere droiturier;
 « En infer en alastes tout .1. antieu sentier;
 « Les portes et les huis en fesistes brisier;
 « Vos ne cremiés nient le pooir l'aversier;
6210 « Vos amis en getastes que tant aviés chier[s].
 « Issi com che fu voirs, verai[s] Dex justichier[s], (c)
 « Garissiés hui men cors de mort et d'essillier,
 « Et si me delivrés de che put aversier,
6214 « Que je m'en puisse aler sain[s] et saus et entier[s]. »

CLV Aiols avoit sa jambe ens el cors de la wivre :
 S'il ot paor de mort ne vos mervelliés mie;
 Molt douchement reclaime le fil sainte Marie :
 « Glorieus sire pere, qui tout le mont fesistes,
 « Et le ciel et le terre et le siecle establistes,
6220 « Et Adan et Evain al primerain fesistes
 « Qui mangierent le fruit que lor contredesistes,
 « Issi com che fu voirs, glorieus pere sire,
 « Garisiés hui mon cors, mes menbres et ma vie !
 « Mar m'en avés sui, danselete mescine :
6225 « Molt poi poés prisier ma grant chevalerie,
 « Quant nos grans amistiés seront ja departies !
 « Montés sor vo ceval, ma bele douce amie;
 « Tornés vos ent ariere cheste viés voie antie,
 « Tenés bien vostre esclos, ne mesconnissiés mie :
                                         [aie! »
6230 « Dieu[s] vos trameche a home qui bien vos face
 Et respont Mirabiaus : « Por nient l'avés dit, sire :
 « Puis que j'ai relenquis Mahomet et ses ideles,
 « Ja Dameldé ne plache le fil sainte Marie
 « Que guerpise vo cors por nule rien qui vive;
6235 « Ains morai avoec vos a doel et a martire. »
 Al grant doel qu'ele maine ciet pasmee sovine.

CLVI La pucele est dolante por le boin bacheler,

6214 sauf — 6217 li fiex — 6231 mirabel

Qu'ele ne le pot mie a son talent sauver;
Dameldé reclama le roi de majesté :
6240 « Dameldex, sire pere, qui tout as a saver
« Et faites home et feme et oir et parler;
« Sire Abraham, » fist ele, « ja fustes vos si ber :
« Li boin clerc crestien m'on[t] dit et aconté
« Jesu vos commanda com home corporel
6245 « Par dedens un vergier u estiés entré
« Que vous li donisiés la rien que plus amés;
« C'ert Isaac vo[s] fieus qu'aviés engenré : (d)
« En sacrefiement vo[s] voloit esprover.
« Adont estoit coustume par trestout le resné
6250 « Que on ar[sis]t le disme que avoient doné :
« Et [vous v]ous en mesistes en si grant loiauté
« Que vausistes l'enfant ochire et decauper
« Et pardes(o)us .i. asne le fesistes monter,
« Droit a *Dominus videt* le fesis enporter,
6255 « Outre Jherusalem sor le mont de Belcler :
« La fesiste[s] un feu esprendre et alumer ;
« Une espee portastes por vostre enfant tuer;
« Sel voliés en fu ardoir et enbraser,
« Et les os et la poure a Dieu representer,
6260 « Quant uns sains angles fu deseur vos aprestés
« Qui vous dist en l'orelle : Biaus dous amis, estés :
« Dameldé[x] vos a bien a son ami prové.
« Un mouton vous dona cornu et bien lané,
« Si dist : Biaus dous amis, che moton retenés :
6265 « S'en faites sacrefiche, dous amis, autretel
« Que vous deviés faire de vostre enfant carnel.
« L'espee vos toli, li enfes fu savés.
« Issi com che fu voirs, glorieus sire Dés,
« Garissiés hui Aiol que ne soit afolés :
6270 « Por soie amor prendrai sainte crestienté,
« En sains fons me ferai baptisier et lever. »

CLVII Mirabiaus fu dolante forment por le dansel,

6272 Mirabel

Quant ne li peut aidier ne de lonc ne de près.
Atant evos Robaut trés par mi le desert :
6275 Li leres de put aire sui les ot de près ;
Il fu vieus et kenus, regart ot de fel serf ;
Porquant il n'ert si povres que il n'ait .I. kastel,
Mais tout jor(s) vit d'embler, d'autre mestier ne sert.
Il broche le destrier, si vint a Mirabel :
6280 Cele nel connut mie por le destrier isnel,
Por les rices adous que portoit li quiver[s].

CLVIII Li vieus fu grans et fors et de mal enartous :
U qu'il vit la pucele, vers lui cort les grans cors. (f. 140)
Li premiers mos qu'il dist : « Bele, qui estes vous ?
6285 — Biaus sire, une kaitive, s'ai perdu mon signor :
« Nous issimes d'Espaigne a primes l'autre jor
« De la maison mon pere, un riche vavasor ;
« Sarrasin l'ont porsieut felon et orguellous, [sous,
« Tous no(u)s homes ont mors, n'en est remés .I.
6290 « Ne mais jous et mes sires, s'en fuions a estrous.
« A ceste vile gaste nous failli ersoir jors :
« Si nous loames chi par selonc ceste tor ;
« Hui matin si veisme[s] cel diable orgellous
« Qui tenoit mon signor par son pié a dolour,
6295 « Si soufroit grant angoisse de le trés grant odour
« Que li serpens li jete qui molt me fait freor ;
« Car l'ochiés or, sire, par francise d'amor :
« Je vos donrai .M. mars d'argent tout a estrous. »
Quant l'entendi li vieus, si ot molt grant paor :
6300 L'avoir convoita il, mais le serpent crient mout :
« Ja puis ne m'ait Dex, » fait il, « a nes .I. jor,
« Se par moi i a ja aiue ne secor[s],
« Car ma maison a arse et livre[e] a dolor ;
« Mes conpaignons a mors, molt en ai grant iror :
[vous. »
6305 « Ains prendrons cest eskiec, s'en irons moi et

6276 sers — 6282 grant, en arcon — 6284 mot — 6296 serpent

Quant l'entent la pucele, si l'en prent tel dolor
.iiii. fois chiet pasmee, voiant les iex Aiol.

CLIX Grant paor ot li vieus del serpent que il voit :
Aiol tient par la quisse qui molt fu a destroit ;
6310 Neporquant sel cena envers lui de son doit ;
Li vieus en jure Dé(x), qui haut siet et lonc voit :
« Aidiés ne secourus n'i serés ja par moi. »
Il vint a la pucele, se li dist par bufoi :
« Montés tost, damoisele, desor cel ceval noir :
6315 « S'en irons moi et vos, s'en menrons cel avoir. »
Quant l'entent Mirabiaus, quidiés que li n'en poist ?
« Ahi ! traitres vieus ! Dieus destruise ta loi ! »
Ele estendi se paume, sel fiert si demanois
Qu'en la destre maissele en perent li .v. doit. (b)
6320 Et li vieus trait l'espee, se li vint tout irois ;
Mais ele ot tel paor que se laisa caioir :
Puis l'a faite monter, u li plaist u li poist,
U ele voille u non, el destrier bauchant noir ;
Puis aquelli les autres, ses a mis devant soi,
6325 Fors le destrier Aiol : cil remaint, qu'il nel voit ;
D'autre part sous .i. arbre en .i. breulent paisoit.
Damede[x] le garisse qui haut siet et lonc voit,
Et li renge s'amie selonc chou qu'il a droit !

CLX Robaut ot non li vieus qu'en maine la mescine ;
6330 Il li a escrié : « Chevauciés, bele amie !
« Or girés avoec moi pardesous ma cortine :
« Si vous tenrai .x. ans u .xii. u .xiii. u quinse ;
« Se je reprenc un[e] autre, ne vos coureciés mie,
« Car .c. autresi beles en a jou ja honies :
6335 « Onques ne Dieus ne hons n'en fist encor justiche. »
Quant l'entent Mirabiaus, por poi n'esrage d'ire :
« Ja puis ne m'ait Dex li fil[s] sainte Marie,

6316 mirabel q. quele — 6319 mamele, dois — 6329 Robaus —
6332 et .xv. — 6336 mirabel

« Que vos en nul endroit aiés ma compaignie !
« Ahi ! putiers mavais, li cors Dé(x) te maudie !
6340 « Car va a mon signor, si combat a le wivre :
« Je te donrai en Franche avoir et manandie. »
Et respondi Robaus : « Vous parlés de folie !
« Damelde[x] me confonge, li fieus sainte Marie,
6344 « Se ja i a par moi ne secor[s] ne aie ! »

CLXI   Robaus prist la pucele par le mance de paile :
Tost et isnelement li leres l'en aresne :
« Alés tost a le tere hastivement en haste ;
« Un poi nos deduison sous l'onbre de cel arbre :
« N'en poés escaper, iteus est mes corages. »
6350 Quant l'entent Mirabiaus, por poi d'ire n'esrage :
« Ahi ! traitres vieus ! detrais soit tes linages !
« Mieux vauroi[e] estre morte qu'a toi tel cose face ! »
Ele estent les .ii. puins, par le barbe le sache,
Bien le boute de lui et enpoint et resache :
6355 Par tel vertu le tire que .c. piaus en esrache.   (c)

CLXII   Aiols tenoit son pié ens el cors del serpent :
Si a jehi a Dieu son ceur et son talent,
Et s'est bien fait confès soef entre ses dens
A Dieu de sainte gloire san[s] nul recelement ;
6360 Puis a traite l'espee li enfes par grant sens,
Si l'a mise en travers en la goule al serpent ;
Entre lui et la quisse li enbati tout ens,
Bien bouta par vertu et par airement,
Et resacha a lui et rebouta forment.
6365 La gorgiere li trenche et les ners par dedens ;
Contreval jusc'a tere coula li brans sanglens :
Tout par selonc le ceur li ala porfendant,
Et li serpens morut, si gete .i. brait molt grant.
6369 Aiol[s] retrait son pié a lui isnelement.

CLXIII Or est li serpens mors, n'i ot nient de vertu :

6345 Robaut — 6350 mirabel — 6368 *et* 6370 serpent

Aiols li fiex Elie retrait son pié a lui ;
Venus est al serpent, sel trencha par le bu :
.xv. piés et un[e] ausne ot de lonc estendu ;
Puis releva s'espee, n'a talent qu'il [l']esuit,
6375 Le branc a ens el feure maintenant enbatu,
Et vait par le vergier dolant et irascu[s] ;
Molt forment se demente li fieus Elie al duc :
« E las ! » che dist Aiol[s], « com mal m'est avenu !
« Ahi ! gentiex pucele, quel eskiec ai perdu !
6380 « A quel tort vous en maine li fel vielars quenu[s] ! »
Il voit Marchegai paistre desous l'onbre d'un fust :
S'Aiol[s] en eust grant joie, demander ne l'estut ;
Dameldé en aoure et la soie vertu :
« Sire pere de gloire, vos en ran ge salu
6385 « Que cest cheval m'avés et savé et rendu :
« Or me rendés les autres par la vostre vertu ! »
Il vint a Marchegai, par l'estrier monta sus,
Et prist en son poing destre le roit espiel molu.

CLXIV Aiol[s] li fieus Elie fu montés el destrier :
6390 Onques mais ne fu il si joians ne si liés,
Que Dieus l'a delivré del cors a l'aversier. (d)
Il entra ens esclos de la dame et del viel :
Il nen ot mie alé .ii. trais d'arbalestrier
Quant [il] les vit ensamble en .i. val caploier.
6395 La pucele estoit lasse, ne se pot plus aidier,
Quant il l'ot abatue por avoec lui couchier :
Il ot traites ses braies por son cors [a]aisier.
La pucele s'avanche, ne se vaut atargier,
Par entre .ii. ses quisses li fait ses mains glachier ;
6400 Tant s'aprocha avant par ses colles le tient,
Si les trait par vertu qu'il ne se pot aidier :
.iiii. fois se pasma ains qu'il dut redrecier.
Quant il leva la teste, Aiol vit chevaucier,
Et dist a la pucele : « Bele, car me laissiés ;

6380 vielart

6405 « Je vous plevi de Dieu le pere droiturier,
« N'arés jamais par moi honte ne encombrier.
— Sire, » dist Mirabiaus, « merchi por Dieu del ciel!
« D'une feme kaitive car vos prenge pitié ! »
El(e) laist aler les mains, et Robaus est dreciés :
6410 S'ele veist Aiol ne l'eust mais laissié.
Mal ait quant il s'enfuit demi doi ne plain pié !
Il set bien que fuir ne li aroit mestier,
Mais vers Aiol se dreche tout un antieu sentier.
Aiols point Marchegai des esperons d'or mier,
6415 Et a brandie l'anste del roit tranchant espiel :
Vait ferir le laron, si bien a esploitié
Que l'escu de son col li a fraint et perchié
Et l'auberc de son dos desrout et desmaillié;
Par mi outre le cors li fist passer l'achier;
6420 Toute plaine sa lanche l'abat mort el sentier,
Puis a traite l'espee, si li trenche le cief,
Si le pent o les autres desor .1. des destriers.
Quant le voit Mirabiaus, s'en ot molt le ceur lié.

CLXV La pucele fu lie quant vit le bacheler,
6425 Por chou que il estoit del serpent delivrés.
Ele s'en vint a lui, si l'a araisoné :
« Dites, del serpent, sire, com estes delivrés? *(f. 141)*
— Bele, » che dist Aiol[s], « mors est, la merchi Dé !
« Or retornons ariere, je le vos voil moustrer. »
6430 Ariere s'en repairent tout le cemin feré :
Virent le serpent mort, ochis et afolé;
Li ceval desous eus en sont espaventé :
Cil qui devant aloient sont vers France torné.

CLXVI Des or s'en va Aiol[s], s'en maine la pucele;
6435 Desor les .VII. chevaus ot torsees les testes ;
Celes as Sarrasins sont encoistres et laides,
Mais cele al crestien fu toute la plus bele.

6407 *et* 6423 mirabel — 6418 desront

Il issent fors del bos, vienent a plaine tere,
Virent et bours et viles et chastieus et repaires.
6440 Ne finerent d'esrer, si vienent a Mongraile.
Li chastelains Geraumes cele nuit les herberge :
Cil estoit niés Elie, le gentil duc honeste;
Li uns ne connut l'autre, puis en dut grant maus
Les maistres senescaus de la maison apele : [estre.
6445 « Querés grues et gantes et vinison novele;
« Car jou ai herbergié che chevalier honeste :
« Por l'amisté de lui essaucheron la feste.
« Anuit erent o moi mi borgois de Mongraile.
— Sire, » che dist Aiols, « par mon cief preudom(e)
6450 « Bien sera esligié ains qu'isse de vo terre. [estes :
— Sire, » che dist li ostes, « ne place al roi celestre,
« Al glorieus del ciel qui le siecle governe,
« Nous en aions del vostre vaillant une cenele!
« Onques nel fist mes peres ne le fist mes ancestres,
6455 « S'il herberga franc home ne chevalier honeste,
« Que la nuit li vendist ne ostel ne herberge;
« N'en droit moi, se Dé(x) plaist, n'enpir[er]a la jeste;
« .III. fieus ai de mollier : anoit voil qu'il vos servent.
« Li quars est chevaliers, si oste ja les seles,
6460 « Et forbist et estrille et aboivre et aaisse. »
Molt sont preu et cortois li .IIII. fil Gerame :
Il vien[en]t a Aiol, cortoisement le servent;
Ses esperons li ostent et ses heuses li traient, (b)
Et rollent son auberc et forbisent son elme :
6465 « Sire, » che dist Aiols, « par mon cief, prodom estes,
« Que si gentil maisnie avés et si oneste.
« Chi voi teus bachelers, chevalier peuent estre.
— Sire, » che dist li ostes, « il sont bien de la geste :
« Ja sui parens Elie, n'a millor duc en tere :
6470 « Ains mieudres chevalier[s] ne pot monter en sele;
« Mais mellé[s] fu al roi qui les François caiele :
« Par malvais consellier l'escacha de la tere,

6439 bourc — 6453 .I. c. — 6459 Li .IIII. — 6461 fiex — 6469 parent

« Par le consel Makaire cui Dieus otroit moleste,
« Un malvais losengier, .i. glouton de put aire :
6475 « Morir l'en covera se j'en avoie aise!
« Fuis s'en est li ber loins en estrainge tere :
« Sel savoie u trover, encor(e) l'iroie querre.
— Sire, » che dist Aiols, » par les iex de ma teste,
« Trestout vis est li dus, bien sai u il recete;
6480 « Racordés est al roi et si rara sa tere. [estre,
— Hé! Dieus, » che dist li ostes, « si che pooit voirs,
« .c. mars d'or en donroie por l'acordance faire. »
Tel joie ot por le duc dont il oi novele
Qu'aporter fait ses armes, son auberc et son elme,
6485 Et l'espee tranchant et l'escu de Biterme.
U que il voit Aiol, belement l'en apele :
« Sire, veschi tés armes, il n'a millors en tere;
« Encor(e) ne su je mie ne tant vieus ne tant frailles
« Que il ait chevalier enfressi a Bordele,
6490 « Se jel fierc a bandon en le targe novele,
« Se ma lanche ne brise, que ne vide la sele. »
Adont sot bien Aiols qu'il estoit de sa geste :
« Sire, » che dist Aiols, « se le voliés faire,
« Ces vos fieus en menroie avoec moi en ma terre :
6495 « Plus donroie a cascun qu'il n'en ait a Mongraile;
« Ces .vii. cevaus d'Espainge lor doin ge tout acertes,
« Volentiers et de gré, mais je voil qu'il me servent.
— Sire, » che dist li ostes, « ne plache al roi celestre,
« Al glorieus del ciel qui le siecle governe, (c)
6500 « Nous en aions del vostre vaillant une cenele!
« Armes lor ferai querre molt avenans et beles :
« S'atendrai Pentecouste la glorieuse feste,
« Puis les adouberai en mon palais ancestre: [beles,
« Ses veront mes maisnie[s] et mes compainges
6505 « S'en seront plus haitié que par estrange[s] teres;
« Et vo[s] prenderés, sire, en France vo repaire.
« Se vos avés besoin, que il vos sorge guerre,

6473 que — 6501 Lor armes f. q. m. auenant — 6505 qua par

« Nous vos irons secoure a quanque porons faire. »
Quant l'entendi Aiols, liés fu de la novele :
6510 Tous li ceurs en son ventre li saut et esjoiele.

CLXVII   Chele nuit gut Aiols a Mongraille la vile;
Li castelains Gerelme[s] qui fu pros et nobile[s]
Por lui fist conreer un mangier qui fu riche[s].
Ains n'i ot chevalier ne borgois ne mescine
6515 Qui n'ait o eus mangiet : tous les semont et prie;
A mervelles esgardent Mirabel la mescine;
Les dames de Mongraille li commencent a dire :
« Por Dieu ! biaus dous Aiols, gardés ceste mescine :
« Ainc en tout no vivant plus bele ne veismes.
6520 — Par mon cief ! » dist Aiols, « je ne li faurai mie !
« Je le conquis l'autrier par ma chevalerie :
« Avoec moi le menrai en France le garnie,
« Si sera en sains fons levee et baptisie,
« Si le prendrai a feme, se Dex me done vie. »
6525 Et respont la pucele : « .v^c. merchis, biaus sire. »
Cele nuit sejornerent a grant joie plentie;
Si se fissent servir par molt grant signorie
Dessi a l'endemain que l'aube est esclairie.
Li .IIII. fil Gerelme li ont sa sele mise :
6530 Sor son ceval d'Espaigne molt volentiers le sisent,
Et li chastelains monte, sel convoie il meismes
Volentier[s] et de gré une liewe fornie;
Boinement les baisa quant il s'en departirent,
Ses commanda a Dé le fil sainte Marie.
6535 Mal en est engingiés li chevalier[s] nobiles :   (d)
Ses cousins germains est, mes il nel savoit mie;
Ja ançois nen ert vespres ne la nuit acomplie,
Avra paor de mort et tel besoing d'aie,
6539 Ainc mais n'en ot si aspre a nul jor de sa vie.

CLXVIII   Des or s'en va Aiols, si a pris le congié;
S'en maine la pucele et trestous ses destriers.

6512 Le cast. — 6534 fiex — 6541 trestout

Li castelains Gerelmes est arier repairiés :
Quant il vint a Mongraille en son palais plenier,
Ses .iiii. fieus apele, si les a araisniés :
6545 « Enfant, » che dist Geralmes, « mal somes engingiet,
« Qu[e] en laisons aler si seul che chevalier ;
« Il est de mon linage, li ceur[s] le me dist bien :
« Je n'en kerroie mie home qui soit sousiel
« Que ne soit fiex Elie, le fort duc droiturier.
6550 « Je vos adouberai d'armes et de destrier,
« Si sievrés le valet tout le cemin plenier ;
« S'il a de vos besoing, bien li devés aidier.
« Li bos de Quintefoille fait molt a resongier :
« Outre le conduirés enfressi a Orliens. »
6555 Quant li enfant l'oirent, ainc ne furent si lié :
Gerelmes les adoube, li castalains prosiés,
De blanc auberc et d'elme et de corant destrier.
Et il meisme s'arme, ne se vaut atargier ;
Puis issent de la vile tout seré et rengié.
6560 Ne mainent avoec aus serjant ne escüier,
Ne mais .iiii. garçons por garder lor destriers,
Car bien quident la nuit al vespre repairier.
Or conduise Jesu les noveus chevaliers !
C'ançois que il soit vespre[s] ne li solaus couciés,
6565 Se il voillent Aiol lor cousin bien aidier,
Poront lor vaselage prover et assaier,
Que ja autre quintainne ne lor estut drecier.
Or vos dirons d'Aiol le nobile guerrier :
Toute jor a li ber esré et chevaucié,
6570 Enfressi que a none que li vespre[s] revient,
C'Aiols a reclamé le pere droiturier   (*f*. 142)
Qu'il en tel lieu le maint u il ait a mengier.
Il garda devant lui el grant cemin plenier :
Si a coisi un moigne qui fu haut roengiés :
6575 Par desous les orelles ot les grenons tranciés,

6574 *Miniature avec cette rubrique* : Ch'est chi ensi com Aiols
et Mirabel troverent un laron et com les vait herbergier.

Froc ot et estamine et une gone viés,
Et fu d'une[s] grans botes d'abeie cauciés :
Bien sambloit ordené, grant corone ot el cief,
Et tenoit en sa main .1. pic et .1. levier.
6580 Desfaite ert le cauchie del grant cemin plenier :
Molt faisoit grant samblant de mal pas afaitier.
Atant evous Aiols qui le salue bien
De Dieu de sainte gloire qui tout a a baillier;
Li moignes li respont quant ot levé le cief,
6585 Le caperon sorhauce et si l'a enclinié :
« Cil sire vos garisse qui tout a a jugier !
« Dont venés ? de quel part, nobile chevalier ?
« — Sire, je vieng d'Espaigne, » Aiols li respondié;
« Si maing chi une dame, lasse est de cevalcier :
6590 « Forment avons nos cors penés et travelliés ;
« Si voi ceste forest devant nos brunoier,
« Ne voi mur ne maison ne fossé ne plaisié
« Ne repaire a riche home, u puise herbergier.
— Sire, » che dist li moignes, « bien vos sai consellier :
6595 « Chi a une abeie en ce grant bos plenier :
« Bien i porés anuit, s'il vos plaist, herbergier.
« S'arés a grant plenté quanque vos a mestier,
« Et pain et car et vin, de gré et volentiers, (b)
« De feure et de l'avaine a vo[s] corans destriers,
6600 « Et porés sejorner tant com vos plaisir[s] [i]ert,
« U .IIII. jors u .v., se il vos est mestier;
« Et quant vos vaurés, sire, esrer et cevalcier,
« Conduirons vous après de gré et volentier[s]
« Dusqu'outre la forest .IIII. liewe[s] u mieus :
6605 « Ja n'i perdrés del vostre valissant .1. denier.
« .IIII. dames i a qui molt font a proisier,
« Qui la se sont rendues por amor Deu del ciel :
« Se pora vostre feme avoec miex aaisier,
« Faire ses volentés et quant que boin li [i]ert.
6610 — Hé ! Dieus ! » che dist Aiols, « tu soies grasiés !

6576 .1. gone — 6599 corant

« Sire, prendés .c. sous de moneés denier[s] :
« Por sainte carité les vous doins volentiers ;
« Si en povés .I. mois bien loer .IIII. ovriers
« A refaire la voie, dont il est grans mestiers.
6615 — Sire, » che dist li moignes, « por nient en plaidiés,
« Car nous somes riche home, s'avons assés deniers,
« Et faisons le cauchie por amor Dieu del ciel :
« Si volons chi nos cors pener et travellier.
« Jou i sui hui venus, li termes en est miens :
6620 « Demain venra li autre, et puis demain li tiers,
« Et en après li quars sans plus de delaier :
« Ja ne prior ne abes n'i sera espargniés.
« Mais prendés cele dame, sel dessendés a piet,
« Si le laisiés dormir soz cel arbre foillié :
6625 « Je m'en irai avant, nobiles chevaliers ;
« Si dirai dan abé(s) que vous ai herber(e)giés :
« Si arés a plenté quanque mestier[s] vos [i]ert.
« Molt vous en sera miex anquenuit al mangier. »
Aiols vint a le dame, mis l'a jus sans dangier,
6630 Et Mirabiaus se couche desous l'arbre foillié.
Aiols fu preus et sages et molt bien ensengiés :
Un mantelet hermine li ploia soz son cief ;
Après revint al moigne u il l'avoit laisié ;
« Montés tost, » fait il, « frere, sor cel corant des-
 . trier ; (c)
6635 « Vostre soit, jel vos doing de gré et volentiers :
« Il est fors et isneus et si amble trés bien.
« Jel toli l'autre soir un riche roi paien :
« Bien en pora dans abes ses moignes porcacier.
— Sire, » che dist li moignes, « por nient en plaidiés.
6640 « Quant nous fumes al siecle, s'estiens chevalier :
« Por amor Dameldé l'avons piecha laisié.
« Je promis Dameldieu, quant je fui roengiés,
« Jamais ne monteroie sor mul ne sor destrier,
« Ne desor nule beste qui voist a .IIII. piés ;

6622 esparengies — 6624 sor — 6630 mirabel — 6632 sor son

6645 « Ne monteroi[e] mie por les menbres trancier! »
Puis dist entre ses dens, c'Aiols ne l'entendié :
« Ne sai que jes baillasse quant ensi l'ai no[n]cié.
« Certes ja n'en menrés valissant .1. denier,
« Ains en perdrés la teste, ja trestorné nen(n) [i]ert. »
6650 Dieus! c'Aiol[s] ne l'entent, li gentieus chevaliers!
Ja li trenchast la teste a l'espee d'achier.
Che ne sont mie moigne, qui la sont herbergié,
Ains sont .xii. laron, traitor renoié,
Qui la sont herbergié pour le pule engingier.
6655 Les pelerins mordrisent a doel et a pechié :
Si ont l'or et l'argent, les moneés deniers.
Signor, tout cil laron furent ja chevalier,
Mais il sont de lor terre bani et essillié.
La se sont asamblé, ne sevent gaingier,
6660 Mais tolir et enbler, chou est li lor mestier[s].
Plus aiment larechin que nul avoir sousi[e]l.
Cascun[s] a boines armes et boin corant destrier,
Et il nes voilent onques vendre ne engagier.
Tous les vous nomerai, se a plaisir vos vient :
6665 Cil ot a non Gonbaus, li quivers renoiés,
Qui par grant traison s'estoit fait roengiés :
Morans et Allivins et li glous Galiens,
Constans et Gonsellins et Ricier[s] et Rahiers,
Flohars de Vallieure et Hagenon[s] d'Orliens,
6670 Clarembaus de Valbrune, Corsaus de Valrahier. (d)
Cil ert maistre des autres, s'en estoit sire et ciés;
Molt estoit fors et vistes et orgellous et fiers.
Et li leres s'en torne cui Dieu[s] doi[n]st encombrier :
Tant com il voit Aiol, vait souavet a pié,
6675 Et quant il se depart que il fu eslongiés,
Isnelement et tost s'asist en .1. sentier :
Molt li poisent ses botes, si s'en est descauchiés,
Et desfuble la cape qui molt [l']avoit cargié.
Tout envolepe ensamble li quivers renoiés;

6670 corson *cf.* 6684 — 6671 sire des — 6673 qui

6680 En .j. buison les boute por son cors esploitier.
Il s'en torne fuiant plus tost que un[s] levrier[s] :
Dessi en le gaudine ne se vaut atargier.
Vint as .xi. larons que il avoit laisié.
Corsaus le voit venir, si l'en a aresnié :
6685 « Comment, sire Gonbaut, avés vos esploitié ?
« Vous venés sans avoir, dont n'avés gaingié ?
« U est li grans esciés que mener soloiés,
« Li mul, li palefroi et li corant destrier,
« L'or[s] fin[s] et li argens, li monaé denier
6690 « As pelerins saint Jake soliés desnoier ?
— Sire, » dist li traitres, « molt ai bien esploitié.
« J'ai tel eskiec conquis qu'il n'a millor sousiel :
« Une cortoise dame et un franc chevalier,
« Et .vii. chevaus d'Espaigne qui molt font a proisier,
6695 « Qui de vair et de gris et d'avoir sont cargié.
« La dame, ele est plus blanche que n'est flor d'ai-
[glentier ;
« S'a la color rovente plus que rose en rosier :
« Il n'a plus bele dame sous le caple del ciel.
« Chi l'arés anquenuit, ja trestorné nen [i]ert ;
6700 « S'en ferés vo voloir et quanque vous en siet.
« Aussi l'arons nous autre, issi l'ai otroié :
« Tout somes compaignon juré et fianchié ; [mier[s].
« Mais vos estes no[s] maistre, por tant l'arés pre-
— Gonbaut, » dist li traitres, « molt as bien esplotié.
6705 « Tous jors as deservi mon gré et m'amistié. »
En lor chemin s'en entrent qui fu grans et pleniers.
[(f. 143)
Chi lairons des larons cui Dex doinst encombrier !
Assés i reverons quant lieus et tans en iert.
Si vous dirons d'Aiol le gentil chevalier,
6710 De la gente pucele al gent cors afaitié
Qui s'estoit endormie desous l'arbre foillié.
Ele estoit molt lassee, si commenche a songier

6687 soloier — 6689 argent — 6705 Tout — 6707 qui

Que li ordenés moignes qui l'avoit herbergié
.xii. felon[s] broon[s] lor avoit desloié :
6715 Les grans goules baees lor venoient irié,
Si voloient Aiol estrangler et mangier,
Et voloient as dens les bras del cors sachier.
La pucele s'esvelle, si sailli sor ses piés :
« Bele, » che dist Aiol[s], « a ente avés songié.....
6720 — Che ne sont mie moigne qui chi sont herbergié,
« Ains sont .xii. laron, traitor renoié,
« Qui chi sont asamblé por le puple engingier :
« Les pelerins mordrisent a tort et a pichié;
« Si ont l'or et l'argent, les monaés denier[s].
6725 — Bele, » che dist Aiol[s], « vos ne dites pas bien
« Des homes Dameldé qu'a tel tort blastengiés ;
« Ja font il le cauchie por amor Dieu del ciel,
« Ne trairoient home por nul avoir sousiel.
— Sire, » dist la pucele, « aitant le laisiés.
6730 « Bien sai, se la alons, nobile[s] chevaliers,
« Je i serai honie a tort et a pichié.
« Tornons nos d'autre part cel grant chemin plenier;
« Laisons ceste forest, molt fait a ressongier :
« Par devers la campaigne fait millor cevalcier.
6735 « Al primerain recet u porons repairier
« Si prendrons avoec nous .iiii. serjans a pié :
« Si lor donons ançois les .iii. de nos destriers
« Et les .iiii. u les .v. s'il les voillent baillier,
« Que il nos viaus conduient enfressi a Orliens.
6740 — Bele, » che dist Aiol[s], « com vous plaira, si iert:
« Qui consel ne vieut croire bien doit prendre mal
[cief. »
Entre ses bras le prist, si le lieve el destrier,   (b)
Puis monte en Marchegai par son senestre estrier :
Tous [les] autres akieut, n'en i vaut nul laisier.
6745 En lor chemin en entrent qui fu grans et plenier[s] :

6713 Que li moine ordene — 6719 *Lacune après ce vers.* — 6736 serjant — 6745 grant

De molt grant aleure prendent a chevaucier.
Mais li laron estoient el parfont gaut ramier;
Quant il virent Aiol demorer et targier,
Corsaus en apela Gonbaut le renoié :
6750 « Comment, sire Gonbaut, avés nos fosnié?
« U est chis grans eskiés que mener deusiés,
« Cele cortoise dame et chis frans chevaliers,
« Li .vii. cheval d'Espaigne que vos tant prisiés?
« Se gabé nous avés, vos le comperés chier! »
6755 — Sire, » dist li traitres, « molt me puis mervellier
« Qu'il ont tant demoré, par les sains desousiel.
« La pucele est forment lase de chevalcier,
« Ele s'est endormie sous .i. arbre foillié;
« Or entendés .i. poi, je l'irai esvellier. »
6760 —Alés dont, » dist li leres, « ne vous caut d'atargier! »
Et respont li traitres : « Je n'irai mie a pié. »
Il a prises ses armes, si s'est aparellié.
Molt avoit bon ceval, s'i monta par l'estrier :
Isnelement s'en torne, prent l'escu et l'espiel.
6765 Onques ne tresfina jusc'a l'arbre foillié
La u il ot Aiol et guerpi et laisié.
Et quant il nel trova, ne lui ne la mollier,
Lors a tel deul al ceur que vis quide esragier;
Il a trové la rote des auferans destriers :
6770 Après Aiol akieut tout son cemin plenier.
Mirabiaus la pucele se regarda premier.
S'a veu le laron venir et chevaucier,
Le blanc auberc et l'elme et luire et flanboier.
Aiol en apela, prist l'en a araisnier :
6775 « Gentiex damoiseus sire, jel vos disoie bien!
« Veés la vostre moigne qui vous ot herbergié.
« N'a mie ses noirs dras,ançois les a laisié :
« Il est molt bien armés sor .i. corant destrier. (c)
— E Dieus! » che dist Aiol[s], « tu soies grasiés!
6780 « Damoisele cortoise, bien me poés aidier.

6752 Bele — 6753 Et .vii. cheuaus — 6771 Mirabel — 6777 La mie

« A iceste besoigne serés mes escuiers :
« Tant ferés or por moi que menrés les destriers. »
Et respont la pucele : « Biaus sire, volentiers. »
Ele prent par les resnes les boins corans destriers :
6785 A paine va .II. pas ne se regarde arier.
Et Aiol[s] point et broche le boin ceval corsier.
Et Gonbaus li escrie : « Fel quiver[s] losengier[s] !
« Ja vos mande dans abes bien estes herbergiés.
« Mar irés plus avant, par les iex de mon cief !
6790 — E glous ! » che dist Aiol[s], « Dieus te doinst en-
[combrier !
« Or ains estoies moignes, et or es chevaliers !
« Senpre le comperas, se Dieus me vieut aidier !
— Par Dieu, » che dist Gonbaus, li quivers renoiés,
« Si tu vieus la bataille, ja l'aras volentiers. »
6795 Et respondi Aiol[s] : « Tous en sui aaisiés. »
Anbedui s'entreloignent le trait a .I. arcier ;
Ensamble s'entrevien[en]t les escus enbraciés :
Mervelleus cos se donent ens escus de quartiers,
Desor les boucles d'or les ont frains et perciés ;
6800 Tant sont fort li auberc nes porent desmaillier.
As grans cos des vasaus, qui sont boin chevalier,
Et a lor roides lances qui furent de pumier,
Et al fais des cevaus arabi[s] et corsier[s]
Se sont tant fierement anbedui acointié
6805 Que ceingle ne poitrail n'i ot onques mestier,
Que cascun ne convienge les archons a vuidier.
Il furent des cors sain(s), si resaillent en piés.
Se li lere(s) eust foi, trop fust boins chevaliers ;
N'eust millor par armes dessi a Monpelier.
6810 Aiol[s] l'en apela par molt grant amistié :
« Amis, por amor Deu, car laise che mestier !
« En France te donrai .I. fort castel en fief :
« Mieudre vasal[s] de toi ne peut de pain mangier.
« Onques mais par .I. home ne vuidai mon estrier ! (d)

6787 et 6793 gonbaut — 6801 As grans fais des ceuaus, *cf.* 7635

6815 — E glous! » che dist Gonbaus, « viens me tu pree-
[cier?
« Ja te mande dans abes qu'il t'a fait herbergier:
« Au covent te convient venir et repairier. »
Il a traite l'espee dont li brans fu d'achier
Et vait ferir Aiol, nel vaut esparengier:
6820 Mervelleus cop li done desor l'elme vergié
Que les flors et les pieres en a jus trebucié;
De vers la destre espaule a fait le branc glacier:
.xx. mailles de l'auberc li trencha el gravier.
Damelde[x] le gari qu'en car nel pot toucier.
6825 « Hé! glous! » che dist Aiol[s], « or me puis trop
[targier.
« Dameldeu[s] me confonge se plus voil espargnier
« Ton cors, puisque proiere n'i peut avoir mestier! »
Il a traite l'espee dont li brans est d'achier;
Por molt grant mautalent le prist a aprocier:
6830 El l'elme par deseure desous l'escu le fiert:
Dessi que en l'eskine li est li brans glachiés.
Li leres canchela, si s'est agenolliés.
Aiol[s] li fiex Elie noblement le requiert,
De l'espee tranchant si ruiste coup le fiert
6835 Amont par mi son elme qui fu a or vergié[s]
Que les flors et les pieres en fait jus trebuchier.
La coife de l'auberc ne li ot ainc mestier,
Dusqu'es dens maiselés li fait le branc glachier.
Atant es Mirabel poignant sor .i. destrier;
6840 U qu'ele voit Aiol, se li prent a hucier :
« Gentiex hom de boin aire, por amor Dieu [del] ciel,
« Selonc le sien serviche li rendés le loier. »
Et respondi Aiol[s] : « Par mon cief, volentiers. »
Il tient l'espee nue dont li brans fu d'acier:
6845 De l'une part del bos a une [h]art tranchié,
Belement l'a entorsé, el col li a lachié.
Mirabiaus la pucele se li a tant aidié,

6815 gonbaut — 6826 esparengier — 6847 Mirabel

C'a la branche d'un arbre l'a pendu et laisié.
Le blanc auberc et l'elme torse sor son destrier
6850 Et pendi a l'archon le branc forbi d'achier. (f. 144)
En lor cemin s'en entrent et pensent d'esploitier;
La pucele chevalce joste le chevalier.
Aiol[s] le regarda, li ardis et li fier[s],
Por l'amisté de lui s'aficha el destrier:
6855 Deu[s] doie et plain[e] paume fist l'estrier alongier.
S'or li venoit nus hon né[s] de mere sousiel,
Qui vausist la pucele de nient calengier,
Ja li contrediroit al fer et a l'achier.
Or le conduisse Dieus qui tout peut justichier!
6860 Car ançois qu'il ait gaires longuement cevalcié,
S'il ne se veut acertes bien secore et aidier,
Grans maus li avenra, s'il le vieut commencier;
Car li .xi. laron furent el bos plenier,
Et dist li uns a l'autre : « Mal somes engingié(s)!
6865 « Je quic que nos compains est mors et detranciés :
« Car chevauçons après, bien li devons aidier. »
Et il li respondirent : « Com vous plaira, si [i]ert. »
Il vestent les aubers, s'ont les elmes laciés,
Et çaingent les espees et montent es destriers;
6870 Si pendent a lor caus les escus de quartiers,
Et saisissent les lances as confanons lachiés;
Enfressi que a l'arbre ne vaurent atargier
Que Gonbaus lor avoit nomé et ensengié.
Quant il ne le troverent, le sens quident cangier,
6875 Mais la route troverent des auferans destrier[s],
Et troverent Gonbaut pendu et atachié.
Corsaus le voit, li maistres, a poi n'est esragiés :
Il a traite l'espee, si a le [h]art tranchié,
Dont Gonbaus, li faus moines, ot la goule alongié :
6880 Gonbaus cei a terre, li quivers renoiés,
Et Corsaus s'en torna, si l'a ileuc laisié :
Après Aiol se met tout son cemin plenier.

6857 li p. — 6873 et 6879 gonbaut — 6880 Gonbaut

Aiol[s] li fieus Elie se regarda arier :
Les .xi. larons vit venir et cevalcier,
6885 Les haubers et les elmes luire et reflanboier.
S'il ot paor de mort, n'en devés merveillier, (*b*)
Dameldé reclama le glorieus del ciel :
« Glorieus sire pere, qui fu et tous tans [i]ers,
« Et le mont et le mer as toute a ajugier,
6890 « Tu garis(se) hui mon cors de mor[t] et d'encombrier,
« Que je ne soie mors, ochis et detranchiés !
« Bien m'en poroie aler, car j'ai corant destrier :
« Ne voil cheste pucele ne guerpir ne laisier.
« De lonc l'ai amenee, son cors doi avoir chier :
6895 « Quant el cors al serpent tenoie (tout) nu mon pié,
« Ele ne me vaut onques ne gue[r]pir ne laisier.
« Che promec jou a Dieu le pere droiturier,
« Jamais ne li faurai tant com me puisse aidier,
« Si le prendrai a feme, a per et a mollier :
6900 « Se jou li desfailloie, trop seroie lanier[s],
« Et par le saint apostle c'on a Rome requier[t],
« Mieus voil a honor mort c'a honte repairier ! »
Quant l'entent Mirabiaus, molt en ot le ceur lié.
U qu'ele voit Aiol sel prent a aresnier :
6905 « Gentiex damoiseus sire, por amor Deu del ciel,
« Car vous en alés ore tout chest anti sentier :
« Vous avés boin cheval, si escaperés bien ;
« Mieus voil estre honie a tort et a pechié
« Que soiés por m'amor ochis et detranchié[s] !
6910 — Bele, » che dist Aiol[s], « por nient en plaidiés ;
« Je vos voil contredire al fer et a l'achier :
« Je me quic molt chier vendre, par Dieu le droitu-
« Mais soiés toute coie, si gardés ces destriers, [rier.
« Et tout le grant avoir que jou ai gaingié :
6915 « Comment que li plais prenge, je ferai le premier. »
Atant es vous poignant Corsaut le renoié :
Cil ert maistres des autres, s'en estoit sire et ciés.

6903 mirabel — 6910 plaideis

Il ot en son estage de lonc plus de .x. piés.
Plus vint devant les autres que ne trait .i. arciers;
6920 A la vois qu'il ot clere commencha a huchier :
« Fil a putain, lechiere, com m'avés vergongié,
« Mon conpaignon pendu que j'avoie tant chier! (c)
« Or aproime li termes qu'a mort estes jugiés! »
Aiol[s] li fiex Elie n'ot cure de tenchier :
6925 Il broche Marchegai des esperons d'or mier;
Le laron vait ferir, ne l'a mie espargniet;
Onques toutes ses armes ne li orrent mestier
Que l'espiel ne li fache par mi le cors baingier.
Devant lui a la tere l'a il mort trebucié,
6930 Et escrie : « Monjoie! Dex! saint Denise, aidiés! »
Mais li autre laron le hasterent si bien
Ne peut li gentiex hom recovrer son espiel
Ne del laron jeter, ne a lui resachier.
Il a traite l'espee dont bien se sot aidier,
6935 Et vait ferir un autre qu'en fait voler le cief.
Et li neuf l'asaillirent et devant et derier;
Et Aiol[s] se desfent comme boin[s] chevalier[s].
Mais li .v. le ferirent et devant et derier,
Li doi en son escu et en l'elme li tiers,
6940 Et li quars le ferit en son auberc doublier :
Nel pot contretenir ne çaingle ne estrier[s],
Contre tere l'abatent, tant fu il plus iriés.
Aiols guenchi les caus, si se resaut en piés :
Et tient nue l'espee, l'escu tint sor son cief;
6945 Cui il consieut a caup, tous est a mort jugiés.
Li laron le requierent, si l'ont molt anguisié,
Tout estendu l'abatent, a terre l'ont coucié :
Estroitement li loient et les mains et les piés,
En travers le couchierent sor .i. corant destrier.
6950 Tous les autres aquellent, n'en vaurent nul lasier,
Fors seul que Marchegai, cel ne porent baillier.
Li laron jurent Dieu le pere droiturier

6926 esparengiet — 6940 quart le ferir — 6945 que

Ançois que il soit vespres ne li solaus couciés,
Vauront del franc baron lor compaignon vengier.
6955 Or devissent entr'aus li quiver renoié
Que il feront justiche del vaillant chevalier;
Mais il ne sevent mie le mortel enconbrier,
Que ja lor avenra molt tost sans detrier; *(d)*
Car Gerelmes cevauche li castelains prosiés,
6960 Entre lui et ses fieus les vaillans chevaliers :
Ja secoront Aiol qui d'aie a mestier.
Gerelmes vit Aiol sor le cheval loié;
Ses .iiii. fieus apele, si les a aresnié :
« Enfant, » che dist Gerelmes, « par les sains de-
6965 « Vés la vostre cousin c'on en maine loié. [sousiel,
« Molt s'i est bien vendus a l'espee d'achier,
« Car jou en voi les .v. ochis et detranchiés.
« Or pensés de bien faire, nobile chevalier ! »
Il broche le ceval des esperons des piés,
6970 Et a l'anste brandie del roit trenchant espiel :
Sor l'escu de son col vait ferir le premier;
Onques toutes ses armes ne li orent mestier,
Devant lui a la tere l'a jus mort trebuchié,
Puis a traite l'espee dont bien se sot aidier.
6975 Si en vait ferir l'autre, chelui qui Aiol tient :
Par des(o)us les espaules li a caupé le cief.
Jofroi[s], li aisnés frere, commencha a hucier :
« Que faites vous, mi frere, por les sains desosiel ?
« Ja les ara nos peres tous mors et detranchiés,
6980 « Se ne nous i poons prover ne essaier :
« Or n'en i a que .iiii. des quivers renoiés. »
Il brochent les cevals des esperons des piés
De si grant aleure com pot rendre destriers
Contreval le lairis, por esperon touchier;
6985 Vont ferir sor les .iiii. des quivers renoiés :
Chascuns ochist le sien des noviaus chevaliers.
Gerelme[s] vit Aiol sor le ceval lié :
Il a traite l'espee, s'a les liiens tranchiés,
Soef et belement l'a jus mis del destrier.

6990 Li premiers mos qu'il dist, quant il l'a araisnié :
« Estes vos point navrés, nobile[s] chevaliers ?
— Naie, » che dist Aiol[s], « la merchi Deu del ciel !
«Tant sont bones mes armes ne porent enpirier. » .....
Quant il oi parler son signor droiturier, (*f.* 145)
6995 Chele part vint corant qu'il le reconnut bien.
Quant Aiol[s] le coisi, mervelles en fu liés.
Li .iiii. fieus Gerelme le corent refraignier,
Et son frain et sa sele et andeus ses estriers.
Et Aiols i remonte que mervelles l'ot chier.
7000 A l'issue du bos ont trové .i. plaisié :
Uns gentiex hom i mest qui s'i fist herbergier.
Li laron de put aire l'avoient essillié :
Il l'avoient mordri(e) et lui et sa mollier ;
.ii. grans forches de kaine i avoient fichié ;
7005 Aiol[s] li fieus Elie l'avoit veu molt bien.
Il vinrent as larons, nes i vaurent laisier :
Cele part les trainent as keues des destriers ;
Entre Aiol et Gerelme les pendent volentiers,
Et tout si .iiii. fil lor i ont tant aidiet
7010 Que tous les i pendirent, ainc n'en prisent loier ;
Chelui qui n'avoit teste pendirent par les piés.
Or poront trés bien dire les gens de cel resnié
Merchi Dieu et Aiol, que bien [en] sont vengié.
Puis repairent el camp u l'estor fu plenier[s] ;
7015 Des escus et des lances ne se vaurent cargier ;
Les aubers et les elmes torsent sor les destriers,
Et pendent as archons les brans forbis d'achier.
Aiol[s] li fieus Elie cil a parlé premier :
« Franc chastelain Geralme, faites pais, si m'oiés.
7020 « Ma part de cest eskiec qui chi est gaingiés
« Vous claim jou trestout quite de gré et volentiers,
« Pour aidier vos enfans qu'avés fait chevalier[s].
— Sire, » che dist Gerelmes, « .c. merchis en aiés.

6993 *Il manque ici au moins un vers ayant trait à Marchegai.* —
7008 trainent — 7015 targier — 7020 que c.

« Cest eskiec prenderai, n'en refuserai nie[n]t. »
7025 Il [l']en fait par garçons ariere renvoier,
Droitement a Mongraile conduire et repairier.
Li chastelains Gerelme[s] qui fu gentiex et fier[s]
En apela Aiol, se l'en a araisnié :
« Gentiex damoiseus sire, por les sains desosiel,
7030 « Ersoir vos herbergai en mon palais plenier, (*b*)
« Et si vous oi dire qu'Elie conissiés.
« Or vos conjur de Dieu, nobile[s] chevaliers,
« Par le foi que devés le pere droiturier
« Que vous me dites voir, se Dieus vos puist aidier,
7035 « S'onques apartenistes Elie le guerrier,
« Mon oncle de Borgonge qu'a tort en fu caciés.
— Sire, che dist Aiol[s], « conjuré m'avés bien ;
« Mais je ne le diroie a home desosiel,
« Tant que venrai al roi qui Franche a a baillier ;
7040 « Mais d'itant vos puis bien mon corage esclarier,
« S'ainc amastes le duc, dont m'averés vos cier. »
Quant l'entendi Gerelme[s], onques ne fu si liés :
« Gentiex damoiseus sire, je le savoie bien
« Par fine verité, que vous m'aparteniés.
7045 « Or ne vous guerpiroie pour tout l'or desousiel,
« Si vous arai conduit a la chité d'Orliens.
« Se vos avés besoing, je vous irai aidier,
« Envers trestous les homes vo vie calengier.
— Sire, » che dist Aiols, « .c. mercis en aiés ! »
7050 Or s'en tornent ensamble li gentil chevalier,
S'en mainent la pucele qui molt fait a prosier.
Ses .vii. chevaus n'i vaut Aiol[s] mie laisier,
Qu'il avoit en Espaigne conquis et gaignié.
En lor chemin en entrent qui va droit a Orliens :
7055 Mes il ne sevent mie les mortex encombriers
Qu'il lor doit avenir ains qu'il soit esclairié(s).
Tant ont chele vespree esré et chevalciet,
Que al Roimorentin sont la nuit repai(i)rié.
Che fu uns chastiaus riches qui molt fait a prosier
7060 Et sist a .vii. lieuetes de la chité d'Orliens,

Par devers le Berri fu molt bien batelliés.
La nuit les a Hunbaus, uns ostes, herbergiés :
Cil estoit riches hom et d'avoir enforchié[s].
Si estoit par usures montés et essauchiés;
7065 Et ot molt gentil feme, fille de chevalier
Qui fu par maladie de l'avoir abaissiés : (c)
Par poverté dona sa fille a l'userier.
Poverte si fait faire a home maint meskief!
Hunbaus avoit maison molt boine a .iii. soliers.
7070 Esmeraude ot a nom sa cortoise mollier;
Ele ot de cel gloton .i. baceler legier :
Il ot a non Antiaumes, si fist molt a proisier;
Il ot tout de bonté son pere forlig[n]ié :
Ne fesist traison pour les membres trancier.
7075 E Dieus! com il se paine des barons aaisier,
Des cevals establer et des elmes froier,
Et des aubers roller qu'en avoient mestier!
De toutes boines teches fu si bien ensengiés,
7079 Pour preudome servir n'avoit millor sosiel.

CLXIX Dedens Roimorentin fu Aiol[s] ostelés,
Entre lui et Gerelme de Mongraile, le ber,
Et tous ses .iiii. fiex, les novels adobés.
Li hostes les fist bien servir et honorer :
Sieges orent et coutes et boins tapis ovrés;
7085 De rose et de mentastre font tout joncier l'ostel.
Antialmes li cortois s'en est en piés levés;
Molt vieut les .vi. barons richement honorer
Et la fille le roi Mirabel al vis cler.
Il tout n'ont escuier pour lor harnas torser :
7090 De fer et de suor furent tout camoisé.
Antelme[s] s'en avale contremont les degrés,
Tont le chastel enquirt et de lonc et de lé :
Tant quist ses compaignons que il les a trovés;
Par francise les a avoeke soi menés

7081 li ber

7095 Por servir les frans homes qui sont a son ostel.
Li vallet furent bien vestu et acesmé :
Le vin lor veissiés par noblece porter
As grans coupes d'argent dont li our(t) sont doré.
Mirabiaus la pucele et Gerelmes li ber
7100 S'asisent anbedui sor .1. lit lés a lés,
Li .IIII. fil Gerelme devant lui al costé.
Esmeraude l'ostese et Aiols li senés (d)
Se sisent d'autre part desor .1. lit paré.
D'une[s] coses et d'autres commencent a parler :
7105 « Dame, » che dist Aiols, « por Dieu ne me blasmés
« D'une cose que voil par amor demander.
« Comment fu vostre cors a cest home donés?
« Molt me vient a mervelle que ce borgois avés :
« Vous deusiés dame estre d'une grant richeté. »
7110 Quant l'entent Esmeraude, s'a del ceur souspiré :
« Sire, » che dist la dame, « por Dieu ne me gabés!
« Poverte fait a home son corage muer.
« Mes peres fu frans hom et de grant parenté :
« En trestoute Berri ne peust on trover
7115 « Nul millor chevalier por ses armes porter.
« Puis kei en malage et en grant poverté,
« Et engaga ses terres, petit l'en fu remés.
« Cis hom ert par usure en grant avoir montés :
« A mon pere fist toute se tere racater ;
7120 « Puis m'i dona a feme, je ne li poc veer.
« Or ai de lui .1. fil que vous ichi veés :
« Nient plus que li escoufle[s] peut l'ostoir resambler,
« Ne se peut li miens fiex a son sens atorner.
« Mes fiex demande tables et eskiés pour juer,
7125 « Les chiens et les oiseus ne peut il oublier :
« De la route as frans homes ne le peut on geter.
— Certes, » che dist Aiols, « molt en fait a amer. »
Antiaume en apela : « Biaus amis, cha venés!
« Remanés avec moi ces .IIII. mois d'esté.

7099 Mirabel — 7128 apele

7130 « Por amor vostre mere qui m'a dit et conté
« Que vos estes frans hons et de haut parenté,
« De vous vauroie faire chevalier adoubé,
« D'armes et de destrier corant et abrivé. »
Quant l'entent li vallès, parfont l'a encliné :
7135 Dessi a pié l'en va par boine volenté;
Entre Aiol et Gerelme l'en ont sus relevé.
Aiols li fieus Elie ne vaut plus arester,
Car il ne voloit mie prometre sans doner : (f. 146)
Onques li gentiex hom n'en fu acostumés.
7140 Il fist toutes ses armes devant lui aporter,
Qu'il conquist en Espaigne a l'espee de lés :
De toutes les millors a Antialme adoubé(s) ;
El dos li ont vestu .1. blanc auberc safré,
Se li ferment el cief un vert elme gesmé;
7145 Aiols li çaint l'espee al senestre costé,
Hauce le paume destre, el col li a doné :
« Dieus te doinst foit et pais et honor et bonté.
« Vos m'avés ces cevals la desous ostelé :
« Prendés ent le millor, car jel voil de boin gré,
7150 « Et demain a Orliens ains qu'il soit avespré
« Vos donrai riches dras et fort escu bouclé. »
Quant l'entent li valès, si l'en a merchié.
Esmeraude s'ostesse a .1. mantel doné,
Et .c. sous dona l'oste al mangier conraer,
7155 Por chou que miex en soit servi[s] et honoré[s].

CLXX Aiols fu ostelés ciés son oste Hunbaut.
Le mangier qu'apresterent fu molt rices et biaus :
Plenté orent avaine et feure a lor cevaus.
Antialme[s] se desarme, molt fu gens damoisiaus;
7160 Delés les fiex Gerelme s'asist as escamiaus.
Quant li mangiers fu prest, ses veissiés issniaus
Les serjans por les tables metre sor les est(i)aus,
Et a l'aigue doner as diorés vasiaus.

7134 vallet — 7152 valet — 7162 serjant

A le blanche toualle essua Mirabiaus.
7165 Al mangier sont assis, grans i est li reviaus.
Mais ançois qu'il s'en lievent sera li dieus coraus.
Li ostes les trai, che fu piciés et maus :
Se cil sires n'en pense par qui li mons est saus,
Ja li cortois Gerelmes ne Aiols li vasaus
7170 Ne veront mais Orliens ne lor amis carnaus.
De trop grant felonie fu li ostes coraus :
Onques li fel Cain nen ot le ceur plus faus,
Quant par li fu occis ses gentiex frere Abiaus.

CLXXI Quant il orent mangié et beu a fuison, (b)
7175 A la table seoient ensamble li baron.
« Sire, » che dist li ostes, « par le cors saint Simon,
« Ne sai comment vous aie rendu le gueredon
« De l'onor que m'avés chi faite en ma maison :
« Car se vos fuissiés sires de Rains u de Loon,
7180 « Si m'avés vos anuit assés fait riche don.
« Je proi mon fil Antialme par molt grant gueredon
« Qu'il vos serve trés bien a coi(n)te d'esperon.
« Le jor qu'il vous faura ait il maleiçon!
—Voire, » dist li vallès, « et del cors saint Simon ! »
7185 Esmeraude n'i quiert nule male ocoison,
Aiol en apela, si l'a mis a raison.
« Gentiex hom de boin aire, je voil savoir vo non :
« Si m'en revanterai encore en maint maison. »
Et Aiol[s] respondi, ainc n'en quist ocoison :
7190 « Ma dame, Aiol m'apelent François et Borgengon ;
« Au roi vieng en soudee en ceste Rovisson.
« Cis a a non Gerelmes a la clere fachon,
« Chastelain[s] de Mongraille, si est molt rices hom.
« Cil .iiii. sont si fil, que de fi le set on,
7195 « Berengers et Jofrois, Hastes et Nevelon. »
Quant l'entendi li ostes, si fronche le grenon,
Et dist entre ses dens coiement a laron :

7165 grant — 7184 vallet

« El bos de Quintefoille, que de fi le set on,
« Pendistes vos Bernart, mon droiturier signor,
7200 « Qui ti(e)nt Roimorentin, et son frere Foucon,
« Et Ferant de Losane et le preu Agenon,
« Et Garin et Richier et de Monbar Hugon ;
« Et por chou est Makaire[s] lor oncle[s] en prison :
« Che furent si neveu et de sa norichon.
7205 « Damede[x] me confonge qui forma Lazaron,
« Se nel vois mon signor nonchier en son dongon,
« Qui maintient ceste terre entor et environ :
« De la mort ses .ii. freres prendera vengison :
« Vos l'ochesistes, voir, ja nel vos cheleron. »
7210 De la table s'enbla, ainc samblant n'en fist hon ; (c)
Il movra ja Aiol une si grant tenchon,
Ainc mais n'ot il si aspre a nul jor de cest mont.

CLXXII Li ostes se drecha maintenant sor ses piés ;
De la table s'en part, s'a les barons laissiés :
7215 Venus est en sa cambre li quiver[s] renoiés,
A lui a apelé sa cortoise mollier :
« Douche seur, douche amie, s'onques m'eustes chier,
« Celés moi le consel que je vous voil nonchier.
« Diable(s) vos ont fait cel glouton herbergier.
7220 « El bos de Quintefoille, n'i a celer mestier,
« Nos pendi il Bernart, mon signor droiturier,
« Qui ti(e)nt Roimorentin, et son frere Fouchié
« Et Ferant de Losane et Aghenon le fier,
« Il n'a encore mie plus de .iii. mois entier[s],
7225 « Qu'il vi(e)nt et nu[s] et povres et kaitis a Orliens,
« Sa lance et noire et torse, et ses escu[s] fu viés,
« Et ses chevals fu maigres, a paine pot sor piés.
« Je l'ai bien oi dire et tout partot nonchier
« Que trestout le gaboient serjant et escuier,
7230 « Et si disoient tuit par le chité d'Orliens
« Les armes ot enblees et a .i. caruier

7225 kaitif

« Ot tolu le roncin c'on li vit chevalcier.
« Ne sai quel vif diable l'ont puis si essauchié,
« Car ore est dru[s] le roi et maistre consellier[s].
7235 « Par saint Pol de Ravane, je le vois acointier
« La sus en cel palais a mon signor Rainier;
« Je ferai ja ses homes armer et haubergier,
« De la mort ses .11. freres l'i ferai ja vengier,
« Qui cis glous li ocist, a celer ne le quier. »
7240 Quant l'entendi la dame, vive cuide esragier :
« C'as tu dit, vis diable[s], as tu le sens cangié?
« Vos avés les barons loiaument herbergié,
« Si avés avoec aus et beu et mangié,
« Vo fil a adoubé et fait l'a chevalier,
7245 « Moi dona .I. mantel qui vaut maint boin denier :
« Après son bel serviche li rens felon loier! (d)
« Vos poés orendroit .I. tel plait commenchier
« Dont vos serés pendus comme leres fossier[s],
« Et vos fiex trainés a keue de destrier,
7250 « Et jou en serai arse en un large foier.
« Damede[x] les confonge qui tout peut justichier,
« Se manois ne vos font la teste roengier,
« Se vous cheste parole ne volés relaisier;
« Par saint Pol de Ravane, je lor vois acointier :
7255 « Je ne le souferoie por les membres trancier,
« Si faite traison ne poroie otroier. »
Quant l'entent li traitres, vis quida esragier.

CLXXIII Li glous ot sa mollier parler si hautement :
Lors ot tel deul al ceur, por poi d'ire ne fent.
7260 Il leva le puin destre, sel feri ens es dens,
Qu'il l'abati pasmee desor le pavement :
Del sanc qu'ele rendi fu l'ermine sanglens.
Quant ele se redreche, molt ot le ceur dolent.
« Lasse! » che dist la dame, « com felon vengement!
7265 « Maugré en ait mes peres et mi millor parent
« Qui de moi et de vos fisent mariement! »

7262 sanglent

Li glous saut a l'espee qui en la cambre pent
Et jure Dameldé le pere omnipotent :
« Se mot vos oi parler de tout cest erement,
7270 « Vous perderés la teste sans nul arestement ;
« Et vous m'afierés et bien et loiaument
« Que par vous ne saront point de cest erement :
« Ja por tous vos parens n'en arés tensement! »
Tient l'espee el puin destre, le senestre li tent,
7275 Par les treces le prent assés vilainement;
Ja li tranchast la teste sans nul arestement.
Cele doute la mort, se li dist bassement :
« Sire, merchi, por Dieu le pere omnipotent!
« Rechevés ent ma foi et puis mon sairement,
7280 « Que ja ne lor dirai nul jor de mon jovent :
« Quant autres ne peut estre, esrés si sagement,
« Que maus ne vos en vienge ne vos ne vos parens. »

[(f. 147)]

Et respont li traitre : « Faus est qui ne consent,
« Dont miex li pora estre a trestot son vivant! »
7285 Esmeraude respont en bas, qu'il ne l'entent :
« Honis soit l'enperere, s'a forche ne vos pent,
« Se vos son chevalier menés si laidement!
« Par icel saint signor a qui li mons apent,
« Se j'en puis avoir aisse par nul enchantement,
7290 « Je ne vous en terai ne foi ne sairement,
« Ne lor fache savoir tost et isnelement :
« Mieus voil ma foi mentir que ne fac autrement,
« Ne livrer por ochire issi vilainement. »

CLXXIV Li traitres se part de se franche mollier :
7295 Il issi de la cambre, si revient el fouier.
Oiés del traitor, Dieus li doinst encombrier!
Com les set belement trair et engingier :
« Baron, soiés a aise, nobile chevalier,
« Faites vos richement servir et aaisier.
7300 « Biaus fieus, de ton signor te voil je molt proier,

7300 voille

« Que tu ne faces cose qui li doie anoier.
« Je m'irai en che bourc un poi esbanoier.
— Sire, » che dist Aiols, « che fait a otroier.
« U est no dame alee? molt m'en puis mervellier.
7305 —Ele est un poi malade, » dist l'ostes, « en son cief;
« D'autre part si commanc vos lis aparellier. »
Isnelement s'en torne, ne se vaut atargier :
Vers le maistre palais s'en cort tous eslaissiés.
Il movra ja Aiol un si fort encombrier
7310 C'ains mais n'ot issi aspre a nul jor desousiel.
Or oiés de la dame qui le ceur ot irié :
Vint a l'uis de sa cambre, son fil cena del cief,
Et il i est venus corans tous eslaissiés.
Quant il le vit sanglente, molt s'en est mervelliés :
7315 « Dame, » dist li valès, « por les sains desousiel,
« Qui vous ossa chou faire tant que fuise sor piés ?
— Biaus fiex, » che dist la dame, « diables et pichiés
« Nos cora anuit seure, se ne vos en gaitiés.   (b)
« Nous avons ches barons loialment herbergiés ;
7320 « Si ont ensamble nous et beu et mangié :
« Et tes peres les vieut trair et engingier !
« Vois la Aiol de Franche, ton signor droiturier,
« Qui nous ochist Bernart, le glouton losengier,
« Le neveu dan Makaire et le frere Rainier.
7325 « Puis qu'il t'a adoubé, molt le dois avoir cier
« Et deseur trestous homes servir et essauchier :
« Et tes peres le vait trair et engingier !
« La sus en cel palais le va dire Rainier :
« Si fera ja ses homes armer et aubergier ;
7330 « Se Dameldeu[s] n'en pense, qui tout peut justicier,
« Ja veras devant toi ton signor detranchier.
« Por chou que je ne voil itel plait otroier,
« Si me feri es dens, le sanc me fist raier,
« Puis sailli a l'espee, le cief me vaut trenchier.
7335 « Adont me convi(e)nt il jurer et fianchier,

7324 son frere

« Que je ne le diroie a home desousiel.
« Mieus voil ma foi mentir ques voie detranchier!
« Penitanche en ferai, se Dieus l'a otroié. »
Quant l'entent li valès, le sens quide cangier.
7340 « Comment esse, diables? » Antialmes respondié,
« Vaura donques mes peres servir de tel mestier?
« Puis qu'il fait traison, je ne li apartieng,
« Car ja traitres n'ert par moi esparengiés!
« Par saint Pol de Ravane, je le vois acointier
7345 « Aiol, mon boin signor, qui m'a fait chevalier,
« Que je ne li fauroie por les membres tranchier.
— Biaus fieux, » che dist la dame, « cil Dex te puist
« Qui en la sainte crois se laissa travellier   [aidier
7349 « Por pecheor raembre de mort et d'encombrier! »

CLXXV   Antialmes li cortois de sa mere depart;
Issus est de la cambre, vers Aiol s'en torna.
Mal ait se a consel un seul en apela!
Mais a molt haute vois son signor escria :
« Baron, or tost as armes, enevois i para   (c)
7355 « Qui preudom vaura estre : grans mestiers li sera.
« Biaus sire Aiol[s] de France, molt malement vos
« Mes peres vos traist qui avoec vos manga.   [va :
« El bos de Quintefoille pendistes vos Bernart
« Qui ti(e)nt Roimorantin, et son frere Foucart
7360 « Et Ferant de Losane, Hagenon le vasal
« Et Garin et Richier et Hugon de Monbar.
« Mes peres fist que faus, quant il vos herberga :
« Il mist son cors por vous en le lieu de Judas.
« Vers che maistre palais en cort plus que le pas
7365 « A son signor Rainier qui fu frere Bernart.
« Se il peut esploitier, jamais ne reveras
« La fort chité d'Orliens n'es portes n'enteras! »
Quant Aiols l'entendi, sur ses piés se leva;
Bien et piteusement Dameldé reclama,

7347 le puist

7370 Le roi de sainte gloire qui le mont estora,
Que de mort le desfenge, car grant besoing en a.
« Aiols, » che dist Gerelmes, « ne vos esmaiés ja!
« .c. dehés ait el col, qui de près n'i fera!
« Nos noviaus chevaliers, je quic, nous aidera.
7375 — Voire! » che dist Antialme[s], « tant com durer
Antialmes li cortois molt forment se hasta [pora! »
Des chevals enseler et les poitraus lacha.
« Lasse, » dist Mirabiaus, « quel traison chi a!
— Dame, » che dist Antialmes, « ne vos esmaiés ja!
7380 « Par saint Pol de Ravane, mes cors vos aidera.
« Teus vous pora porsievre, qui chier le compera. »
Esmeraude la bele molt forment se hasta
Des barons adouber, l'armeure presta.
Ele baisa son fil, a Dieu le commanda.
7385 Il prent .I. viés escu qu'en le maison trova
Et une grosse lanche que en sa main porta :
Noviaus chevaliers est, encor nule n'en a.
Aiols li ot promis qu'a Orliens li donra,
Se Damelde[x] l'i maine, bien li atendera.
7390 Antialmes li cortois Mirabel adestra (d)
Trés par mi le grant porte qu'il overte trova;
Si en maine l'eskiec que Aiols conquesta
En la terre d'Espaigne, u forment se pena.
Or les conduise Dieus qui le mont estora!
7395 Et la lune luist cler qui voie lor mostra :
Car ançois qu'il ajorne, si com on vos dira,
Avra paor de mort qui plus seurs sera.
Or escoutés de l'oste comment il esploita :
Tous les degrés de marbre sus el palais monta;
7400 A sa vois qu'il ot clere hautement s'escria :
« Dités, sire Rainier, quel guerredon avra
« Qui de la mort vo frere anuit vos vengera
« Et vous rendra chelui qui ochis les vos a?
« Qui si se peut vengier molt grant honor i a!

7378 mirabel

7405 — Certes, » che dist Rainiers, « qui chou me por-
[querra
« Tous les jors de ma vie mes boins amis sera.

CLXXVI — Sire, » dist li traitres, « vo gent faites armer;
« Une bele aventure vos sai dire et conter :
« Or ains par devant vespre, quant on le dut soner,
7410 « Vinrent .vi. chevalier fervestu et armé
« Tout droit a [ma] maison pour requerre l'ostel.
« A grant mervelle estoient richement acesmé;
« Li uns en fu Gerelmes de Mongraille li ber,
« Et tout si .iiii. fil de novel adoubé :
7415 « Por un glouton conduire s'est en France avalé :
« Il a a non Aiol, ensi l'oi nomer,
« Si vient de Panpelune d'un mesage conter :
« Tel eskiec en amaine, ainques ne vi son per;
« .vii. chevals qui de vair et de gris sont torsé
7420 « Et d'or quit et d'argent, de deniers monaé[s],
« Et la fille le roi, Mirabel al vis cler,
« Que il a conquestee par sa nobileté.
« Je n'en savoie mot or ains a l'avesprer ;
« Quant jes oc herbergiés volentiers et de gré,
7425 « Leus me dona .c. saus de denier monaé,
« Et ma feme un mantel qui riches est assés ; (f. 148)
« Et mes fieus de servir fu tous abandonés :
« Tost li fu ses serviches molt bien guerredonés,
« Car Aiols en fist leus chevalier adoubé(s)
7430 « D'armes et de ceval corant et abrivé;
« Li chevals vaut .c. livres c'Aiols li a doné.
« Quant eumes mangié et beu a plenté,
« Son non li demandai, ainc nel dainga celer.
« Or poés dire et croire, molt ai mon ceur iré,
7435 « Quant dedens ma maison ai celui ostelé,
« Qui mon signor pendi, que je deu(st) tant amer.
« Gentiex hom, del vengier te convenist aster.
— Certes, » che dist Rainiers, « Dieus en set mon
A sa vois qu'il ot haute commencha a crier : [pensé. »

7440 « Baron, or tost as armes, se vos de riens m'amés ! »
　　　Et cil ont respondu : « Ensi com vous volés ! »
　　　.xiiii. chevalier s'en corent adouber
　　　D'armes et de destriers corans et abrivés.　　　[sés !
　　　« Signor, » che dist Rainiers, « de l'esploitier pen-
7445 « De Roimorentin faites les grans portes fermer,
　　　« Que par nule maniere ne puist nus escaper ! »
　　　Et cil respondent : « Sire, c'est com vous comman-
　　　.iiii. serjant i vont corant et abrivé ;　　　[dés. »
　　　Quant il trevent les routes des destriers sejorné[s]
7450 Ariere s'en retornent dolant et abosmé.
　　　A lor vois qu'il ont hautes conmmenchent a crier :
　　　« Par foi, sire Hunbaut, mal vos est encontré !
　　　« Esmeraude vo feme les en a fait aler.
　　　« Trais nos a vos fieus, chou est la verités.
7455 « Ensamble o eus s'en va, on le nos a conté. »
　　　Quant Rainiers l'entendi, a poi qu'il n'est dervés :
　　　.i. grant cor buglerenc fist en sa tor soner.
　　　Qui dont veist borgois et serjans adouber
　　　Et la vile estormir environ et en lés :
7460 En petit d'eure furent plus de doi .c. armé,
　　　Que borgois, que serjant, que chevalier monté ;
　　　Et issent de la vile tout rengiet et seré,　　　(b)
　　　De l'encauchier se painent, forment se sont hasté.
　　　Gerelme[s] de Mongraile les a bien escoutés :
7465 Aiol en apela : « Biaus sire, or entendés !
　　　« Ja arons la bataille mervellouse et mortel.
　　　« Cel arnas convenroit Antialme avant mener
　　　« Et la fille le roi, Mirabel al vis cler,
　　　« Enfressi c'a Orliens la mirable chité.
7470 « Nous remanrons ariere as ruistes cos doner :
　　　« Si les detrancherons as brans d'achier letré[s].
　　　— Sire, » che dist Antialme[s] « pour nient en parlés :
　　　« Vos volés mon barnage tout a nient torner,
　　　« Mais par cel saint apostle c'on quiert en Noiron
7475 « Je nel feroie mie por l'or de .x. chités,　　　[pré,
　　　« Que je ne fuise o vos as ruistes cos doner.

« Et se Dex me vieut bien maintenir et garder,
« Le don que m'avés fait vos quic gueredoner.
— Signor, » dist Mirabiaus, « ne vos desconfortés.
7480 « Mar vos apetisiés, car poi estés assés.
« Le harnas conduirai volentiers et de gré :
« A guise d'escuier me convient atorner. »
Ele met le jamb(l)e outre, par grant nobilité;
Le piet met es estriers, esperons ot dorés.
7485 Qui veist la pucele ceval esperoner
Et le arnas conduire et le[s] destriers guier,
De cors de gentil feme li peust ramenbrer !
Et li baron s'arestent ens el chemin ferré.
Atant es vos l'encauc qui molt s'en est penés;
7490 Cil qui Roimorentin avoit tout a garder,
Plus vint devant les autres c'uns ars ne peust jeter;
A sa vois qu'il ot haute commencha a crier :
« Gerelmes de Mongraile, nel deussiés penser
« Que vous conduissiés mon anemi mortel :
7495 « Mainte fois vous ai fait servir et honorer.
« Se plus en volés faire, molt chier le comperés.
« Il nen a mie encore plus de .III. mois passés,
« Cis garchons vint en France por avoir conques-
« Quant il vi(e)nt a Orliens la mirable chité, [ter. (c)
7500 « N'aporta il d'avoir que il peust mostrer,
« Dont il presist .v. saus de denier monaé
« Fors unes laides armes, .i. escu enfumé
« Et .i. ceval estrait, caitif et descarné.
« Je l'ai trés bien par tout oi dire et conter
7505 « Que trestout le gaboient serjant et baceler,
« Et li disoient tuit par Orliens la chité,
« Les armes ot enblees dont il ert adoubés,
« Tolu ot le cheval sor coi il ert montés.
« Ne sai quel vif diable l'ont or(e) si amonté
7510 « Qu'il est or dru[s] le roi et conseillier[s] privé[s];
« Le conte de Boorges prist awan en esté,

7479 mirabel

« Et par lui fu Makaire[s] en la prison jetés,
« Et tous nos grans lignages honis et vergondés.
7514 —Cuiver,»che dist Aiols, « par mon chief, vos men-
[tés!

CLXXVII « Cuivers, » ce dist Aiols, « par mon cief n'est
[pas voirs!
« Onques li miens linages ne fist cose a tel mois.
« De tel traison faire, com vous sus me metois
« Me combatrai a vous a mon branc vienois.
« Gerelmes, biaus cousins, de bien faire pensois!
7520 « Par saint Pol de Ravane, je dirai ja manois:
« Mes pere(s) a non Elies, vos oncles li cortois,
« Et se Dieus nos en laisse partir a nos voloirs,
« Vostre honor croisterai de dis homes a droit.
— Certes, » che dist Antialme, « c'est petit endrot
7525 « Que de petit peut cors a dolor sordoloir. [moi,
— Voire, » che dist Geralmes, « foi que doi sainte
« Car je ne li fauroie por l'or de Vermendois. » [crois,
Quant Aiols l'entendi, grant joie ot li cortois.

CLXXVIII Quant Aiols li cortois la parole entendi,
7530 Que de son cors aidier sont tout prest et garni,
Or poés dire et croire, molt grant joie l'en prist.
Il broche le destrier, vers Rainier se guenchi;
Et Rainiers contre lui, ne l'a pas mescoisi.
Anbedui s'entre vienent par mervellous air, *(d)*
7535 Tant com chevaus peut rendre por esperon sentir,
Mervelleus cos se donent sor les escus vautis;
Desor les boucles d'or les ont fraint et malmis,
Tant orent boins haubers que maille n'en rompi,
Mais les anstes brisierent des fors espiels brunis.
7540 Par tel ravine corent li auferant de pris,
Si forment s'entre hurtent et de cors et de pis,
Des elmes et des ciés et des escus vautis,

7523 adrois — 7524 ss. *Le passage paraît altéré.* — 7539 esp. vautis

Que li ceval les portent deus arpens et demi,
Ançois que tous li menres peust son frain tenir.
7545 Et quant che vit Aiol[s], a me[r]velles li vint :
Il a traite l'espee, envers Rainier en vi(e)nt :
Mervelleus cop li done sor son elme bruni,
Que les flors et les pieres contreval abati;
Tant par fu fors l'auberc ainc maille n'en rompi.
7550 Et li caus fu molt grans, vers l'archon dessendi,
Le col de son ceval li a copé par mi.
Et Rainiers saut en piés qui doute le morir:
Mais Aiols s'i areste, qui le branc d'achier ti(e)nt.
Ja se fust bien vengiés del glouton de put lin,
7555 Quant or(e) le secoururent cil del Roimorentin.
Gerelmes point et broche et son espiel brandi,
Devant sor son escu dan Haghenon feri,
Un provost de la terre qui gardoit le pais.
Onques toutes ses armes nel porent garantir
7560 Que l'espiel ne li fache par mi le cors sentir :
Devant lui a la terre l'abati mort sovin;
Et quant che voit Rainiers, a poi n'esrage vis.
Cil estoit ses parens et ses germains cousins :
« Gerelmes, » dist Renier[s], « mon cousin m'as
7565 « Espargnier te voloie, or es mes anemis. [ochis :
« Tu le comperas chier, se Dieu plaist et je vif! »
Si home li amainent un auferrant de pris,
Et Rainiers monta sus, s'a un espiel saisi.
« Roimorentin! » escrie, « chevalier, ferés i !
7570 « Certes mar en iront li glouton de put lin. » (f. 149)

CLXXIX Quant Aiols li cortois vit la force creue,
A ses compaignons dist parolle aper(e)ceue :
« Chi n'ert plus par les nos bataille maintenue :
« Nous ne somes que .vii., cascuns bronge vestue;
7575 « Plus en voi de .cc. en la voie batue. »
Onques des fieus Gerelme n'i ot raison tenue,

7544 tout — 7565 Esparengier

Ains brochent les destriers par mi la plainge herbue :
Cascuns abat le sien a la grant anste ague.
Antialmes point et broche, qui de ferir s'argue,
7580 Et fiert .i. chevalier qui avoit a non Hue,
Que la targe del col li a frainte et fendue
Et la bronge del dos desmaillie et rompue.
Par mi entre le cors li a l'anste enbatue,
Que mort l'a abatu desor l'erbe menue : [venue! »
7585 « Outre ! glous, » dist Antialmes, « vostre fin est
Quant l'entendi Rainiers, la color a perdue.
Il a dit a ses homes parolle aperceue :
« La mort de mon neveu te sera chier vendue,
« Car tu es mes hon liges, c'est verités seue,
7590 « Et tes peres mes sers tout estrais par nature.
« Riches hons est d'avoir, amontés par usure :
« Mieus te venist tenir la soie noreture.
« Por che mestier aras si la goule estendue
« Che te sera avis que tu penges as nues.
7595 —Bien ai, » che dist Antialmes, « ta raison entendue :
« Ançois que il soit jors ne l'aube parcreue,
« Vous i sera ma teste cierement desfendue. »

CLXXX   Aiols atout les .vi. cevalce fierement
Tous les galos sor frains abandoneement : [ment.
7600 « Signor, » che dist Antialme[s], « chevalciés sage-
« Cascuns a boin destrier, je n'i voi nul sulent;
« De lor .x. chevalier[s] avons pris vengement,
« N'en i a mais que .ix., jel sai bien vraiement.
« Chevalcons si près d'aus que voions lor talent.
7605 « Ques poroit .i. petit eslongier de lor gent
« Tant que cil fuisent mort et livré a torment,   (b)
« Ja puis ne douterons lor borgois de noient,
« Car des armes porter sont apris povrement;
« Que chou est un[s] mestier[s] qu'il ne font pas
[sovent.

7590 estrait — 7604 quen oions

7610 « Uns grans viés chastelès est .1. poi cha devant,
« Une tor i a gaste, descavee forment.
« S'ens nos i poons metre por avoir tensement,
« La nous porons desfendre assés et longement,
« Tant quel sara li rois u douche Franche apent :
7615 « Ne quic que al secor[s] nel trovomes pas lent.
— Antialmes, » dist Aiol[s], « par le cors saint
[Climent !
« Tous jors vous truis de foi vers moi entirement,
« Et se Dieus nos en laisse partir a savement,
« Encor(e) vos en quic faire un si riche present,
7620 « Dont essauchié seront trestout vostre parent. »

CLXXXI Cil del Roimorentin se paine[nt] d'encauchier.
Devant trestous les autres le trait a .1. archier
Revient poignant lor sire c'on apele Rainier.
A sa vois qu'il ot haute commencha a huchier :
7625 « Aiols, quiver[s] traitre, Dieus te doinst encom-
« De la mort de mes freres te donrai le loier, [brier !
« C'a m'espee te quic le teste roengier. »
Quant l'entendi Aiol[s], le sens quide cangier.
A lui tira sa resne, si guenchi vers Rainier,
7630 Et Rainier[s] contre lui, ne l'a pas resongié.
Ambedui s'entrevienent comme lupart irié,
Mervelleus cos se donent es escus de quartier,
Desor les boucles d'or les ont frains et perciés ;
Tant orent boins haubers, nes porent desmaillier :
7635 As grans cos des vasaus et as fais des destriers
Et a lor roides anstes planees de pumier
Dont n'i ot il celui tant orguellous ne fier
C'a cel cop ne convienge tous les arçons vuidier.
Andoi furent vasal, s'i ressaillent en piés,
7640 Et traient les espees dont li branc sont d'acier,
Grandismes cos se donent es escus de quartier,
Que des hieumes se font les pieres jus glacier : (c)

7610 chastelet — 7622 trestout

Ainques n'i remest piere ne facent deslachier.
Je qui que li damages en fust ja sor Rainier,
7645 Quant si home i aceurent por le secor[s] aidier,
Plus furent de .ii^c. qu'a ceval que a pié.
Antialmes point et broche, li fiex a l'userier :
Devant sor son escu feri .i. chevalier :
Onques toutes ses armes ne li porent aidier
7650 Que l'espiel ne li fache par mi le cors baingier,
Devant lui a la tere l'a jus mort trebucié.
Il a traite l'espee dont bien se sot aidier :
Si feri un borgois qu'en fist voler le cief.
Il encontre son pere sor .i. corant destrier.
7655 Dameldé en jura, le verai justichier :
« Se ne fuissiés mes peres, ja presisse loier
« De vo grant traison a l'espee d'achier ! »
Cil de Roimorentin corurent tout irié :
Plus furent de .ii^c. qu'a ceval que a pié.
7660 Qui dont veist Aiol son mautalent vengier,
Le grant espee çainte, son escu sor son cief,
Ramenbre[r] li peust de vaillant chevalier !
Tant forment l'ont grevé que il l'ont mis a pié,
Et Marchegai s'en fuit par le camp estraier[s].
7665 Gerelmes le saisi par le resne a or mier.
La nuit i fust Aiols ochis et detrenciés,
Quant il et tout si fil le corurent aidier ;
Onques n'i ot celui qui n'abatist le sien.
Par forche li ramaine Gerelmes son destrier,
7670 Et Aiols i monta li gentiex et li fier[s];
Puis s'en tornent ensamble et seré et rengié.
Antialmes les conduist tout .i. antieu sentier,
Mirabel aconsieut soz un arbre foillié
Qui molt avoit son cors pené et travellié.
7675 Maisançois qu'il s'en puisent ens en la tor ficier,
Avient a nos barons mervellous encombrier[s].
Cel del Roimorentin i vinrent tout irié,

7666 nuis — 7673 sor

Plus furent de .11ᶜ. qu'a ceval que a pié; (d)
Desous Gerelme ocissent son auferant destrier,
7680 Il resaut sus en piés et drece sor ses piés,
Et a traite l'espee, l'escu tient sor son cief :
Cui il consieut a cop, tous est a mort jugiés.
Cui caut? que sa desfense n'i valut .i. denier :
Car il fu [par aus] pris, retenus et loiés,
7685 Se le font el castel ariere renvoier;
Et quant le voit Aiol[s], le sens quide cangier.
Es .iiii. fieus Gerelme nen ot que courechier,
Quant il virent lor pere retenir et loier.
Qui donc eust veu les gentiex chevaliers
7690 A lor pere secoure! mais ne lor valut nient.
Del cors del gentil home lor est pris grant pitiés.
A l'entrer del castel fu li capleis fiers;
Mais Mirabel n'i porent secore ne aidier.
Rainiers le va saisir par le resne a or mier,
7695 Li et l'eskiec a fait el castel renvoier,
Et tous les .vii. chevals c'Aiols ot gaignié,
Qui de vair et de gris et d'avoir sont cargié.
Rainiers a sa vois aute commencha a hucier :
« Ceste putain me faites en ma cartre lancier.
7700 « Le matin le ferai livrer as escuiers,
« Son lecheor pendrai comme laron fossier ;
« Gerelmes ert pendus et si .iiii. iretier,
« Et Antialmes detrais a keue de destrier. »
Quant l'entendi Aiol[s], le sens quide cangier ;
7705 Il tient nue l'espee et l'escu enbrachié :
Cui il consieut a cop, tous est a mort jugiés.
Amont par mi son elme ala ferir Reinier,
Que lés le maistre bare a le cercle trenchié ;
Mais tant fu fors la coife ne le pot damagier :
7710 Por quant si l'estona que le fist trebuchier,
Desor lui s'aresta, si ti(e)nt le branc d'achier,
Ja li tranchast la teste sans plus de l'atargier,

7682 *et* 7683 Qui — 7706 Que

Quant si home racorent por le sien cors aidier.

CLXXXII Quant Aiol[s] vit Geralme retenir et mener
7715 Loié en le prison et s'amie al vis cler, [(f. 150)
Le grant deul que il maine ne peut nus hon conter.
Li .iiii. fil Geralme furent près del pasmer.
Antialmes commencha hautement a crier :
« Signor, boin chevalier, ne vous caut desmenter ;
7720 « Onques en grant doel faire ne vi riens conquester.
« Entrés en cele tour, ne vous caut d'arester.
« Si vos desfendés bien por vos vies saver.
« Je vous quic a cort terme tel secor[s] amener
« Cil qui vos encauchierent le poront bien comprer ! »
7725 Laiens en sont li .v. tout maintenant entré
Et sont par vive forche les aleoirs montés
Par une voie estroite qui dedens la tor ert.
Et Antialmes s'en torne, qui les a commandés
A Dieu de sainte gloire qui en crois fu penés.
7730 Et quant che voit Rainiers, a poi qu'il n'est dervés ;
A sa vois qu'il ot haute commencha a crier :
« Baron, or tost après, Antialme me prendés !
« Se il vis vos escape, tous sui a mort livrés.
« Chou est li hom(e) en terre que li miens cors plus
[het ! »
7735 — Certes, » che dist Antelmes, « molt chier le com-
« Encore n'avés mie tout le bos recaupé : [perés.
« Une [h]art i a droite a coi vos penderés.
« Je quic que ja mon pere soit molt près par delés,
« Qui vos a porcachié le traison mortel
7740 « Por coi vous serés tout honi et vergondé.
— Comment ! » che dist Humbaus, « a je dont engenré
« Enfant qui me manache de la teste a cauper !
— Certes, » che dist Antialme[s], « car deservi l'avés.
« Ja hon traitres n'ert par moi enparentés ! »
7745 Il hurte le ceval, si s'en est delivrés.

7730 che voir — 7741 humbaut

.v. chevalier(s) l'encaucent por son cors agrever :
Cui caut? il n'en donroit .I. denier monaé.
Cheval ot fort et rade, isnel et sejorné,
Et quant li glouton voient nel poront encombrer,
7750 Qu'il nel porent ataindre a pla[n]che ne a gués, (b)
Ariere s'en retornent, sel laisierent ester.
D'asaillir al castel sont trestout apresté;
Et li .v. se desfendent cui li besoings en ert;
Jetent pieres et roces et grant caliaus corbés.
7755 Humbaus de l'assaillier s'est durement astés :
As estaches del pont trespassa les fossés;
Vint al pié de le tor, si commenche a crier :
« Baron! venés avant! por coi nes asallés?
« Se me volés aidier, orendroit les arés.
7760 — Signor, » che dist Aiols, « j'oi nostre oste parler
« Al pié de cele tor, je l'ai bien escouté. »
A iceste parolle que dist Aiols li ber,
Jofroi[s] li fiex Geralmes laisse une piere aler
Grant et grosse et pessant, quanqu'il pot sosiever :
7765 Aval desor son elme l'a laisie[e] couler,
Le pis et le coraille li a faite froer,
Ausi com uns esfondres l'a jus acraventé;
Lés le mur l'abat mort, voiant son parenté.
Et Aiols li escrie : « Biaus ostes, recevés!
7770 « Ostes, tu m'as trai comme leres prové :
« Mais la merchi de Dé(x) molt en es bien loés! »
— Certes, » che dist Rainiers, « molt cier le com-
« Ains demain miedi a forces penderés! »   [perés !
— Sire, » che dist Aiols, « se Dieu plaist vos mentés! »
7775 Chi le lairons d'Aiol, le gentil baceler,
Et de ses compaignons qui o lui sont remés :
Damelde[x] puist lor cors garandir et tenser!
Si dirons del message qui s'est acheminés,
D'Antialme le gentil qui fu preus et senés.
7780 Il sot bien les passages, les plances et les gués;

7753 qui le besoig

Enfressi c'a Orliens ne s'est aseürés :
Par le plus maistre porte est en la vile entrés.
Mie nuis ert passee, si ot li cos canté.
A le porte le roi tout droit s'est arestés.
7785 Il escrie al portier : « Amis ! la porte ovrés. »
Li portier[s] li respont : « Par foi, n'i enterés ! (c)
« N'estes mie preudom, qui a ceste eure alés.
— Amis, » che dist Antialmes, « merchi vos voil
« Se tost nen est overte, li damages ert tés, [crier.
7790 « Loeys nel vauroit por Orliens la chité ! »
Quant li portier[s] l'entent, en piés s'en est levés ;
Il ovri le guicet tant qu'il ot esgardé :
Desous le baron vit le ceval tressué,
7794 Car durement s'estoit travellié et pené.

CLXXXIII Li portier[s] se leva, quant la parolle oï ;
Il ovri le guicet, s'a le baron coisi :
« Vasal, avés besoing ? molt vos voi esmari.
— Oie voir, biaus dous sire, por Dieu merchi vos
« Gerelmes de Mongraille qui est hon Loeys [pri !
7800 « Et tout si .iiii. fil, li chevalier gentil,
« Estoient a Mongraille el palais signori :
« Par la revint Aiols del message furnir
« Del fort roi Mibrien u li rois l'ot tramis.
« Gerelmes li vaillans molt boin ostel li fist
7805 « Et por son cors conduire s'estoit en France mis ;
« Ersoir se herberga droit al Roimorentin.
« Reiniers ert en sa tor qui la parolle oï :
« Por l'amor de son frere le tient a anemi ;
« Et fist trestous ses homes et mander et banir.
7810 « Quant li baron le sorent, tost se furent garni :
« Entre Aiol et Gerelme et tout si .iiii. fil
« Orent tout lor arnas hors de la porte mis.
« Rainiers o tous ses home[s] voirement le[s] sui,
« Et il se desfendirent tant com porent soufrir.

7783 coc

7815 « En .I. viés castelet les ont a forche mis;
« Si i est ja Geralmes et retenus et pris;
« Et la fille le roi Mirabel al cler vis,
« Et tous les .VII. cevals que Aiols a conquis
« Ont remenés ariere dedens Roimorentin.
7820 « Se Damelde[x] n'en pense qui de l'aighe fist vin
« Le jor qu'il sist as noces de saint Archedeclin,
« Ja nel revera mais li fors rois Loeys. » (d)
Quant li portiers l'entent, la porte li ovri;
Isnelement et tost le laisse aval venir.
7825 « Sire, » dist li portiers, « entendés cha a mi :
« Entendés moi un poi, par la vostre merchi;
« S'irai as cambrelens vo message furnir. [pri. »
— Or tost, » fait il, « biaus sire, de tost haster vos
Li portiers est montés tous les degrés marbrin[s]
7830 Et a crolé l'anel, li cambrelens i vint :
Et cil li conta tout quant c'Antialmes li dist.
Li cambrelens s'en torne, si va a Loeys.
Il crola l'anelet et li rois s'esperi :
« Que vieus tu, va, ami, por Dieu qui ne menti? »
7835 Et cil li conta tout, l'orgeul et le peril
Et le mesavanture que Antialmes [li] dist.
Quant l'entendi li rois, si est en piés saillis :
A sa vois qu'il ot clere a escrier s'est pris :
« Faites armer mes homes, por le cors saint Denis!
7840 « Car se je perc Aiol, malement sui baillis! »
Qui dont eust veu le palais estormir
Et les frans chevaliers armer et fervestir!
L'enperere de Franche de la cambre en issi,
Il regarda aval, s'a Antialme coisi,
7845 Car la lune luist cler et l'iaume[s] esclairi.
As cambrelens demande : « Dites moi qui est cil
« Que je voi la armé sor cel destrier de pris? »
Dist un[s] cambrelens : « Sire, devers Roimorentin :
« Orendroit est venus le message furnir. »

7832 *et* 7848 cambrelenc

7850 Quant l'entendi li rois, sel fait avant venir,
Des novelles demande et il li a jehi,
Si com Hunbaus ses peres les ot la nuit trais :
« Par mon cief, » dist li rois, « molt m'a bien mes-
[bailli !

CLXXXIV « Amis, » che dist li rois, « molt es preus et
7855 « Ensamble vos ira mes senescaus Jofrois [cortois.
« A .II^c. chevaliers adoubés de conrois.
« Pensés del tost aler, si esrés par savoir;   [(f. 151)
« Après vous ferai sievre d'Orliens tous les borgois.
« Mes barons me rendés ains que vienge li soirs;
7860 « Reinier le traitor m'amenés devant moi :
« Tel justiche en ferons com jugeront François.
« Por chou qu'a mes barons avés esté de foi,
« Vous croisterai vo fief, mais que bien me servois !
— Sire, » che dist Antialme[s], « dehait qui s'en
[recroit !
7865 — Montés, franc chevalier, » dist Loeys li rois,
« Car se je perc Aiol, grans damage[s] me croist !
« Mieux aimeroie a perdre Rains u Cartres u Blois ! »
Doi cent chevalier montent et maint riche borgois;
Al trespasser d'un pont fu molt grans li destrois.
7870 Antialmes les conduist qui les voies savoit,
A toute la commune d'Orliens et des borgois.
Antialmes en fist .c. enbuisier detrier soi :
Dusqu'al viés castelet se tinrent mu et coi.
Autre[s] .c. chevaliers adoubés de conroi
7875 En a mené Antialmes sor les destriers norois.
Quant al chastelet vinrent, li jor[s] lor aparoit.
Aiols fu la dedens corechous et destrois :
Quant il ne sont que .v., de mort sont en esfroi;
Car cil de fors les traient as ars de cor turcois.
7880 Et li armé monterent desous les aleoirs,
Fierement les destraignent as boins brans vienois,

7859 le soir — 7864 decroit — 7866 grant

Des .iiii. fiex Gerelme ont retenu les trois :
Cha de fors les amoinent, ses loient el camois.
Et Aiols est entrés la dedens par pooir;
7885 Jofrois li fiex Geralme(s) est entrés avoec soi.
Tant ont lassé les cors, petit ont de pooir.
Aiols en jure Dieu que ja ne s'en faindroit,
Ne por mort ne por vie, tant com durer poroit:
Autressi set il bien que Rainiers l'ochiroit,
7890 Car por la mort ses freres durement le haioit.
Et Rainiers s'escria a une haute vois :
« Aiols, fieus a putain, fel traitre revois !
« Por la mort de mes freres morés vos orendroit!
« Je n'en prendroie mie tout le tresor le roi (b)
7895 « Que ne te fache pendre as forches, cui qu'en poist! »
Esque et fuisil avoient apresté li borgois,
Le feu ont enbatu, qu'il le voillent ardoir. [crois,
« E Dieus ! » che dist Aiols, « qui fus mis en la
« Aies merchi de m'arme : jamais ne quic veoir
7900 « Ne parent, ne ami, ne mon oncle le roi !
« Ahi ! Elies pere, vous convient remanoir
« Et Avisse ma mere qui se pasma por moi
« Longement ens el bos! Dieus qui tout le mont voit
« Vos fache autre secors, car par Aiol votre oir
7905 « N'en averés vos ja le monte d'un ballois ! »
Atant es vous poignant le senescal le roi
Et le cortois Antialme qui conduist les François.
Il escrie « Monjoie! » c'est ensenge le roi ;
« Cuivers Reiniers, traitres, par les sains d'Orlenois,
7910 « Vous en pendrés as forches ains que passe li soirs! »
Cil del chastel l'oirent, nel tindrent a gabois :
Des aleoirs se laissent a la tere caioir,
Por desfendre lor cors se metent a destroi.

CLXXXV   Cil del Roimorentin virent Frans aproismier :
7915 Molt orent grant secors de lor signor Rainier.

7895 qui quen — 7899 quir — 7914 franc

Il sist sor Marchegai armés et haubergiés,
Qu'ot conquis en l'estor, molt en fu fors et fiers.
A sa vois qu'il ot haute commencha a hucier :
« Ne vos esmaiés mie, nobile chevalier;
7920 « Pensés de bien desfendre, nous en avons mestier :
« Car par icel signor c'on a Rome requiert,
« Ançois que jou i muire, me venderai molt chier ! »
Atant es vous Antialme, le fil a l'userier,
Qui a l'anste brandie del roit tranchant espiel :
7925 Devant sor son escu ala ferir Reinier.
Desor la boucle d'or li a fraint et percié;
Le blanc hauberc del dos desrout et desmaillié;
De joste le costé li conduist son espiel :
Diable le garirent qu'en car ne l'a touchié.
7930 Il l'enpoint bien par forche, si l'a jus trebuchié; (c)
Ançois que li traitres se peust redrechier,
Antialme[s] li cortois par le nasal le tient,
Encontremont le sache a loi d'ome güerier ;
A la vois qu'il ot bele commencha a hucier :
7935 « U estes vous, de Franche li gentil chevalier?
« Je tieng le traitor, car me venés aidier ! »
Adont i sont venu .xiiii. chevalier
Qui l'ont par vive force retenu et loié.
Al senescal de Franche le rendent prisonier.
7940 Quant Aiols ot Monjoie crier et essaucier,
S'on li eust doné trestout l'or desousiel,
N'eust il mie esté si joiant ne si liés.
De la tor se devale; mais n'a point de destrier :
Marchegai a trové devant lui estraier
7945 Que leus tout maintenant en ert keus Rainier[s].
Et Aiols i monta, qui nul millor ne quiert;
Il s'abaissa a tere, si prist .i. fort espiel :
Devant sor son escu feri un chevalier,
Desor la boucle d'or li a fraint et perchié :
7950 Onques toutes ses armes ne li orent mestier;

7927 desront — 7945 tous

Devant lui a la tere l'a jus mort trebucié.
Il retorna ariere, si saissi le destrier,
Jofroi le fil Gerelme le rent par amistié.
Et cil i est montés qui forment en fu liés,
7955 Puis a traite l'espee et l'escu enbrachié
Et va querre ses freres : si les a tant cerkié
Qu'il les remist as armes et as corans destriers.
Adont i est venue la communge d'Orliens
Et li .c. c'orent fait el breullet enbuisier:
7960 Les borgois ont forclos et devant et derier.
Cil del Roimorentin ne se porent aidier,
Car des armes porter n'erent pas costumier,
Qu'il ne faisoient mie sovent itel mestier :
Dusc'al Roimorentin retornerent arier.
7965 Au cors le senescal le va Aiols noncier
C'al chastel ne forfachent valissant .1. denier; (d)
As borgois a fait rendre lor maisons et lor fiés :
As fources sor la tor ont fait pendre Rainier,
Puis fisent Mirabel de la cartre sachier :
7970 Entre lui et Geralme estoient prisonier.
Ses .vii. chevals n'i vaut Aiol[s] mie laisier,
Ne tout le grant avoir qu'il avoit gaingié.
Avoec lui maine Antialme, le fil a l'userier :
Ainc de la mort son pere ne le vaut emp[l]aidier
7975 Qui fu mors sor la tor d'un grant quarrel plenier.
La dedens en la tor laisent .x. chevalier[s]
Qui garderent la vile, le bourc et le marchié.
Ens el chemin s'en entrent tout seré et rengié;
Li uns des fieus Geralme le vait avant nonchier
7980 C'Aiols revient d'Espaigne, baus et joians et liés,
Et l'enpereres monte, o lui .c. chevalier,
Et la dame Ysabiaus, Lusiane al vis fier.
Quant virent Mirabel lés Aiol chevalcier,
Sachiés qu'en nule d'eles n'ot adont c'airier.
7985 Li fors rois Loeys qui Franche a a baillier

7958 venus

Ala Aiol son dru acoler et baissier.
Maintenant en entrerent en la chité d'Orliens,
Et li rois les en maine ens el palais plenier.

CLXXXVI Molt par fu grant la joie que fist roi Loeys;
7990 Il acola Aiol, si l'a a raison mis :
« Gentiex damoiseus sire, bien puisiés vos venir!
« Molt ai estei por vos coreçous et maris : (f. 152)
« Jamais ne vous quidai veir a nes un di(s).
« Mais vo[s] deus compaignons a je en cartre mis.
7995 « Se il vos ont forfait ne de riens mal bailli,
« Demain les ferai pendre sans nes un contre dit.
— Sire, » che dist Aiol[s], « se Damelde[x] m'ait,
« Por lor fier vassellage sont issi mal bailli.
« A Panpelune alames, ne vous en quier mentir ;
8000 « Je me fui endormis un merkedi matin
« Et je ne m'esvellai por tot l'or que Dex fist.
« Il fissent lor eskiec comme preu et gentil ;
« Por l'acordanche en vaurent mi home devenir :
« Mais jou tant fui vers aus coureçous et maris,
8005 « Que je ne vauc ainc prendre lor droit nel requellir.
« Car les me rendés, sire, par le vostre plaisir.
— Par foi, molt volentiers, » li rois li respondi,
« Nel vos contrediroie par le cors saint Denis,
« S'or i devoie perdre Estanpes et Senlis. »
8010 Ylaires et Jobers sont de prison fors mis.

CLXXXVII Li compaignon Aiol furent molt forment lié
De chou qu'il les avoit loialment tesmongié :
Grant joie font de lui et molt grant amistié.
Lusiane la bele prist Oton de Poitiers ;
8015 Sus el palais le maine, li et le duc Gontier :
Entre Aiol son cousin et Mirabel s'asiet.
La fille Mibrien vaura contralihier :
« Dites, biaus sire Aiol, ceste dame que quiert ?

7988 *Miniature avec cette rubrique* : Ch'est chi ensi com Aiols revient en Franche et com il amaine Mirabel fille roi Mibrien.
— 8004 jou me fui

« Vient ele a Sainte Crois, a cest nostre mostier ?
8020 « Teus feme deust estre norie en .i. celier,
« Car des dames d'Espaigne sai assés qu'il en [i]ert :
« En ceste nostre tere ne sevent gaignier.
« Certes mar ot ma mere son or et ses denier[s]
« Et les larges bontés qu'ele vos fist l'autrier,
8025 « Quant feme volés prendre et moi volés laisier ;
« Ja Dex ne vos pardoinst a nul jor le pechié !
« Tant m'en aront gabé serjant et chevalier !
« Quant al matin levoie en langes et nus piés, (b)
« Aloie a Sainte Crois pour Dameldé proier
8030 « Qu'il garesist vo cors de mors et d'encombrier.
« Damoisele d'Espaigne, jel vos voil calengier :
« Si vos desfenc de Dieu le pere droiturier,
« Des martirs et des virgenes qui tant font a proisier,
« Que ne prendés Aiol, che gentil chevalier.
8035 « Certes jel doi avoir, jel deservi premier ;
« Et se vous le prendés, se Dieus me puist aidier,
« Je vous ferai a honte tous les membres tranchier. »
Cele fu gentieus feme, si ne respondi nient.

CLXXXVIII Lusiane fu molt coreçouse et marie ;
8040 Et voit le roi son oncle, si fu molt esbaudie :
« En non Dieu(s) ! sire Aiol, je ne quidaise mie
« Que nos grans amistés fuissent ja departie[s].
« Je vic jadis tel eure n'estiés mie si riches,
« Marchegai ne valut que .xiii. sous u quinse.
8045 « Damoisele d'Espaigne, je vos voil contredire,
« Si vos desfenc de Dieu le fieu(s) sainte Marie
« Et des lois presieuses, des martir[s] et des virgenes,
« Que ne prendés Aiol, che chevalier nobile;
« Que je le doi avoir, que jel(e) deservi primes.
8050 « Et se vos le prendés, se Dex me bencie,
« Je vous ferai a honte detranchier et ochi(e)re. »
Cele fu gentiex feme, si ne respondi mie.

8044 .xv.

Quant l'entendi Aiol[s], a poi n'esrage d'ire,
Car il voit Mirabel coureçouse et irie.
8055 Par ire saut en piés li fil[s] al duc Elie :
Ja parlera li ber par savoir sans folie.

CLXXXIX Aiols li fiex Elie s'est contremont drechiés,
Sor une haute table monta a ses II. piés,
Si hautement parla que on l'entendi bien :
8060 « Or m'escoutés, » fait il, « nobile chevalier,
« François et Borgengon, Alemant et Baivier,
« Qui les marces tenés, des chités estes cief !
« Aidiés moi mon signor Loeys a proier,
« Car je sui ses hons liges, si tieng de lui mon fié. (c)
8065 « Je li ai fait bataille et fort estor plenier,
« Et gueres afinees et furni ses loiers,
« Onques n'en demandai vallissant .II. deniers,
« Ne mais que mes chevals me rendi volentiers.
« Chou que dira li siecles, mes iretages [i]ert :
8070 « Orendroit le me renge, et je l'en voil proier. »
Et respondi li rois : « Tout vos soit otroié :
« Dites que vous plaist tost, tout vos ert otroié.
— Par mon cief, » dist Aiol[s], « ains m'ert molt bien
« Et sor les sains juré et molt bien fianchié. » [gagié,
8075 Li rois a pris .I. gant que uns evesques ti[e]nt,
Si en saisit Aiol de quanque il li quiert.
Sor sains li a juré a .XXX. chevaliers
Del barnage de Franche de tous les plus prosiés,
Que il li rend[e]ra tout chou que ses drois iert.
8080 Or parlera Aiol[s], li gentiex et li fiers.
Encore ne set mie li rois que c'ert ses niés,
Mais il de maintenant s'i vaura acointier.

CLXC « Amis, » che dist li rois, « or vos ai fait gent don,
« Savoir voil que volés et oir vo raison.
8085 — Jel dirai, » dist Aiols, « si que François l'oront.

8062 cies — 8065 Se — 8082 si v. m. a.

« Je vous demanc Navers et Lengres et Dignon
« Et la chité d'Angiers, Nobles et Besençon
« Et Trieves et Plaissence, Cremoigne sor le mont :
« Si voil Miaus et Provin[s] et Rains et Ch[a]alon,
8090 « Amiens et Saint Quentin et Loon et Soisson[s] :
« La ducheé de Franche, celi vos demandon,
« Del moustier Saint Denis le maistre confanon,
« Et la senescaudie de tout vostre rion,
« Et petit s'en ira que par mi ne parton;
8095 « Mais por chou qu'estes rois, honor vos porteron :
« De vos le conistrai, seré vos liges hom.
« Jel vous ai demandé, si dirai le raison
« Por coi l'ai demandé, comment et comment non.
« Mes pere(s) a non Elie a la clere fachon,
8100 « Ma mere ert vostre seur, fille le roi Charlon, (d)
« De Franche le cachastes par .1. malvais glouton,
« Par le consel Makaire et des autres larons :
« Damelde[x] lor en renge ains la mort gueredon !
« Jamais jor de ma vie sans guerre ne seront. »
8105 Quant l'entent l'enperere, tel joie n'ot mais hom.

CLXCI Quant ore entent li rois qu'Aiols estoit ses niés,
Onques mais ne fu il si joians ne si liés;
Isnelement le cort acoler et baisier.
« Gentiex damoiseus sire, por coi ne le dissiés ?
8110 « Ja vous eusse jou adoubé tout premiers
« Et rendus vos honors, vos teres et vos fiés.
— Sire, je nen osoie, par les sains desousiel,
« Por chou que j'ere povres, nus et mal [a]aisiés.

CXCII — Sire frans damoiseus, grant folie fessistes,
8115 « Que vos vostre consel premier ne me jehistes.
— Sire, je nen osoie, » dist Aiols, « par ma vie,

8086 nauair cf. 8176 — 8100 li r. — 8105 *Après ce vers on lit par erreur dans le ms. :* Aiol tint mirabel par le main blancoiant, *vers que l'on retrouve presque identique au commencement d'une laisse suivante; cf.* 8136 — 8106 estois

« Quar j'estoie si povres que n'avoie dont vivre.
« Par foi, Lusiane est molt priveus ma cousine :
« Or li dorons tel home qui manans soit et riche[s] :
8120 « Que je sui ses coussins, moi ne peut avoir mie.
— Sire, » dist Lusiane, « par tant en sui garie :
« Mais par cel saint apostle c'on requiert en Galise,
« Encore amaise miex que ne m'apartenisses.
« E Dieus ! » dist la pucele, « or seroie garie
8125 « Se j'estoie accordee a le france mescine.
« Damoisele d'Espaigne, trop vos ai fait marie,
« Trop vos ai orendroit a grant tort laidengie :
« De chou que vous ai dit ne vos corechiés mie.
« Or en prendés mon droit, j'en sui preste et garnie,
8130 « Que je le vos amenc voiant la baronie. »
La pucele respont qui fu preus et nobile : [tes. »
« Je vous pardoing tout, bele, quanque vos me desis-
« Boinement par amor[s] et tout sans vilonie. »
E[s] les vos acordees, lés a lés sont assisses.
8135 Grant joie en a mené la riche compaignie. (f. 153)

CXCIII Aiol[s] prist Mirabel par le main blancoiant ;
Il est venus al roi, se li dist en riant :
« Faites baptisier, sire, le fille Mibriant.
« Je le conquis l'autrier a l'achier et al branc.
8140 « Puis en ai eu paine, et anguise et ahan. »
Et respondi li rois : « Je l'otri et commanc. »
Al moustier Sainte Crois le menerent no Franc.
La avoit une kuve de fin or reluisant :
D'aigue le font enplir et beneir esrant,
8145 Si fissent la pucele baptisier esraumant.
La le leva li rois et li mieus de sa gent,
Lusiane la bele al gent cors avenant.
Ainc son non ne li vaurent cangier ne tant ne quant :
En [la] loi crestiane la le vont confremant,
8150 Mirabeus ot a non issi comme devant.

8123 apartenistes

CXCIV   Ensi com ele fu en saint fons baptisie[e],
        L'enperere de France l'ama molt et tint chiere ;
        .iii. chités li dona riches de grant maniere :
8154   C'est [T]reve[s] et Plaissenche et Cremoine la tierce.

CXCV   « Sire, » che dist Aiols, « issi peut il bien estre :
        « Vous serés mais ses peres sor tous homes terrestre[s];
        « Je le prendrai a feme, si me dites le terme. »
        Et respondi li rois : « Ja (n)i meterai terme :
        « Octave Pentecouste la glorieuse feste
8160   « Le vous donrai a feme a Ais a la capele. »
        Et Aiols s'escria a sa vois qu'il ot bele :
        « Or m'escoutés, signor, franc chevalier honeste !
        « Qui vieut or et argent et pailes de Biterme
        « Et muls et palefrois et destriers de Castele,
8165   « Demain viegne avoec moi et boinement me serve :
        « Et jou irai saisir mes honors et mes teres. »

CXCVI   Adont li respondirent li gentil chevalier
        Cui il avoit doné l'or fin et les deniers,
        Les muls, les palefrois, et les corans destriers :
8170   « En non Dieu, » font il, « sire, nous irons volentiers,
        « Et devers trestous homes vostre honor calengier, (b)
        « Que nous l'aquiterons, se Dieus l'a otroié ! »
        Al matin par son l'aube se sont aparellié :
        Si vont par les contrees et saisirent les fiés
8175   Que tenoient d'Elie, le gentil chevalier.

CXCVII Tant ont alé qu'il vinrent a la chit de Navers.
        Makaire[s] i ot mis Pinart et Pinabel,
        Deus felons traitors orgellous et engrès :
        Ne lor daignierent rendre tant par furent dispers.
8180   Aiols les a saissis, s'en fist si grans dessers
        Que .vii^{xx}. en fist pendre en puis de Montinel ;
        Puis a mises ses gardes par dedens le chastel.

8168 Qui — 8178 felont — 8181 montidel *cf.* 5318

CXCVIII Après en est venus a Lengres en Bourgoinge.
Cil qui furent dedens le li uevrent et donent;
8185 Les clés de la chité li aportent encontre,
Feuté li jurerent, si devinrent si home.
Tout droit a Bessenchon li vint li rois encontre,
Il l'en [a] apelé, fierement l'araisone :
« Comment le faites, niés ? — Bien, merchi Dieu,
[biaus oncles.
8190 « Conquerrant vois ma tere, nus ne m'i met caloigne.
« Qui contredit i met, morir l'estu[e]t a honte.
« Or manderai mon pere qu'il viengne de Gasconge. »
Il li a envoiés isnelement .III. contes,
D'or fin et d'argent blanc fist cargier .XII. somes
8195 Qu'envoie a l'ermitage droitement al saint home.

CXCIX Or s'en vont li message qui ne l'ossent veer:
Li messages les guie qui l'avoir ot porté
C'Aiols [lor] envoia si com oi avés.
Tant ont par lor jornees esploitié et esré,
8200 Vinrent a Mongaiant, s'ont Elie trové ;
L'or fin et l'argent blanc ont al moine doné :
Por Dieu et por Elie fu li lieus honorés.
Il ont dit a Elie : « Sire, vous en venrés
« Al roi de douche Franche, par nous vos a mandés,
8205 « Car il vieut estre a vous paissiés et acordés,
« Et vostre fieus vous mande, Aiols li bacelers,
« Qui est al roi de Franche acointiés et amés, (c)
« Si vos mandé par nous que plus n'i demorés,
« Car il a reconquis toutes vos iretés. »
8210 Quant l'entendi li dus, Dieu en a aouré(s) :
« Signor, dont irai jou volentiers et de grés ! »
Sor .I. boin palefroi ont fait le duc monter
Qui bien le portera et amblera assés ;
La ducoise leverent sor .I. mul afeutré.
8215 A Moysès l'ermite ont congiet demandé,

8184 le liurerent — 8200 monioiant *cf.* 2795 *et* 3865

Et cil les commanda a Dieu de majesté.
Atant ont le pais et le resne passé,
Car lor herbergerie ne vous sai raconter,
Durement m'en anoie li pais a nommer.
8220 Tant ont par lor jornees esploitiet et esré
Qu'il vinrent a Orliens, la mirable chité.
De chou fist molt Elies que cortois et que ber,
Qu'il vait a Sainte Crois Dieu proier et ourer.
Il prent .iiii. mars d'or, ses a mis sor l'autel :
8225 Si a nostre signor durement ahouré
Des biens que li a fait par la soie bonté.
A l'issir del moustier a le roi encontré,
Qui li venoit encontre a molt riche barné.
Quant le voit Loeys, si l'en a apelé :
8230 « Gentiex hon de boin aire, bien soiés vos trové!
« Icil soient honi et del cors vergondé
« Qui vous fissent de moi partir et desevrer! »
Et respondi Elies, li cortois et li ber : (d)
« Si soiés ben[e]ois com deservi l'avés! »
8235 Loeys respondi : « Sire, grant tort avés,
« Car tant grant ami fait mals consaus desevrer.
— Sire, » che dist Aiols, « c'est fine verité ;
« Mais or pri jou mon pere par fines amisté[s]
« Et ma mere la gente que vous ichi veés,
8240 « Qu'il vos prient merchi et vous li pardonés. »
Et respondi Avisse : « Volentiers et de gré! »
Devant les piés son frere s'est alee acliner,
Et il l'en releva entre ses bras soef :
Douchement li baisa et la bouce et le nés,
8245 Et puis le duc Elie par fines amistés.
Puis corut la ducoise son enfant acoler :
Plus de .c. fois li baise et la bouce et le nés.
Aiols a fait le roi et son pere acorder,
Mautalent et iror boinement pardoner.
8250 Li rois li rent sa tere et toute s'erité

8224 autes — 8226 Les — 8227 *Miniature avec cette rubrique :*
Ch'est chi ensi com Elyes est revenus en Franche.

Et la senescaudie de trestout son resné;
Les consaus de sa cambre li a tout commandés;
Ausi comme devant li rent ses dignités.
« Biaus fieus, » che dist Elie[s], « molt avés bien
8255 « Qui m'avés reconquisses toutes mes iretés : [esré,
« Ersoir estoie povres, or sui rices assés.
« Mon ceval et mes armes voil or(e) que me rendés
« Que vos baillai antan el bos al dessevrer.
— Sire, » che dist Aiol[s], « onques mais n'oi tel.
8260 « Li blans haubers ne l'elme[s] ne pot longes durer,
« Et l'escu[s] et le lanche fu perdus al joster ;
« Et Marchegai est mors et a sa fin alés :
« Piecha que l'ont mengié li cien en .1. foussé,
« Il ne pooit mais core, tous estoit asotés. »
8265 Quant l'entendi Elies, por poi qu'il n'est dervés :
Il a pris un baston par sa ruiste fierté,
Sore li est corus, qu'il le voloit tuer :
« Lechiere, » dist li dus, « mar l'ossastes penser,
« Que Marchegai fu mors, mes destriers sejornés :
8270 « Jamais autres si boins ne sera recovrés. [(f. 154)
« Issiés fors de ma tere, ja plain pié n'en tenrés.
« Cuidiés vos, faus lechieres, fol glous desmesurés,
« Por vo(u)s cauces percies et pour vos pains solers
« Et por vos blons cavex que faites cordouner,
8275 « Vos soiés riches hon et je musars clamés ? »
Li barnages de France s'en commence a gaber,
Meismes Loeys en a un ris jeté.
Quant Aiols vit son pere envers lui airé,
Isnelement et tost li est al piet alé :
8280 « Sire, merchi por Dieu, » che dist Aiols li ber,
« Le ceval et les armes vos quic encor(e) mostrer. »
Il les fist en la plache trestoutes aporter ;
Aiols les avoit faites richement atorner,
De fin or et d'argent richement acesmer ;
8285 Se li fist devant lui Marchegai amener.

8267 qui — 8275 musart

Li cevals estoit cras, si ot plains les costés,
Car Aiols l'avoit fait longement sejorner :
En .ıı. caines d'argent li a fait amener.
Et Elies enpuinge son hermin engoulé,
8290 Le ceval aplanoie les flans et les costés.

CC Aiols ne vaut tenchier ne coser a son pere :
Marchegai li amaine par le resne doree,
L'auberc et le blanc elme et la trenchant espee,
La targe que on voit molt bien enluminee,
8295 Et la lance forbie et molt bien acesmee :
« Sire, veschi les armes que vos m'avés donees :
« Faites ent vo plaisir et quanque vous agree.
— Biaus fieus, » che dist Elies, « quite[s] vos sont
[clame[es] ;
« Je ferai bien querre autres, tost m'erent apreste[es].
8300 « Por Dieu, ne failliés mie ne moi ne vostre mere.
— Sire, » che dist Aiols, « ne place a Dieu mon pere
« Que j'aie en mon vivant ne denier ne denree
« Que vous n'en soiés sire, ele dame clamee !
« Ançois vos servirai com hons d'autre contree :
8305 « Vostre est toute la tere que jou ai conquestee. » (b)
Aiols li fieus Elie a se feme rovee
Al fort roi Loeys cui il l'ot commandee.
D'une cambre perine li a on amenee :
A joie et a baudor l'a le jor espousee;
8310 L'archevesque de Rains lor a mese cantee;
Le jor fu Mirabieus beneite et sacree :
A l'issir del moustier l'ont sor .ı. mul levee.
Par desor une mule richement afeutree
Sor la sanbue a or fu la dame possee;
8315 Et issent de la vile, si acoillent l'estre[e].
Je ne sai pas le conte de cascune jornee,
Mais tant ont cevalcié et soir et matinee
C'a Lengres en Borgoinge sont les noces tornees,

8294 com — 8297 vous voles cf. 524, 726, etc. — 8300 ne vos ne
— 8307 que il — 8309 bandon — 8311 *Ce vers se trouve après* 8312

Car Aiols estoit sires de toute sa contree.
8320 Ne vaut faire ses noces en le grant tor quarree,
N'en maison n'en chastel, ne en sale pavee :
Ains les fist desous Lengres en une large pree.
La peusiés veir mainte aucube levee
Et mainte riche tente d'or et d'argent fresee.
8325 Molt sont rices les noces, .xv. jors ont duree,
Mais ains qu'ele[s] departent, seront chier comperees.
De prison ist Makaires, li traitres, li leres,
Par le consel as gardes qu'en ont pris grans soudees.
Tant a esré li glous qu'il vint en sa contree,
8330 Et qu'il ot devers lui .iii. chités recovrees,
Losane et Osteun et Cremoigne le lee ;
Mande les saudoiers de toute le contree :
Molt avoit grant tressor, si lor done saudees.
Lonbart et Borgengon ont grant jent recovree,
8335 Tant qu'il sont .xxx^m., cascuns la teste armee,
Qui sont venu a Lengres par une matinee; (c)
Makaires li traitres dessendi en la pree
Por les barons requere a se gent ordenee;
8339 Ja serviront as neuces al tranchant de l'espee.

CCI Sous Lengres en Borgoinge, en .i. brellet foillu(s)
Qui fu d'if et d'auborc et d'olivier ramus,
Makaires li traitres est a pié dessendus.
Il a dit a ses homes : « Molt m'est mal avenu :
« Cil Loeys de Franche m'a mort et confondu,
8345 « Tolue m'a [ma] terre, autre en a revestu.
— Sire, » dient si home, « por coi t'esmaies tu ?
« Vois les chi en lor tentes baus et liés et seur[s] :
« Se tu peus Aiol prendre, le matin soit pendus! »
Puis saillirent es selles des auferans kernus :
8350 Ja serviront as noces as boins espieus molus.
Mais il fissent que fol, li kaitif malostru;
Car l'enpereres ert le jor devant venus
A .vii^c. chevaliers, les blans aubers vestus.

8322 .i. l. — 8327 Makaire ist de pr. — 8331 osteue — 8345 autrui
— 8347 Vois las

CCII Dedens le tref tendu se jut Aiol[s] le soir
8355 Dejoste sa mollier, si com faire devoit.
　　　Mais de che fist li ber que preus et que cortois,
　　　Que il se fist gaitier bien a .v^c. François.
　　　Quant il virent les lor, si sont en grant esfroi :
　　　Por desfendre lor cors se tindrent en conroi.
8360 Makaires point et broce, si vait ferir Jofroi,
　　　Un gentil chevalier qui d'Orliens nés estoit :
　　　Mervelleus cop li done sor son escu a droit
　　　Qu'il li fent et peçoie et de l'auberc .iii. plois ;
　　　Par mi le gros del ceur li pase le fer froit ;
8365 Toute plaine sa lance l'abat mort demanois.
　　　Molt en furent dolant et coreciet François,
　　　Car il ert senescaus Loeys nostre roi(s).
　　　Et Lonbart s'avanchi[e]rent par force et par pooir,
　　　Le feu boutent es loges, si les fissent ardoir :
8370 François qui dedens furent en sont forment destroit.

CCIII Joserans de Paris vit mordrir son parent :　(d)
　　　Lor a al ceur tel ire por poi d'ire ne fent.
　　　Le destrier point et broche qui ne va mie lent,
　　　Et vait ferir Bevon de Viane esraument,
8375 Que l'escu de son col li peçoie et porfent
　　　Et l'auberc de son dos li desmaille et desment ;
　　　Par mi le gros del ceur son roit espiel li rent,
　　　Toute plaine sa lanche l'abati mort sanglent.
　　　Manesier[s] qui l'esgarde, ses frere, en fu dolent,
8380 Il jure Dameldé le pere omnipotent,
　　　Que ja le compera Joserans, si l'atent.

CCIV Manesier[s] point et broche par le camp tous maris,
　　　Vait ferir en l'escu Joserant de Paris,
　　　Desor la boucle d'or li a fraint et malmis,
8385 Et l'auberc de son dos desront et dessarti(s) ;
　　　Par mi outre le cors son roit espiel li mist,

8371 Joserant — 8381 joserant

Toute plaine sa lanche l'abati mort sovin,
Puis escrie s'ensenge : « Chevalier, ferés i ! »

CCV   Loeys point et broche, li fiex le roi Charlon,
8390 Vait ferir en l'escu Oedon le Borgengon,
Desor la boucle d'or li peçoie et confont,
Et l'auberc de son dos li desmaille et desront
Que trés par mi le cors li met fer et pingon,
Toute plaine sa lance l'abat mort de l'arçon.
8395 Molt en pessa son frere Garin de Monloon,
Et va ferir le roi en l'escu a lion,
Que lui et le ceval abati en .i. mont.
Loeys saut en piés, trait le branc de color
Et leva sor son cief son escu a lion;
8400 Cui il consieut a cop n'a de mort garison.
Atant evous Aiols a coi(n)te d'esperon :
Molt se fu bien armés dedens son pavellon,
Et sist sor Marchegai qui li cort de randon,
Et Jobers et Ylaires, tout .iii. sont conpaignon :
8405 Il ne deseveroient por tout l'or de ces[t] mont;
Ja secoront le roi, cui qu'en poist ne cui non.

CCVI Aiols vit son signor Loeys en la presse, (f. 155)
Que felon Borgengon molt durement apressent.
Il broche Marchegai, se li lasque le resne,
8410 Et vait ferir Gerin en le targe novele,
Desor la boucle a or li fraint et escartele,
Et la bronge del dos li desmaille et dessere;
El cors li met l'espiel entre les .ii. mameles,
Toute plaine sa lanche l'abati mort sor l'erbe :
8415 Puis saisi le destrier par le doree resne,
Son signor le rendi, si desrompi la presse,
Et li rois i monta par son estrier senestre.
A icele parole li aube lor esclaire :
Mirabeus la pucele est remesse en .i. tertre,

8400 Qui — 8404 jofrois — 8406 qui quen p. n. qui — 8416 desrompe

8420 Toute descauce en langes, nus piés estoit la bele,
Si com en cele nuit que les noces sont faites.
Cele garda aval, si a veu les pertes,
Vit les puins et les piés et les cors et les testes
Des gentis chevaliers qui gisent mort sor l'erbe.
8425 Dameldé reclama le glorieu[s] celestre :
« Dame sainte Marie, digne vierge pucele !
« Se je perc mon signor, hui commence tel guere,
« Qui jamais ne faura en ce siecle terestre. »

CCVII Li jors fu biaus et clers et li solaus luisans.
8430 L'enperere de France fu molt grains et dolans :
Il voit morir ses homes a deul et a torment.
Il broche le destrier qui ne va mie lent,
Et vait ferir Makaire en son escu devant;
Desor la boucle a or li peçoie et porfent,
8435 Li aubers de son dos ne valut .i. bessant :
Diable le garirent, que il en car nel prent;
Tant com anste li dure l'abati esraument.
Li glous resaut en piés tost et isnelement :
Loeys s'i areste, trait l'espee tranchant ;
8440 Ja li tranchast la teste, n'eust de mort garant,
Quant li toli Girbers et Guis li Alemans ;
De la presse le traient, se li fisent garant.
Por chou ne fu il mie de bataille taisant,   (b)
Ains va par mi les rens abandoneement,
8445 Et tient nue l'espee dont li brans est trancans,
Trenche pis et costés et testes d'auferans :
Cui il consieut a cop il n'a de mort garant.
A sa vois qu'il ot haute vait sovent escriant :
« U es alés, Aiol, fel quiver[s] souduians ?
8450 « Cuides me tu tolir issi mes casemens ?
« Anqui le comperas, se Dieus le me consent ! »
Li fieus Elie l'ot, cele part vint corant ;
Si a feri Makaire sor son escu devant,

8420 descaut en langle — 8435 auberc

Que lui et le ceval abat en mi le camp ;
8455 De sor lui s'aresta, si trait tout nu le branc ;
Ja 's'en fust bien vengiés, par le mien ensiant,
Quant le rescoust Girbers et Gui li Alemans :
De la presse le traient, se li refont garant.
La peusiés veir(e) la bataille si grant,
8460 Tant chevalier morir et abatre sanglant !
Borgengon ont grant forche, car poi i ot de Frans.
L'enperere de Franche ot molt son ceur dolant ;
Vers la chité de Lengres s'en va esperonant :
Molt i laist de ses homes coreciés et dolans.
8465 Aiol[s] li fieus Elie est remés combatant,
Et vont por asaillir et deriere et devant :
La fissent grant damage al chevalier vaillant,
Car Jobert et Ylaire andeus ses iex voiant
Li ont abatu mors trés en milieu del camp,
8470 Et Geralme le preu et Antialme l'enfant,
Des .IIII. fieus Geralme andeus les plus vaillant.
Aiols li fieus Elie s'en est tornés atant.

CCVIII   Aïols s'en est tornés a coi(n)te d'esperon :
Mirabiaus la ducoise est remese en .i. mont ;
8475 Borgengon le saisirent entor et environ,
Makaire le rendirent, le quivert, le felon ;
Et la franche ducoise s'escria a haut ton :
« Lairés m'en vous mener, ge[n]tiex fiex a baron ? (c)
« Reprovier en arés a vo vie tous jors ! »
8480 Quant Aiols l'entendi, molt en ot grant dolor,
Et jure Dameldé le pere creator
Qu'il ne le lairoit mie por tout l'or de cest mont,
C'al passage del gués ne lor reface un tor.
Il broche Marchegai des tranchans esperons :
8485 Devant sor son escu feri .i. Borgengon,
Que il li peçoia desous la boucle amont
Et l'auberc de son dos li desmaille et desront ;

8461 franc — 8474 Mirabel — 8479 tout

Par mi outre le cors li met fer et pingon,
Toute plaine sa lanche l'abat mort de l'arçon.
8490 Puis a traite l'espee dont a or est li puin[s] :
Si refiert .i. Lonbart par mi son elme amont,
Qu'il en a abatu les pieres et les flours,
Et a estort son caup, mort l'abat el sablon.
Adont i sont venu .xl. Borgengon :
8495 A plus de .xxx. lanches ferirent sor Aiol;
Son poitral et ses çaingles et ses estriers ont rous ;
Del ceval l'abatirent, u il vausist u non.
Et Aiols saut en piés, trait le branc de color :
Cui il consieut a cop n'a de mort garison.
8500 Mais molt grant mesceance li avient a cel jor,
Car s'espee li brise et vole en .ii. tronchons :
Borgengon le saisirent entor et environ.
Atant evos Makaire le traitor felon,
Et tient nue l'espee dont a or sont li pon;
8505 Ja li trenchast la teste, n'en eust raençon,
Quant Guis et Alerans et Girbers l'ont rescous,
Et la france ducoise s'escria a haut ton :
« Merchi, sire Makaire, por Dieu et por son non !
« Comment i moroit ore tex hon com est Aiols ?
8510 « Puis que pris nous avés, metés nos en prison :
« Bien avés aquitee de Borgonge l'onor. »
Et respont li traitres : « Par mon cief chou ai mon! »
Il les fait delivrer .xl. Borgengon[s] :
Par deriere les dos lor fait loier les poins (d)
8515 Issi estroitement que li clers sans en cort.

CCIX Makaires prist Aiol et lui et sa mollier :
Par deriere les dos lor fait les puins loier
Issi estroitement que li clers sans en ciet.
Puis a fait tout l'avoir et torser et cargier,
8520 Les trés et les cendaus et les pailes ploiés,
Et le vasalement qui estoit al mangier,

8499 Que — 8506 girbert

Isnelement les torse desor les fors somier[s];
A la voie se metent sans plus de l'atargier.
Ne sai que vous deusse lor estoire anoncier :
8525 D'ileuc dusqu'a Lossane ne se sont atargié;
En la chité entrerent a ceval et a pié.
Makaire[s] li traitres, cui Dieus doinst encombrier,
Tous les degrés en monte sus el palais plenier;
Aiol i fist mener, et o lui sa mollier :
8530 Li uns regarde l'autre, si pleurent de pitié.
Makaires en apele ses maistres carteriers,
Ens el font de sa cartre les a fait envoier :
Puis i jurent il tant a deul et a pichié
Qu'Aiols ot de sa feme .ii. petis iretiers;
8535 Puis soufrirent grant paine et morteus enconbriers,
Ains qu'il portaisent armes ne fuisent chevalier.
Or commenche canchon forment a enforchier,
Faite de vreie estoire, fol[s] est qui millor quiert.
Mais d'une cose furent Borgengon engingié,
8540 Que le ceval Aiol ont ariere laissié.
Uns Lonbars le saisi, sel vaut aplanoier :
Li cevaus aperçoit que Aiols n'ert che nient,
Le Lonbart a tué a anbedeus ses piés.
Vers Lengre[s] s'en retorne durement eslaissiés,
8545 La porte li ovri Asses li Beruiers,
Et Marchegai i entre : ains ne fu tex destriers !
Plus seut tous tans de guere que mavais chevaliers.

CCX A Lengres en Borgonge jut Elie en son lit
Qui molt estoit malades et forment afeblis;
8550 Encor(e) ne sot il mie de son fil qui est pris. *(f. 156)*
Il a oi le noise et le bruit et le cri;
Son senescal apele Gerart de Valseri :
« Gentiex hon, dites moi ceste noise quil fist?
— Sire, » che dist Gerars, « malvaise noise a chi.
8555 « Makaires de Losane est fors de prison mis

8527 que — 8554 gerart

« Par le consel as gardes qui le tresor ont pris;
« Si ont gehui le roi en ces cans desconfit :
« Aiol ton fil en mai(e)nent, en bataille l'ont pris. »
Quant l'entendi Elies, a poi n'esrage vis.
8560 .IIII. fois se pasma li frans hon por son fil.

CCXI A Lengres jut Elies dolans et irascus.
Molt demaine grant deul de son fil c'a perdu(s) :
« Gentieus hon de boin aire, » dist li dus, « si mar
« Makaire de Losane, tes cors soit confondus ! [fus!
8565 « Marchegai, boins chevals, por vos sui irascus,
« Car se je vos reusse, tous refuisse seurs.
— Sire, » che dist Gerars, « il est cha revenus,
« Li boins destriers de garde, ainques miedre ne fu
« Ja a mangiet d'avaine .I. grant sestier u plus. »
8570 Quant l'entendi Elies, onques si liés ne fu.
Dameldé en aoure le pere de la sus :
« Sire pere de gloire, vos en ren ge salus !
« Le matin leverai, quant ert apareus,
« Et referai la guere al fer et a l'escu.
8575 « Par icel saint apostle por cui Dex fait vertu,
« Teus se peut ore faire baus et lié[s] et seur[s]
« Qui en sera encore par la goule pendus. »

CCXII Molt demaine grant doel li dus et sa mollier,
Et regretent Aiol cortoisement et bien :
8580 « Ai ! tant mar i fustes, nobile[s] chevaliers!
« Makaire de Losane, tes cors soit vergongiés,
« Qui departi nous as del millor iretier
« Qui onques fust en France en terre ne sous siel.
— Dame, » che dist li dus, « ce grant deul car
[laisiés :
8585 « Onques de grant deul faire ne vi rien gaignier.
« Quant je rai Marchegai, n'en donroi[e] .I. denier; (*b*)
« Le matin, se Dieu plaist, leverai tou[s] premier[s].

8557 desconfis — 8575 qui

« Si reprendrai la guere al fer et a l'achier :
« Teus se peut ore faire baus et joians et liés
8590 « Qui en sera encore corechous et iriés! »

(CCXIII) Un semedi matin s'est Elies levès;
Ses maistres cambrelens en a araisonés :
« Aporteme mes armes, mes cauces, mes solers :
« Leverai moi del lit, trop i ai or estet ;
8595 « Mal soit or(e) del malage qui tant vieut sejorner ! »
Et cil ont respondu : « Si com vous commandés. »
Ses dras li aporterent sans plus de demorer,
Chemise et braie[s] blanche[s] li ont fait endoser;
Un peliçon hermin li ont el dos jeté
8600 Et desore .1. bliau[t] a fin or pointuré.
Puis li ont un mantel d'escarlate afublé.
« Signor, » che dist Elies, « envers moi entendés :
« Par le vostre merchi a mangier m'aportés.
« Ja ne sis jou a table .XIIII. ans a passés. »
8605 Et cil respondent : « Sire, tout a vo volenté. »
A le plus haute table ont Elie mené :
Tout premier li aportent .II. simbres buletés,
Et une grant espaule d'un parcreu sangler,
Et menus oiselons roistis et enpevrés,
8610 Et vin assés encontre et pument et claré.
Elies en manga li cortois et li ber :
Mal soit de nul morsel que il en a doné!
Ains manga durement par vive poesté,
S'a beu .I. sestier de vin et de claré.
8615 Cil jovene chevalier s'en prisent a gaber,
Et dist li uns a l'autre : « Por Dieu, or esgardés!
« Tant a or cis viés hon mangié a son disner
« .IIII. autre chevalier en eusent assés! »
Quant Elies l'entent, le sens quide derver :
8620 « Signor, » che dist li dus, « molt grant tort en avés.
« Se je mangu(e) le mien, que vos a il cousté?
« Prenés ore tel .IIII. com chi ramentevés (c)
« Qui de cest mien conroi fuissent or conraé(s);

« Si les faites tout .iiii. fervestir ne armer,
8625 « Et jou irai avoec, s'esgarder me volés.
« Se ançois qu'il soit vespres ne solaus esconsés
« Ne les vos renc tous .iiii. recreans et matés,
« Ja mar mangerai mais en trestout mon aé! »
Dient cil quil connoissent : « Il se dist verité ;
8630 « Onques mieudre de lui n'ot esperon fremé. »
Quant li dus ot mangié(s), sor ses piés est levés,
Ariere s'en revint el palais princhipel.
Li fors rois Loeys est contre lui levés,
S'i est alés Elie baisier et acoler :
8635 « Biaus serouges, » dist il, « par sainte carité,
« Jamais de vostre amor ne me vueil desevrer.
— Sire, » che dist Elies, « envers moi entendés.
« Je vous pri et requier por sainte carité
« Que vous une quintaine faites drechier es prés,
8640 « Si i ferai .i. caup por mon cors esprover,
« Savoir se mès poroie mes garnimens porter
« Ne en ruiste bataille chevalier encontrer.
— Sire, » che dist li rois, « si com vous commandés. »
Elies s'adouba, li gentiex et li ber :
8645 Il a vestu [l']auberc, s'a un elme fremé,
Et a çainte l'espee al puin d'or noelé,
Et monte en Marchegai c'on li ot enselé.
Puis issent de la vile a molt rice barné.
Elies point et broche et trespasse .i. fossé,
8650 Et fiert en la quintaine .i. cop desmesuré,
Que rés a rés la tere fist l'estache froer,
Et si fist le quintaine par devant lui verser.
Dient cil qui l'esgardent : « Grant cop i a doné !
« Encore ne sai home en la crestienté
8655 « Qui peust en bataille contre tel cop durer ! »
Et li rois Loeys le corut acoler :
« Biaus serouges, » fait il, « por sainte carité,
« Jamais de vostre amor ne me quier desevrer ; (d)

8626 escouses — 8627 tout .

« Or manderai mes homes par trestout mon resné :
8660 « Se secorons Aiol que ne puis oublier.
— Sire, » che dist Elies, « Dex vos en sache gré ! »

CCXIV L'enpe[re]res fist faire ses cartes et ses briés :
De par toute[s] ses teres mande ses chevaliers
Et toutes les communges a ceval et a pié.
8665 Tout i vienent esrant apresté d'ostoier :
Ne sai que vous deuse lor estoire anonchier.
Les os s'aharneskierent sans plus de l'atargier :
De Lengres s'en issirent tout seré et ren(s)gié ;
8669 Elie[s] les conduis[t], le gonfanon lachié.

CCXV Signor, des puis cel[e] oure que li os fu esparse,
Ne trovent il maison ne vile que n'ait arse.
Es puis de Marajus encontrent les angardes :
Makaires i laisa .v^c. homes a armes ;
Et François s'adouberent as adurés corages.
8675 Or pensent de bien faire, qu'il troveront bataille.

CCXVI Borgengon seurent bien les destrois de la tere ;
Tant com porent cel jor contre François cembelent.
Elies doute molt que de sa gent ne perde :
Il broche Marchegai, se li lasque le resne,
8680 Et va ferir Gautier, le conte de Valterne.
Ne escu[s] ne haubers ne vaut une cenele :
Par mi outre le cors li mist l'anste novele,
Tant com anste li dure, l'abat mort de la sele.
Molt en pessa son frere, Guimart de le Tormele.
8685 Il broche le destrier, se li lasque le resne,
Et vait ferir le duc sor la targe novele,
Desor la boucle a or li fraint et esquartele.
Molt fu fors li aubers que maille n'en dessere :
8689 Tant par fu fors li vieus ne ploie ne ne verse.

CCXVII Tant par fu fors li vieus ne verse ne ne pl(o)ie,

8681 hauberc n. v. .i. c.

Ains referi Guimart en l'escu a delivre.
Desor la boucle d'or a le targe perchie,
Et la bronge del dos desroute et desartie.
Toute plaine sa lanche l'abat mort a delivre, (*f.* 157)
8695 Et Borgengon s'en tornent, s'ont le place guerpie,
Enfressi c'a Lossane ne cessent ne ne finent :
A pié et a ceval en entrent en la vile;
Makaires fust dedens, li quivers, li traitres.

CCXVIII   Makaire[s] fu dedens, li traitres cuivers;
8700 Molt demaine grant doel de sa gent que il pert.
Evous .ii. messagiers qui poingent a es(e)lais :
Il escrient Makaire quant il li vienent près :
« Par foi, sire Makaire, trop malement vos vait!
« Les pui(n)s de Marajus vous ont François desfait.
8705 « Tout chou a fait Elies, un[s] traitres malvais.
« Malades a geu, par traison l'a fait.
« Les gens de ceste terre nous tien[ent] a malvais.
« Fai ardoir en .i. feu Aiol, le mal quivert. »
Quant l'entendi Makaires, a poi le sens ne pert :
8710 Il a traite l'espee dont tranche[nt] li coutel.
Venus [est] a la cartre poignant tout a eslais,
Et vaut ferir Aiol quant il li vint de près,
Quant il li retoli Alerans et Girbers :
« Ostés, sire Makaire, chou n'i ert ja soufert!
8715 « Cil qui ochist prison doit morir desconfès,
« Puis nel doivent servir chevalier ne dansel.
« Et il i a la fors no(u)s amis de plus près :
« S'or ochiés Aiol, ja nes reverons mès.
— Signor, » che dist Makaires, « chi a mavais revel(s) :
8720 « Si parent m'ont gasté maint borc et maint castel.

CCXIX   « Signor, » dist li traitres, « laisier l'estu[e]t atant;
« Or vos proi de ma guerre trés ce jor en avant. »
Et cil li respondirent : « Tout a vostre commant.
« La jus a cele porte a la bare plus grant :

8693 desronte — 8719 dist aiol

8725 « Lor ferons de matin .i. cenbel avenant. »
Et respont li traitres : « Je l'ostroi et commanc. »

CCXX Un semedi matin est Elies levés,
Et li rois Loeys et ses rices barnés.
Il corent par la terre, s'essillent le resné,
8730 N'i remaint bourc ne vile que tout ne soit gasté : (b)
Ne revien[en]t a l'ost devant midi passé ;
Et Borgengon s'en issent, li quiver desfaé,
Et François les reçoivent qui bien furent armé.
La peussiés veir fier estor encontrer,
8735 Tant gentil chevalier abatu et navré.
Elies point et broche, si trespasse .i. fossé,
Et fiert un chevalier que il a encontré
Que l'escu de son col li a fraint et troué
Et l'auberc de son dos desrompu et faussé :
8740 Par mi outre le ceur li a le fer passé :
Devant lui a la terre l'a mort acraventé.
Puis escrie : « Monjoie! franc chevalier, ferés ! »
Et Borgengon se rentrent en la boine chité.
Il fremerent les portes, s'est atant demoré,
8745 Et les os se logierent entor la fremeté ;
Puis i sissent par forche .v. ans trestout passé
Ains qu'il i forfesissent .i. denier monaé.

CCXXI Makaire[s] fu laiens corechiés et maris.
Molt demaine grant doel, quant sa gent voit ocis.
8750 Il a traite l'espee, li quiver[s] de put lin,
Tost et isnelement a la cartre s'en vint,
Ferir en vaut Aiol le chevalier gentil,
Quant li toli Girbers et Alerans et Guis :
« Tornés, sire Makaire, chou n'ert ja consenti :
8755 « Car li rois a la fors de nos millors amis,
« Et oncles et parens et neveus et cousins :
« S'or ochiés Aiol, ja nes reverons vis. »
Aiols ot la parolle de la cartre u il gist,
A sa vois qu'il ot aute a escrier s'est pris :

8760 « Fieus a putain, traitres, or serés mal baillis :
« Por moi vos a mes peres et mes oncles assis ;
« Ja ne s'en partiront tant que nus en soit vis,
« Ains aront pris Losane et vostre cors honi(s). »
Quant l'entendi Makaires, a poi n'esrage vis :
8765 Se ne fust por ses homes, volentiers le ferist.

CCXXII Loeys et Elies durement se porpensent (c)
Comment puisent Aiol geter fors de Losane.
Il prengent .I. message qui fu nés de Bretaigne :
« Va nous tost a Makaire la dedens en Losane,
8770 « Di li que mon neveu et sa feme me renge :
« Je li lairai tenir tout son vivant Lossane,
« Mais que il de la terre ne fache mès calenge ;
« Et s'il chou ne veut faire et jou les i puis prendre,
« Voiant trestous ses homes, en haut le ferai pendre.
8775 — Sire, » che dist li mès, « grant paine me com-
[mence.
« Makaires est quivers, n'a point de Dieu entente ;
« Se vers moi se corouche, bien tost me fera pendre.
« Certes, je nel lairoie por a perdre les menbres
« Je n'i voise parler comment que li plait prenge. »
8780 Li mès monte el destrier, prent l'escu et le lance :
Puis s'en ist fors del tref et des plus hautes tentes.

CCXXIII Makaires se porpense qu'il envoit a Elie ;
Un mesagier apele, cui li cors Deu maudie !
Guinehot ot a non, nés fu de Lonbardie.
8785 Il ot grose le panche et molt corbe l'eskine,
Et bevoit cascun(s) jor tant qu'il estoit tous ivres ;
N'encontre gentil home, s'il peut, que ne l'ochie :
« Amis, » che dist Makaires, « li cors Dieu te benie !
« Va me tost la de fors al roi de saint Denise :
8790 « Di li que il me laist Borgonge toute quite,
« Et c'il chou ne veut faire, ne li celer tu mie,

8766 porpoupensent — 8771 et 8773 sont intervertis, cf. 8802-4
— 8772 i fache — 8783 qui le — 8788 le c.

« Demain pendrai Aiol par son l'aube esclairie,
« Et Mirabeus ert arse en .i. grant feu d'espine.
— Sire, » dist Guinehos, « je li sarai bien dire. »
8795 Il vint a son ostel, si a ses armes prises,
Et monta el destrier, s'a se voie aquellie,
Et ist fors de la vile par mi la porte antie.

CCXXIV Li mesagiers le roi vient al cors de Makaire,
Bien et cortoisement li conta son message :
8800 « Savés que chi vous mande Loeys li fiex Carle ?
« Que vous a tort tenés ses casteus et ses marces.
« Si vous mande mesires que vos en iretage   (d)
« Ceste vile arés quite, n'arés plus de manage :
« Son neveu li rendés et sa mollier le sage.
8805 « Alés a lui parler la jus a cel[e b]are,
« Bien dites vo voloir, car vos n'i arés garde. »
Quant Makaires l'entent, a poi d'ire n'esrage :
« Ami, vo doi signor me requirent outrage.
« Or me dites le roi, voiant tout son barnage,
8810 « Se jel puis encontrer en camp ne en bataille,
« Trencherai lui la teste a m'espee qui taille,
« Puis porterai corone a Paris u a Chartres.
« Demain pendrai Aiol u a fau u a kaine,
« Et Mirabiaus sa feme sera en .i. feu arse. »
8815 Hervieus s'en est tornés, n'a soig de dire outrage ;
Bien a son mès furni, si se met el repaire.
Et Guinehos s'en vient droit al tente de paile.

CCXXV Tant par fu fel li mès que ne daigna desendre,
Ains s'apoie as arçons, si desploie s'ensenge.
8820 Fierement en apele le rice roi de Franche :
« Ne te salu pas, rois, car on nel me commande.
« Je sui preus et vasaus por mon cors a desfendre :
« Ne fuirai por .iiii. homes, s'en bataille m'atendent.

8794 serai — 8805 *Les lettres entre crochets ont été grattées dans le ms.* — 8814 mirabel

« Sés que mande par moi Makaire de Losane?
8825 « C'a molt grant tort portés la corone de Franche :
« Onques n'apartenistes al fort roi Charlemaine ;
« Molt par sont François fel quant il le vos con-
[sentent.
« Se ne vuidiés Bourgonge, vo neveu fera pendre
« Et par desous les forques fera ardoir se feme. »
8830 Quant l'enpereres l'ot, a poi qu'il ne forsene.
Se ne fust por Aiol, ja n'en portast les menbres.

CCXXVI « Amis, » dist l'enperere, « ne sai com tu es
« A le gent de ta tere est coustume a toujors [prous.
« Qu'il sont fol et musart, estout et vanteour.
8835 « Mes peres lor fist ja une molt grant paour :
« Vers François s'aatirent li Lonbar a .i. jor,
« Car lor fissent mangier qui ne fu gaires prous ;
« Dolans en fu mes peres quant en sot le clamor,
[(f. 158)
« Et vint a Saint Domin par sa ruiste fieror ;
8840 « Une porte de piere fist taillier a .i. jor :
« Lonbars le fist baisier, as grans et as menor[s] :
« Puis lor fist mangier ras et grans cas surceor[s] ;
« Encore en ont li oir reprovier et li lour. »
8844 Quant li Lonbars l'oi, a poi d'ire ne font.

CCXXVII « A la foi, enperere, pecié dites et mal
« Des gens de Lonbardie que a tel tort blamas :
« Il sont boin chevalier quant vient as cos *donar*.
« Martinobles mes peres ne fu mie buinars :
« S'il vit franc chevalier qui a saint Piere alast
8850 « Et il ot bele dame que mes peres amast,
« Ainc ne veistes home qui plus tost les corbast :
« Encore en a en France .c. chevalier[s] bastars.
« J'oi dire mon pere, si sai qu'est *veritas*,
« Que vous estes mes freres : venés, si me baissas ! »

8834 estous — 8846 qui

8855 Quant l'entent l'enpereres, si le torna a gas :
« Dites moi qu'est Guillames, et Bernars et Ri-
[chars ?..... »

CCXXVIII   Molt fu liés l'enperere quant il ot le contraire;
Il est passés avant, de nient ne se targe,
Venus est al Lonbart, belement l'en aresne :
8860 « Va t'en de chi, Lonbart, li cors Dei mal te fache!
« Tant as mangiet compeus de soris et de rates,
« Et tant de le composte, de presure et de rapes,
« Jument me sambles plain(s) u asne [u porc] u vache.
« Auques le tieng a fol qui de toi fist message;
8865 « Car le gent de ta tere est tous tans esmaiable,
« Et portent grans espees, si ont grans pessans makes,
« Et jetent trestout jus, quant viennent en bataille;
« Par les chevex se prendent, si tirent et si sachent :
8869 « Autressi com enfant se ti(n)rent et abatent.

CCXXIX   — A la foi, enperere, grant *pecat* avés dit
« Des gens de Lonbardie qu'a tel tort honte dis :
« Il sont preu et ardi, quant vient as cor ferir.
« Car pleust ore a Dieu qui onques ne menti
« Que vostre cors meismes en fust ore aatis,   (b)
8875 « U li villars Elies u li quens Baudewins,
« C'a moi se conbatroient al branc d'achier forbi :
« Anqui feroie l'un par la goule geir,
« Que n'avés droit en France, ne le dev(en)és tenir.
« Dehè aient tout cil qui vos voillent soufrir
8880 « C'onques eustes Franche a nul jor a baillir! »
Et quant l'entent li rois, a poi n'esrage vis :
Se ne fust por Aiol volentiers le ferist.
Elies doute molt le Lonbart pur son fil ;
Il est passés avant, cortoisement li dist :
8885 « Amis, bele jovente, ne vos caut d'aatir :
« Auques vous set preudome qui al roi vos tramist. »
Et respont li Lonbars : « Par foi, voir avés dit! »

8856 *Lacune*. — 8863 Jumens — 8887 lonbart

Atant s'en est tornés, onques congié n'i quist.
Issi com il devoit fors des tentes issir,
8890 Le messagier le roi a encontré, Hervil.
Hervieus le salua comme preus et gentis :
Ançois qu'il se departent n'erent pas boin ami.

CCXXX Andoi li messagier se sont entrecontré.
Herviels fu molt cortois, si l'a bien salué;
8895 Li Lonbars l'entent bien, si n'en a mot soné;
De pute felonie a un faus ris jeté :
Puis dist a l'autre mot par molt ruiste fierté :
« Qui estes vos, vasal, qui par la en alés ?
« Sont ore no cemin isi abandoné?
8900 « No dui signor se heent de grant guerre mortel :
« Molt me tienent honor et grant nobilité,
« Et si ai le ceur plain de molt rice bonté,
« Quant ne prenc le ceval que vos la en menés
« Et trestoutes les armes ausi que vous portés. »
8905 Qaand l'entendi Herviels, .I. ris en a jeté
Et dist a l'autre mot : « Vasal, vos me gabés!
« Par icel saint apostle c'on quiert en Noiron pré,
« Se vos m'aviés le mien ne tolu ne enblé
« Dont vous peussiés prendre .I. denier moneé,
8910 « Jamais ne remanroie en la crestianté, (c)
« Jusques en paienie ne vauroie arester,
« Si vauroie Mahom servir et honorer.
« S'ensi le volés faire com devisé avés,
« Or voist donques cascuns son mesage conter :
8915 « Puis reverons ichi fervestu et armé,
« Si avrés la bataille, se vous faire l'osés. »
Et respont Guinehos : « Vos le m'afierés. [« Tenés!»
— Volentiers, » dist Herviels; sa main li tent :

CCXXXI Andoi li messagier s'en tornent et departent.
8920 Et Guinehos revient a Losane a Makaire ;
Mal ait quant il .I. point desist de son mesage!
Il l'en a apelé, fierement l'en aresne :

« Entendés cha a moi, » dist il, « sire Makaire.
« La fors encontrai jou .I. breton en l'islage :
8925 « Fierement l'aparlai et par grant vaselage ;
« Ma foi li ai plevie, por vous donee en gage :
« La defors en doit estre orendroit la bataille. »
Et Makaires respont : « Si est drois c'on le fache.
—Voire, » dist Guinehos, « mais molt crien le da-
[maje,
8930 « Car il est chevaliers couragous par ses armes.
« Mais faites adouber .C. homes en la plache,
« Ses faites enbuissier par dedens le moraille :
« Celui i porés prendre et avoec lui maint autre. »
Et respont li traitres : « Cortois estes et sages.
8935 « Comment que li plait prenge, si ert la cose faite. »
Et Herviels est venus tout droit al tref de paile :
U que il voit le roi fierement l'en aresne ;
Bien et cortoisement li conte son message.
« Sire, » che dist Herviels, « or entendés grant rage
8940 « Que Makaires vous mande et le trés grant outrage :
« Il vous mande par moi, s'il vos treve en bataille,
« Copera vous le cief, n'i lairés autre gage,
« Et Elie le duc a l'aduré corage ;
« Puis s'en ira en Franche a Paris soz Monmartre
8945 « En icele grant plache Saint Germain el praiage :
« La portera corone voiant tout son barnage.   (d)
« Demain pendra Aiol a une [h]art de kaine,
« Et Mirabeus sa feme sera en .I. feu arse.
« Si com jou repairai, s'encontrai son mesage :
8950 « Forment me laidenga, toli[r] me vaut mon gage.
« Bataille ai pris la jus a lui en cel praiage. [faite. »
— Amis, » dist l'enperere, « bien voil qu'ele soit
Premerains a parlé li dus Beves sans barbe :
« Sire drois enperere, ne pensés tel folage !
8955 « Borgengon sont felon et Lonbart plain de rage,
« Tost feroient saillie a nos tentes de paile :

8929 guinehot — 8944 sor

« Je ferai adouber .c. chevalier[s] a armes,
« Ses ferai enbuissier dedens ces trés de paile :
« Si garderont en bien et en foi le bataille,
8960 « Que cil qui pora veintre, que sains et saus en [ailge. »
Et respondi li rois : « Cortois estes et sage.
« Ceste parolle est boine, si est drois c'on le fache. »
Herviels s'en est tornés bien garnis de ses armes;
Fors s'en issi des trés et des tentes de paile :
8965 Guin[e]hot encontra lés le mur de pinable.

CCXXXII Andui li mesagier sont venu apoignant;
Il dessendent a terre des boins cevals corans,
Richement les çainglerent, si remontent esrant.
Mais Guinehos fu fel et plains de maltalent :
8970 U que il voit Hervieu, sel vait contraliant :
« Ainc mais ne vi Berton, a Dameldé m'en vanc,
« Qui a boin chevalier s'alast aatissant;
« Car Breton sont por voir assés malvase gent :
« Par plaine Lonbardie nos vont molt encauchant,
8975 « Tout ont Puille et la tere dusqu'en Jerusalem ;
« Autressi comme beste[s] les alomes cachant,
« Ses faisome jesir a le pleue et al vent :
« Il nos bekent nos vinges, si nos fuient nos cans.
« Ja Breton nen ert liés s'il nen a pain de brent
8980 « Et plain un pot de lait u fait son sopement. »
Et respondi Hervieus : « Lechieres, tu i mens!
« Car Breton sont preudome et plain de hardement:
[(f. 159)
« En l'angarde del Mont tornoient bien al Franc :
« La mostrent il as armes lor vaselage grant;
8985 « Anqui le comperas, se Dieu[s] le me consent! »
Anbedoi s'entregardent, si poignent fierement.
Li Lonbars ne sot mie des armes fermement :
Il failli a Hervieu asés vileinement,
Mais Hervieu[s] le feri molt acesmeement,

8960 sauf — 8969 guinehot — 8980 U pl. — 8987 lonbart, fermes

8990 Mervelleus cop li done sor l'escu a argent;
Desor la boucle d'or li desmaille et desment,
Et l'aubers de son dos ne li valut niant,
Par mi le flanc senestre et fer et fust li rent :
Tant com anste li dure l'a abattu sanglent : [ment!
8995 « Outre, quivers lechieres, Dieus te doist mari-
« Tant aras hui parlé envers moi laidement. »

CCXXXIII Molt par le feri bien li mès le fil Charlon :
Mervelleus cop li done sor son escu amont;
Desor la boucle d'or li peçoie et confont,
9000 Et l'auberc de son dos li desmaille et desront,
Dejouste le costé li met le confanon.
Il n'en a mie mort de l'encrieme felon,
Mais il l'a abatu de l'auferant gascon.
Et Hervieus li escrie, qui ceur ot de baron : [dont!
9005 « Glous! reprent ton destrier, li cor[s] Dei mal te
« Remonter te lairai cui qu'en poist ne cui non,
« Que ja hons abatus n'ara de moi tençon! »
Li Lonbars l'entent bien, ne dist ne o ne non,
Ains se fait mort a terre, si atent le secour[s],
9010 Et ot .i. oel overt, l'autre tient en bellonc. [te dont
« Hé! glous! » che dist Hervieus, « li cors Dé mal
« Com nos a hui mené par grant sudexion! »
Son doit li a fichié en son destre grenon,
Contreval l'en traine a guise de bricon :
9015 Il l'a bien deservi, s'en a son gueredon;
Sel rendi Loeys, le fil al roi Charlon;
Et il l'en fist mener en la cartre a Soison[s]; (b)
Et puis i jut il tant, issi com nous cantons,
Que il en ot son pois d'argent a raençon.
9020 Et Lonbart s'en issirent et felon Borgengon,
Et François les receullent, qui bien garni s'en sont.
La peüssiés veir commenchier grant estor
Et morir et abatre tant chevalier baron.

8990 dona — 8992 auberc — 8997 nies — 9006 qui quen p. n.
qui — 9008 lonbart — 9014 le marine — 9016 li fiex — 9019 a] et

CCXXXIV Molt fu grant li bataille et li estor[s] manois.
9025 Makaires point et broche, si feri Godefroi,
Senescal Loeys, qui gardoit Vermendois :
Mervelleus cop li done sor son escu a droit
Qu'il li fent et peçoie et de l'auberc les plois;
Par mi le gros del ceur li lanche le fer frois,
9030 Toute plaine sa lanche l'abat mort demanois ;
Il escrie s'ensenge : « Franc chevalier, ferois! »

CCXXXV Atant evous Hervil qui conquist Guinehot,
Et vait ferir Morin de Plaisence le fort,
Que l'escu li peçoie et l'auberc li desclot
9035 Et son espiel li passe par mi outre le cors;
Toute plaine sa lanche l'abat del destrier mort.
Atant evos Makaire qui molt grant deul en ot,
Et escrie s'ensenge a haute vois molt tost;
Mervelleus cos se donent sor les escus a or
9040 Qu'il les ont peçoiés et fendus et desclos.
Del cair est [il] nie[n]t, tant se tint cascuns fort.
Et quant le voit Elies, mervelleus deul en ot :
Il a traite l'espee isnelement et tost,
Et vait ferir Makaire sor son escu a or,
9045 Que les flors et les pieres contreval en estort :
La coife de l'auberc ne li valut .I. roc,
De la fache li tranche la car jusques a l'os :
Makaires torne en fuie, navrés quide estre mors.

CCXXXVI Makaires torne en fuie, navrés fu en la face.
9050 Et Borgengon s'en entrent es portes qui sont larges...
Entor et environ fichent lor trés de paile :
Puis i dura li sieges .V. ans plenier[s] et large[s]; (c)
Ainc li rois Loeys ne pot le mur abatre
Ne prendre la chité, ne retenir Makaire.
9055 Aiols li fieus Elie fu el font de la cartre :
Molt demaine grant doel a Noel et a Paskes : [tage!
« Hé! las! » che dist Aiol[s], « com chi a grant hon-

9050 Lacune. — 9051 tref

« Bele seur, douche amie, mar fu mes grans bar-
[nages,
« Mes cors et ma proeche et mes grans vaselages !
9060 « Mais par icel apostle que on requiert en l'arce(s),
« Plus m'en poise or por vous que por le mien
[contraire. »

CCXXXVII Aiols fu en la cartre corechous et irés,
Et Mirabeus sa feme prist Deu a reclamer;
Car ele estoit enchainte, plains avoit les costés :
9065 « Dame, » che dist Aiols, « ne vos caut desmenter:
« Ains por grant doel a faire ne vi p[r]eu conquester.
« La defors est mes peres, Elies li barbés,
« Et Loeys mes oncles et ses rices barnés :
« Ja ne s'en tornera, saciés de verité,
9070 « Tant qu'il ara conquis Makaire et ses chités.
— E Dieus ! » che dist la dame, « tant m'ara de-
[moré(s) ! »

CCXXXVIII Or fu li bers Aiol[s] ens el font de la cartre
Et Mirabeus sa feme la cortoise et le sage :
Ileuc le prent ses ventres, destroite est et malade;
9075 .III. jors i travella ens el font de la cartre :
Onques nen ot aie de nule feme aidable,
Ne mais que de Jesu le pere esperitable,
Et son signor Aiol le fil Elie al sage;
Ainc n'i ot alumé cierge ne candelabre.
9080 Dex li dona .II. fiex ens el font de la cartre,
Ne veistes tant biaus nés de feme carnable.

CCXXXIX Trois jors vait Mirabeus travellant de son
Ains n'i ot alumé candelabre ne lampe,   [ventre.
Onques n'i ot aie ne d'ome ne de feme
9085 Fors que de Dameldé qui tout a en poisanche
Et son signor Aiol qui grant doel a el ventre.
Deus li dona .II. fieus ens el font de la canbre :

9062 et maris — 9078 li — 9087 cartre

Ne veistes plus biaus né[s] d'ome ne de feme. (d)
Quant li enfant sont nei, Makaires le sot tenpre :
9090 Il a traite l'espee, el font de la cartre entre,
A haute vois s'escrie li quiver[s] de mal engre :
« U es, Aiols, quivers, qui me tols Franche gente?
« Ja Dameldé ne place que preu i ait tes enfes ! »
Quant l'entendi Aiol[s], a poi qu'il ne forsene :
9095 « Merchi, sire Makaires, por Dieu et por ses angles !
« Laisiés mes enfans vivre, ja n'i arés grevance :
« Sor sains vos ju[re]rai entre moi et ma feme
« Tous jors vous servirai a escu et a lanche. »
Quant l'entent li traitres, si tient tout a losenge,
9100 Et jure Dameldé et sa fiere poissanche
Jamais ne mangera si lor taura les membres.

CCXL « Sire franc chevalier, » dist Aiol[s] a Makaire,
« Por amor Dieu [del ciel], le pere esperitable,
« Laisiés moi mes enfans, ja n'i arés damage.
9105 « Quite vous claim ma terre et tout mon iretage :
« Sor sains vos ju[re]rai et ma feme la sage
« Tous jors vos servirai a ceval et a armes. »
Quant l'entent li traitre, n'en fait el, qu'il s'enrage :
Il prent .i. des enfans, del brac destre li sace.
9110 Aiols li fiex Elie repont coiement l'autre :
Sor son genoil le met en son bliaut de paile,
Et Makaires s'en torne, cui li cors Dieu mal fache,
Si emporte l'enfant que mie n'en i laisse.
Si com il dut monter sur les degrés de marbre,
9115 S'oi l'autre plourer ens el font de la cartre :
Grant mervelles en ot, a poi que il n'esrage ;
Dist qu'il n'i remanra, ains avra avoec l'autre.
Son senescal apele Ginart le fil Ylaire :
« Cuiver, nen os cestui ? encore i a un autre.
9120 « Damelde[x] me confonge se ja en ferai garde,
« Ne se jamais mengue tant com je vif le sache ! »
Quant l'entendi Aiol[s], a poi d'ire n'esrage.

9111 bliaus — 9112 qui

CCXLI « Merchi, sire Makaire, » chou dist Aiol[s] li ber;
 « Por amor Dameldé qui tout a a sauver, (*f*. 160)
9125 « Quant vos a m'amisté ne volés atorner,
 « Prendés moi et ma feme et mes fiex qui sont né,
 « Si nous metés tous .IIII. ens el font d'un fossé,
 « Tout contreval le Rosne nos en laisiés aler;
 « Et jou vous jurerai volentiers et de gré
9130 « Jamais ne remanrai en la crestienté :
 « Dusques en paienie ne vaurai arester;
 « La remanrai tous jors por mes enfants garder. »
 Quant l'oï li traitres, sel commenche a gaber;
 Dist a son senescal : « Va moi l'autre aporter :
9135 « Par icel saint apostle c'on quiert en Noiron pré,
 « Jamais ne mengerai ses arai desmenbrés. »
 Quant l'entendi Aiols, si commenche a plorer.
 Cil s'avale en la cartre; ne fu mie senés
 Quant il n'i porta armes por sa vie saver.
9140 Aiol[s] li fieus Elie s'est contremont levés :
 « Fiex a putain, » dist il, « com l'osastes penser?
 « Bien sai que jou morai, n'en porai escaper : [pré,
 « Mais par cel saint apostle qu'on quiert en Noiron
 « Comment que li plait prenge, vos l'esteut com-
          [perer ! »
9145 Puis s'abaisse a la terre, s'a .I. quarrel combré,
 Grant et gros et pessant, quanqu'il pot sus lever.
 Par molt fier maltalent l'en a amont levé :
 Devant en mi le pis li dona .I. cop tel
 Que le cuer de son ventre li a par mi crevé.
9150 Encor(e) ne fu il mie de tant al baron sés :
 Sel fiert amont el cief, les iex en fait voler.
 Makaires fu desore, qui commenche a crier :
 « Cuivers, car t'en vien tost, trop aras demoré. »
9154 Cil ne li pot respondre, lés le mur jut tué[s].

CCXLII Makaires fu deseure qui apela son home :

9128 ce resne

« Cuivers, car t'en vien tost, li cors Dé te confonge! »
Cil jut mors lés le mur(s), se ne li pot respondre.
Et quant le sot Makaires, si grant doel nen ot on-
En la cartre s'avale, fierement s'abandonne; [ques:
9160 D'ire fu embrasés, quant il vit mort son home; (b)
Et vaut ferir Aiol, qu'il tient l'espee longe,
Quant le rescoust ses niés dan[s] Gerars de Gas-
Et Guis et Alerans l'espee li reponent; [conge,
Tost et isnelement ariere le retornent :
9165 « Tolés, sire Makaire, nel vos pensés vos onques!
« Car li rois a la fors nos neveus et nos oncles;
« S[e] ochiés Aiol, jamais nes reverommes!
— Signor, » che dist Makaires, « moult me fait grant
[vergonge :
« Mon home m'a ocis en ma cartre parfonde.
9170 « Si fil le comperontançois eure de nonne :
« Se j'en faic norechon, li cors Dieu me confonge! »
Il prist les .ii. enfans, les degrés en retorne.
Mirabiaus se pasma sor le marbre angoissouse;
Tel doel en ot Aiol[s], ainc si grant nen ot onques.
9175 Qui la veist les dames venir a si grans torbes,
Et vont al pié Makaire; mais pitié n'en ot onques :
« Merchi, sire Makaires, ne faites si grant honte.
« Rendés nous ceste dame, nos le vous garde-
[rommes;
« Quant ert alee a mese, nos le vous renderommes. »
9180 Quant l'entendi Makaires, vers tere s'en enbronce(s):
Dont pensa grant losainge por decevoir ses homes;
Ne vieut l'amisté perdre de [tous] ses [millors] hom-
[mes.
« Dames, or le prendés, mais nos le raverommes :
« Les enfans norirai tant com erent preudome(s). »
9185 Les dames l'en merchient, a ses piés s'abandonent.

CCXLIII Les dames l'en merchient, estre qui dent seures :

9157 mort — 9162 gerart — 9163 alerant — 9173 Mirabel — 9175 grant — 9179 garderommes

Enfressi a le cartre en sont molt tost venues,
U Mirabiaus gisoit dolante et irascue.
Eles l'en ont levee sor une kieute nue;
9190 Dusc'a la maistre sale sont arier revenues.
Qui veist ces puceles qui la crient et huent:
« Ahi! nobile dame, » font eles, « com mar fustes!
« Tant par estiés gente, quant chi fustes venue! »
Enfressi a l'ostel ne sont aresteues;
9195 En .I. lit le couchierent dont la kieute remuent.
Makaires li traitres de riens ne s'aseure: (c)
De Losane trespasse toute[s] les maistres rues,
Vient sor le pont del Rosne, dedens l'aighe les rue.
Cele nuit i fist Dieus vertu apercheue:
9200 Li Rones qui ert rades les enfans ne remue.
Terris ert soz le pont qui pescoit a la lune:
C'estoit .I. gentiex hon, de mal faire n'ot cure;
Bien a oi Makaire venir par mi la rue;
Il voit les .II. enfans qui flotent sans aiue:
9205 A ses .II. mains les prent, belement les rem(e)ue,
Dedens la nef les met, si lor fait tel aiue
Sa cape et ses dras oste, de ses dras se desnue;
Dedens met les enfans, si naga a droiture.
Ne vieut pas que la noise soit par eus entendue:
9210 Ançois s'en est tornés, de riens ne s'aseure,
A sa maison s'en va, si i vient a droiture.

CCXLIV Des or naga Terris, molt aime Dieu de gloire,
Tost vait a son ostel, les .II. enfans emporte.
Sa mollier vient encontre, dame Aie de Monto(i)rie,
9215 Droitement al rivage trés par mi une porte,
Si aporte en sa main une candoile torte.

CCXLV Tieris li gentiex hon s'en vint a son ostel:
Il issi de la rive, si atacha sa nef.

9188 mirabel — 9189 les ont — 9198 *Miniature avec cette rubrique:*
Ch'est chi ensi com Makaires li traitres vaut noier les enfans
Aiol(s). — 9201 sor — 9209 soit deus — 9211 de riens ne saseure

, Sa mollier vient encontre, dame Aie o le vis cler.
9220 En sa main tient candoile ardant pour alumer;
Bien et cortoisement l'en prist a apeler.
« Sire, avés vous poison? car le nous delivrés. (d)
« Onques tant ne pescates en trestout votre aé.
— Bele seur, » dist Teris, « poison avons assés :
9225 « Il sont de tel manire ja mangier nes porés;
« Vés les la en mes dras, se vous ne m'en creés. »
Cele cort cele part, ses a desvolepés,
Voit les puins et les piés et les iex et les nés
Et les beles figures des enfans qui sont né(s) :
9230 Tel freor ot la dame nes ossa adesser ;
De la paour qu'ele ot a .i. grant cri jeté :
« Por amor Dieu, biaus sire, c'avés vos aporté?
— Bele seur, douche amie, plus belement parlés.
« J'estoie soz cel pont, que Dieu le m'ot mandé
9235 « Que j'alaise peskier, si ne l'osai veer.
« Makaires li traitres, li quivers desfaés,
« Aportoit les enfans que vous ichi veés,
« Qu'il les voloit noier, li quivers parjurés :
« En l'aigue les jeta li quivers desfaés.
9240 « Quant jou les vi en l'aigue, si fui tous esfraés :
« Por chou nel vauc laisier que je nes euc ostés,
« Ses pris a mes .ii. mains, si les mis en ma nef.
« Jou sai bien qui che sont, molt les devons amer :
« Che sont enfant Aiol que vous ichi veés;
9245 « Li gentil[s] chevalier[s], il est eskaitivés.
« Aiols est vo[s] drois sire, de vo terre cassés :
« Encor(e) l'ait cis traitres si malement mené,
« De lui deusiens tenir toutes nos iretés.
« Bele seur, douche amie, quel consel me donés,
9250 « Comment nous les puissons de la mort destorner?
— Sire, » chou dist la dame, « boin consel en arés :
« Alons en douche Franche, a Paris la chité ;
« [Bien sai] la troverons des barons a plenté,

9219 al vis — 9223 O. mais — 9231 Da la — 9234 sor — 9238 qui

« Qu'amontent a Aiol le vasal aduré,
9255 « Qui por la soie amor nous feront carité.
— Bele seur, douche amie, onques mais n'en parlés :
« N'ai soing de douche Franche, ne ja n'i quierc
[entrer.
« Se Aïols estoit mors en la cartre, li ber, (f. 161)
« Makaires seroit tost vers le roi acordé[s] :
9260 « Si nous feroit ochire et les menbres coper,
« Par son avoir donant, dont il a grant plenté.
« Mais del roi de Venisse ai jou oi parler,
« Del cortois Grasien qui cortois est et ber :
« Il maint a Tornebrie, cele boine chité,
9265 « S'aime molt Dameldé, le roi de majesté ;
« Se Jesu nous voloit conduire a saveté,
« Par lui les porons bien de la mort delivrer.
— Sire, » chou dist la dame, « si com vos comman-
9269 « Faites isnelement, trop poons demorer. » [dés :

CCXLVI — Bele seur, douche amie, » ce dist li quens
[Terris,
« Nos n'avons nul enfant, Dieu ne vient a plasir ;
« Un en eumes l'autrier : il est ja a sa fin.
« Del lait de vos mamele[s] poés bien ces norir.
« Entrons en cel batiel, n'i a point de peril :
9275 « Ja l'acatai l'autrier .IIII. mars et demi.
« Se nos a Tornebrie po(r)omes parvenir
« Al fort roi Grasien(s) qui preus est et gentis,
« Par lui les porons bien de la mort garantir.
— Sire, » che dist la dame, « c'atendons nous dont
9280 « Il sera ja plains jors, se Dameldé[x] m'ait : [chi ?
« Se nos perçoit Makaire, nos somes mal bailli ;
« Et vous et les enfans en covera morir. »

CCXLVII Molt par fu liés Terri[s] del consel sa mollier.
Venus est en la cambre u dans Guis est cociés :
9285 C'estoit .I. sages hon, canoines d'un mostier ;
Celui a il gehi son consel tout premier :

Il le devoit bien faire, car il estoit ses niés.
Quant li clers l'entendi, si est levés en piés,
Et fist une candeille devant lui atachier,
9290 Prent encre et parchemin, si lor escrit .i. brief
Que ce sont fil Aiol le gentil chevalier.
Ja en si longes teres ne seront eslongié(s)
C'on ne puist retrover la verité del brief.
Teris vint a sa nef, si commenche a cargier : (b)
9295 Son argent i a mis, son or et ses deniers,
Ses cendaus et ses pailes et ses hermines viés :
Puis est entrés dedens et il et sa mollier,
Enporte entre ses bras les petis iretiers ;
Et ont .iiii. serjans molt bien apareilliés,
9300 Qui del nagier se painent, sage sont del mestier.

CCXLVIII Des or(e) naga Teri[s], molt eslonge Makaire ;
Tout contreval le rive se conduist et se naje.
Onques ne tresfinerent tant qu'il vinrent a av[en]e.
La troverent marcant de tant diverses marches :
9305 Tant lor dona Teris or et argent et paile,
Que le laissent entrer avoec aus en la barge.
Ne sai de lor estoire que jou vous acontaise,
Ne combien il estoient en mer ne en passage :
Vienent a Tornebrie, si arivent a l'avene ;
9310 Teris ist de la nef et sa feme dame Aie,
S'en jete son avoir, c'un seul point n'en i laisse,
Et prent les .ii. enfans soef que il nes quaisse,
Ses a envolepés en .i. bliaut de paile ;
Puis trespasse les rues qui sont et grans et larges,
9315 Dusc'al maistre palais de nient ne s'atarge ;
La trova Grasien, le roi de cele marche.
Et Teri[s] le salue qui fu cortois et sage[s] :
« Dieus te saut, riches hon ! — Et toi, sire message !
« Dont es tu ? de quel tere ? di moi de ton linage.
9320 — Sire, nous de Borgonge, de cele tere large.

9296 cencaus — 9299 serjant — 9304 de dens — 9306 barbe

« Grant guerre m'a destruit, si m'en amaine et cace.
« A vous m'en vieng, boins rois, en ceste vostre [marche,
« Que vos me recevés, por Dieu l'esperitable !
— Amis, » che dist li rois, « molt es cortois et sage[s].
9325 « Et je te retenrai volentiers, par ma barbe !
« Trop te donrai avoir, or et argent et paile,
« Selonc chou que verai en ton cors le barnage.

CCXLIX « Amis, » che dist li rois, » savés vos nul [mestier ?
— Oil, par ma foi, sire, mais ne sont gaires chier.
9330 « Je sai prendre poisson, bien les sai engingier, (c)
« Et si sai bien mestier d'ostoir et d'esprevier;
« Si resai bien conduire une meute de ciens,
« Et une venison molt bien aparellier,
« Et un riche sengler retenir a l'espiel;
9335 « Et por mon droit signor sa parolle nonchier,
« Sa besoigne [furnir] et son droit desrainier,
« Ne convient millor querre, bien en sui afaitiés.
— Amis, » che dist li rois, « molt a chi bel mestier;
« Por trestout le pior vous doit on avoir cier,
9340 « Et jou te retenrai de gré et volentiers.
— Sire, » che dist Teri[s], « .c. merchis en aiés.
« Sire roi de boin aire, por Dieu et car m'oiés !
« Quant g'isi de ma terre de Borgonge, l'autrier,
« Dieus me dona .II. oirs de ma france mollier;
9345 « Jes ai en mon geron, ne sont pas baptisié:
« Por amor Dieu vos pri que des fons les saciés. »
Et respondi li rois : « Par ma foi, volentiers ! »
Il fait venir les maistres, les prestres del mostier :
Si a fait les enfans molt bien aparellier,
9350 Si les fist ambedeus lever et baptisier.
La les leva li rois et sa france mollier,
Orclare la roine al gent cors afaitié :

9348 presters

L'un apelent Tumas et l'autre Manesier.
.ii. chités l'on dona li vaillant chevalier[s],
9355 Se il peuent tant vivre c'armes puissent baillier,
Dont il peuent .xx^m. homes mander et mieus;
Encore en ert Makaires coureçous et iriés :
La prison de lor mere lor vaudront bien vengier.
Li rois a regardé les petis iretiers ;
9360 Il en a apelé Orclare sa mollier :
« Douche seur, douche amie, se Dieus me puist aidier,
« Jou n'en keroi[e] mie nul homme desosiel,
« C'onques de tel cors d'ome n'issi teus iretiers.
« U il les a emblés u il lor vieut aidier,
9365 « Et il sont fil de roi, de conte u de princier.
— Sire, » che dist la dame, « voir dites, par mon
[cief. » (d)
Li rois aime forment les enfans, ses a ciers :
En sa cambre les fait norir et alaitier,
Et ont .iiii. noriches, femes a chevalier.
9370 Quant il orent .ii. ans, si entrerent el tierc
C'autressi gens de cors sosiel ne veissiés.
Ja Mirabiaus lor mere al gent cors afaitié
Nen istra de prison a nul jor desousiel
9374 Dusqu'il l'(es) en geteront, quant erent chevalier.

CCL   Or sont li doi enfant de la mort bien gari,
La merchi Dameldé et lor maistre Terri
Et le roi Grasien et Orclare al cler vis.
Or lairons des enfans, Dieus les puist beneir !
Si en dirons d'Aiol, le chevalier gentil,
9380 Qui fu en la grant cartre coreçous et maris.
Sovent reclaime Dieu, le roi de paradis.
Et Makaires li fel, cui (ja) Damelde[x] n'ait,
Tenoit .m. chevalier[s] saudoier[s] cascun di.
Laiens orent esté .v. ans tous acomplis :
9385 Lor drap et lor avoir lor estoit tout faillis,

9365 U il — 9372 mirabel — 9382 que

Et tout ont engagié, palefroi et roncin;
Et dist li uns a l'autre : « Nous somes mal bailli :
« Nous n'i gaingons nient, ains perdons cascun di;
« Nos aubers et nos elmes avons en gage mis.
9390 « .v. ans a sis devant li fors rois Loeys,
« A toute l'ost de France nous a le siege mis :
« Il ne s'en tornera dusqu'il nos avra pris.
« Molt durement ont ja de nos homes ocis :
« De .xxx^m. que fumes ne somes que dis mil.
9395 « Makaires ne nous aime vaillant .i. angevin,
« Car il a son tresor grant et large et furni ;
« Sel fait garder sous terre com uns autres kaitis.
« Il ne nos vieut saudee doner ne departir,
« Ançois nous taut nos capes, si les envoie al vin,
9400 « Et bat nos escuiers et forment les laidist; [bris.
« Et quant nous en parlons, plus faus s'en fait que
« Soit a tort, soit a droit, nos l'avons bien servi : (f. 162)
« Signor, car guerpisons ce quivert de put lin,
« Si alons la defors al roi de Saint Denis :
9405 « Ja est chou nos drois sires, a tort l'avons guerpi. »
Et respondent li autre : « Or avés vos bien dit. »

CCLI   Che fu par une feste del baron saint Mikiel,
Que Borgengon parollent a Makaire le fier :
« Entendés cha a nous, » font il, « franc chevalier;
9410 « Laiens avons esté .v. ans trestous entier[s];
« Nos aubers et nos elmes avons [tous] engagiés,
« Et si nous sont failli palefroi et destrier.
« Tu as ton grant tressor mervellous et plenier,
« Sel fais garder sous tere, com autres useriers,
9415 « Si ne nous vieus doner saudees ne denier,
« Ançois nous taus nos capes et bas nos escuiers;
« Et quant nos en parlons, plus t'en fais fors et fiers.
« U tu mieus en t'amendes, u nous done congié.
« Le matin guerpirons tes honors et tes fiés :

9410 trestout — 9415 vieut

9420 « S'en irons la defors al roi qui France tient,
« Car chou est no drois sires, a tort l'avons laissié. »
Quant l'entent li traitres, le sens quide cangier :
« Signor, » che dist Makaires, « .i. respit vos en
[quier,
« Dusc'a demain a l'aube, quant serai conselliés. »
9425 Et cil respondent : « Sire, com vous plaira, si iert. »
Atant font les lis faire, si sont alé couchier.
Et Makaires s'en entre sous tere en .i. celier :
Ileuc trova Boidin et Durant et Anscier,
Hercenfroi de Losane le kenu et le viel.
9430 Li uns estoit se gaite, li autre ses portiers,
Li tiers ses senescaus, l'autre ses botelliers.
A ciaus a il jehi ses consaus tout premier(s) :
« Signor, » fait li traitres, « faites pais, si m'oiés.
« Tout mi home me voillent honir et vergongier :
9435 « Demain voillent guerpir mes honors et mes fiés
« Et aler la defors al roi qui France tient;
« Mais se vos volés croire mes consaus tout premier,
« Tous vos feroie rices d'or fin et de deniers. (*b*)
— Sire, » dist Hercenfrois, « vés nous apareilliés;
9440 « Car nous ferons adès quanque mestier vos [i]ert. »
Et respont li traitres : « De chou su je molt liés.
« Or vos diraje donques de mes consaus premiers.
« A loi de marcheant tous vous apareilliés
« De cotes bougerenc, de capieus sor vos ciés :
9445 « S'ait Aiol[s] solers grans, soit de buies cauciés :
« Puis prendrons mon tressor trestout la u il [i]ert,
« Mon or et mon argent, mes monaés deniers,
« Et torserons les males sor les plus fors somiers,
« Et si ferons Aiol de la cartre sachier
9450 « Et Mirabel sa feme al gent cors afaitié :
« Si lor ferons jurer la fors a cel moustier
« Que ja nen diront cose dont soions enterchié.
« Puis en istrons la fors al roi qui France tient,

9421 guerpie — 9437 tous — 9439 vos n.

« Je sai tant de langubge, ja n'erme[s] enterchié ;
9455 « S'irons a Panpelune al fort roi Mibrien :
« Si li rendrons sa fille al gent cors afaitié(s).
« Et cil heit plus Aiol que home desousiel :
« Trop nous donra avoir et viles et plaisié[s];
« Et se vos volés Dieu le pere renoier,
9460 « Ausi com je ferai, tous en sui conselliés,
« Plus vous donra li rois et avoir et deniers
« C'onques n'en eut en France Loeys ne Loier[s].
— Sire, » dist Hercenfrois, « tout sons aparellié
« Que nou ferons tout chou que vostre plaisir
9465 « Mieus voil jou Dameldé le pere renoier   [i]ert.
« Que fuisse cha dedens ocis et detrenchiés. »

CCLII Oiés del traitor, ses cors soit confondus,
Qu'il vieut que tout si home soient ars et pendu :
E Dieus ! si seront il, ja n'en estordra uns !
9470 Il fait son tresor prendre trestout la u il fu :
A loi de marcheant se sont tout .v. vestu
De cotes bugerenc et de capes desus,
Et jeterent Aiol de la cartre u il fu,
Et Mirabel sa feme qui trop i ot jeu,   (c)
9475 Si les en ont mené en .I. mostier la sus :
Sor sains lor font jurer .v. foies u plus
Que ja ne diront cosse dont soient reconnu :
Aiols aime tant Dieu ja n'en sera parjurs.
Puis torserent les malles sor les destrier[s] grenus,
9480 Aiol et Mirabel leverent sor .I. mul,
Par la porte s'en issent, si abatent le mur;
Makaires trait l'espee del feure, le branc nu :
Les portiers et les gardes en a les ciés tolus.
Par mi l'ost s'en tornerent, cha fors se sont venu :
9485 Dusc'al trés Loeys ne sont aresteu.
Or entendés d'Aiol com a le sens perdu,
Qu'il ne veut nul mot dire por coi soient connu;

9463 tous

Et vit trés bien Elie, son pere le quenu,
Et Loeys son oncle: mervelles s'est tenu,
9490 Qu'il onques ne dist cose dont il fust conneu[s].
Et Makaires dessent qui s'estoit desconnu,
Si parla bassement quant desconnu[s] se fu :
« Cil Dieus de sainte gloire qui maint el ciel la sus
« Saut le roi Loeys a qui somes venu!
9495 « Nos somes marceant de Pinel et de Bu,
« Et somes par la porte de Lossane venu.
« Doné avons Makaire .ii. mars d'or [fin] u plus
« Por chou que par sa tere nous a conduis li dus.
« Nous menons tel avoir onques si grant ne fu ;
9500 « Or somes en ta tere, rice rois, parvenu :
« Qua[r] nous livres conduit tant que soions issu. »
Et respondi li rois : « Bien soiés vos venu!
« Quel part vous en alés, miens en est li treu[s]. »
Conduire le[s] commande Gautier de Montaigu,
9505 Le duc Bevon sans barbe et Jofroi le kenu;
Et cil les ont menés bien .iii. liewes u plus.
Quant il sont fors de l'ost a saveté venu,
Adont parla Makaires, li traitres parjur[s] :
« Signor boin chevalier, c'a nous estes venu,
9510 « Por chou que vous m'avés a saveté conduit, (d)
« Vous dirai dont tel cose dont bien ere creus :
« Nous somes de Losane a saveté issu,
« Le portier et le gaite trovame cha de jus ;
« Vés les la u chevauce(nt) ces boins mulès grenus:
9515 « Faites armer vos homes, les grans et les menus,
« Et s'asailliés Lossane, les roes et les murs.
« Les portes sont overtes, ja n'i ara feru ;
« Nel sevent de la vile ne ne s'en garde nus :
« Prendre poés la vile sans lanche et sans escu.
9520 « Ja Damelde[x] de gloire vostre roi[s] nen aiut,
« S'il prent les Borgengons, se tost ne sont pendu. »
Oiés del traitor com par est malotrus,

9492 quant] grant

AIOL 279

Que il vieut que si home soient tout confondu :
9524 Si seront il trestout, car lor jor[s] est venus.

CCLIII Makaires lor a dit granment de sa convine,
Mais la grant traison ne lor a jehi mie.
Cil retornent ariere, s'ont lor voie aquellie :
A l'ost en sont venu ançois l'aube esclairie.
La parolle ont conté al roi de Saint Denise;
9530 Et quant François le seurent, li os est estormie,
Enfressi c'a Lossane ne s'aseurent mie :
A pié et a ceval entrerent en la vile,
Et portent trenchant aches et grans lances forbies :
Les Borgengons qu'il trevent detranchent et ochient,
9535 Et [s'en] vont querre Aiol en la cartre perine
Et Mirabel sa feme, mais il nes trovent mie :
Makaires les en maine, li quivers, li traitres.
Grant doel en fait li rois et li villars Elie,
Mais puis ti(e)nt il Borgonge sa terre toute quite
9540 Si c'onques n'i perdi vallissant une aillie.
Et vont querant Makaire el borc et en la vile :
Cui caut que il le quierent ? il nel troveront mie.
Il lor est escapés, li quivers, li traitres,
S'en a mené Aiol et Mirabel s'amie :
9545 « E las ! » che dist li rois, « mon neveu nen ai mie !
— Sire drois enperere, » che dist li dus Elie, (f. 163)
« Makaires le m'a mort, li quivers, li traitres.
« Ahi ! Mirabel dame, de vostre signorie !
« Mar vous conquist mes fieus par sa chevalerie !
9550 « Poi a duré ensamble li vostre compaignie.
« Quant le sara ma feme la gentil dame Avisse,
« Che sera grant mervelle s'elle remant en vie ! »
Or dirons de Makaire, cui li cors Dieu maudie :
Anbedeus les en maine coreçous et plains d'ire ;
9555 Il sont venu al Rone, si trovent la navie.

9526 ichi mie — 9536 nel — 9541 aiol el — 9542 Que — 9551 Qua sera — 9553 qui

Makaires une nef de son avoir eslige,
Puis i entre li fel et si .iiii. dessiple;
Aiol ont mis dedens et Mirabel meismes.
Par le Rosne governent et a grant force vindrent :
9560 Tout contreval s'en vont enfressi c'a saint Gille,
Del cors saint n'ont que faire, il n'i tornerent mie;
Aval par selonc tere ont lor voie aquellie,
Guerpisent les pors d'Apes, si tienent ceus de Sire;
Ne tout lor herbegage ne conterai mie :
9565 Ne sai que je vous cont cascune oste[le]rie;
Dusques a Panpelune ne cessent ne ne finent :
La trovent Mibrien, le fort roi de Persie,
U asamble grant ost et jouste grant enpire :
De Navairs et de Bascles avoit .l. mile;
9570 Aler en vieut a ost sor France le garnie
Por Mirabel sa fille dont li siens cors s'aire,
Et si heit plus Aiol que nule riens qui vive;
Mais il l'ara par tans en la soie baillie :
Makaires l'i amaine, li quivers, li traitres;
9575 Par tans vaura servir de ses losengeries.

CCLIV En la plus maistre rue qui torne [vers] saint Jake
Se herberga Makaires et si home tout quatre.
Il en a apelé son oste Floquipasse,
Si ot non li paiens qui son avoir li garde :
9580 « Gardés moi cest François que il ne vos escape :
« Grant tressor m'a enblé, si m'a fait grant damaje. »
Et respont li paiens : « Ja mar en arés garde; (b)
« Quant il m'escapera, jamais n'emblera autre. »
Il les mist ambedeus ens el font d'une cartre,
9585 En une tresorie, mais l'avoir en fist traire.
En grans carcans les misent et en buies les laisent.
Makaires s'en torna et si dru trestout quatre,
Et trespassent les rues qui sont et grans et larges,
Dusc'al maistre palais de nient ne s'atargent.
9590 La trevent Mibrien a l'aduré corage.

9563 les puis

Makaires le salue, li quivers mescreable[s] :
« Mahons te saut, boin[s] rois, et toi et ton barnage !
— Et Mahons te garisse, amis, frere message !
« Dont viens? et de quel tere? di moi de ton afaire.
9595 — Sire, je sui de Franche, de cele tere large,
« Rices dus de Borgonge, si l'ai tout en ma garde.
« Grant guere m'a destruit, qui m'en amaine et [cache :
« Car li rois Loeys m'a tolues mes marces.
« Sous Lengres en Borgonge esmuc une bataille,
9600 « La fis(t) por vous tel cose dont li siecles me blame.
« La conquis jou Aiol, le fil Elie au sage,
« Et Mirabel vo fille, le cortoise et le sage.
« Jel vous ai enmené en ceste vostre marche :
« Cha sont a mon ostel u mes ostes les garde.
9605 « Mais vous nes arés ja a nul jor que je sache,
« Trosque m'arés mostré vo Dieu et vostre image.
« Honques ne vic Mahon : drois est c'onor li fache. »
Et respondi li rois : « Molt es cortois et sage[s]. »
Quant il l'ot entendu, si dreche en son estage,
9610 Plus de .VII. fois le baise el col et en la fache :
« Amis, » che dist li rois, « cortois estes et sages :
« Assés vos donrai terre, honor et signorage.
— Or entendés a moi, » que dist li fel Makaires :
« Je sai bien toute Franche, les pors et les passages :
9615 « Toute crestienté ert en vostre treuage ;
« Mais que j'aie vo gent a ceval et a armes
« Chrestien sont tout mort et livré a hontage !
« Mar me vit onques [mès] Loeys, li fieus Charle : (c)
« Encor li taurai jou le cief sor les espaules.
9620 « Vous tenrés la grant tere et je en serai garde,
« De vous vaurai tenir Borgonge en iretage.
— Amis, » che dist li rois, « cortois estes et sage[s].
« De croisement vous doing la terre de Navaire.
« Je commanc Sarrasins par desor lor omage [cent.»
9625 « Que il trestout vous servent et vostre plaisir fa-

CCLV Mibrien[s] prent Makaire et tous ses .IIII. drus,

Si les a amenés en son palais la sus,
En la mahomerie, la u Mahomet fu.
Adont parla Makaires, li traitre parjurs :
9630 « Mahomet, » dist li fel, « je sui a vous venus ;
« A vous me claim jou, sire, del roi de Saint Denis....
« Et destrués François après tous uns et uns :
« Ne sai qués vos nomaise, miex les connistras tu
« Que je ne fac, biaus sire : tous les avés veus. »
9635 Sarrasin ne sont mie si fol ne esperdu
Que n'aient .I. vilain mis Mahomet el bu,
Qui laiens est entrés, car tout creus dedens fu.
« Amis, » dist li vilains, « je t'ai bien entendu :
« Roi te ferai de Franche et amiral et duc,
9640 « Et li rois et li autre soient tout confondu.
« Se tu a moi te tiens, moult t'est bien avenu. »
[Li] paien li amenent un auferant grenu :
Si le baise en la bouche, que ne se targa plus,
Et rache contremont el despit de Jesu....
9645 « Et puis me baiseras en mi le treu del cul :
« Che ert senefianche qu'a moi t'eres rendus,
« S'aras Dieu renoié et la soie vertu
« Et que il ne peut estre et qu'encore ne fu.
— Si ferai jou, biaus sire, » che dist li durfeu[s] ;
9650 « A chou me renc coupable que tant ai atendu,
« Que tous jours ne vous aie servi et maintenu. »
Makaires le baisa, il et si .IIII. dru ;
Li vilains a vessi, Makaires trait en sus : (d)
« Sire, » dist li traitres, « com li vostre Dieus put !
9655 — Non fait, » dist Mibriens, « mais teus sont ses
Fors sont del sinagoge isnelement issu, [vertus. »
Dusc' al maistre palais sont ariere venu.

CCLVI Mibrien[s] prist Makaire par le pant de l'hermine :
« Amis, » che dist li rois, « ne vos mentirai mie.
9660 « J'aim des ore en avant la vostre compaignie.

9631 *Passage altéré et tronqué.* — 9633 connisies vous — 9644 *Lacune.* — 9650 entendu

« Menés me a vostre ostel, je voil veir ma fille. »
Et respondi Makaires : « Volentiers, biaus dous
Il trespasse la rue et le bourc et le vile,   [sire. »
Dessi a son ostel ne cesse ne ne fine ;
9665 Il en a apellé Floquipasse et Prospisse ;
Si fait jeter Aiol de la cartre perine
Et Mirabel sa feme qu'(i) a grant tort i fu mise.
Mibriens voit sa fille qui molt fu asouplie :
De la longe prison a la color noirchie.
9670 Quant Mibrien[s] le voit, par la main l'a saisie,
Il l'en a apelé, se li commenche a dire :
« Avés vous relenqui Mahomet, bele fille ?   [sire.
— Oie, » che dist la dame, « por amor Dieu, biaus
« Je ne pris vostre Dieu Mahomet une aillie.
9675 « Chou que Sarrasin croient tieng jou a grant follie,
« Quant ne croient en Dieu le fieu sainte Marie. »
Quant l'entent Mibriens, a poi n'esrage d'ire.

CCLVII Mibrien[s] prist sa fille par le blance main
« Avés vos relenqui Mahomet, fille bele ?   [destre.
9680 — Oie, » che dist la dame, « n'en dites mais, kaiele ! »
Quant Sarrasin l'oirent, si s'esragent et dervent.
« Çou que Sarrasin croient ne vaut une cenele,
« Quant il ne croient Dieu, le glorieus celestre,
« Celui qui s'esconssa en la vierge pucele. »
9685 Quant l'entent Mibriens, a poi d'ire ne derve,
U que il voit Aiol, sel prent par le pui[n] destre :
« Fil a putain, » dist il, « fel licieres susperbe[s],
« La riens m'avés tolue que plus amoie en terre ! »
Dist a son senescal : « Va moi m'espee quere ;   (f. 164)
9690 «Ançois que jou mengue li trencerai la teste. »
Dont parla Estorgans qui fu nés a Valterne :
« Biaus oncles Mibriens, por Mahomet, que faites ?
« Que creés vos Makaire ? Mahomet li doinst perte !
« Quant sa loi a guerpie, desloial est sa geste.
9695 « A millor chevalier ne peut vostre fille estre
« Car chou est fil[s] Elie a la kenue teste,

« Et si est niés le roi qui tient France et governe.
« Se il vieut Mahon croire, trop li donré[s] vos tere. »
Et respondi Aiols : « Che ne poroit ja estre ;
9700 « Mieus i voil jou morir que je Dameldé perde. »

CCLVIII Mibriens apela Mirabel le nobile :
« Avés vos relenqui Mahomet, bele fille ?
« Alés, si l'aourés et vos saumes li dites. »
.IIII. paien l'en mainent, a force le trainent,
9705 Qui par les bras le mainent coreçous[e] et marie :
« Signor, » che dist la dame, « laisiés moi a delivre :
« Aorer le m'esteut, le ceur en ai plain d'ire. »
Delivre le laisierent la pute gente haie.
Leus que dut aorer Mahomet et ses i(n)deles,
9710 El(e) le saisi as bras, par tere le traine,
Les costes et les bras et les flans li debrisse.
Dist l'uns paiens a l'autre : « Ceste dame est marie.
— Voire, » dist Mibriens, « tout ert morte et sos-
[prise.
— Non sui, » dist Mirabiaus, « mavaise gent aie.
9715 « Comment vos peut aidier ceste cose faillie ?
« Or perent ses vertus qui de paor n'a mie. »
Quant l'entendent paien, a poi n'esragent d'ire :
Il le font delivrer Floquipasse et Porprisse,
Che furent doi paien molt felon et plain d'ire.
9720 La tere le roi gardent et tien[en]t grant justice :
Mais puis les torna Dieus a la soie partie,
Puis creirent Jesu le fil Sainte Marie.
Aiol ont avalé en la cartre perine
Et Mirabel sa feme corecie et marie ; (b)
9725 En caines les lancent et en buies les misent.
Li rois en a juré Mahomet et ses i(n)deles
Que demain les fera detranchier et ochire,
S'il ne croient Mahom qui tout a en baillie :
9729 Mais bien lor peut aidier li fieus sainte Marie.

9714 mirabel — 9725 *placé dans le ms. après* 9722.

CCLIX L'endemain durent estre tout ars et desmembré.
Oiés quel aventure Jesu lor a doné.
.iiii. paien d'Espaigne, Sarrasin d'outre mer,
Sont venu a la tere, que lor fu acussé[s]
Un[s] molt trés grans tressor[s] qu'il quidoient embler
9735 Al fort roi Mibrien qui l'avoit amassé,
Par dedens cele cartre tout adés asamblé,
La u Aiol[s] gisoit et sa feme al vis cler;
Mais li tressor[s] estoit fors de la cartre ostés,
Que dedens ne laisierent .i. denier monaé.
9740 Li laron furent sage, del mestier doctriné :
A lor chisieus trancans d'achier et afillés
Un grant pertrui[s] ont fait, s'ont le mur esfondré
La dedens en la cartre coiement a celé,
Et quierent le tresor : n'en ont mie trové.
9745 Aiols jut d'autre part selonc .i. grant piler,
Entre lui et sa feme, corechous et irés,
S'a oi les larons par mi la tere aler;
Gentieument les apele par molt grant simpleté :
« Signor, qui estes vous, qui par la cartre alés ?
9750 « Venés vos avoir querre? gardés nel me celés.
« Certes je n'en i cuic ·ii. denier[s] moneés,
« Mais c'un caitif de Franche qui est enprisoné[s]
« Entre lui et sa feme, qui se meurt de lasté.
« Quant vous venistes chi por avoir conquester,
9755 « Voir, je vous en donrai .iiii. somiers torsés,
« Se vos me poés faire de la prison jeter.
« Aprés vos ju[re]rai desor ma loiauté,
« Que se vous droit en Franche conduire me poés,
« Je vos donrai tresor tout a vo volenté. »
9760 Li laron l'entendirent, grant joie en ont mené :
Il corent les boions des buies desfremer (c)
Et le carcan li ont molt coiement osté.
Li .iiii. laron l'ont de la cartre jeté :
Issi com il devoi[en]t por Mirabel aler,

9733 qui — 9740 del destrier

9765 Les gardes s'estormisent quil devoient garder;
Et dist li uns a l'autre : « Mal nous est encontré,
« Quant li François nous est de la cartre escapé[s]:
« Demain en serons tout pendu et encroé. »
Il tornerent en fuie, n'i osserent ester.
9770 Et li .iiii. laron en ont Aiol mené.
Cui caut se il l'en mainent et Mirabiaus remest?
Or les consaut andeus cil qui tout peut saver :
Car puis ne s'entrevirent dusqu'a .[v]ii. ans pasés.

CCLX Li .iiii. laron mainent Aiol par grant justice,
9775 U il [le] voil[le] u non, sa foi lor a plevie
Que ne dira parolle qui tort a felonie :
Aiols aime tant Dieu qu'il n'en mentira mie.
Tant ont trespassé bois et landes enhermi(n)es,
Qu'il sont venu tout droit al port d'Esclavonie.
9780 La troverent lor nef aprestee et garnie,
Lor compaignons troverent, ques atendent a single,
Et il lor vont encontre, hautement lor escrie[nt] :
« Avés vous le tressor dont avons tele envie ? »
Et cil lor respondirent : « Vos parlés de folie!
9785 « La cartre Mibrien avons frainte et malmise,
« Mais d'avoir n'i trovames vaillissant une aillie,
« Mais .i. kaitif de Franche qui manans est et riche[s].
« Sa foi nous en a il molt loiaument plevie,
« Que se nous l'en menons en Franche le garnie,
9790 « Trop nos donra avoir, tresor et manandie.
« Mais Franc sont orgellous et plain de felonie,
« Que se cis a en Franche ricece ne baillie,
« Assés tost nous fera detranchier et ochire ;
« Car la loi Mahomet n'aiment li François mie.
9795 « Car le menons or vendre el port de Tornebrie
« Al fort roi Grasien qui manans est et riche[s].
« Plus nous donra avoir, ricese et manandie, (d)
« Que trestout no parent n'orent ainc en lor vie! »

9771 mirabel — 9773 cf. 9806 — 9775 li a — 9786 .i. aillie

Quant l'entendi Aiols, forment plore et souspire :
9800 Ne se vieut parjurer, sa foi lor a plevie;
Ne set pas la grant joie la u Jesu le guie :
La trovera ses fieus sains et saus et delivres,
Et Terri le cortois et Aie la nobile,
Et le roi Grasien qui les enfans norie.
9805 Il n'avoit .ii. si biaus dusc'al port de Hungrie;
.vii. ans orent passé ançois c'Aiol veissent.

CCLXI Li .iiii. laron sont dedens lor nef entré;
Aiol ont mis dedens, le vasal aduré,
Et leverent lor single, si se sont desancré :
9810 Damelde[x] lor dona boin vent et boin orré.
Ne sai que je vous doie lor estoire aconter,
Ne combien il esturent en palegre de mer :
Vienent a Tornebrie, la sont droit arivé.
Quant il vinrent a l'avene, lor cingle ont avalé,
9815 Et jeterent lor ancre, bien se sont apresté,
Et issent de la rive, s'ont guerpie lor nef.
La troverent le jor une grant feste anel ;
La furent crestian et Turc aseuré ;
D'avoir d'estrange tere i ot molt grant plenté.
9820 Ausi com autre avoir metent Aiol venel :
Li laron l'orent bien vestu et conraé ;
Il ot chemise et braies d'un cai[n]sil afloré,
Et puis cauces de paile, soler[s] a or ovré[s],
Et peliçon hermin tout d'orfroi[s] engoulé,
9825 Et après .i. diaspre qu'il li ont endossé,
Et d'un vermel samit l'ont molt bien afublé :
N'ot plus bel chevalier dessi en Duresté,
Se ne fust la prison u il ot tant esté;
Mais bien avoit .v. ans en cartre conversé.
9830 A mervelle l'esgardent li per de la chité,
Et dist li uns a l'autre : « Molt a cis grant bonté.
« Onques Dieus ne fist tere ne si grant roiauté,

9820 venle

« Cil nel(e) deust tenir, si(l) a en lui bonté. » (f. 165)
Tant en va li renons par les princes casés
9835 Que li rois Grasiens en a oi parler ;
A .xxx. chevaliers avala les degrés ;
Meisme(s) la roine i ala de son gré
Et Teris li cortois et Aie o le vis cler.
Tumas et Manesier[s] sont avoec aus alé :
9840 Dessi que a la rive ne se sont aresté,
S'ont trové les larons et Aiol par delés.
Li boins rois de Venise a Aiol esgardé,
Molt le vit bel et gent, escavi et molé :
Ses filleus esgarda sans plus de demorer :
9845 Tant resamblent le pere et de bouche et de nés,
Onques Dieus ne fist home [les] deust esgarder.....
Aiol[s] li fieus Elie i a son ceur torné,
Il ne set qui il sont, mais molt i a pensé.
Li fors rois Grasiens a les .IIII. apelé :
9850 « Dites, signor, quel faites, quant a vendre l'avés ? »
Et il li respondirent : « Aparmain le sarés.
« .LX. mars d'or fin vous en esteut doner,
« Et .CCCC. d'argent a balanche pessé,
« Et .xxx. piaus de martre et .IX. mantel[s] foré[s],
9855 « Entre tires et pailes un grant somier torssé.
— Baron, » che dist li rois, « par sainte carité,
« Vous l'avés molt forfait, car vos amesurés ;
« Prendés consel ensamble por combien le donrés. »
Et cil li respondirent : « Sospris nos en avés.
9860 « Se nous bien seusiemes par fine verité
« Que vous fussiés li rois de cest rice resné,
« Por .IIII. tans d'avoir ne vos fust il donés. [avés.
— Par mon cief, » dist li rois, « signor, grant tort
« Et tant et plus del mien vos en ferai doner,
9865 « Ains que si bel kaitif laise mès escaper. »
L'avoir lor a fait tout et bailler et livrer.

9838 al vis — 9846 *Lacune*. — 9860 n. s. b. — 9866 *Miniature avec cette rubrique :* Ch'est chi ensi com li laron ont vendu Aiol et s'entrochient.

Ensi com li laron en furent dessevré (b)
Et il durent ariere en lor barges entrer,
A lor couteus d'achier se sont entremellé,
9870 Por l'avoir departir, dont il orent assés :
Mal soit de l'un des .IIII. qui en puist vis aleſ,
Qu'a lor coutiaus ne soit trestout esboielé[s].
Al fort roi Grasien le va .I. mès conter,
Et quant li rois le sot, s'a grant joie mené,
9875 L'avoir en a fait tout en son tresor porter.
« Sire, » che dist Aiol[s], « or vos ai mains cousté ! »
Ariere s'en revont par la boine chité,
El palais en montere[n]t contremont les degrés.
Sor .I. banc sont assis maintenant lés a lés :
9880 « Amis, » che dist li rois, « a moi en entendés ;
« Dont estes ? de quel terre ? gardés nel me celés.
— Sire, » che dit Aiol[s], « ja 'n orés verité.
« Je sui certes de Franche de molt grant parenté,
« Si ai esté en cartre bien a .V. ans passés,
9885 « Et cil laron m'emblerent u m'avés acaté.
« Se vous me faites bien, grant amoine ferés. »
Et respondi li rois : « Por nient vos doutés,
« Car je ne vous faurai tant com puisse durer. »
Quant l'entendi Aiols, grant joie en a mené :
9890 Tost et isnelement li vaut al piet aler,
Quant li rois Grasiens l'en a fait relever :
« Amis, » che dist li rois, « envers moi entendés.
« Jou ai une grant guerre, dont molt sui esfraés,
« Del roi de Salenike qui me taut m'erité. (c)
9895 — Sire, » che dist Aiol[s], « garnimens me donés,
« Et je vous aiderai par droite loiauté.
— E Dieus! » che dist li rois, « tu soies aourés,
« Qui tel gonfanonnier m'avés chi amené !
« Cis portera m'ensenge en bataille campel. »
9900 Li fors rois Grasiens fu molt gentieus et ber :
Il fu a Tornebrie al cief de son resné,

9871 que suns des .IIII. en puist — 9889 Aiols] li rois — 9890 le

S'a par toute sa tere tout son esfors mandé,
Qu'il vieut a Salenike a son pooir aler :
Onques de plus grant ost n'oi nus hon parler.
9905 Armes fissent Aiol en la place aporter :
Molt sont chieres et beles, nus hon nes doit blamer;
Quant li rois le commande, Aiol[s] s'en est armés,
Il a vestu l'auberc, si a l'elme fremé,
Il a çainte l'espee al senestre costé.
9910 Un boin ceval li ont en la place amené,
Cil ert le roi meisme, Passeavant fu clamé[s].
Li chevals fu si boins et de si grant fierté
Que d'une toise longe n'i peut on abiter,
Ne mais que l'escuier[s] qui de lui fu privés.
9915 Aiols li fieus Elie est cele part alés :
Tost et isnelement est par l'estrier montés,
Et pendi a son col un fort escu bendé,
Et tient en son puin destre .i. fort espiel quaré,
A .iii. claus de fin or .i. gonfanon fremé :
9920 De la chité issirent por le Franc esgarder.
Li rois a un serjant a dit et commandé
Facent une quintaine drecier en mi le pré :
Si sara del François com se vaura porter
9924 Ses rices garnimens en bataille campel.

CCLXII La quintaine font faire ens el pré verdoiant,
Ce fu de .iiii. estaces d'un fort escu tenant ;
Aiols point le destrier c'on claime Pasavant :
Li destrier[s] se desroie qui les grans saus porprent,
Fors Marchegai el monde n'en ot .i. plus corrant;
9930 Et fiert en la quintaine par son fier maltalent,   (d)
Que l'escu fait percier sor la boucle a argent,
Et les paisson[s] tout .iiii. froisa de maintenant,
L'escu[s] et la quintaine cai de maintenant :
« Marchegai, » dist Aiols, « je vos amoie tant !
9935 « Piecha vous ai perdu, s'en ai le ceur dolant. »

9926 Se

Dient cil qui l'esgardent mainte communalment :
« Chi a boin chevalier, ardi et combatant. [commant,
— E Dieus! » che dist li rois, « par vostre saint
« Com m'avés bien aidiét de chou que vos demanc! »
9940 Li enperères broche le boin mulet anblant,
Venus est a Aiol, se li dist en riant : [vanc:
« Biaus sire Aiols de France, a vos mè renc et
« Que trestoute ma tere soit a vostre commant ;
« Cui vous vaurés air, n'ait plus retenement.
9945 « Del roi de Salenike me claim trestout avant,
« Qui me gaste ma terre, mon ceur en ai dolant.
— Sire, » che dist Aiol[s], « entendés mon samblant.
« Cargiés moi .III(I)^m. homes de chevaliers vaillant.
— Non ferai, » dist li rois, « car n'en ai mie tant,
9950 « Tant qu'il seront mandé par mes teres plus grans.
— Sire, » che dist Aiol[s], « dites vostre talent :
« Combien en avés vous a boins cevals corans ?
— Amis, » che dist li rois, « bien sont .M. et .VII. cens.
— Par foi! » che dist Aiol[s], « c'est biaus commen-
9955 « Or le laisons issi dusc'a l'aube aparant. » [chemens.
Et respondi li rois : « Tout a vostre commant. »
En Tornebrie en entrent li petit et li grant :
S'Aiol[s] fu bien servis, n'est drois c'on le demant.
Cele nuit le laisierent dusc'a l'aube parant.
9960 Quant la nuit sont as dois et as tables seant,
[Par] devant Aiol vindrent anbedoi si enfant,
Et il les apela et dist : « Venés avant. »
A la coupe d'or fin les abevra li frans,
Et dist entre ses dens soef en souspirant :
9965 « Ahi! Makaires fel, li cors Dieu te cravent! [(*f.* 166)
« Tu m'as tolu el mont que plus amai forment :
« Car s'encore vesquissent anbedoi mi enfant,
« Ausi grant fuisent il com cil, mien ensiant ! »

CCLXIII   Il font faire les lis, si se vont reposser

9953 .VIIe. — 9954 commenchement — 9960 dois des t.

9970 Dusc'al demain a l'aube que il dut ajorner.
Aiol[s] li fiex Elie s'est par matin levés.
Li rois de Tornebrie a fait se gent mander :
Conduire les commande Joserant et Fouré ;
Al matin s'en tornerent, quant il sont apresté.
9975 Des pors de Tornebrie dont il furent torné
Dessi a Salenike, la u devoient aler,
N'avoit mais que .vii. lieues a .i. mul sejorné.
Aiols sot molt de guerre, s'a le roi apelé :
« Sire, fors enperere, a moi en entendés.
9980 « Car metons .i. agait dedens cel bos ramé :
« De .xxx. chevaliers .i. aguait remetés
« Desi a Salenike, la nobile chité.
« Se Sarrasin en issent par lor ruiste fierté,
« Nous les irons requere a nos brancs acerés ;
9985 « Et se Damelde[x] done par sa grande bonté
« Que li rois Floriens isse cha fors armés,
« Nous nos açointerons as espiels noelés ;
« Molt volentiers vauroie ensamble o lui joster :
« Mais ne sai de qués armes li rois est adobés.
9990 — Amis, » dist Grasiens, « jel vos dirai assés. »

CCLXIV Li fors rois Grasiens fu molt preus et ardis.
U que il voit Aiol, cortoisement li dist :
« Del fort roi Florien vous dirai mon plaisir.
« N'a millor chevalier jusc'al port de Brandis ;
9995 « En la targe le roi est escris Apolins,
« Tervagans et Mahon[s] en son gonfanon mis ;
« Amont desor son elme a .i. cercle d'or fin ;
« Li destriers desous lui ne samble pas frairin,
« Il est covers de soie d'un paile alixandrin.
10000 — Sire, » che dist Aiols, « assés en ai oï. »
Li rois met son aguait dedens le bos foilli :
A .xxx. chevaliers se metent el train,   (*b*)
Entrosc'a la chité ne prisent onques fin,

9988-9 *intervertis*. — 9996 Teruagant

Si aquellent la proie, dont lieve li hustin[s].
10005 Et Sarrasin se corrent isnelement garnir.
Quant li rois Floriens la noise [en] entendi,
Il demande ses armes el palais signori :
Par grant air s'adoube, et fel fu et ardi[s] ;
Monte sor Ploiegant, onques millor ne vi;
10010 Il saisi la grant targe u fu poins Apolins.
Plus de .v^c. s'en issent par la porte Hain,
Les nos en encauchierent tout .i. feré cemin.

CCLXV Li fors rois Floriens pense de l'encauchier.
Des nos a retenus .xiiii. chevaliers;
10015 Il trespasse l'agait .i. grant arpent plenier :
Et li agais s'escrie et devant et derier.
Aiols saut de l'aguait et li rois Grasien[s],
Si escrie Monjoie, li preus et li legier[s].
Il garda devant lui, voit le roi Florien ;
10020 Bien le connut as armes, il en fu ensengiés,
Il broche Passavant des esperons des piés;
Floriens le regarde, s'est vers lui adrechiés :
Grans cos se vont doner sor les escus pleniers,
Desor la boucle d'or les ont frains et perchiés :
10025 Molt sont fort li auberc, nes peuent desmaillier.
Li rois brise sa lanche qui fu boins chevalier[s],
Et Aiols le feri a loi d'ome guerrier,
Que çaingle ne poitral ne li ot ainc mestier,
Que le roi n'abatist devant lui del destrier.
10030 Aiols furnist son poindre comme boins chevalier[s],
Al roi Florien est ariere repairiés
Et tient traite l'espee, s'a l'escu enbracié(s).....
A haute vois s'escrie : « [Franc guerrier], di moi qu'ies.
« Des armes a porter n'es tu pas costumier[s]
10035 « A ceste(i) nostre loi : je l'ai bien essaié(s) ;
« Car ainc par un seul home ne vuidai mon destrier.
« Tu me sambles de Franche des ardis chevaliers.

10032 *Lacune; c'est le roi qui parle au vers suivant.*

« Lai le roi de Venisse, ne se peut preu aidier : (c)
« Plus te donrai argent et or fin et denier[s],
10040 « C'onques n'en ot en France Loeys ne Loier[s].
— Tais, fols rois, » dist Aiol[s] : « n'a[i] soing de pree-
« Car je ne faurai ja mon signor droiturier : [cier,
« Por or ne por argent ne me voil vergongier. »
Endementiers qu'il o[n]t tant parlé et plaidié,
10045 Li rois fu molt traitres et fel et renoiés :
Il tint traite l'espee, s'est Aiol aprociés :
Par devant les arçons vait ferir le destrier,
Qu'entre les .ii. espaules li a le cief tranciés.
Li cevals kai mors et Aiol[s] fu en piés ;
10050 Et Aiols le regrete comme boins chevaliers :
« Ai ! tant mar i fustes, Pasavant, boins destriers !
« Cil qui vos me dona vos tient mervelle chier.
« Je morai ja de deul, se ne vos puis vengier ! »
Il a traite l'espee, s'a l'escu enbrachié :
10055 Et vait ferir le roi par mi l'elme vergié,
Que les flors et les pieres en a jus trebucié,
Devers la destre espaule li fait le branc glacier,
Les mailles de l'auberc ne valent .i. denier,
La car de sor les os li convient a trenchier,
10060 Et li rois canchela, si s'est agenolliés.
Aiol[s] le vait ferir quant le voit embroncié ;
Sor la senestre espaule est li cos adrechiés :
De la car et des os li trancha demi piet.
Li rois chai a terre, ne se pot mais aidier :
10065 Aiol[s] le vait saisir par les las a or mier,
Puis li toli par forche le branc forbi d'achier,
Et saisi Ploigant que molt ot covoitié :
« Couars rois, » dist Aiol[s], « or avomes cangié :
« De la car de ton dos ai mon ceval vengié. »
10070 Aiols sor Ploigant monta par son estrier,
Le roi maine lés lui qu'il tenoit prisonier.
Et li agais desbuisse et devant et derier.

10041 point de — 10050 se regarde — 10069 ai mon signor

Atant evous poignant le fort roi Grasien; (d)
Aiols l'en apela par molt grans amistiés :
10075 « Sire, drois empereres, je vos tieng forment chier :
« De chou que m'acatastes renderai vo loier :
« Le roi de Salenike vos donrai prisonier.
— Grant merchi, biaus dous sire, » dist li rois
[Grasien[s].
« Couars rois de put aire, vieus te tu baptisier ?
10080 — En pardon en parlés, » dist li rois Florien[s].
« Ja ne cerai en Dieu qui fu cruchefiés,
« Que Juis travellierent, ainc ne s'en pot aidier :
« Mais Mahon[s] est mes sires, lui devons essaucier.
— Cuiver, » che dist Aiol[s], « Dieu te doinst en-
[combrier !
10085 « Voirs fu que Damelde[x] envoia preechier
« Premier Mahon en terre por sa loi essaucier;
« Le commant Dieu fausa, tant fu outrequidiés :
« Tant but que tout fu ivres, si ne se pot aidier,
« Ains ala en .i. bos sous .i. arbre coucier;
10090 « Por savage le prisent qui tout li ont mangié
« Le nés et le visage et les iex de son cief : [chier. »
« Puis n'ot en lui vertu, car Dieus ne l'ot tant
Quant l'entent li paiens, le sens quide cangier :
« Tais toi, quivers François ! tu m'as pris et loié,
10095 « Mieus voil jou c'on me fache ochire et detrancier
« Que guerpisse Mahon por ta loi essauchier.
« M'ame sera savee, se je sui essiliés :
« Tervagans et Jupin[s] le feront herbergier. [giet,
— Par mon cief, » dist Aiol[s], « s'on m'en done con-
10100 « Vos ne viverés plus por no loi vergongier. [sien[s],
— Biaus sire Aiols de Franche, » dist li rois Gra-
« Nel laisiés ja por moi : je vous en doing congié. »
Et respondi Aiol[s] : « Grant merchi en aiés !
« D'un de ses anemis voil Damaldé vengier. »
10105 Il a traite l'espee, tolu li a le cief,

10098 Teruagant — 10100 vo loi

Devant le roi l'abat a tout l'elme vergié :
« Signor, » che dist li rois, « c'est caup de chevalier.
Molt a chi boin preudome por felon kastoier. »

[(f. 167)]

Puis aquellirent ciaus qui trop ont encaucié.
10110 Qui dont veist Aiol par desor tous aidier,
A destre et a senestre les riches rens cerkier !
Par desor Ploiigant tient nù le branc d'acier;
Cele part u il torne, fait les rens clarier;
Cui il consieut a cop n'a de mire mestier.
10115 Paien tornent en fuie, li quiver losengier.

CCLXVI Paien tornent en fuie, la pute gent dervee.
Signor, n'est pas mençoinge, ains est vertés provee,
Ba(tai)taille mal furnie ne peut avoir duree.
Cil les vont encauchant al trencant de l'espee.
10120 Une lieue pleniere de randon les menerent,
Ainc n'i ot caup feru ne joste demandee.
Aiol[s] point Ploigant a la sele doree :
S'a trové un espiel a l'ensenge fressee,
De son ceval s'abaise, s'a l'ensenge combree;
10125 Le fort escu enbrache par l'enarme doublee,
Vait ferir Estorgant sor la targe l(u)istee :
Desor la boucle d'or li a frainte et quassee,
Et la bronge del dos desmaillie et fausee;
Par mi outre le cors si a l'anste passee,
10130 Tant com hanste li dure, l'abat mort en la pree.
Li baron de Venisse si près d'eus s'aresterent,
Que dedens Salenike communalment entrerent.
Ceus que trevent dedens ont les testes copees :
Qui en Dieu ne vaut croire molt ot dure saudee.
10135 Issi fu par Aiol la chité conquestee
Et del roi Florien la guere definee.
Li fors roi Grasiens vait saisir la contree :
Tant furent grans les os c'amaine l'enperere
Nus n'i met contredit n'ait la teste copee.
10140 Molt s'est de cele gent baptisie et levee;

Les dames de la tere se sont crestiennees,
Et li rois Grasiens a la chiere menbree
Les a as gentiex homes de sa tere donees :
Par celes ert la tere de crestiens puplee. (b)
10145 La fille Florient fu Aiol presentee,
N'ot plus bele pucele dusqu'en la mer betee :
« Biaus sire Aiol[s] de Franche, » chou a dit l'en-
[pereres,
« S'il vous vient a talent, foi que je doi mon pere,
« Cesti vous doing a feme et toute la contree [tee.
10150 « Que nous avons par forche vers les Turs conques-
— Sire, » che dist Aiol[s], « ne plache a Dieu le pere
« Que jou ja prenge feme tant com j'ai[e] duree,
« Tant com j'aie la moie de la cartre jetee,
« Que d'eure beneoit[e] euc a feme espossee :
10155 « Ele est a Panpelune, en la cartre son pere,
« Illeuc le tient Makaires li traitres, li leres.
« Ch'est li hon que plus hec qui onc fu nés de mere ;
« Car .ii. fieus me noia de ma feme espousee
« Dedens l'aigue del Rosne devant une ajornee :
10160 « Dieus me doinst tel vengance com j'aie desiree ! »
Quant l'entendi Teris, s'a le teste levee,
Cil gardoit les enfans et Aie la senee :
Mais il ne vaut plus dire ileuc de sa pensee.
Quant il orent la tere vraiement asenee,
10165 Les casteus et les marches toutes aseurees,
Et il ot de sa gent la terre bien puplee,
Dessi a Tornebrie n'i ot resne tiree :
Sa gent done congiet, si vont en lor contree.
Toute la cort le roi est vers Aiol tornee,
10170 Por la bonté de lui fu toute aseuree ;
Puis fist mainte bataille al tranchant de l'espee :
Ne sai que toute l'eure vos en fust ja contee.
Or mais porés oir com si fil se proverent,
10174 Et par quele maniere s'acointierent al pere.

10143 Leus — 10154 Que dame — 10174 mainere

CCLXVII Aiols fu en la cort molt durement amés :
Cascun jor voit ses fiex, mais nes connut li ber.
Puis ont il en la cort teus .v. ans conversé
Que l'uns ne sot de l'autre son ceur ne son pensé.
Quant Aiol[s] li cortois peut ses fieus encontrer,
10180 Plus de .vii. fois les baise, les bouces et les nés : (c)
Tous tans i trait del pere li cuers et li pensés.
Dame Aie la cortoise sot bien de verité,
Et Teri[s] de Lossane, li gentiex et li ber,
Que che sont si enfant, mais n'en voilent parler,
10185 Tant aiment les enfans avoec aus a garder.

CCLXVIII Che fu a Pentecouste, [a] une feste haute,
Terris ist del moustier et dame Aie la sage.
Aiols l'en araisone, qui de parler se haste,
En .i. consel l'apele en une croute gaste :
10190 « Teris, » che dist Aiol[s], « molt estes preu et sage,
« Car me cargiés vos fieus por Dieu l'esperitable.
« Se il peuent tant vivre qu'il puisent porter armes,
« Jou lor ferai porter beles et convenables ;
10194 « Jamais ne verés home plus volentiers le face.

CCLXIX « Terris, » che dist Aiol[s], « je puis molt dolant [estre :
« Dieus me dona deus fiex de ma mollier [la] bele ;
« Makaires les noia, li quivers de put estre,
« Dedens l'aigue del Rosne, bien en sai la novele. »
Quant l'entendi Teri[s], si enbroncha la teste :
10200 « Biaus sire Aiol[s] de Franche, molt fu laide la
Dame Aie la cortoise son signor en apele : [perte. »
« Sire, merchi por Dieu, le glorieus celestre ;
« Ne li di pas encore que si fil doivent estre.
« Jamais n'aroie joie en cest siecle terestre
10205 « Se les enfans perdoie, dont sui fors de ma tere. »

CCLXX « Aiol, » che dist Terri[s], « molt son[t] bel mi
« Ambedeus les leva li fors rois Grasians, [enfant :

« Si lor dona en liege .ii. fors chités vaillans,
« Se il peuent tant vivre qu'il portent garniment,
10210 « Dont il poront mander .xx^m. homes et cent.
« Se del felon Makaire volés nul vengement,
« Bien vous en aideront a lor esforchement.
— E Dieus! » che dist Aiol[s], « se je vivoie tant,
« Dont ne me cauroit il de cest jor en avant
10215 « M'ame partist del cors, mais Dé(x) n'i fust perdant. »
Atant en sont monté ens el palais plus grant;   (d)
Dont a parlé Terris hautement en oiant :
« Sire, drois enpereres, entendés mon samblant.
« Ambedoi vo filleu ja sont chou mi enfant ;
10220 « Vessi Aiol de Franche, le hardi combatant,
« Qui andeus les me quiert orendroit maintenant,
« Il les fera norir bel et cortoisement,
« Tant qu'il poront porter armes et garniment,
« Puis lor fera doner rices et avenant. »
10225 Quant l'entendi Aiol[s], si s'en dreche en estant,
Si a parlé li ber si que on bien l'entent :
« Por Dieu, drois enpereres, ne me soiés nuisans.
— Non serai, par ma foi, » dist Grasiens li frans.
« Orendroit comman jou mes filleus maintenant,
10230 « Qu'il vos servent trés bien trés cel jor en avant. »
Et cil li respondirent : « Tout a vostre commant. »

CCLXXI   Or sont li fil Aiol andoi si escuier :
Mervelles s'entramoient, durement s'orent chier.
Encor(e) ne set Aiol[s] se nus l'en apartient.
10235 Bien furent li enfant andoi aparellié
Et servent a la table le fort roi Grasien.
Aiols les esgarda, si encline le cief,
Tenrement a ploré li gentieu[s] chevaliers.
Et quant le voit Terris, si l'en prist grans pitiés :
10240 Mais ne li ose pas descovrir volentiers
Que fuissent si enfant : forment les avoit chiers,
Et sa feme dame Aie l'en avoit castoié.

10221 le mes — 10242 dan aie

Aiols siet a la table dolans et enbronciés,
Grasien[s] l'en apele par molt grans amistiés :
10245 « Biaus sire Aiol[s] de Franche, qui vos a corecié?
« Ja n'(en) ert si riche[s] hom(e) qu'il ait mais m'a-
— Je le vous dirai ja, enperere al vis fier. [mistiet.
« Vos en orés ja tant par le vertu del ciel,
« Ainc mais itant n'en dis a home desousiel.
10250 « Rois, je sui né[s] de France, des vaillans et des
« Et niés l'enpereor, Loeys le guerrier. [mieus,
« Je sui fieus sa seror, dame Avisse al vis fier; [(f. 168)
« Elies est mes peres, li viellars chevaliers,
« Qui est dus de Borgonge et sire et justiciers.
10255 « Makaires de Losane, li quivers renoiés,
« Me prist par traison sous Lengres el gravier,
« Puis m'a tenu en cartre, bien a .v. ans entier[s];
« Mes oncles ne mes peres ne m'en porent sacier :
« Tant par est fors Losane ne le porent brisier.
10260 « Dieus me dona .ii. fieus de ma france mollier :
« Makaires les noia li quivers losengier[s],
« Puis me fist il sor sains jurer et fiancier
« Ne diroie parolle dont il fust enpiriés;
« J'amai tant Dameldé que ne li vauc brisier.
10265 « Trés par mi l'ost mon oncle me mena il loié
« Dusques a Panpelune al fort roi Mibrien
« Entre moi et ma feme o le visage fier.
« Or tient il en la cartre ma cortoise mollier :
« Jamais voir n'avrai joie, se ne l'en puis sacier!
10270 — Amis, » che dist li rois, « or ne vos esmaiés,
« Car de mainte grant guere sui je venu[s] a cief :
« J'ai conquis maint roiaume al branc forbi d'achier;
« Le millor, le plus riche vos en doin volentier :
« Trestoute Salenique voil que de moi t(i)engiés
10275 « Et trestout le roialme qu'on en doit justicier,
« Et demie Venisse vos doin ge volentiers :
« De vostre bel service arés riche loier.

10251 lespereor

« Si passerons la mer en cest esté plenier;
« S'irons a Panpelune sor le roi Mibrien :
10280 « Ne le gara chasteus ne chité ne plaisiés
« Ne l'en traie par forche, cui qu'en doie anoier.
« Si trairons de la cartre vostre france mollier :
« Quant tant le par amés, ne le devés laisier. »
Le cordeuan solier Aiol[s] l'en vaut baisier,
10285 Et li rois l'en redreche qui mervelles l'ot cier.

CCLXXII « Sire, » che dist Aiol[s], « grant tere me donés :
« Demain l'irai saisir, se vos le commandés,
« Si menrons avoec nous .xx^m. homes armés.   (b)
« S'il a home en la tere qui en voille parler,
10290 « Gardés n'i meche escange de la teste a coper. »
Et respondi li rois : « Si com vous commandés. »
Au matin par son l'aube furent bien adoubé.
Li rois li a cargiés .xx^m. homes armés :
Aiol[s] en vait saisi(e)r sa tere et son resné,
10295 Et toute Salenique qui molt fait a loer.
Un chastel prist par force, c'on desfendi assés :
Ceus qui le desfendirent fissent tout decoper.
La conquist .i. eskiec qui molt fist a loer,
.ii. des millors cevals c'on peust recovrer,
10300 .ii. aubers et .ii. elmes de grant nobilité,
.ii. escus et .ii. lances dont on doit bien joster,
Et .ii. riches espees u ot grant dignité,
Nis li .iiii. esperon furent de grant cierté.
Ches adous a il puis ses .ii. enfans donés :
10305 Encor ne set il mie qui les a engenrés,
Ne [ne set] des adous qu'eussent tel bonté :
Car il ne les rendist por l'or de .x. chités.
Che fu a une feste saint Johan en esté,
C'Aiols fu de sa tere molt bien aseurés,
10310 De toute Salenike et de tout le resné.

10281 qui — 10294 tere deseurer — 10300-1 placés dans le ms. après le vers 10315; cf. plus bas 10328-33.

Il vait a Tornebrié Grasien merchier;
Or vaura ses .ii. fieus maintenant adouber.
Encor(e) ne set il mie que tant les doit amer
Jusque tant [que] li briés li sera demostrés
10315 Que Tieris fist escrire por les enfans saver;
Mais dont ert grant la joie et la nobileté.

CCLXXIII   Le jor de saint Johan, la feste que Dieus fist,
Fist Aiol[s] chevalier[s] de ses anbedeus fis.
Cier sont li garniment dont il sont revesti :
10320 Mais millor[s] sont les armes qu'encor sont a venir.
Tant sont bel li enfant, cortois et bien apris,
Onques Dieus ne fist home nes deust cier tenir.
Mieus resamblent le pere que home qui soit vis.
Forment les esgarderent li home del pais, (c)
10325 Et dist li uns a l'autre coiement et seri :
« Ch'est la plus grant mervelle qu(e)' ainc peust ave-
« S'il onques apartinrent a lor pere Tierri. »   [nir

CCLXXIV   Aiols fait .ii. aubers en la place aporter,
Et .ii. molt rices elmes qui molt sont a loer,
10330 Et .ii. molt rices brans dont l'achir[s] reluist cler,
.ii. escus reluisant dont d'or sont li boucler;
Puis aportent .ii. lanches c'on a fait bien planer.
Les .ii. riches chevals qu'Aiols fist amener,
Quant repaira de l'ost u Grasiens li ber
10335 Le fist d'un grant roialme signor aseurer,
Les riches garnimens que la pot conquester,
Fist il a ses enfans a icel jor doner.

CCLXXV   Li doi vaillant cheval furent en mi la place;
Les seles furent rices, ovrees a topasse,
10340 Il sont andoi couvert d'un molt rice diaspre :
Il n'avoit en la tere plus isneus c'on i sache;
Li archon sont deseure a fin or et a safre :
Dieus ne fist vavassor de si povre parage,
S'il i estoit montés, aprestés de ses armes,

10345 Bien ne resamb[l]ast prince u duc u amuable.
A ses .ii. fiex les done qui furent preu et sage.

CCLXXVI Or furent li destrier des millor[s] del pais :
Li valet i monterent, qui sont preu et ardi,
Es prés sor Tornebrie, qui vert sont et flori.
10350 Lés aus chevauce Aiol[s] et lor maistre Terri[s],
Et li rois Grasiens et si millor ami.
En la quintaine fierent li doi baron gentil
Deus cos desmesurés, ains hon plus grant ne vit.
Quant arier retornerent, passé[s] fu miedis,
10355 Et montent les degrés el palais signori.
Les tables furent mises, al mengier sont assis :
Lés le roi Grasien sist Aiols li ardis,
Tumas et Manesier[s] li doi baron gentil.
Aiols les esgarda, a souspirer en prist :
10360 Tenrement a ploré des biaus iex de son vis. *(d)*
Teri[s] le regarda, si tient le cief enclin,
Bel et cortoisement a apeler l'en prist :
« Biaus sire Aiols de France, por Dieu qui ne menti,
« C'avés vos a plorer ? por coi estes pensis ?
10365 — Je l'ai assés u prendre, sire maistre Terri[s],
« Par Dieu, quant me ramenbre de mes enfans petis,
« Que Makaires noia, li quivers de pu[t] lin :
« Autretel fuissent ore comme sont vostre fil.
« Mais nel di pas por eus : Dieus vos en doinst joir !
10370 « Jamais ne verés home qui les aint plus de mi. »
Et quant l'a entendu li boins maistre Teri[s],
Dont ne se tenist plus, qui li donast Pari(i)s,
Que le voir ne l'en die, ne s'en peut mais tenir :
« Bien vos est avenu, Aiols, » che dist Teri[s],
10375 « Par la foi que vous doi, que che sont vostre fil.
« Je suis nés de Lossane et mi millor ami :
« Je i ere manans quant li rois Loeys
« Et Elies vos peres orent le mur assis ;
« J'estoie soz le pont, car Dieus le m'ot tramis,

10379 sor

10380 « Et pescoie a la lune, ne vos en quier mentir,
« Quant Makaire[s] li fel, que Dieus puist maleir,
« Les en geta en l'aigue, qui les quida perir,
« Et Damelde[x] de gloire qui les vaut garandir.....
« Et jes pris ambedeus en ma nef por garir:
10385 « Si vi(e)nc fors de la tere, [o] les enfans (en) fui.
« Aiol, por vos enfans sui ge clamés katis
« Et issus de ma terre et livré[s] a essil.
« La grase Dameldé qui onques ne menti,
« Tant avons les enfans alevés et nori[s],
10390 « Qu'il sont or chevalier aparant et furni.
« Veés en chi les letres, les saieus et l'escrit. »
Le brief traist de son sain et le roi le rendi,
Et li rois le rendi son capelein Henri.
Cil a froisiet la chire, si esgarde l'escrit,
10395 Le roi en apela, en plorant li a dit :
« Sire drois enpereres, merveiles puis oir. (f. 169)
« Cis hom est nés de Franche, niés le roi Loeys,
« Et fieus al duc Elie qui preus est et ardis :
« Ains de plus franc linage nus chevaliers n'issi ;
10400 « Cil doi sont si enfant que vos avés nori ;
« Teri[s] par sa bonté les a de mort gari. »
Et quant l'entent li rois, molt joians en devint :
Molt en fu grant la joie el palais signori.
Qui la veist baisier le pere et les .ii. fis,
10405 Et le roi Grasien et le maistre Teri,
Et Aien la cortoise qui tant a cler le vis,
Et la gentil roine o le cors signori,
Et les frans chevaliers qui li orent servi !

CCLXXVII « Enfant, » che dist Aiol[s], « ja est prise vo
10410 « Et est a Panpelune en la prison son pere. [mere
« Illeuc le tient Makaires li traitres, li lere,
« Ja le m'esteut laisier dolante et esgaree.
— Sire, » che dist Tumas, « bataille en ert jostee.

10391 escris — 10408 franc

« Or prendés ceste gent que Dieu[s] vos a donee,
10415 « Et nous arons iceus de la vostre contree :
« La tere as Sarrasins en sera degastee.
— Et jou irai o vous, signor, » dist l'enperere.
« Je ne vous faurai ja tan[t] com j'aie duree. »
10419 Aiol[s] et si doi fil dusc'al pié l'en alerent.

CCLXXVIII « Boin[s] rois, » che dist Aiol[s], « envers
[moi entendés :
« Boin consel vou[s] donrai, quant aidier nos volés.
« Car prendés .I. message et si le trametés
« Al boin roi Loeys qui molt est redoutés :
« Se li die comment sui de mort escapés ;
10425 « A l'entree d'aoust, ains c'on soie les blés,
« Soit devant Panpelune ses esfors asamblés,
« Et Elies mes peres, li vieus kenus barbés,
« O sa gent de Borgonge pense tost de l'esrer :
« Se Dieu plaist et saint Piere, la me pora trover,
10430 « Et moi et mes .II. fiex que Jesu m'a savé,
« Que Makaires cuida noier et esfondrer.
« Et vos, boins rois meismes, vos volés onorer... (b)
— Par mon cief, » dist li rois, « bien fait a creanter.
« Qui cest consel refusse, bien doit estre blamés. »
10435 Teris se dreche en piés, li gentieus et li ber ;
Il parla hautement, bien fait a escouter :
« Biaus sire Aiol[s] de France, envers moi entendés.
« Je ferai cest message volentiers et de gré. [parlé,
— Par mon cief, » dist Aiols, « molt avés bien
10440 « Car li vostre services me vient forment a gré.
« Se Damelde[x] me done ma grant guerre finer,
« Tant vous donrai del mien ja n'en serés blamés :
« La chité de Lossane vos doing en ireté ;
« Por chou vos doins la ville que vos i fustes nés. »
10445 Quant l'entendi Teris, al pié l'en est alés :
Aiol[s] l'en redrecha li gentiex et li ber.
Li boins rois Grasiens li a fait aprester
Un molt riche dromont droit al port de la mer ;

.xiiii. chevaliers ardis et adurés,
10450 Sor lor iex de lor teste lor commande a garder.
Assés lor fait avoir et baillier et doner.
Li maronier sont sage qui les durent guier :
Del port se dessevrerent, quant furent desancré,
Et drechent sus les cingles, si prendent a esrer.
10455 Damelde[x] les conduist, si orent boin oré.
Ne sai que vos deusse lor estoire aconter :
Droitement a Saint Gille sont [ens] el avene entré.
Quant il furent a tere poi i o[n]t sejorné,
Et vinrent a Saint Gille al cors saint honoré.
10460 Quant ont fait lor priere, si s'en sont retorné,
Et monterent es seles des mulès sejorné[s],
Et trespassent Provence, n'i ont gaires esté ;
Il trespassent Alverne et Beri par delés,
Et viennent a Orliens la mirable chité ;
10465 La troverent Elie, le viel kenu barbé,
Et la ducoisse Avisse al gent cors honoré,
Et Terris li messages est el castel entrés :
Ja dira teus parolles qui molt venront a gré. (c)
Or ne demandé[s] mie s'il fu bien ostelés,
10470 Et il et tout li sien qu'il i ot amenés.
Elies et sa feme se sient lés a lés,
De joste la fouriere sor .i. tapi coré(s) :
« Bele seur, » dist Elie[s], « envers moi entendés.
« Cui porons nous laisier no(u)s rices iretés ?
10475 « Aiols no[s] fieus est mors et a sa fin alés :
« Il ne fu jors piecha que n'en aie pensé.
« Anuit songa[i] .i. songe dont molt sui esfraés :
« Jo vi devers Espaigne venir tout abrivé
« Un(e) estoire de gent richement conreé :
10480 « La ert mes fieus Aiols, li gentiex et li ber ;
« O lui avoit .ii. fieus, si biaus com .i. jor cler.
« Or me consaut icil qui en crois fu pené[s],
« Moi samble adès del songe que che soit verités. »

10463 Alverne] limbe — 10465 li v.

AIOL 307

Atant evous Terri, el palais est monté[s] :
10485 Il fu lui quatorzisme de chevalier[s] menbrés.
Gentement le salue, car bien fu doctrinés :
« Cil Damelde[x] de gloire, qui en crois fu penés,
« Il saut le duc Elie et son riche barné
« De par son fil Aiol qui molt est oubliés ! »
10490 Quant l'entendi Elies, s'est contremont levés :
Il par a si grant joie, quant d'Aiol ot parler
Qu'il ne desist .i. mot por l'or de .x. chités
Si fust trés bien .i. hom(e) .i. grant arpent alés.
Et quant il pot parller, si s'est haut escriés :
10495 « Amis, sire message, (bien) seurement venés :
« Est encor(e) mes fiex vis que j'ai tant desiré(s) ?
— Oïl, par ma foi, sire, tous est plains de santé,
« O le roi Grasien qui gentiex est et ber.
« Il vous mande par moi que bien vos aprestés,
10500 « Et tout votre lingnage quanque poés mander,
« Soiés a Panpelune ains c'on soie les blés.
« Makaires li traitres qui de vos fu enblés,
« Il est a Panpelune la mirable chité :
« La a Dieu renoié, a Mahom s'est tornés ;   (d)
10505 « Illeuc tient Mirabel li traitres provés :
« Aiols le vaura fors de la cartre jeter.
— E Dieus ! » che dist Elies, « tu soies aourés !
« Se je mon fil avoie, que tant ai desiré,
« Onques Dieus ne fist home qui me peust grever ! »
10510 Et Avisse sa mere prist Dieu a reclamer :
« Sainte Marie dame, mon enfant me rendés ! »
Terris l'en apela par molt grans amistés :
« Sire dus de boin aire, envers moi entendés :
« Je vous dirai tel joie dont vos mot ne savés.
10515 « Quant Makaires li fel, cui Dieus puist mal doner,
« Ti(e)nt vo fil en Lossane en sa cartre seré,
« Dieus li dona .ii. fieus de sa feme al vis cler.
« Makaires li quiver[s] ne le[s] pot ainc amer,

10485 .xiiii.isme. — 10515 qui

« Ains les prist li traitres .1. poi ains l'ajorner,
10520 « Ens en l'aigue de Rosne les vint li fel jeter :
« La les quida noier et a la mort livrer.
« J'estoie sous le pont, car Dieus m'i ot mené,
« Et pescoie a la lune coiement a celé,
« Quant jou vic les enfans ens en l'aigue floter ;
10525 « D'eus mi aprocha[i] tant ques gari en ma nef,
« Puis mis jou tous mes dras por eus envoleper.
« Et dame Aie ma feme o le viaire cler
« Del lait de ses mameles les alaita assés.
« Puis issi de la vile coiement a celé(es).
10530 « Molt doutames Makaire le quiver parjuré ;
« Tant nagai par le Rosne que je vinc en la mer.
« Dieu[s] nous mena molt bien par la soie bonté
« Tout droit a Tornebrie la mirable chité.
« La trovai Gratien, le fort roi coroné,
10535 « Et cil fist les enfans baptisier et lever,
« Puis les fist bien norir a joie et a bonté.
« Après par aventure i fu vo[s] fiex mené[s] :
« .IIII. laron l'avoient a Panpelune enblé,
« U Makaires l'avoit mis et enprisoné,
10540 « Qui Dieu a renoié, (et) a Mahon [s'est] torné. (f. 170)
« Jamais tele aventure n'ora nus hon conter :
« Puis que rois Grasiens ot Aiol acaté,
« Furent il en la cort teus .v. ans tous passés,
« Que l'uns ne sot de l'autre son cuer ne son pensé.
10545 « La merchi Dameldé qui en crois fu penés,
« Tant avons les enfans noris et alevés
« A ceste Pentecoute les avons adoubés
« Li fors rois Grasien[s] et Aiol[s] li senés ;
« N'a plus biaus chevaliers dessi en Duresté.
10550 « Il ne vos virent onques, mais il vos ont mandé
« Que secorés lor mere se de riens les amés.
— Sainte Marie dame, » (che) dist Elie li ber,
« Chou est la riens el mont que j'ai plus dessiré.

10520 En el aigue — 10524 el laigue

« Or m'esteut Loeys mon signor demander,
10555 « Qu'il son neveu secore, s'il veut avoir son gré.
— Gentiex hon, » dist Avisse, « por Dieu or en pen-
— Jamais n'ere [jou] liés, s'en ere aseurés. » [sés......
Li frans dus de boin aire fait .i. brief saieler,
Droitement a Paris fait .i. mesage aler,
10560 Et mande Loeys, u se peut miex fier,
Que son neveu secore por Dieu de majesté;
Se il onques l'ot chier, or nel doit oublier.
Droitement a Paris a Loeys trové,
De par le duc Elie l'a premiers salué.
10565 Il li done les letres et le brief saielé :
Son capelain les livre, la chire fait froer;
Li rois seut la novele, s'a grant joie mené.
« E Dieus ! » che dist li rois, « tu soies aorés !
« Car c'est li hon en tere que je doi plus amer. »
10570 Li rois a fait les briés, les cartres saieler,
De par toute sa tere fait ses barons mander :
Tant furent grant les os, ainc hon nes pot esmer.
De la menue gent n'i laisa point aler,
Car il vaut le secor[s] molt durement aster.
10575 Quant li rois ot sa gent toute faite amaser,
Durement vers Espaigne ont lor cemin torné.   (b)
Del boin roi Loeys vos lairai chi ester,
Et del viellart Elie, de son riche barné;
Son esfors et sa gent en aconduit li ber.
10580 De Grasien(s) dirons et d'Aiol le sené,
Qui de toute Venisse fait ses barons mander
Et droit de Salenique la mirable chité,
Et de toutes les teres qu'il orent a garder.
As prés de Tornebrie font les os ajoster,
10585 De par tout le rivage le(s) navie aprester
Et porter le viande et l'aigue douche et cler,
Dont il poront .v. ans el resne converser.
Li maronier sont sage de lor gent a guier,

10575 toute faire — 10587 poroit

Il drecierent les voiles, si se prendent en mer,
10590 Et furent bien .c^m. es barges et es nés,
En dromont et en nepes et en escois ferés.
Ains mès tel ost ne vit nus hom de mere né[s].
Trés puis c'a l'ost de France ne se sont aresté.
Molt sera faus Makaires, li traitres provés,
10595 Se il tant les atent qu'il soient assamblé.
Ne sai que vous deusse lor estoire aconter,
Ne combien il esturent el palagre de mer :
Droit a Saint Nicolai dont vos oi avés,
Celui c'on dist a Bar, sont .i. main arivé ;
10600 Tout droit a Panpelune ne finent de l'esrer.
Quant vinrent en Espaigne, en la terre as Escler[s],
Corent par le contree, s'ont le pais gasté.
Li fors roi Mibriens en a oi parler,
Et li quivers Makaires, cui Dieus(t) puist mal do-
10605 Et manderent lor gent par trestout le resné : [ner,
Bataille vauront faire a .i. jor denomé.

CCLXXIX Molt par sont grans les os de par toute la terre,
Il gastent le pais, essillent et deser[t]ent.
Makaires li traitre Mibrien en apele :   [perte :
10610 « Par foi, » che dist Makaires, « trop i faites grant
« Ce est Aiols [li ber] qui vos fait ceste guerre.
« Et tout por sa mollier que vous tenés en sere ; (c)
« Ne volt en Mahon croire, tant est fole et quiverte :
« Je te tieng molt a fel, quant ne li taus la teste ! »
10615 Et respont Mibriens : « Issi doit il bien estre. »
Il a traite l'espee al tranchant alemele :
Isnelement en vient en la cartre sous tere,
Et vint a Mirabel, ja li tolist la teste,
Quant paien li escrient : « Tolés ! sire, ne faites !
10620 « Volés por estrainge home vostre fille desfaire ?
—Sire, » dist Mirabiaus, « chi a molt povre guerre. »

10591 escoufres feres — 10602 gasse — 10604 que — 10607 furent grant — 10621 mirabel

Entr'eus en ont parlé icele gent averse.
Et dist li uns a l'autre : « Grant honte avons soferte :
« Maleois soit Makaires qui traison vieut faire!
10625 « Car pleust Mahomet qui le siecle governe
« Que la fors le tenist Aiol[s] a ses herberges :
« Nous savons bien de voir qu'il li toroit la teste,
« Les gens qui sont la fors riroient en lor tere. »

CCLXXX Molt par sont grans les os de toutes les contrees
10630 C'Aiols et si enfant i orent amenees,
Et corent par la tere, si l'ont arse et gastee :
N'i remaint bourc ne vile qui ne soit desertee.
Makaires li traitres, qui molt fu fel et leres,
En apela le roi a la chiere menbree :
10635 « Entendés envers moi, sire drois enpereres ;
« Iert ensi vostre tere essilie et gastee,
« C'on n'i fache bataille et forte et aduree ? »
Et respondi li rois : « Ensi com vos agree. »
Il sonent .IIII. cor[s], et lor gent est armee,
10640 Et issent par les portes qu'il orent desfremees.
Li baron de Venisse ricement s'adouberent :
Ancui ert la bataille durement ajostee.
As premiers cos ferir i ot molt grant huee,
La ot mainte anste frainte, mainte teste copee.
10645 Tumas et Manesier[s] aiment molt la melee
Et vont par mi les rens, cascuns traite l'espee :
Cui consievent a cop molt a corte duree.
Aiols li fieus Elie une lance a covree. (d)
Qui dont veist ensamble les .II. fiex et le pere,
10650 Qui desronpent les rens de cele gent dervee!
Or se gart bien Makaires qu'il n'aut cele contree :
Ce est la gent el monde qui onques plus le heent.
Aiols point Ploigant a la sele doree,
Vait ferir Hercenfroi sor la targe doree,
10655 Desor la boucle d'or li a frainte et froee,

10624 Maleoit — 10627 tora — 10629 grant — 10632 desiree —
10651 naìt — 10652 laheent

Par mi outre le cors li a l'anste passee :
Tant com ele li dure, l'abat mort en la pree.
Cil ot Dieu renoié, or en a sa saudee.
Or a mains li traitres des gens de sa contree.
10660 Et Mibriens en maine sa gent desbaretee ;
Quant il furent dedens, la porte refremerent,
Et monterent as murs, que forment se douterent,
Li baron les asaillent, durement se penerent.
Et Loeys chevalche s'oriflamble levee,
10665 Les grans mons et les teres a grant force passerent,
Et quant il furent outre, .III. jors se reposserent ;
Car forment estoit l'os travellie et penee.
Tout droit a Panpelune ont lor voie aprestee,
10669 Elies les conduist a la berbe mellee.

CCLXXXI Or chevalcent ensamble li nobile baron,
Et vont vers Panpelune, si ont passé le mont.
Tant chevalcent ensamble et par nuit et par jor,
Que de l'ost Grasien virent les confanons,
Les trés et les aucupes et les pumiaus en son.
10675 Dist l'uns François a l'autre : « Signor, que[l] le fe-
« Veés la l'ost Mibrien le Sarrasin fellon. [rons ?
« Saciés qu'il nous demaine par grant subicion :
« Il a molt plus grant ost certes que nous n'avon.
« Dieus ! u est ore Aiol[s], pere de tout le mont,
10680 « Que chi deviens trover ? Je cuic menti nos ont
« Li mesagier qui vinrent en Franche l'autre jor.
« Alés vous adouber, autre païs n'en feron :
« Puis si lor corons sus, les encrieme[s] felon[s] . »
Et il si fissent sempre par forche et par vigor. (f. 171)
10685 E Dieus ! c'or nel conoisent, biaus pere glorious !
Com envis s'aprestaisent d'a eus mouvoir tençon !
Tumas et Manesier[s] reprisent lor adous,
Li baron de Venisse s'armerent par vigor ;
Quant il furent armé, si montent par fieror.
10690 Tumas et Manesier[s] furent el premier front ;
Ja fuisent asamblé, si fust grant la dolour,

Car il quidoient bien ne fussent pas des lour.
Quant Aiols li cortois a veus les pingons,
Les gentis connissances des rices poingeors,
10695 Et conist l'oriflame de la terre Francor,
Molt durement s'escrie a une vois autor :
« Baron, por Dieu merchi, le nostre creator!
« Cis baron sont de Franche de la terre maior,
« Qui nous vienent aidier a force et a vigor.
10700 « C'est Elies mes peres a la clere fachon,
« Et Loeys mes oncle[s], li fieus al roi Charlon :
« Mais alons encontre aus a joie et a baudor,
« Et si lor faisons joie de quanque nous poons! »
Partant evous Elie poignant a esperon,
10705 Par desor Marchegai qui li cort de randon,
Et coisi Manesier et Tumas le baron
U venoient devant le trait a .i. boujon ;
Le duc Bevon sans barbe en a mis a raison :
« Dites, frans chevaliers, cis dui vasal qui sont?
10710 « Molt sont bel chevalier de cors et de fachon,
« Mon fil Aiol resamblent plus que nul hom[e] (d)el [mont.
« Ausi fais ert il ja quant jel nori garchon.
— Sire, » che dist Tumas, « resambler le devons :
« Li ber nous engenra quant il jut en prison,
10715 « A Losane en la cartre Makaire le felon. »
Quant l'entendi Elies, tel joie n'ot nus hom;
Puis que Dieus herberga saint Pierre en pré Noiron
N'oistes mais tel joie en fable n'en canchon
Com li baron demaine a l'asambler cel jor.
10720 A l'encontrer ensamble molt trés grant joie font : (b)
Qui la veist baisier Loeys et Aiol,
Tumas et Manesier les nobiles barons!
Il vont baisier Elie lor signor, lor taion,
Et puis roi Loeys, et grant joie li font :
10725 « Signor, » dist Loeys, « entendés ma raison :
« Car asalons la ville entor et environ. »

10693 pongons — 10695 oriblame — 10701 mon onc.

Et cil li respondirent : « Vostre plaisir feron. »
Il se corent armer, si prendent lor adous.
Ainc mais de(s) si grant guerre n'oi parle[r] nus hon.
10730 En .xxiiii. pars les asaillent le jor :
Cil dedens se desfendent qui grant mestier en ont.
Makaires de Lossane fu plains de marison ;
U que il voit le roi, si l'a mis a raison :
« Issons contre les lor lachiés les gonfanons. »
10735 Et respond(i) Mibriens : « Vostre commant ferons ! »
La dedens s'adouberent li encrieme felon.
Par la porte s'en issent dolant et courechous,
Et Franchois les requierent, li nobile baron.

CCLXXXII Les batailles sont grandes, li estor communal :
10740 Sarrasin lés la porte lor livrerent estal,
Et François les requierent qui nes amerent pas.
Tumas point le ceval qui molt tost le porta,
Et vait ferir Anchier qui Jesu renoia,
Desor la boucle a or son espiel li passa,
10745 Et l'auberc de son dos desronpi et faussa,
Par mi outre le cors fer et fust li passa,
Tant com anste li dure, l'abat mort del cheval.
Et quant le voit Makaires, a poi ne forsena,
Il broche le destrier, si va ferir Tumas :
10750 Li escu fu tant fors onques ne l'enpira,
Et cil refu tant ber, ainc estrier ne vuida,
Ains referi Makaire a guise de vasal
Que l'espiel li conduit par mi outre les bras :
Par tere le sovine, et li glous se pasma.
10755 Ja l'eust retenu, que plus ne s'atargast,
Quant li rois le secort al pooir que il a ; (c)
Et Sarrasin i vienent irié comme lupart :
A plus de .xv. lances ferirent sor Tumas ;
Et li ber traist l'espee o le puin de cristal :
10760 Cui il consieut a cop ainc puis ne demanda

10737 dolans — 10753 conduie p. m. o. l. baas — 10756 Que — 10760 Qui

Mire por lui garir, car nul mestier n'en a.
Atant es Manesier sor .I. corant cheval :
Voit son frere en la presse, forment s'en aira;
Escrie Aiol son pere, de riens ne se targa :
10765 « Sire, car secourés vostre chier fil Tumas!
« Se tu pers ton enfant, grant damage i aras! »
Loeys et Aiol[s] vont poignant cele part,
Et li rois Grasiens qui les enfans ama
Et Teri[s] li boins maistre qui tant bien les garda,
10770 Li dus Beuves sans barbe, Engerans et Gerars,
.LX. chevalier secorurent Tumas.
Li ber al branc d'achier lor avoit fait tel parc
Comme fait li sengler[s] qui as ciens se combat :
Bien i pert que preudom(e) al besoing s'(i) aresta.
10775 Et Manesiers i vient iriés comme lupars :
Le ceval point et broche, qui molt tost le porta :
Vait ferir Estorgant sor l'escu a esmail,
Icil portoit l'ensenge Mibrien le vasal,
Que de toutes ses armes point de garant nen a :
10780 Par mi outre le cors fer et fust li passa,
Tant com anste li dure, l'abat mort del ceval.
Puis a traite l'espee et l'escu enbracha :
Cui il consieut a cop de mort garant nen a.
Qui veist les .II. freres vers la gent desloial,
10785 Comment il lor detranchent les costés et les bras!
Onques Dieus ne fist home lor cos ne redoutast.
« E Dieus! » dist Loeys, « com fais barons chi a!
« Beneoit[e] soit la mere qui tés enfans porta!
« Bien doit amer celui qui de mort les jeta. »
10790 Makaires torne en fuie, demorer n'i ossa.

CCLXXXIII Molt fu grant la bataille et felenesse et pesme :
François i font grant joie, et Sarrasin i perdent. (d)
Manesier[s] point et broche tout le pendant d'un
Et vait ferir Durant sor la targe novelle :   [tertre
10795 Desor la boucle a or li fraint et esquartele,

10770 beuon s. b. engerant et gerart — 10775 lupart — 10781 dura

Et l'auberc de son dos li desmaille et desere.
Par mi outre le cors li mist l'anste novele,
Tant com ele li dure, l'abat mort a la tere;
C'ert uns des drus Makaire, de cele pute jeste.
10800 Et Tumas laisse core le destrier de Castele,
Vait ferir Mibrien sor la targe novele,
Desor la boucle a or al brun espiel li perce,
Que l'aubers de son dos n'i vaut une cenele,
Que l'espiel ne conduie selonc le flanc senestre,
10805 Tant com hanste li dure, l'abati a la tere;
Puis a traite l'espee al tranchant alemele,
Par molt grant mautalent desor le roi s'areste :
Por le mien ensiant ja en presist la teste,
Quant li rois li escrie, a sa vois haute et bele :
10810 « Amis ! merchi te proi, pour le tien Dieu celestre.
« Enfes, tu es mes niés, point n'i dois mavais estre :
« Par moi avras ta mere de la cartre sous tere ! »
Et respondi Tumas : « Issi doit il bien estre. »
Contre cheval l'en meine par le nasal a destre,
10815 Sel rendi Grasien qui Venisse gouverne.
Et li roi Grasiens de nient ne s'areste :
Ains vint a Loeys, molt douchement l'apele :
« Sire drois enpereres, finee est nostre guerre ;
« Car li rois est prison qui tenoit ceste terre :
10820 « Tumas li fil[s] Aiol l'a conquis en la presse.
« Onques millor enfant ne monterent en sele,
« Com sont li dui vasal cui proeche governe. [estre !»
— Por Dieu, » dist Loeys, « mi neveu doivent
Et Makaires s'en torne, s'a guerpie la presse ;
10825 .M. Sarrasin l'en mainent qui volentiers le servent,
Par les portes entrerent qui lor furent overtes.
Qui dont veist le deul de cele gent averse !
Regretent Mibrien qui fu preus en la guere. (f. 172)
« Ahi ! tant mar i fustes, biaus sire, « dist Makaire[s],
10830 « Com par estiés[ber], frans chevalier[s] honeste[s] ! »

10803 auberc — 10804 conduist — 10822 qui — 10830 franc

.LX. Sarrasin le traitor apelent :
« E sire! car laisiés le grant deul que vos faites :
« De vous feromes roi et signor de la terre :
« Une corone d'or en avrés sor vo teste,
10835 « Si tenrés Panpelune et Tolete et Luiserne
« Et toute la contree que Mibriens governe. »
Et respondi Makaires : « Issi le devés faire. »
Il fait mander les mires en la sale plus bele,
Por resaner ses plaies, car enpiriés quide estre.
10840 Li mire furent sage, des millor[s] de la tere,
En .III. jors le respassent, mais ne dura puis gaires
La joie de Makaire, car la mort li apresse.

CCLXXXIV Makaires fu la sus en la sale perine.
Oiés de Floquipasse, com est preus et nobile :
10845 Un consel en vait prendre entre lui et Propisse,
Car Dieus les aspira, li fiex sainte Marie.
Il croient bien en Dieu, ne l'oblierent mie :
Si orent .IIII. prestres de la tere saintisme.
Mirabel ont jeté de la cartre perine,
10850 Et ont fait une croute desous terre vautie :
Illeuc le font garder par molt grant signorie,
Cascun jor peut oir et messes et matines :
N'a garde de Makaire, il nel trovera mie.
L'endemain al jor cler par son l'aube esclairie
10855 S'adouberent les os de Franche le nobile :
De .XXIIII. pars ont la vile asaillie.
Li mineor sont sage qui desous terre mine[nt] :
Il esfondrent le mur et la dedens se missent,
Que plus de .XXX. toises tout ensamble cairent.
10860 Franc(hois) et Venissien molt durement s'escrient :
« Baron, or del bien faire, el non sainte Marie! »
Paien tornent en fuie, la bataille ont guerpie,
Jusc'a la maistre tor ont lor voie aquellie :
Che lor vaut molt petit, que fort fu asaillie.   (b)
10865 Makaire[s] li quivers, cui li cors Dieu maudie,

10865 qui

Il n'i vint pas a tans, car François le so[r]prisent.
Manesier[s] laise core le destrier a delivre,
Et vait ferir Boidin sor la targe florie;
Desor la boucle a or li a fraite et croisie,
10870 Li aubers de son dos ne li vaut une aillie :
Mort l'abat del destrier; li ber Aiol[s] escrie :
« Dieu[s] me gart mes enfans, molt aim lor compai-
Evous par mi la presse le boin viellart Elie: [gnie! »
Il broche Marchegai qui li cort a delivre,
10875 Et vait ferir Makaire sor la targe florie......
Si bien refiert le duc, sor l'evre vernissie,
Desor la boucle a or l[i] a frainte et brisie
Et la bronge del dos desroute et desartie :
Par mi le flanc senestre et fer et fust li guie.
10880 Elies fu navrés, mès il ne kai mie,
Ains refiert le gloton par grant ire aatie,
Que il l'a abatu del destrier de Hungrie.
Et Aiol[s] s'escria : « Monjoie! Dieus aie! »
Tumas et Manesier[s] en entendent l'oie,
10885 Cascuns point le destrier, tient l'espee sachie,
Voient le sanc couler del cors al duc Elie :
Se il deul en demainent nen vos mervelliés mie.
« Enfant, » che dist Elies, « par le cors saint Denise!
« Je sui un poi navrés, la plaie ert bien garie :
10890 « Vés chi le traitor, que le cors Dieu maudie!
« Se il or vous escape, jel tieng a couardie. [vie! »
— Par mon cief, » dist Aiol[s], « molt iert corte sa

CCLXXXV Makaires li traitres fu devant eus en piés,
Et tient traite l'espee dont li branc fu d'acier:
10895 Richement se desfent, il en a grant mestier.
Et François le requierent, qui sont boin chevalier:
De toute pars l'asaillent Tumas et Manesier[s],
Et Aiol[s] lor chiers peres et Elie li fiers,
Et Loeys de Franche et li rois Grasiens,

10870 auberc — 10878 desronte

10900 De toutes pars le prisent, les puins li ont loiés; (c)
Par defors la chité le menerent a pié :
Maintenant le desarment, ne s'en voilent targier.
Les menbres li ont fait maintenant atacier
A .iiii. fors coroies por son cors essilier,
10905 Et puis molt tost as keues de .iiii. fors destriers
Tout le fissent desrompre : ensi s'en sont vengiés.
Puis prissent Panpelune les murs et les terriés :
Cil dedens qui se voillent lever et baptisier
Ne perdirent del lor valissant .iii(i). deniés;
10910 Qui en Dieu ne vaut croire molt tost fu esilliés.

CCLXXXVI Trés puis que Panpelune la fors cité fu prisse,
Issent fors de [la] cartre Floquipasse et Propise[s] :
Mirabel amenerent de la croute vautie.
Quant il vinrent es rues, molt durement s'escrient:
10915 « U es alés, Aiol de Franche la garnie?
« Vessi vostre mollier Mirabel la nobile :
« Bien l'avomes gardee et par grant signorie. »
Quant l'entendi Aiol[s], s'a le rene guenchie :
C'estoit la riens el mont qu'il onques plus desire.
10920 Il dessendi a piet, par la main l'a saisie :
« Dame, fille de roi, molt vos laisai marie. »
Atant evous Tumas et Manesier meisme.
U qu'il voient lor pere, fierement li escrient :
« Sire, qu'est ceste dame que vous avés conquisse?
10925 — Enfant, chou est vo mere, onques mais nel
[veistes. » (d)
Quant li vale(n)t l'entendent, durement s'esjoissent.
« Sire, » dist Mirabiaus, « ce que est que vous dites?
« Mi fil furent noié a doel et a martire.
—Dame, » che dist Aiol[s], « se Dieu[s] me beneie,
10930 « Uns frans hon les gari, qui fu preus et nobile:
« Il n'a teus chevaliers jusc'as pors de Hungrie.

10900 *Miniature avec cette rubrique* : Ch'est chi ensi c'on fait justiche de Makaire. — 10903 esracier — 10927 mirabel

« Dame, » che dist Aiol[s], « nel me celés vos mie,
« Dont n'esse [pas] vostre oste Floquipasse et Pro-
[pisse[s]?
« Che sont li home el monde u plus a felonie.
10935 — Sire, » che dist la dame, « se Dieu[s] me beneie,
« Che sont il voirement, mais de mort m'ont garie.
« Por eus puis bien porter, s'il vous plaist, un juisse :
« Onques millor[s] convers de vos ieus ne veistes.
« Faites les baptisier, crestienté desirent.
10940 —Volentiers, » dist Aiol[s], « se Dieus me beneie ! »
Il les fait baptisier par molt grant signorie :
L'un apellent Aiol, l'autres ot non Elie.
Il sont venu as loges et as tentes de Sire ;
Cele nuit ont mangié par molt grant signorie.
10945 En après le souper li senescaus s'escrie :
« Alés a vos osteus, fran chevalier nobile. »
Li baron s'en repairent en lor tentes porprine[s] :
En mi le tref Aiol .1. molt riche lit fissent,
La se coucha Aiol[s] lés Mirabel s'amie.
10950 Ele apela Aiol par molt grant signorie :
« Sire, vous fustes fors de la cartre perine,
« Et Dieus vous en geta, li fiex sainte Marie.
« Vous avés or, je quic, autre feme reprisse,
« U vous avés piecha faite novele amie.
10955 — Bele, » che dist Aiol[s], « vous parlés de folie.
« Je vous plevis par foi et jur(e) sainte Marie,
« Puis que parti de vous, n'oc feme a compaignie. »
Maintenant se li a li ber sa foi plevie :
Ele ne le vaut prendre tant par fu bien aprisse.
10960 Cele nuit voirement a joie s'esbanissent : (f. 173)
S'il font ju de cortine ne vos mervelliés mie,
Dusc'al demain al jor que l'aube est esclairie,
Que li baron se lievent et l'os est esbaudie.
Del fort roi Mibrien vos conterai la vie :
10965 Il se fist baptisier el non sainte Marie,

10937 un] vo — 10957 a feme noc comp.

Son non li gardent bien, nel remuerent mie;
Pui crei bien en Dieu, en lui de tout se fie :
Si tient toute sa tere del roi de Saint Denise.
A icele parolle les os se departirent;
10970 Li fors rois Grasien[s] s'en va a Tornebrie,
Et li rois Loeys en Franche le garnie,
Tumas et Manesier[s] s'en revont a Venisse,
En Borgonge s'en va li riche[s] dus Elie,
Ensamble o lui Aiol le chevalier nobile;
10975 S'en mainent Mirabel a molt grant chevalcie.
De Mibrien se partent : quant a lui congié prisent,
Li rois baisa Aiol et Mirabel s'amie,
Si les commande a Dieu, le fil sainte Marie.
Cil sire vous consaut qui tout le mont justiche !
10980 Ceus qui m'ont escuté lor pri jou qu'il n'oblient.
Et del romans Aiol est la rime finie :
Dieus nous consaut trestous, qui tout a en baillie.
Amen! Amen! après cascun[s] de vous en die!

10976 consel pr. — 10982 trestout

GLOSSAIRE

A 4686, *avec.*
Aaisier 612, *mettre à l'aise; réfl.* 4039, *avoir son content.*
Aatir 632, *etc., presser.*
Abaissier, — *de l'avoir* 7066, *appauvrir; réfl.* 1051, *descendre.*
Abandonneement 7599, 8444, *avec rapidité.*
Abat vens 4895, *abat-vent [des clochers]. La leçon du ms. porte avant vens, qui aurait pu être maintenu; cf.* Littré, *sous* Auvent.
Abateis 4918.
Abevré 997, *abreuvé;* 1021, *plein de vin.*
Abitacle 52, 86, *etc.*
Abosmé 1094, 5146, *etc., plongé dans la douleur.*
Abrivé 689, 1005, *etc., rapide, épith. de cheval;* 7448, 10478, *épith. de personne.*
Acaroier 3692, *charrier.*
Acerin 5860, *[épée] d'acier;* acherin 5823.
Acertes 6496, *etc., certainement.*
Achesmer, acesmer, acemer, 1205, *etc., arranger, équiper.*
Acliner, *neut.* 363, 380, *etc., s'incliner.*
Acointier 103, *etc., aller trouver; réfl.* 6804, *s'entrechoquer.*

Acoler 1607, *donner l'accolade, embrasser.*
Aconduire 10579.
Aconsuivre 7673.
Aconter 1665, *énumérer;* 3573, *etc., raconter.*
Acordanche 2806, 3353, *etc.*
Acourcier 3061, *raccourcir.*
Acraventer 299, *etc., abattre.*
Acroire 3718, 3811, *prendre à crédit.*
Acueillir 6744, *etc., rassembler, poursuivre; réfl.* 2011, 6105, *s'avancer.*
Acusser 3581, *mettre dans son tort (?).*
Adamer 289 *vaincre.*
Adampner 2547, *damner.*
Ademetre 4998, *etc., lancer avec impétuosité.*
Adès, *tout* — 6141, *complètement.*
Adeser 5455, *etc., toucher.*
Adetrencier 4675, *tuer.*
Adevaler 1297, *etc., descendre.*
Adevenir 653, *arriver.*
Adolé 1270, *triste.*
Adouber, adober, 1680, *etc., équiper un chevalier;* 5757, *estre adoubé [d'un cheval].*
Adous 181, *etc., armes défensives.*
Adrechier 5076, *etc., se diriger.*

Adurés 983, *etc., endurci, vaillant.*
Aé 144, *etc., âge;* 153, *etc., existence; au plur.* 1756, *m. s.*
Afaire 1761, *ce qui intéresse quelqu'un.*
Afebloié 1137, *etc., affaibli.*
Afeutré 4091, *etc., couvert de feutre.*
Afichier, *réfl.* 638, 670, *s'affermir.*
Afier 2822, *etc., promettre, engager [au sens de convenir].*
Afloré, afiouré 9822, *etc., à fleurs.*
Afoler 151, 682, 691, *etc., faire un mauvais parti [à quelqu'un], malmener.*
Afubler 1473, *revêtir.*
Agait 2352, *etc., embuscade.*
Agarder 5588, *regarder.*
Agrever 288, *faire tort, mal à.*
Ahan 8140, *peine.*
Aharneskier 8667, *harnacher, apprêter.*
Ahastir, 580, *entreprendre, mettre en train; voy.* Aatir.
Aiant 64, 452, *sorte de serpent (?), dragon (?);* aieil 63; *cf.* AIANT (nom prop.) 2433. *Il faut probablement voir dans ce mot un dérivé d'anguis devenu aguis.*
Aidable 9076.
Aidier; *subj. prés.* ait 47, *etc.,* aiue 4994.
Aie 201, 3505, *etc., aide.*
Aieil, *voy.* Aiant.
Aigue 368, 404, *etc., eau.*
Aillie 9540, *etc., gousse d'ail, au sens de peu de chose; voy.* Paresis.
Ainc 20, 32, *etc., jamais.*
Ains 552, *avant;* 92, *etc., mais.*
Air 863, *etc., impétuosité.*
Aire 1104, 1151, *etc., race.*
Aire 1867, *lieu planté d'arbres.* D. C. Area 1.
Airer, *réfl.* 665, *etc., se mettre en colère.*
Aiue 1538, *etc., aide.*
Ajornee 783, *journée.*
Ajoustee, bataille — 505, *mêlée.*
Alemelle, *msc.* 10616, 10806, *épée.*
Alenee, grant — 703, *en toute hâte.*
Aleoir 7726, 7880, *etc., galerie.*
Aler; *subj. prés.* ailge 8960, alt 139, aut 10651, voise 2941, voist 126, *etc.*
Almarie 4652, *coffre [où l'on renfermait les armes].*
Alve 3132, *côté de la selle.*
Ambes 5954, *toutes deux.*
Amenistrer 141, *prendre soin de [quelqu'un].*
Amenuisiés, siecles — 1717, *génération rabougrie.*
Amesurer, *réfl.* 4322, *se mesurer.*
Ami 2176, *amant.*
Amont 520, *etc., en haut.*
Amonter 1165, 3976, *augmenter, mettre en honneur; neut. —* a 9254, *appartenir à [quelqu'un].*
Amor, *fém.* 2892.
Amoré 4343, *pointu.*
Amuable 10345, *même mot que* amurafles, amiral, *etc., au sens de chef; cf.* L. Gautier, *gloss. de la Ch. de Rol.*
Anap 3690, *etc., coupe.*
Anbler 1341, *marcher.*
Anchiserie, d'— 215, *de vieille notoriété.*
Andeus 1519, *etc., tous deux;* andoi *cas suj.*
Andoi, *voy.* Andeus.
Anel 1271, *anneau.*
Anel 9817, *annuel.*
Anemi 4426, *ennemi.*
Angarde 5598, *etc., avant-garde.*
Angevin 9395, *sou angevin.*
Anguise 8140, *angoisse.*
Anguisier 6946, *faire souffrir.*
Anoi 3543, *ennui, peine.*
Anoier 1648, *etc., ennuyer.*
Anquenuit 6628, *cette nuit;* aquenuit 5975.
Anqui 710, *aujourd'hui.*
Anste 666, *etc., bois de la lance.*
Antan 8258, *l'an dernier.*
Ante 2267, *tante;* antain 3332, *etc.*
Antieu, antif 1702, *etc., voy. le Gloss. de Brun de la Montaigne.*
Anuit 359, *etc., cette nuit.*
Anuitier, a l'— 1481, *au commencement de la nuit.*
Aourer, *dissyll.* 1890, *adorer; trissyll.* 2987, 8571; ourer 8223.
Aparant 10390 [*chevalier*] *de bonne apparence, bien équipé.*
Aparellier 480, *etc., équiper, revêtir.*

Aparler 8925, *adresser la parole à.*
Aparmain 960, *sur-le-champ.*
Apendre 335, 342, *etc., être soumis.*
Apensés 1259, *avisé.*
Aperceue, *parole* — 7572, 7587, *discours plein de sens.*
Aplanoier 2136, *etc., lisser, caresser.*
Apoyer 8819, *appuyer.*
Aprendre; *subj. pr.* aprenge 108.
Apressé 4941.
Aprester 1769, *équiper; ind. imp.* apresteve 731.
Aproismier 7914, *approcher;* aproimier 6923.
Aquiter 42, 320, *etc., rendre libre.*
Arabi 4713, *etc., originairement arabe; épith. du cheval.*
Araisnier 1957, 3550, *adresser la parole à;* aresnier 1991, *etc.;* areinier 1626; araisone, 1765, *etc.*
Araisoner, *voy.* Araisnier.
Arami 4172, 4255, *fixé, convenu.*
Arce 786, *etc., coffre.*
Ardement 5572, *hardiesse.*
Ardoir 473, *etc., brûler; p. p.* ars 5628, *etc.*
Aresner 1311, *etc., attacher.*
Arestement, 5779.
Arester, *ind. parf.* arestut 914, 924.
Aresteu, *p. p.* 5217, *etc., arrêté.*
Arier, 2950, *etc., arrière.*
Arme 2009, *âme.*
Armes Dameldieu, les — 537, *les vêtements sacerdotaux.*
Arnas 4730, *etc., équipement.*
Ars 1328, *membres de devant, poitrail.*
Ars, arse, *voy.* Ardoir.
Asasés 3964, *riche [à satiété].*
Aseurer 1722, *rassurer.*
Asotté, estre — 219, *perdre le sens;* 8264, *vieillir.*
Asoupli 9668, *affaissé; au fig.* 5415.
Assener 779, 5160, *mettre à sa place, donner, adresser;* 10164, *occuper.*
Atargier 572, *etc., tarder; réfl.* 6016, *s'attarder.*
Atendre; *subj. pr.* atenge 5281.
Atenir 5802, *lier.*

Ateriel 1043, *râtelier.*
Atirer, atirier 896, *etc., arranger.*
Atorner 1716, 9125, *tourner;* 1694, 1813, *habiller;* 1211, *parer.*
Atout 1036 *avec (sans complément).*
Atrait, faire son — 6062, *s'avancer.*
Auberc, aubers, *voy.* Haubers.
Auborc 8341, *aubour.*
Aubregon 4278, *dim. de* Aubert.
Aucube 8323, *tente;* aucupe 10674.
Auferant 2399, *etc., cheval de valeur.*
Auner 3457, *rassembler.*
Auquant, li — 1019, 1074, *etc., quelques-uns.*
Auques 2542, *etc., quelque chose, quelque peu.*
Auqueton 3139, *vêtement que l'on porte sous la cotte de mailles.*
Autel 672, *tel (neutre).*
Autor, *comp. de* altus 10696, *plus haut.*
Autressi 257, *etc., de même;* — con 245, *etc., comme si.*
Autretel 6265, *pareil;* 304, 10368, *pareille chose (neutre).*
Autrier 751, *etc., hier.*
Aval la vile, 1063, *[en faisant route] par la ville.*
Avaler, *act.* 4653, *mettre au fond, descendre; neut.* 4609; *réfl.* 4768, *etc.*
Avene, *dissyll.* 1664, 9309, *etc., port, hâvre.*
Aventure 3077, *occasion.*
Aversier 2875, *etc., ennemi;* 6209, *diable;* 3622 corrant com —, *courant comme le diable, de toutes ses forces.*
Avesprer 5729, *etc., commencer à faire nuit.*
Avesprir 4723, *arriver (en parlant du soir).*
Avoir; *ind. parf.* ot 17, 20, *etc., subj. imp.* eust 128, eussiés 111, 245; *subst.* 532, 606, *argent;* 788, *etc., richesse, chose de prix.*
Avolé 4189, 4432, *venu de pays étranger.*
Awan 1552, *etc., cette année.*

Baceler, bacheler 1051, etc., jeune homme noble.
Bacon 3632, etc., jambon.
Baee 1315, bee 897, [gueule] béante.
Baer 918, attendre, désirer.
Baillier, baillir 589, etc., tenir en maitre.
Baingier 6928, etc., plonger.
Balance, en — 2199, en échange.
Balle 1724, palissade.
Ballois 7905, [denier], de Bâle, au sens de peu de chose; voy. Paresis.
Ban, metre — 2453, faire défense.
Bandon, a — 1351, 2107, etc., librement, facilement.
Banir 7809, convoquer.
Baptestire, prendre — 407, se faire baptiser.
Bare 1999, etc., barrière, porte.
Barge 9868, etc., barque.
Barnage 77, etc., m. s. que Barné.
Barné 3972, etc., suite de seigneurs; 4381, train de grand seigneur.
Baron 2723, mari.
Batellier 4834, 7061, défendre par des bastilles.
Bauchant, bauçant, épith. de cheval, 3199, etc., de couleur pie.
Baudor 8309, 10702, joie, entrain.
Baudré 5737, ceinture.
Baus 8347, etc., joyeux.
Belement 2752, etc., doucement.
Belissor 3373, plus beau.
Belloi 3436, 4526, injustice.
Bellonc, oel en — 9010, œil en coulisse.
Bendé 687, etc., ayant des bandes, épith. d'escu.
Bendel 5859, élan, attaque (?)
Beneiçon 1368, bénédiction.
Beneir 4, etc., bénir.
Ber 96, 136, etc., bon chevalier; larges — 244, grand seigneur généreux.
Berser 1778, chasser.
Besant 1598, monnaie d'or; bessant 1605, etc.
Besongous, besoignous 186, etc., malheureux.
Betee, épith. fréquente de mer, 500, 10146, coagulée, figée.

Beubant 5794, arrogance.
Bis, escu — 5017, de couleur grisâtre.
Blamer 3175, se moquer de.
Blancoier 2013, 8136, étinceler de blancheur.
Blason 3021, écu, bouclier.
Blastengier 1000, 5967, insulter.
Bliaut 3719, 8600, etc., vêtement de dessous.
Boele, la — 5994, les boyaux.
Bohorder 614, etc., jouter.
Boin subs. 391, bien.
Boion 9761, chaînon.
Boisdie 311, trahison.
Bondir [en parlant du cor] 4266, 4292.
Bordon 1536, 1572, bâton de pèlerin.
Bornie, espee d'achier — 2324, épée dont l'acier est poli.
Borsee 766, bourse garnie.
Bos 106, 255, etc., bois.
Boucle 4990, pièce centrale de l'écu.
Bougerenc, adj., cote — 9444, cotte de bougran; bugerenc 9472.
Boujon [portée d'un] 10707, trait d'arbalète.
Boutellier 2118, etc., un des quatre grands officiers royaux.
Bracet, voy. Braket.
Braier 5993, etc., ceinture qui tient les braies; voy. Braioel.
Braies 83, etc., sorte de caleçon que les hommes portaient sous la robe.
Braioel 927, ceinture qui tient les braies.
Brait 1326, 6368, cri d'animal.
Braket 4696, bracet 901, [chien] braque.
Branc 95, 576, etc., lame de l'épée; 490, etc., épée.
Branler 296, brandir.
Braon 3133, partie charnue [de la cuisse].
Brent, pain de — 8979, pain de son.
Breullet 4693, etc., petit bois, bosquet; brellet 8340; breullent 6326; breullois, 5295.
Breullois, voy. Breullet.
Bricon, terme inj. 1352, etc., fou.
Brief subst. 252, etc., lettre.
Brin, a un — 5019, avec impétuosité.

Bris, 2784, *etc.*, *cas suj. de* Bricon.
Brochier, brocier 295, *etc.*, *piquer de l'éperon.*
Bronge, 525, *etc.*, *cuirasse.*
Broon 6714, broion 4693, *jeune ours.*
Brui 6064, 6080, *brûlé.*
Brunoier 6591, *apparaître noir à la vue.*
Bu 740, *etc.*, *tronc [du corps]*; el parfont — 3056, *au plus profond*; el vui — 927, *au faux du corps.*
Bufoi 3169, *coup*; 6313, *vantardise.*
Buglerenc, cor — 7457, *cor [fait d'une corne] de bœuf.*
Buie 3453, *etc.*, *chaine.*
Buinars 8848, *coquin.*
Buleté 8607, *bluté.*

Caieler 6471, *être à la tête de.*
Cainin, fust — 3987, *bois de chêne.*
Cainse 2106, *vêtement de dessus.*
Cainsil 1244, 4090, *étoffe de lin.*
Cair 1845, *etc.*, caioir 6321, *etc.*, ceoir 573, *tomber*; en cheoir 1479, *en arriver.*
Caitis, kaitis 978, *etc.*, *chassé, exilé*; 1802, *etc.*, *malheureux.*
Calenge 8772, caloigne 8190, *défense.*
Calengier 2367, *etc.*, *refuser, méconnaître.*
Caliaus corbés 7754, *cailloux* (?).
Caloir, chaloir 944, *etc.*, *importer.*
Cambrelens 7827, *etc.*, *chambellans.*
Camois 7883, *champ moissonné.*
Camoisé 7090, *souillé.*
Candelabre 9079.
Capel 5895, 9444, *chapeau.*
Caple del ciel, le — 6698, *la calotte des cieux.*
Capleis 7692, *mêlée furieuse.*
Capler 4446, caploier 6394, *frapper, combattre.*
Car 7929, *etc.*, *chair.*
Carcan 3453, 4131, 5170.
Caree 725, *charretée.*
Carnable 9081, *en chair, humain.*
Carnel 7170, *en chair, humain, épith. de remplissage, comme* Carnable.
Caroier 3633, *charrier.*

Carterier 8531, *geôlier.*
Cartre 3443, *etc.*, *prison.*
Caruier 7231, *charretier.*
Casement 337, *etc.*, *demeure.*
Castiement 327, 1007, *etc.*, *instructions.*
Castier, 197, *donner une ligne de conduite*; castoier 250.
Catel 168, *bien, profit.*
Cauchiers 1033, *chausses.*
Cavestre 4933, *bride*; kavestre 2061; kevestre 5802.
Celé, a — 5508, *etc.*, *en cachette.*
Celer 191, *cacher.*
Cembel 580, 592, *etc.*, *tournoi, bataille*; maintenir et envair — 3348, *soutenir bataille*; trametre — 4921; rendre le — 2376, 3155, *présenter le combat.*
Cembeler 8677, *se battre.*
Cemin, *avec un adj., loc. adverb.* le — grant 383, *etc.*, *vite*; tout le — feré 871, *etc.*, *au plus vite*; s'en aler tout son chemin 1529, 4097, *se mettre en route.*
Cendal 4742 *etc.*, *soie*; 8520, *tente.*
Cenele 6453, *etc.*, *fruit de l'aubépine et du houx, au sens de peu de chose*; *voy.* Paresis.
Cener 6310, 7312, *faire signe à.*
Chaiens 2447, *etc.*, *céans.*
Chavate 2766, *savate.*
Cherkier 610, *chercher.*
Chier 354, *etc.*, *de valeur.*
Chiere, faire grant — 2742, *faire le beau*; a simple — 2752, *tout simplement.*
Chierté, cierté 1180, *valeur.*
Cief, de cief en — 4029, *d'un bout à l'autre.*
Cierir 10, *chérir. Ce verbe qui est appelé par la locution* bien fait a *remplace le mot* cesti *incompréhensible dans le ms.*
Ciés 4272, *etc.*, *chez.*
Cingle, *voy.* Single.
Cit, chit 126, *etc.*, *ville.*
Claré 2102, *etc.*, *vin épicé.*
Clavé 2139, *ferré.*
Cliner 4620, *abaisser*; 2304, *incliner.*
Cloficier 6186, *clouer.*
Cluingier, *neut.* 1042, *baisser.*
Coe 4367, *queue.*
Coi 4327, *immobile.*

Coiement 5508, etc., *en sûreté.*
Coisir 64, 67, etc., *apercevoir;* 5682, *choisir.*
Coite, a — d'esperon 7182, 8401, 8473, *en piquant de l'éperon, à toute bride.*
Colee 491, etc., *coup sur le cou.*
Colon 388, *colombe.*
Combatu, estre — 2522, *se battre.*
Combrer 1043, 1318, etc., *saisir.*
Commenchaille, 3203, *commencement.*
Communalment 2377, etc., *ensemble;* voy. Mainte.
Compaingier a *réfl.* 376, etc., *aller de compagnie avec.*
Comperer 467, etc., *payer;* comprer 7724; *fut.* 2° *pers. plur.* comperois 3167.
Composte 8862.
Con, com 39, etc., *comme.*
Confanon, voy. Gonfanon.
Congiet 119, etc., *permission, liberté.*
Conreer 1235, etc., *apprêter, équiper, habiller;* conraer 1240.
Conroi 7856, etc., *équipement, armement.*
Consirer de 2209, 2487, 5184, *renoncer à.*
Consuivre, *parf.* consuié 2905.
Contenchon 1353, *dispute.*
Contour 184, *comte.*
Contralihier 8017, etc., *chercher dispute.*
Contredire 6161, etc., *défendre.*
Contremont 728, 757, etc., *en haut.*
Contretenir 3999, 6941, *défendre.*
Contreval 1406, etc., *en bas.*
Convent 3350, *convention.*
Convoier 1263, etc., *accompagner.*
Corage 1988, 2984, *cœur, pensée, etc.*
Coraille 7766, *partie intérieure du corps.*
Coral, estre —, 7166, 7171, *se montrer, laisser voir sa pensée.*
Corços 5146, *courroucé.*
Cordeuan 10284, *en cuir [de Cordoue].*
Cordouner 8274, *tresser.*
Core 231, *courir.*
Coré 10472, *de cuir.*
Cors, courir les grans — 6283, *courir au plus vite.*

Cors, ses — 3373, *lui-même;* ton — 5613, *toi-même, etc.*
Corsier, *empl. comme adj.* 6803.
Cortine 6331, *rideau de lit;* ju de — 10961, *ébats amoureux.*
Corvois 3844, *sorte de cuir.*
Coser, 137, 1233, etc., *quereller.*
Costal 4768, *coteau.*
Costengier 3694, *faire dépense.*
Couardie, 308, etc., *couardise.*
Coufre 4653, *coffre [qui placé sur le cheval du chevalier servait à contenir les armes en voyage];* voy. Almarie.
Coutel 5857, 8710, *tranchant.*
Covenent, le — 345, *le nécessaire.*
Covertoir 2149, 3845, *couverture.*
Covine, convine 5288, etc., *dessein, intention.*
Covrer 10648, *saisir.*
Craindre, *ind. prés.* criem 1772; crient 5634; *p. p.* cremu 303; *réfl.* 4279, *m. s.*
Cras 4242, etc., *gras.*
Craventer 1322, etc., *abattre, écraser.*
Creanter 2700, etc., *promettre, garantir.*
Crepon 4182, *croupe, cf.* Littré, *sous* Croupion.
Crestienner, se — 10141, *se faire chrétien.*
Crestienté, prendre sainte — 6270, *se faire chrétien;* avoir kerstienté 5454, *être chrétien.*
Crevee, l'aube est — 510, *l'aube est parue.*
Criee 710, *cri.*
Croisir 3281, 4002, *grincer.*
Croler 1635, 7833, *branler, agiter; neut.* 6198, *trembler.*
Croute 10189, 10850, *grotte.*
Cuidier, quidier 15, 508, etc., *penser, croire.*
Cuirie 4278, *cuirasse.*
Cuivert 648, etc., *épith. injur.*
Cumeneié, estre — 1485.
Cure 169, etc., *soin, souci.*

Dalés, delés 52, etc., *près de.*
Dangier 228, etc., *manque, besoin;* 5953, *servage d'amour.*
Danoise, hace — 5918, etc.
Dansel 689, etc., *jeune homme.*
Danselete 6224, *jeune fille.*
Danselon 4735, *jeune homme.*

Dant 939, 953, *seigneur (devant un nom propre)*.
De (*après un comparatif*) 188, 724, etc.
Deboinaires, li oiseus — 255, *l'oiseau de bonne race; voy.* Aire.
Decoler 3013, *décapiter*.
Defors 4897, etc., *dehors*.
Defouler 1049, *fouler*.
Dehet 5411, etc., *peine*.
Dejoste, dejouste 64, etc., *près de*.
Delaier 2873, etc., *tarder*.
Delié 1244, *d'étoffe fine*.
Delit 2234, *liesse*.
Deliter 2508, *s'amuser*.
Delivre 3492, etc., *vite, rapide*; a — 8694, *rapidement*.
Delivrement 416, *promptement*.
Delivrer 3695, etc., *donner*; neut. 54, *accoucher*.
Demaine, *subst.* 3973, *seigneur terrien*; demaisne 3978, 4171.
Demaine, *adj.* 1683, *propre, particulier*.
Demanois 3156, 6318, etc., *sur-le-champ, aussitôt*.
Dementer, desmenter, *réfl.* 1801, 1790, etc., *se désoler*.
Demoree 535, etc., *retard*.
Denier 6605, *au sens de chose de peu de prix; voy.* Paresis; *plur.* deniés 10909.
Départir 3317, etc., *distribuer*.
Deporter 2481, *s'amuser*.
Deprier 2163, *prier*.
Dequassier 5584, *briser*.
Deraisnier, *réfl.* 465, 5974, *parler*.
Derver 1316, etc., *devenir fou*.
Desbuissier 10072, *débusquer*.
Descavee 7611, [*tour*] *ruinée*.
Descolori 1567, *décoloré*.
Desconfès 8715, *sans confession*.
Deserter 10608, *rendre désert*.
Deservir 7743, etc., *mériter*.
Desevrer, *neut.* 3080, *se séparer*; al — 829, etc., *au départ*.
Desfaé 1110, etc., *infidèle*.
Desfendre; *subj. prés.* desfenge 325, etc.
Desfremer 786, *ouvrir*.
Deshaitier 137, etc., *rendre malheureux*.
Deskirer 5475, *arracher*.

Desmaillier 4783, etc., *rompre les mailles*.
Desmeler 4469, *séparer les combattants*.
Desnuer, *réfl.* 9207, *se dévétir*.
Desore 5068, etc., *sur, dessus*.
Despané 1237, etc., *déchiré, en haillons*.
Despendre 2243, 3708, *dépenser*.
Desreer, *réfl.* 752, *se mettre hors de soi*.
Desreuber 1428, 1434, *voler, dérober*.
Desrochier 4602, 6116, *démolir*.
Desroi 4017, etc., *désordre*.
Desrout 4822, etc., *rompu*.
Desruban 888, *ravin*.
Desrube 1818, 6123, *ravin*.
Destraindre 5879, *presser, tourmenter*.
Destre 1186, etc., *droit*.
Destrier 221, etc., *cheval de combat*.
Destruision 1355.
Desvoleper 9227.
Detrier 4800, etc., *faire retard*.
Detrier 7872, *derrière*.
Devenres 6164, 6187, *vendredi*.
Di, 5117, etc., *jour*.
Diaspre 9825, 10340, *drap à fleurs*.
Dioré 7163, *doré; cf. R. de la Rose*, édit. Michel, VIII, p. 308.
Doi 427, etc., *deux*.
Doie, *plur. neutre* 6855, *doigts*.
Doine 4186, *mou, lâche*.
Dois 9960, *table*.
Dome, *temple* — 1678, *altération de* templum Domini.
Donar 8847, *forme méridionale mise dans la bouche d'un Lombard*.
Dont 1132, etc., *d'où*.
Doublier 487, etc., [*haubert*] *à double maille*.
Doul 1389, *deuil*.
Douloir 3930, *souffrir*.
Doulousee 544, *douleur*.
Douter 733, etc., *redouter*.
Dras 187, etc., *vêtements*.
Drechier *neut.* 4569, *se dresser*.
Dromont 10448, 10591, *vaisseau de guerre*.
Dru 3385, *ami, compagnon*.
Drue 5609, etc., *amie*.
Duchée 8091, duceté 4378, *duché*.

Ducoise 8246, 8477, *duchesse*.
Dui 868, *deux*.
Duree, longe — 523, *longtemps*.
Durement 3857, *fortement*.
Durfeus 9649, *misérable*.
Dusque 1810, etc., *jusque*.

E vous, es vous 911, 1021, *etc.*, *voici*.
Eiwe 473, *eau*; *voy*. Aigue.
El *pour* ele 517, *etc*.
El 2215, *etc.*, *autre chose (neut.)*
Ele 371, 410, *aile*.
Embuissier 4642, *embusquer*; enbuscier 4627.
Emplaidier 7974, *accuser*.
Enamer 169, *etc.*, *s'éprendre de*.
Enarme 817, 5942, *etc.*, *poignée du bouclier*.
Enartous 6282, *rusé*.
Enbarer 529, *enfoncer*.
Enbatre 6362, *etc.*, *enfoncer*; —le feu 7897, *battre le briquet*.
Enbler 906, *etc.*, *enlever*, *voler*.
Enboivre 2296, *enivrer*.
Enbrachier 7955, *etc.*, *passer son bras dans les* enarmes [*de l'escu*].
Enbriever 275, *écrire*.
* Enbroncié 10243, *la tête basse, l'air triste*.
Encauc 7489, *poursuite, ceux qui poursuivent*.
Encauchier 2821, *etc.*, *suivre, poursuivre*.
Encliner 398, *etc.*, *saluer*, *s'incliner*.
Enclinier 6585, *saluer*; *voy*. Encliner.
Encoistre 6436, *grossier*.
Encombré 1168, [*chemin*] *impraticable, infesté de brigands*.
Encombrer 803, 822, *etc.*, *lier*; 1191, *arrêter*.
Encombrier 563, *etc.*, *malheur*.
Encontrer 1747, *etc.*, *rencontrer*, *atteindre*; *neut*. 1287, *etc.*, *arriver, réussir*.
Encrieme 9002, 10683, *etc.*, *endurci dans le mal*.
Encroer 9768, *accrocher* [*au gibet*].
Endementiers 10044, *pendant*.
Enevois 7354, *à l'instant*.
Enfanche 2001, *enfantillage, folie*.
Enfançon 4550, *petit enfant*.
Enfantieus 107, enfantis 644, *ignorant* [*comme un enfant*], *naïf*.
Enfes 56, *etc.*, *enfant*.
Enforchier, enforcier 2074, *augmenter, rendre meilleur*; 8537, *vanter*.
Enforciés 1929, *de grande valeur*; 1135, *puissant*.
Enfressi 29, *etc.*, *jusqu'à*.
Engan 2416, *tromperie*.
Engingier 6148, *etc.*, *tromper*, *puis mettre à mal*.
Engre 9091, *race*.
Engrès 8178, *désireux*.
Engoulé 8289, 9824, *bordé (en parlant d'une fourrure)*.
Engouler 6157, *avaler*.
Enhermi 9778, *désert*.
Enkembeler 785, 791, 804, 821, *assaillir*.
Enpaistrer *attacher*; 3° *pers. ind. prés.* enpasture, 5446, 6126.
Enparenté, estre — 4392, *avoir de la famille*; 7744, *être reconnu comme parent*.
Enpenser 5568, *penser*.
Enperreour 189; *au cas rég.* enperere 493, 1497; *au cas suj.* enpereour 3892, 4202.
Enpevré 8609, *poivré*.
Enpoindre 3271, *etc.*, *presser* [*un adversaire*].
Enpuingier 8289, *saisir*.
Enquerir 6055, *fouiller*.
Enrunjier, enrungier 517, 3776, *couvrir de rouille*.
Ens, en 264, *etc.*, *dans*; — el 488, *etc*.
Enseinge, ensenge, ensinge 4992, *etc.*, [*flamme de la*] *lance*; 4984, *etc.*, *mot de ralliement*.
Ensi 2280, *etc.*, *ainsi*.
Ensient, ensiant, mien — 340, *etc.*, *à ma connaissance, que je sache*.
Ente 5267, *jeune arbre*. [*ment*.
Ente, a — 4613, 6719, *abondam-*
Entendre; *parf.* entendié 6646.
Enterchier, entercier 1865, 9452, *etc.*, *reconnaître*.
Enterer 5061, *protéger avec de la terre*.
Entorchier 2613, *fourbir* [*une arme*].
Entordre 6846, *tordre*.
Entrafier, *réfl*. 4631, *se promettre mutuellement*.

Entramer 10233.
Entrepiés 1138, embarrassé.
Envair 5030, etc., attaquer.
Envis 4676, etc., malgré soi.
Envoleper 6679, etc.
Erement 2383, etc., marche.
Erité 8250, héritage.
Ersoir 2274, etc., hier soir.
Es 49, etc., dans les.
Esbanoier 616, 7302, etc., s'amuser, principalement à monter à cheval.
Esbaudir 360, etc., se réjouir; act. 3230, encourager.
Esboieler 9872, éventrer.
Escachier 6472, chasser.
Escaitiver 503, 550, etc., exiler.
Escallon 2574, échelon.
Escamel 2064, 7160, escabeau.
Escarlate 1675, étoffe de drap.
Escarnir 7, 356, etc., railler.
Escauchier 1853, poursuivre.
Escavi 9843, élancé de taille.
Escerpe 1596, escarpe 1536, ceinture.
Esclaircir 858, luire (en parlant du jour).
Esclairier, act. 237, rendre brillant; 7040, apprendre; neut. 6191, voir clair; l' — 1877, etc., le point du jour.
Esclairir 3928, etc., paraître (en parlant du soleil).
Esclos, plur. 4348, sabots |du cheval|; repairent tous lor — 3087, reviennent sur leurs pas; 5302, 6392, traces; 5307, 6229, piste, route.
Escois 10591, barques.
Escoler 274, enseigner.
Escons 4616, endroit caché; traire a — 2957, se cacher.
Esconser 4277, etc., se cacher.
Escortrement 2384, du fond du cœur.
Escouer 2593, écouer.
Escoufle 7122, milan (oiseau de proie).
Escoure 1045, secouer.
Escrier, act. 4471, interpeller.
Escrin 786, etc., coffre.
Escu 235, 298, etc., écu, bouclier.
Esfondres 7767, tourbillon.
Esforchement, a lor — 10212, de leurs efforts.
Esgarder 116, 458, etc., regarder.

Esgarés 1268, isolé.
Esjoieler 6510, se réjouir.
Eskac 5621, butin; voy. Eskiés 2.
Eskekier 2525, échiquier.
Eskiés 165, |jeu des| échecs.
Eskiès 3428, etc., butin.
Eslais 628, etc., élan.
Eslaissié 7308, etc., rapide.
Eslaissier 231, etc., s'élancer; réfl. 617, etc., m. s.
Esleechier 6200, se réjouir.
Esligier 6032, etc., payer.
Eslire 3011, etc., choisir.
Eslongier 7605, éloigner; 1468, 4641, etc., abandonner, laisser derrière soi.
Esmaiable 8865, peureux.
Esmaier 1959, effrayer; réfl. 1850, etc.
Esmari 586, etc., triste, abattu.
Esmer 10572, estimer.
Esparenge 2665, épargne.
Esparengier 6819, 7343, forme d'espargnier, épargner.
Espavente 6432, épouvanté.
Esperitable 75, etc.
Esperital 1609.
Esperon 3023, éperon, au sens de peu de chose; voy. Paresis.
Espiel 296, 642, etc., lance; 4464, 4636, etc., épée.
Esploitier 4851, etc., agir; 3578, poursuivre.
Esprevier 9331, épervier.
Esquarteler 5342, mettre en pièces.
Esque 7896, toute matière inflammable pouvant servir à allumer le feu.
Esracier 4802, arracher.
Esranment 352, etc., sur-le-champ, aussitôt; esraument 8374, etc.
Esrer 277, 370, etc., aller, marcher; subj. prés. oire 6107.
Esrungié 1950, couvert de rouille.
Essauchier, essaucier 2340, 2869, 6447, augmenter, donner de la force; 2375, 5155, rendre fameux, vanter.
Essianche 5279, science.
Essil, metre a — 5045, tourmenter.
Essillier 1703, 8729, etc., dévaster, tourmenter.
Establer 778, etc., mettre à l'écurie.

Estache, estace 7756, 8651, 9926, *pieu, poteau.*
Estage, en son — 6918, 9609, *de toute sa hauteur; cf. de même en estant* 10225.
Estal, a — 5955, *en repos;* livrer — 10740, *attendre de pied ferme l'attaque.*
Estamine 1429, 1447, etc., *robe d'étamine.*
Estavoir 1484, *besoin; voy.* Estovoir.
Ester, *être debout; ind. parf.* estut 79, *etc.,* esturent 5265.
Estoier 2253, 2278, *garder, conserver.*
Estoire 5, 9, *etc., histoire.*
Estoire 10479, *troupe.* D. Cange ne donne que le sens de flotte, *sous* Stolus.
Estor, estour, 192, *etc., combat.*
Estordre 9045, *faire sauter;* — son cop 1849, 5995, 8493, *dégager son arme* |*du corps d'un ennemi*|; *neut.* 9469, *échapper.*
Estorer 5636, *etc., créer.*
Estormir 5013, 5729, *etc., réveiller en sursaut, mettre en alarme.*
Estout 8834, *orgueilleux.*
Estouthie 1070, 2325, *etc., bravade.*
Estovoir, *falloir; ind. prés.* estuet 232, *fut.* estevra 1161, *etc.*
Estraier, *épith. de cheval,* 4807, 7664, *etc., seul, sans cavalier.*
Estrainge 1684, estrange 4307, *étranger.*
Estranler 1307, *etc., étrangler.*
Estre, de put — 10197, *de race infâme; cf.* Aire 1.
Estre; *ind. prés.* somes, 124, sons, 3617, 9463; *imp.* ere, 709, ert, 34, *etc.; fut.* iere, 134, ert, 104, *etc.,* iert, 234, ermes, 2186, 9454; *subj. imp.* fussiemes, 4627, fussiens, 125; il m'est bel 4511, 4516, *il me fait plaisir.*
Estree 891, *etc., route.*
Estreper 5169, *lier; cf.* Littré *sous* Estrapade.
Estres, estre as — 3143, *être chez soi.*
Estrif 3206, *etc., dispute, combat.*
Estrine 654, *étrenne.*
Estriver 2533, *faire dispute;* 1232, *contredire.*

Estrous, a — 191, 3363, *etc., avec soin, promptement.*
Esuer 2845, *faire sécher.*
Eur, al boin — 917, 3036, *heureusement.*
Eus 3814, *besoin, usage.*

Faés 1040, *etc., enchanté, magique.*
Fain 1377, 1760, *etc., foin.*
Faindre, *réfl.* 4590, *hésiter à.*
Faire a (*suivi d'un infin.*) *loc. fréq.* 10939, *etc.;* — *que* 7362, *etc., autre loc.*
Fais 6803, *poids, choc.*
Faitement 1738, *etc., bien.*
Fau 8813, *hêtre.*
Fel 213, *etc., traître, lâche.*
Felenese, *fém. de* fel, 2679, 10791.
Fendre d'ire 7259, *etc., éclater de colère.*
Ferir 302, 591, *etc., frapper; réfl.* 1856, *etc., se jeter.*
Ferté 1784, *citadelle.*
Fervestir 1826, *etc., revêtir de l'armure.*
Fervestu 7410, *etc., revêtu de l'armure.*
Feure 228, 780, *etc., paille.*
Feure 1004, 1517, *etc., fourreau.*
Feuté 8186, *fidélité.*
Fevre 1482, *forgeron.*
Fi 2275, *etc., foi, confiance.*
Fi 38, *etc., certain.*
Fianche 5274, *confiance;* a — 190, *etc., de certitude.*
Fiancier 4581, *confier.*
Fie 3140, *foie.*
Fier 1818, *fort, redoutable.*
Fieror 4957, *etc., hardiesse.*
Fierté 4331, 4345, *emportement.*
Fiertre 72, *châsse.*
Fin 135, *de qualité supérieure.*
Finer 540, *etc., finir.*
Flaiel 2924, *barre de fer servant à fermer une porte.*
Flori, poil — 1540, *barbe blanche.*
Flun 1551, *fleuve.*
Foie 5093, 9476; *dissyll.* 458.
Foilli 62, *etc., feuillé.*
Foillié 1837, *etc., en feuilles.*
Foillu 5248, *etc., en feuilles.*
Folage 1978, *esprit de folie;* 8954, *folie.*

Foloier 4472, *tromper, échapper à.*
Force 7571, *nombre de combattants.*
Forceur, *comp. de* fort, 3535.
Forques, forces 7773, *etc.*, *gibet à plusieurs piliers.*
Fors 3936, *dehors.*
Fosnier 6750, *mentir; voy.* Scheler, *notes des Trouvères belges*, p. 279.
Fossier 7248, 7701, *habitant d'une caverne.*
Fourier 610, *pâturage.*
Fouriere 10472, *paille [répandue dans les appartements].*
Frabaut 1744, *caisse, coffre.*
Frailles 6488, *faible.*
Fraint 716, *etc.*, *brisé.*
Frairin 9998, *mesquin, misérable.*
Franchise, francise 1071, *liberté;* 7094, *politesse.*
Frecond 2086, *riche, peuplé.*
Fremer 252, 815, *etc.*, *fixer;* 2201, *fermer.*
Freor 5430, *crainte.*
Fresé 8324, *galonné.*
Froer 1050, *etc.*, *briser.*
Froier 236, 7076, *frotter.*
Frois 9029, *frais.*
Fuie 1850, *etc.*, *fuite.*
Fuisil 7896, *pierre à fusil.*
Fuison 1375, *etc.*, *foison.*
Furni 63, 505, 2254, *etc.*, *employé pour exprimer la grandeur, la force.*
Furnir 128, 7849, *accomplir.*
Fust 3987, *etc.*, *bois;* 4463, *bâton;* arbre de — 5232; 6381, *arbre.*

Gab 2591, *etc.*, *plaisanterie.*
Gaber 177, 910, *etc.*, *plaisanter, tourner en ridicule.*
Gabois 7911, *plaisanterie.*
Gaingier 476, *etc.*, *faire du gain, acquérir argent, honneurs, etc.;* 230, *dépasser.*
Gaite 9430, 9513, *sentinelle.*
Gaitement 6205.
Gaitier, *réfl.* 6048, *etc.*, *s'observer, prendre garde.*
Galos, tous les — 3089, 3173, 7599, *au grand galop.*
Gant 5789, *au sens de peu de chose; voy.* Paresis.
Gante 4041, 6445, *oie.*

Garantison 1363.
Garçon, garchon 2042, *jeune garçon;* 10712, *enfant;* term. *inj.* 705, 1079.
Garder 224, 2049, *soigner;* 1420, 2138, *regarder.*
Garniment, 354, 1228, *etc.*, *équipement.*
Gaste 1168, *etc.*, *dévasté;* 5230, *délabré.*
Gaster 1526, 1703, *etc.*, *dévaster.*
Gastie 5191, *dévastée.*
Gaudine 362, 397, *etc.*, *taillis, forêt.*
Gaut 397, 1007, *etc.*, *bois, forêt.*
Gavai 3068, *petite ouverture* (?). Ce mot se trouve dans Gautier de Coinci, p. 438, *au sens de gorge* (cf. *le fr.* gavion) *qui ne paraît pas admissible ici.*
Gehui, *voy.* Jehui.
Genollons, a — 1897, *à genoux.*
Gent 21, *etc.*
Gentil 11, 30, *de bonne naissance.*
Gesir, *voy.* Jesir.
Gesmé 7144, *orné de pierreries.*
Geste 2124, *etc.*, *famille;* jeste 6457, *etc.*
Glachier, glacier 6190, *etc.*, *couler.*
Gloton, glouton, *voy.* Glous.
Glous 1046, *etc.*, *terme d'injure, débauché;* gloton 2830; glouton, 639, 672, *etc.*
Gone 6576, *robe de moine.*
Gonfanon, confanon 3368, *etc.*, *flamme terminant la lance.*
Gorgiere 6365, *armure de la gorge.*
Grains 1062, 1560, *etc.*, *de mauvaise humeur.*
Grandisme *sup. de* grant, 7641.
Granment 9525, *grandement.*
Gravier 6823, 10256, *sable.*
Grenon 6575, *moustache.*
Grenu 9479, 9514, *etc.*, *[cheval] à longue crinière.* D.C.Grani.
Grevance 9096.
Grever 1326, *etc.*, *blesser.*
Gris 606, *etc.*, *fourrure; adj.* 3512.
Guenchir, guencir 3269, 6943, *éviter; réfl.* 7532, *etc.*, *se détourner.*
Gueredon 44, *etc.*, *récompense.*
Gueredonner, faire — 1281,

revaloir; gueredonné, il est — imp. 1217, *etc., il y a récompense.*
Guerpir 9, *etc., abandonner, laisser.*
Guiche 2497, 3061, *etc., courroie par laquelle le chevalier tenait son écu.*
Guier 2007, *etc. conduire.*
Guinlechier, 977, *terme de mépris, propr. valet de marchand de vin, crieur de vin; voy.* Grandgagnage, *Glossaire des Coutumes de Namur, au mot* Winlekez (ribals et). *Cf.* D. C. *sous* Winleke.
Guise, a — de [bricon], 9014, *comme un [fou].*

Hace 5918, *etc., hache.*
Hair; *subj. prés.* hace 104.
Haitier 6505, *réjouir.*
Haper 1042, 1080, *prendre.*
Hardement 1002, *hardiesse.*
Hart 6845, *etc., branchage.*
Haste de porc 4040, *rôti de porc.*
Haubergier, *act.* 1102, *etc., héberger; neut. et réfl.* 558, 967, *etc., prendre auberge.*
Haubers 236, *cotte de maille;* auberc 32, *etc.;* aubers 90, *etc.*
Herbu 5216, *etc.*
Hermin, 4057, *etc., hermine; adj.* 5111, *etc., d'hermine.*
Hermin 5421, *arménien.*
Hermine, *adj.* 2473, *etc., d'hermine.*
Hestes vos 6129, *voici venir.*
Heuses 6463, *bottes.*
Hieume, *dissyll.* 7642, *heaume.*
Hisde 6169, *frayeur.*
Hontage 3314, *etc.*
Hoir *voy.* Oir.
Hu 4500, *cri.*
Huchier, hucier 2872, *etc., appeler.*
Hui 1287, *etc., aujourd'hui.*
Huimais 510, 879, *etc., aujourd'hui.*
Huis 3999, *etc., porte.*
Humleté 1009, *humilité.*
Hustins 10004, *dispute.*

Idele *dissyll.* 6232, 9709, *etc., idole.*
Illeuc 931, *là.*

Inde 2016, *bleu foncé.*
Irascus 909, *etc., irrité.*
Ire 1001, 1062, *etc., colère.*
Iré 152, 663, *etc., chagrin, colère.*
Iresie 1073, *cohabitation des sexes contraire aux lois de l'église.*
Ireté 313, *etc., héritage.*
Iretiers 4594, *héritier.*
Irié 574, *etc., en colère.*
Irois 6320, *irrité.*
Iror 4187, *etc., colère;* irour 4208.
Irous 4185, *irrité.*
Islage 8924, *ile* (?).
Isnel 5313, *etc., vite.*
Isnelement 486, *etc.*
Itant 10249, *autant.*
Itel 994, 1221, *tel.*

Ja, *expl.* 277, *etc., déjà.*
Jehir 3346, *etc., avouer, confesser;* 4215, *montrer.*
Jehui, gehui 3109, 3618, *etc., aujourd'hui.*
Jel, *pour* je le, 1138.
Jes, *pour* je les, 5512.
Jesir, gesir 5079, *etc.; ind. prés.* gist, 511, *etc.; fut.* girés, 6331; *parf.* jut, 1877, gut, 6511; *p. p.* geu, 8706; *réfl.*, 1534.
Jeste, *voy.* Geste.
Joglere 13, *jongleur, trouvère;* jougleor, 7, *etc.*
Joians 347, *etc., joyeux.*
Jor, *fém.* 1419, 1531, 5211, *etc.; pris adv.* 3371, 3380.
Joster, jouster 140, 283, *etc., se mesurer en bataille ou en tournoi.*
Jouste 579, *etc., tournoi, combat.*
Jovenes, *dissyll.* 132, 144, *etc., jeune.*
Jovent 2333, *etc., jeunesse.*
Jovente 2172, *etc., jeunesse.*
Ju 996, *jeu.*
Juisse 10937, *jugement.*
Jus 575, *etc., à terre.*
Justiches 3519, *droit de justice.*
Justichier 375, *rendre la justice.*

Kaiele 9680, *excl. affirmative.*
Kaitis, *voy.* Caitis.
Kavestre, kevestre, *voy.* Cavestre.
Kernus 8349, *charnu.*

Kerstienté voy. Crestienté.
Keu 2118, 3680, maitre-queux (officier royal).
Kieute 2147, 3924, etc., lit de plume.

Laid 4605, affreux (au moral).
Laidement 4321.
Laidengier 148, 945, etc., injurier.
Laidir 4241, etc., maltraiter.
Laiens 784, etc., dedans.
Lairis 610, 616, etc., lande, terrain inculte.
Laissier; fut. lairai 449, etc.; — ester, 6, 171, etc., faire cesser, laisser tranquille.
Lanche, toute plaine sa — 3106, etc., loc. fréquente.
Langes 8420, vêtement de laine.
Lanier 6900, lâche (nom d'une espèce de faucon peu estimée).
Lardier 3699, garde-manger.
Largeté 1277, largesse.
Las 152, 350, etc., malheureux.
Las 6007, lacs.
Lasté 9753, lassitude.
Latins 5420, langues, idiomes.
Lé 368, 513, etc., large.
Lecheor, lecheour, leceour, voy. Lechieres.
Lechieres 916, etc., débauché, ribaud, terme d'injure; leceour, 4198; lecheor, 911, etc.; lecheour, 1021.
Leres 704, etc., voleur.
Lés, subs. 835, etc., côté; adv. 696, etc., près de.
Letré 1004, 1323, etc., orné d'une devise; épith. fréquente d'épée.
Letres de gramaire, estre escolé de — 274, connaitre ses lettres.
Leus 377, 2986, tout aussitôt.
Leveis, pont — 6074, pont-levis.
Lever 57, 450, etc., tenir sur les fonts baptismaux; 81, etc., se lever.
Li, fém. cas suj., pour la, 8418, 8670.
Lie, fém. 762, etc., joyeuse.
Liés 249, etc., joyeux.
Lieuete 7060, dim. de lieue.
Lin 48, 2267, etc., famille, lignée.
Linceul 2148, drap.
Liste 2017, bordure.
Listé 4951, etc., bordé.

Loé 4269, admiré.
Loement, par le mien — 5819, à mon avis.
Loge 8369, etc., baraque de feuillage.
Loisir, être permis, possible; 3ᵉ p. sing. ind. pr. loist 3171.
Lonc 16, etc., loin.
Longes 8260, longtemps.
Lot 2528, mesure de liquides.
Los 5539, consentement.
Losengerie 3490, etc., perfidie.
Losengier, subst. 48, etc., trompeur; verb. 1390, etc., flatter, induire en perfidie.
Lous 4191, misérable (?).
Luisir 3103, 5068, luire.
Lupart 364, 402, léopard.
Luz 2101, brochet.

Mache, make 3987, 4001, etc., masse d'armes.
Macheclier 1956, 2581, etc., boucher.
Madre 4042, bois dont on faisait des vaisseaux à boire; 4013, le vaisseau fait de cette matière.
Mahangier 2909, mutiler.
Mahomerie 9628, temple de Mahomet; cf. Mahomet (nom prop.).
Main 10599, matin.
Mains 3563, etc., moins.
Mainte communalment 4734, 5824, 9936, tous ensemble. Il faut de plus rétablir cette leçon modifiée à tort au v. 3010.
Maintenant, de — 372, etc., aussitôt.
Maintenoir 3432, soutenir.
Maior, la terre — 10698, la grande terre, la France.
Maisele 2170, etc., joue.
Maiselés, dens — 6838, molaires.
Maisiere 2738, mur.
Maisnie 2693, etc., maison, famille.
Maistre 885, 1292, 2871, 3378, épith. qui exprime la grandeur, la noblesse.
Malage 1137, 8595, etc., maladie.
Maleiçon 7183, malédiction.
Maleir 6067, etc., maudire.
Malement 2344.
Maleoit 1508, etc., maudit.
Maleuré 5082.
Malfé 2813, diable; cf. Maufé.

Malostru 8351, *misérable;* malotru, 9522.
Malvoisié 954, *mal intentionné.*
Manage 8803, *lieu de séjour.*
Manandie 6341, *etc., richesse.*
Manant 1081, *etc., riche.*
Manantie 3502, *richesse.*
Manicle 6026, 6044, *manche du haubert.*
Manoier 5984, *prendre en main.*
Manoir 106, *etc., rester, habiter; ind. parf.* mest 7001.
Manois 7252, *etc., sur-le-champ; voy.* Demanois.
Mantelet 6632, *petit manteau.*
Mar, ja — 1701, 4448, *etc., mal à propos.*
Marbrin 7829, *de marbre,*
Marce, marche 101, *etc., pays de frontière.*
Marchecliere 2700, *bouchère; voy.* Macheclier.
Marison 10732, *tristesse.*
Maronier 10452, *etc., marinier.*
Mat 5641, *triste.*
Mater 8627, *vaincre.*
Maufé 683, 1306, 1315, *diable.*
Mautalent 1001, *etc., colère.*
Mavaistié 1012, 1711, *méchanceté, mauvaise action.*
Menbré 669, 759, *etc., digne de souvenir.*
Menbrer 1006, *etc., revenir à la mémoire;* 2014, *venir à l'idée.*
Mençoinge, *fém.* 5132.
Mendis 2770, *etc., pauvre.*
Menee 900, *sonnerie de chasse;* D. C. Menetum.
Mener largesse 3729.
Menor 4038, *etc., moindre.*
Mentastre 7085, *menthe sauvage.*
Menti, Dé — 856, *etc.,* foi — 4076, *etc., parjure.*
Menuiers 2552, *aminci, petit; cf. le prov.* menudier.
Merchier 1246, *etc., remercier; ass. en é.*
Merir, *rendre en récompense; subj. pr.* mire 459, *etc.;* merisse 3509.
Mervelles, *pris adverbialement,* 6996, *etc., merveilleusement.*
Mesciés 5672, *malheur.*
Mescin 3101, 3774, *etc., jeune homme.*
Mescine, *voy.* Meskine.
Mescreable 9591, *païen.*

Mescreu 3055, 5240, *etc., païen.*
Meskine, mescine 1028, *etc., jeune fille.*
Mesprison 2989, *etc.*
Mesproison 3001.
Mesproson 2975.
Message 3750, *etc., messager.*
Mestier 248, *etc., besoin.*
Metre; *subj. prés.* meche, 2244, *etc.,* le metre en (*suivi d'un infinitif*), 2761, *se résigner à.*
Mi, en — 641, *etc.;* par — 674, *etc., au milieu.*
Mie, *renforce la négation,* 27, 798, *etc.*
Mienuit 784.
Mier 1840, *etc., pur.*
Miés 3716, *mieux.*
Mieudre 32, 455, *etc., meilleur.*
Mineor 10857, *mineur.*
Mirable 5150, *etc., admirable.*
Mire 10114, *etc., médecin.*
Moie 726, 749, *etc., mienne.*
Moien 1853, *celui du milieu.*
Molé 2140, *fait au moule.*
Mollier 87, *etc., femme;* moullier, 84.
Molt 15, 31, *etc., beaucoup, très.*
Molu, 5215, *etc., affilé.*
Mon, ch'arés — 315, *affirm. certes.*
Monaé, moneé 1786, *etc., monnayé.*
Monjoie, montjoie 301, 863, *etc., cri de guerre et de ralliement.*
Mont 3, *etc., monde.*
Monte 2667, *intérêt;* 7905, *valeur.*
Monter 7064, *etc., enrichir.*
Mordrir 6655, *etc., tuer.*
Moré 2545, *vin de mûres.*
Mourir, *act.* 1098, *etc., tuer.*
Mouton 6263, *bélier.*
Moustier 58, 86, *etc., monastère.*
Muer 3577, *changer.*
Musart 3219, 5952, *sot.*

Naie 6992, *négation isolée, non.*
Nasal 3301, *etc., nasal, partie du heaume qui protège le nez.*
Natural 5939, *etc.*
Navie, *fém.* 9555, *etc., bateau.*
Navrer 1098, *etc., blesser.*
Ne 41, *etc.,* ni; *suivi d'un subjonctif, pour* si ne, 125.
Neis 1745, *etc., ni même.*

AIOL

Nel, *pour* ne le, 760, *etc.*
Nen 32, 47, *etc.*, *ne*.
Nepe 10591, *espèce de bateau?*
Neporquant 1241, *etc.*, *pourtant*.
Nes, *pour* ne les, 627.
Nes 2432, *etc.*, *même*.
Nesun 339, *aucun*.
Nient, niant, *monos.* 649, *etc.*; *dissyll.* 357, *etc.*; *ass. en* ié 4600.
Niés 189, *etc.*, *neveu*.
No, *masc. fém.* 127, 1501, *etc.*, *notre*.
Nobile 2318, *etc.*, *de noble race*.
Noel 5315, *nielle*.
Noelés 1676, *etc.*, *niellé*.
Noelor 3374, 4178, *pire, de moindre valeur*.
Noiant, *dissyll.* 341, 1716; *voy.* Nient.
Noier 978, *nier*.
Noisier 6176, *faire du bruit*.
Noisiere 2737, *querelleuse*.
Nonchier, noncier 3728, *etc.*, *annoncer*.
Norechon 9171, *nourrisson*.
Norichon, estre de la — 7204, *être élevé par [quelqu'un]*.

O 182, *etc.*, *avec*.
O 9008, *oui*.
Oblier, oublier, *ass. en* é 1251; *ass. en* ié 3961.
Ochire, ocire 38, 648, *etc.*, *tuer*.
Oes, deus — 4046, *deux œufs, au sens de peu de chose; voy.* Paresis.
Oie 7798, 9680, *oui*.
Oir 1715, *etc.*, *héritier, enfant*.
Oir 5, 29, *etc.*, *ouïr*.
Oiselon 5069, *petit oiseau*.
Olifans 4266, 4292, *cor [d'ivoire]*.
Onques 23, 37, *etc.*, *jamais*.
Ordené 963, 6578, 6713, *dans les ordres*.
Oré, orré 9810, 10455, *grand vent*.
Orelge 1042, *oreille*.
Orfrois 3843, *etc.*, *broderie en or*.
Orghe 3920, *orge*.
Orlenois 3842, *[monnaie] d'Orléans*.
Orrer, ourer 1250, *etc.*, *prier*.
Ort 1553, *jardin*.
Ost 608, *etc.*, *armée; plur.* os 8667.

Osteler 776, 1102, *etc.*, *loger, héberger*.
Osterin 2150, *étoffe de pourpre?*
Ostoier 8665, *faire la guerre, tenir la campagne*.
Ostoir 376, 417, *etc.*, *autour*.

Paienie 8911, 9131, *pays païen*.
Paier 5992, *donner [un coup]*.
Paile, paille 1985, 2015, *etc.*, *étoffe en soie*; 8520, *tente; tente de* — 8817.
Pain, porter au — 1031, *mettre en gage chez le boulanger*.
Paisier a, *réfl.* 4425, 8205, *faire sa paix avec [quelqu'un]*.
Paisson 9932, *pieu, piquet*.
Palagre de mer 10597, palegre de m. 9812, *haute mer*.
Pan 4894, *[pan de] mur; au fig.* 1524, *partie*; pant 9658, *morceau [d'étoffe]*.
Par, *renforce l'expr.* 270, 312, 502, *etc.*
Parage 953, *famille*; 5403, *noblesse, naissance illustre*.
Parc, faire tel — 10772, *faire un semblable carnage; cf. Le Charroi de Nismes, éd.* Jonckbloet, v. 358.
Parcreu 7596, *arrivé à son terme de croissance*; 6168, 8608, *très-gros, très-fort*.
Pardoner; *subj. prés. 3e pers.* pardoinst 975.
Paresis 3473, *etc.*, *[sou] parisis*; 5429, *au sens de peu de chose*; *cf.* Aillie, Angevin, Ballois, Cenele, Esperon, Gant, Oes, Pume, Roc.
Parfondement 3046.
Parfont 1182, *etc.*, *profond*.
Paringal 5578, *égal*.
Parition 2972, *apparition*.
Parliers, mal — 2865, 3547, *médisant, mal embouché*.
Paroir 1208, *etc.*, *paraître*.
Part, cele — 1730, 5713, *etc.*, *de ce côté*.
Parteure 3043, *part de profit, don?*
Pasque florie 2322, *le dimanche des Rameaux*.
Pasturer 5447, *paître*.
Paume 1536, *palme*; 96, *longueur d'une main*.
Paumiers 1564, *etc.*, *pèlerin*; pamiers 1822.

Paumoier 5912, *brandir dans la paume de la main*.
Pautonier 944, etc., *terme d'injure*; pautoniere 2657, 2714.
Pavee 8321, [*salle*] *dallée*.
Pecat 8870, *péché, mot provençal mis dans la bouche d'un Lombard*.
Pechoier, peçoier 636, etc., *briser*.
Pel 5219, *pieu*.
Pelichon, peliçon 3042, etc., *pelisse*.
Pelus 3042, *poilu, velu*.
Pendant 4756, etc., *penchant, pente*.
Peneant 5791, *pénitent, pécheur*.
Pengon, *voy*. Pingon.
Percevoir 4914, *apercevoir*.
Perin 1200, 5172, etc., *de pierre*.
Pertruis 9742, *trou*; 5307, *retraite, cachette*.
Peser 2371, *chagriner*; subj. prés. poist 3529, etc.
Pesme 10791, *cruel*.
Petit 150, etc., *peu de chose*.
Petitet, un — 1668, *un peu*.
Piaus 895, etc., *vêtements faits en peau de bête*.
Piaus 6355, *poils*.
Pié, *employé pour homme dans certaines phrases négatives*; n'en ira piés 1974, *il n'en reviendra personne*.
Piecha 236, etc., *depuis longtemps*.
Pieche, grant — 627, *longtemps*.
Pingon 8393, 8488, *pennon*; pengon 4742.
Pingoncel 2457, *bannière*.
Pior 9339, *pire*.
Pis 641, 673, etc., *poitrine, cœur*.
Plaidier 1662, 2835, etc., *parler*.
Plaisceis 4130, *habitation défendue par des haies*.
Plaisié 6592, *palissade*; 557, *habitation défendue par des haies*.
Planche 7750, plance 7780, *petit pont de bois*.
Plané 748, 7636, *raboté, uni*.
Planteis 4072, *lieu planté*.
Plenier 399, 556, etc., *large, grand, noble*; *épith. de remplissage*.
Plenté, a grant — 160, etc., *en abondance*. [*dante*.
Plentie *pour* plentive 6526, *abon-*

Pleue, 8977, *pluie*.
Pleuete, *dim. de* Pleue, 4687.
Plevir 307, etc., *donner pour garant, promettre*.
Poe 1318, 1325, etc., *patte*.
Poesté, par — 1109, 8613, *de force*.
Poestis 3817, *puissant*.
Poi 144, etc., *peu*.
Poignon 2360, *pennon*; *voy*. Pingon.
Poin 5908; *voy*. Pon.
Poindre 1442, 3102, etc., *piquer*; furnir son — 10030, *faire un temps de galop*.
Poingeor 10694, *combattant*; cas suj. poingiere 2745, 2751.
Pointure 5204, *point saillant*?
Pointuré 8600, *peint*.
Poison 1033, 1148, etc., *boisson*.
Pon, *plur.* 8504, *gardes* [*d'une épée*]. *Du Cange* (Pontus) *ne donne que le sens de poignée au singulier*.
Poncel 5319, *petit pont*.
Por, *avec le p. prés.* 5812, etc., *locution correspondant à peu près à* quand même *suivi d'un conditionnel*; *avec l'inf.* 6645, *m. s.*
Porpenser, act. 309, *méditer*; n. et réfl. 1088, etc., *réfléchir*; p. p. 1254, *avisé*.
Porprin 10947, [*d'étoffe*] *de pourpre*.
Porquerre 85, *poursuivre*.
Pors 9614, *défilés*.
Porsoingié 224, *soigné*.
Postis 5061, *petite porte*.
Poure 6259, *poudre*.
Poverte 2031, 2078, etc., *pauvreté*.
Praiage 8945, etc., *pré*.
Praiel 6124, *prairie*.
Pree, fém. 695, 701, etc., *pré*.
Preer 2283, *piller*.
Premerain 1286, etc., *premier*.
Premier, a ce — 238, *tout d'abord*.
Prendre; ind. parf. presis 2970; subj. prés. prenge 6089; *loc.* — a 1685, *se mettre à*; réfl. 5076, etc., *m. s.*
Presure 8862, *présure*.
Preu 206, etc., *profit*; prou 194, etc., *m. s.*
Primes 3635, *tout d'abord, en premier*.

Princhipel 8632, *principal.*
Pris 523, *honneur.*
Prisier 3717, *voy.* Proisier.
Privel 8118, *proche.*
Proisier 1650, *etc., estimer.*
Prové 2295, *convaincu.*
Provoire 2998, *prêtre.*
Pucele 422, *etc., jeune fille ;* puchele 2042.
Pui 548, *etc., montagne.*
Puin 4283, *etc., poignée [de l'épée]; cf.* Pon.
Puis 1704, *depuis.*
Pule 6654, *peuple.*
Pume porrie 5412, *pomme gâtée, au sens de peu de chose ; voy.* Paresis.
Pumelé 4268, *[cheval] pommelé.*
Pument 8610, *piment ;* puiment 2102, 2114.
Pumiaus 10674, *pommes [d'ornement qui surmontent les tentes].*
Pumier 6802, 7636, *pommier ; bois qui semble bien faible pour en faire des lances.*
Put, pute 48, *etc., méprisable.*
Putiers 6339, *terme d'injure.*

Quant que, quanque 270, *etc., tout ce que.*
Quarrel 5219, 9145, *pierre de taille.*
Quars 741, *quatrième ; fém.* quarte 88.
Quartier, *adj.* escu —4857, *etc., écu divisé en quartiers.*
Quelir 3316, *réunir.*
Quens, *cas suj. de* conte 3207, *etc., comte.*
Ques, *pour* qui les, 3088, 5295.
Quidier, *voy.* Cuidier.
Quintaine 8639, *etc. ; voy.* D.-C., quintana 3.
Quirc, 1ʳᵉ *pers. de* querre, 4492.
Quirie 5895, *plastron de cuir, voy.* Cuirie.
Quiver, *voy.* Cuivert.

Rabiant 4229, *plein de feu.*
Rachier 9644, *cracher.*
Racorder 6480, *réconcilier ; neut.* 2522, *en venir aux mains.*
Rade 7748, *etc., rapide.*
Raembre 7349, *racheter.*
Rafermer, le — de la lune 269, *la pleine lune ; cf. l'expression latine* defectus lunæ.

Raiemant 5864, *le rédempteur ;* roiament 5914.
Raier 6189, *etc., couler.*
Raison, metre a — 3878, *etc., adresser la parole [à quelqu'un].*
Ramé 255, *etc.*
Ramee 696, 901, *forêt.*
Ramentevoir 1736, *etc., rappeler.*
Ramesurer 1008, *apaiser.*
Ramier 1841, *etc., plein d'arbres.*
Randon, de — 10120, *etc., au plus vite.*
Randonee, de — 712, *etc., au plus vite.*
Randre ; *subj. prés.* range 1609, renge 2315, *etc.*
Ranprone 3619, *raillerie.*
Ranproner 148, *etc., railler, tourner en ridicule.*
Rapes 8863, *râpes de raisin.*
Ratapiné 1236, *caché, revêtu.*
Rates, *fém. de* rat, 8861.
Ravine 7540, *impétuosité.*
Ravoir 315, *etc.*
Rebaudi 5384, *reconforté.*
Rebouter 6364, *pousser de nouveau.*
Rebracié 2106, *les manches retroussées.*
Recelement 6359.
Recerqier des rens, torner al — 300, *s'éloigner pour reprendre du champ.*
Receter 6479, *vivre caché.*
Rechelé, a — 2352, *secrètement.*
Rechet, recet 558, *etc., lieu de retraite, lieu fort, château.*
Rechoivre, reçoivre 1280, *etc., recevoir.*
Reclamer 6217, *etc., invoquer.*
Recoi 3546, *etc., lieu isolé.*
Recovrer 727, *etc., reprendre ;* — a 5555, *ravoir en main.*
Recreant 2392, *etc., lâche.*
Recroire, *réfl.* 7864, *renoncer à la lutte.*
Redrecier 6402, *se relever.*
Refait, le — de la lune 269, *le renouvellement de la lune, cf.* Rafermer.
Referir 866, *etc., frapper de nouveau.*
Reflamboier 2920, *reluire.*
Refraignier 6997, *remettre la bride.*
Refremer 1053, *assujettir de nouveau.*

Refroidier 5674, *apaiser [sa soif]*.
Refroidir 612, *rafraichir*.
Rehaster 1327, *relancer, attaquer de nouveau*.
Regibier 2910, *regimber, ruer*.
Relenquir 6232, *etc., laisser, abandonner*.
Relief 4046, *reste*.
Remanoir 497, *etc., rester; ind. parf.* remest 25, 92; *p. p.* remes 700, *etc.*, remansu 3428.
Remuer, le — des estoiles 268, *le cours des astres*.
Renbatre 5886, *faire entrer en enfonçant*.
Renge 2067, *ceinturon*.
Renoié 2829, *etc., rénégat, traitre*.
Reont 1892, *rond*.
Repairier 1554, *retourner*.
Reponre 9163, *cacher*.
Reprover 310, *etc., reprocher*.
Reprovier 955, *etc., reproche*.
Repus 928, *caché*.
Requere 566, *etc., défier au combat*.
Resachier 2065, *etc., retirer*.
Resambler, *construit avec le prédicat au cas sujet* 908; *suivi de la particule de* 939; *suivi du cas régime* 1085, 1107; *sembler* 2001, *etc.*
Resavoir 9332.
Rés 828, *rasé*; rés a rés 8651, *à ras de terre*.
Rescoure 4389, *etc., secourir, délivrer*.
Resné 18, *etc., royaume*; rené 2285.
Resne 519, *etc., courroie retenant l'épée*; 898, *etc., bride*.
Resne 4095, *etc., royaume, pays*.
Resnié 223, *etc., royaume*.
Resongier 6553, *etc., craindre*.
Respasser 3597, *guérir*.
Respondre; *ind. parf. en ié,* respondié 973, 1133, 6588, 7340.
Resvider 1920, *visiter*.
Retenir 1334, *etc., garder, faire prisonnier*.
Reter 3345, *accuser*.
Reube 3793, *etc., robe*.
Reuber 5439, *dévaster*.
Revanter *réfl.* 7188, *se vanter, réfl.* 4098.
Revel, 5861, *etc., joie, plaisir*.
Revenir, *subj. prés.* revienge 3458.
Revertir 5026, *etc., retourner*.

Revoit 3165, revois 7892; *cf. Romania*, III, 505.
Richeté 7109, *noblesse*.
Ricoise 3675, *richesse*.
Rien 1099, *etc., chose*.
Rieulé 5744, *soumis à une règle [monastique]*.
Rike 3411, *grande [bataille]*.
Rion 8094, *région*; *voy.* Roion.
Riu 3920, *ruisseau*; *voy.* Rui.
Robeor, 2357, *etc., voleur*.
Rober 963, *etc., voler, dérober*.
Roc 9046, *au sens de peu de chose*; *voy.* Paresis.
Roele 5341, *bouclier*.
Roengier 6574, *etc., tonsurer*.
Roes 9516, *palissades?* *cf.* D.-C.
Rota 13.
Roiamant, *voy.* Raiemant.
Roion 2973, 3009, *région*; *voy.* Rion.
Roit 4464, *etc., roide*.
Roller l'auberc 6464, 7077, *rouler la cotte de mailles [pour la ranger]*.
Romans 276, *langue vulgaire*; romant 2686, *langage en général*.
Rompre; *part. p. fort* rout 1237, *etc., déchiré*; *part. p. faible* rompu 1951.
Ronchin, roncin 614, *etc., cheval de fatigue*. On trouve fréquemment les formes ronchi 1826, *etc.*, ronci 646, *etc.*
Rovente 6697, *rouge*.
Rover 8306, *demander*.
Ruer 4993, *renverser*; 2582, *assaillir*.
Rui 4930, *ruisseau*; *voy.* Riu.
Ruiste 846, 1665; *etc., violent, fort*.

Sablon 1366, *etc., sable*.
Sachier 915, *etc., tirer*.
Sacrefiement 6248, *sacrifice*.
Safre 10342, *orfroi?*
Sailer, saieler 462, *etc., sceller*.
Saingler 402, *sanglier*; sengler 364.
Sainier 1483, *etc., saigner*.
Sainier, *réfl.* 1812, *etc., se signer*.
Saint *pour* sain, sein (*signum*) 3606, 4504, *cloche*.
Saintisme 10848.
Samit 9826, *velours*.

Sanbue 5313, 8314, *selle de femme.*
Saudee 494, 532, etc., *gain, butin;* 1647, *état militaire.*
Saudoiers 1563, etc., *soldats à gages.*
Saudoner 4308, *soudoyer. Ce mot n'est autre que le mot latin solidare, reformé en français avec donare qui a remplacé dare, ou p.-ê. faute du copiste pour* saudoier?
Saumes 9703, *psaumes.*
Sautier 961, *psautier.*
Savagine 62, *bêtes sauvages.*
Savement 2992, etc., *sûrement, en sauf.*
Saveres, *cas suj.* 499, etc., *sauveur.*
Se, *suivi d'un fut., a le sens de* avant que *suivi d'un subj.*, 479, 551, 595; se... non 2982, *sinon.*
Segur 2084, *sans crainte.*
Seinier, se — de Dé 5527, *se signer; voy.* Sainier 2.
Sejorné 7449, etc., *reposé, (par suite) dispos.*
Sel, *pour* se *le et* si *le,* 639, etc.
Selve 774, 1340, *forêt.*
Selonc 2736, *le long;* 3365, *dans toute l'étendue.*
Seme 4974, *septième.*
Sené 267, 1310, etc., *sage, intelligent.*
Senefianche 9646, *signe.*
Senestre 1185, etc., *gauche.*
Senpre 602, etc., *sur-le-champ.*
Sentier, le — 586, *par la route; loc.* 6207, etc.
Seror, serour, *cas rég.* 20, 30, etc., *sœur.*
Serouge 102, etc., *beau-frère.*
Sevrer 740, etc., *séparer.*
Si, *expl.* 54, 296, etc.; 623, etc., *ainsi.*
Siecle 1716, *génération contemporaine;* 4976, *monde; estre al* —6640, *mener la vie du monde.*
Sier, *couper;* ains c'on soie les blés, *loc.* 10425, 10501.
Signor 2050, *mari.*
Signorage 9612, *seigneurie.*
Signori 21, etc., *noble, digne d'un seigneur.*
Signorie, par — 216, *en grand seigneur.*
Simbre 8607, *pain de pur froment.*

Single, cingle, 9809, 9814, etc., *voile;* a — 9781, *sans voile.*
Siste 90, etc., *sixième.*
Soie 2190, etc., *sienne.*
Solaus 2957, 4277, etc., solail 5700, *soleil.*
Solier 1127, 1945, 2054, etc., *chambre du haut, salle de réception.*
Soloir 994, etc., *avoir coutume.*
Some 8194, *charge d'un cheval.*
Somier 2858, 4867, *cheval de fatigue.*
Son 4688, *chanson.*
Son, *sommet; par —* l'aube 8173, *au point du jour.*
Songiere, *cas suj. de* songeor, 2741, *rêveur.*
Sopement 8980, *souper.*
Sor 3199, 4268, [*cheval*] *alezan.*
Sortir, *subj. prés.* sorge 6507.
Souavet 6159, etc., *doucement.*
Souduiant 2417, etc., *traitre, imposteur.*
Soufraite 826, *manque.*
Soufraitous 187, 1908, etc., *indigent.*
Souprendre, *subj. prés.* souprengent 5788, etc.
Sous, *cas suj.* 1885, 3891, *seul.*
Souscliner 1952, *pencher.*
Soutiement 5784, *avec adresse.*
Sovin 3284, etc., *sur le dos.*
Soviner 10754, *jeter à terre.*
Sudexion 9012, *séduction, trahison.*
Sueur 967, *cordonnier.*
Sulent 7601, *souillé.*
Surceors, *cas —* 8842, *chats preneurs de souris.*

Tables 165, *jeu de tric-trac.*
Tabor, *fig.* 2474, *bruit.*
Tachier 4637, *fixer, attacher.*
Tain 640, *couleur.*
Taion 10723, *aïeul.*
Talent 1003, etc., *désir;* faire son — d'une chose 425, *la posséder.*
Tans, par — 4381, *par occasion.*
Tant, ne — ne quant 371, etc., *pas le moins du monde.*
Tapir 2776, *se cacher.*
Targe 541, 698, etc., *bouclier.*
Targier 974, etc., *tarder.*
Tastoner 2158, 2169; *cf.* P. Meyer, *Romania*, IV, 394-5.
Tele, a — 5371, *de telle manière, ainsi.*

Tenchier 1233, *etc., se disputer.*
Tenchon, tençon 2532, *etc., dispute; movoir* — 7211.
Tenir a sot 166, — a sage 218, *etc., regarder comme un sot, un sage, etc.; cf.* Tobler, *Li dis dou vrai aniel,* p. 26 ; — de maisnie 3694, *entretenir à ses frais.*
Tenpre 9089, *à temps, bientôt.*
Tenprer 530, *tremper.*
Tensement 7273, 7612, *protection, défense.*
Tenser 4413, *etc., défendre.*
Tentir 5064, *retentir.*
Terdre 6191, *essuyer.*
Terien 2997, *de cette terre.*
Terrié 10907, *rempart de terre.*
Terrier 4831, *seigneur propriétaire.*
Tierc, tiers 1463, *etc., troisième; fém.* tierche 88.
Tinel 4366, 4463, *gros bâton.*
Tire 9855, *étoffes de soie.*
Toialle 4036, *serviette;* toualle 7164.
Toie 2892, *tienne.*
Tolir 45, *etc., enlever; fut.* taurés 5762 ; *p. p.* tolu 1099, *etc.*
Toloit 3170, *enlevé, ravi.*
Topasse 10339, *topaze.*
Tor françois 5571, *manière de combattre en feignant de fuir pour revenir avec plus de force sur l'ennemi. Cf. un exemple dans* Littré.
Torbe 9175, *troupe.*
Torchier 997, 2058, *bouchonner, panser [un cheval].*
Torneis, pont — 5707, 6060, *pont tournant.*
Torner, *subj. prés. 3ᵉ pers.* tort 9776; — a folie 133, *etc., tourner [quelqu'un] en dérision; neut.* 609, *partir;* s'en — 546, *m. s.*
Torniant 2388, *tourbillonnant.*
Torniement 2338, *tournoi.*
Torser 789, 795, *etc., charger.*
Toudis 994, *etc., toujours.*
Trainer, *trissyll.* 744, *etc.*
Traire 6, 11, *etc., tirer, avancer, prendre;* — a chief 3614, *etc., finir; neut.* 215, *etc., aller.*
Traitor, *trissyll.* 26, *etc., traître;* traitre, *trissyll.* 704.

Trametre 1180, *etc., envoyer; subj. prés.* trameche 2864, 6230.
Trape 5969, *piége, péril.*
Trasser 1230, *dérober ?*
Tref 8354, *etc., tente.*
Trellis 4709, 6044, *[haubert] à mailles.*
Tremeller 2546, *jouer au tremerel (sorte de jeu de dés). Cf.* D.-C. Tremerellum.
Trés 779, *tout-à-fait.*
Tresalé 517, *passé, vieilli, usé.*
Tresfiner 2043, *etc., finir, s'arrêter.*
Tresorie 9585, *chambre au trésor.*
Trespasser 1818, *etc., dépasser; neut.* 2520, *passer.*
Tressué 7793, *couvert de sueur.*
Trestorner 754, *tourner;* 1693, 2221, *etc., changer; neut.* 265, *etc., retourner, s'enfuir.*
Trestout 76, *etc., tout.*
Treu, 9503, *tribut, droit de péage.*
Treuage 9615, *tribut, redevance.*
Trieve Dieu 6162, *trève imposée par Dieu.*
Trosque 9606, *jusqu'à ce que.*
Trotier 1826, *trotteur, épith. de cheval.*
Trover, *ind. prés.* truis 2439 ; *subj. prés.* truisse 311, truist 5302, truisons 5441.
Turcois, ars de cor — 7879.
Trufer, *réfl.* 1441, *se moquer.*

Uis 2201, *porte.*
Uns esperons 1676, *une paire d'éperons.*
Unes cauches 1674, *une paire de chausses.*

Vaintre 1167, *etc., veintre* 8960, *vaincre;* — la bataille 3431, *etc., remporter la victoire;* — l'estor 4866, *m. s.*
Vair, *subst.* 606, *etc., fourrure; adj.* 3512, *en fourrure;* 4244, *[cheval] de plusieurs couleurs.*
Valet 59, *etc., jeune homme.*
Valeton 3011, *enfant.*
Valissant 6605, *etc., valant.*
Vanteour 8834, *vantard.*
Vanter 4435, *se vanter.*
Vasal 3039, *etc., chevalier.*
Vasalement 8521, *vaisselle.*
Vaselage 1980, *etc., valeur, courage.*

Vasiaus 7163, *vaisseaux, vases.*
Vauti 4712, *etc., courbé, arqué.*
Vavasour 185, *etc., seigneur de petite noblesse.*
Veer 1755, *etc., défendre, fermer, refuser.*
Veir 437, 453, *etc., voir.*
Velous 3845, *velours.*
Venel, metre — 9820, *mettre en vente.*
Vengement 7264, *etc.*
Vengison 7208, *vengeance.*
Venir ; *fut.* veront 5518 ; il vient a 2835, *il vaut ;* — a chief 3912, *venir à bout.*
Verai 9, *etc., vrai, sincère ;* cors — 3079.
Veraiement 387, *etc., vraiment.*
Vereil 2923, *verrou.*
Vergié, elme — 6820, *etc.*
Vergognier 1824, *etc., déshonorer, insulter.*
Vergonder 4318, *etc., m. s. que* Vergognier.
Veritas 8853, *mot latin mis dans la bouche d'un Lombard.*
Vermeil 4282, *rouge.*
Vernis 640.
Vernissié 10876, *verni.*
Vertir, *réfl.* 27, *etc., tourner ses pas.*
Vespre 1720, *etc., soir.*
Vespree 771 ; *le ms. porte au v.* 890 *le mot* verpree : *faut-il y voir une faute ou un changement de* s *en* r ?
Vesque 185, *évêque.*
Vessir 9653, *vesser.*

Verté 254, *etc., vérité.*
Vestir, *p. p.* vesti 32, vestu 487.
Viaire 4681, *etc., visage.*
Viaus 6739, *au moins.*
Vides, *plur.* 132, *expérience.*
Viés 235, *etc., vieux ;* vié 1148, *fém.* viés 6228 *et* viese 542, 737.
Vieuté 173, *etc., action vile.*
Vilonie 1011, *vilenie.*
Vin, ester al — beu 920, *rester en gage chez le tavernier ;* envoier al — 9399, *envoyer en paiement au marchand de vin.*
Virgene, *dissyll.* 8033, *etc., vierge.*
Vis 860, *etc., visage.*
Viste 6672, *prompt, déterminé.*
Vivendier, boin — 244, *bon vivant.*
Vivre, *ind. parf.* vesqui 940.
Vui, *voy.* Bu.
Vuidier les archons 6806, 7638, *être désarçonné ;* — l'estrier 6814, *etc.*
Vo 448, *etc., votre ; fém.* 508, *etc.*
Voie, cheste — 6228, [*par*] *cette voie.*
Voir 306, 426, *etc., vrai.*
Voirement 3014, *etc., vraiment.*
Voloir, *ind. parf.* vaut 55.
Volu 5261, *à voussure.*

Wagier 4172, *engager.*
Wivre 6215, 6340, *serpent.*

INDEX DES NOMS

DE PERSONNES ET DE LIEUX.

Abel, 7173.
Abraham, 1553, 6242.
Adan, *Adam*, 4, 6220.
Agenon : 1° (neveu de Makaire), 4746, 7201 ; Aghenon, 7223 ; Hagenon, 7360 ; — 2° (cousin germain de Rainier) Haghenon, 7557.
Ahenri (chevalier du roi Louis-le-Pieux), 3303.
Aians (forme d'Aiol au cas suj. exigée par l'assonance), 2433.
Aie (femme de Terri), 9214, etc.
Aimer (cousin d'Aiol), 1398.
Aiol : 1° (nom du héros du poëme) ; — 2° (nom chrétien donné au païen Floquipasse), 10942.
Ais, *Aix-la-Chapelle*, 24, 4155.
Alemant, 4567, 8061.
Alerant (compagnon de Makaire), 8506, etc.
Aliaume (nom d'un brigand), 2359, 3160, 3168, etc.; Aleaume, 3097.
Allivin (nom d'un brigand), 6667.
Alverne, *Auvergne*, 10463.
Amauri (chevalier du roi Louis-le-Pieux), 3302 ; Amori, 4390.
Amiens, 8090.
Angevin, 3239.
Angiers, *Angers*, 5999, 8087.

Anscier (sénéchal de Makaire), 9428 ; Anchier, 10743.
Antiaume (fils de Hunbaut et d'Esmeraude), 7072, etc.; Antialme, 7086, etc. ; Antelme, 7091, etc.
Apes, pors d' —, *défilé d'Aspe*, 9563.
Apolin, *Apollon*, 660, 4066, 4079, 4116, 4146, 5051, 9995.
Arabe, *Arabie*, 4020.
Arabi, *Arabe*, 4064, 4095, 4137.
Archedeclin (saint), 7821. Ce mot *Architriclinus* qui, en latin, signifie maître d'hôtel, est devenu un nom propre désignant au moyen-âge *le marié des Noces de Cana*.
Artu (le roi), *le roi Arthur*, 936. Ce vers fait une allusion insaisissable aux chevaux du roi Arthur, le héros de l'épopée bretonne.
Asses li Berruiers (portier de Langres), 8545.
Astes, *voy.* Haston.
Auçoire, *Auxerre*, 3631.
Audengier, 953, 992. Ces deux vers font allusion au héros du poëme burlesque d'*Audigier* publié par Méon (*Fabliaux et Contes*, IV, 217).

Aufrike, *Afrique*, 5247, 5273, 5367.
Avisse (mère d'Aiol), 21, 350, 442, etc.; Avise, 271, 762.

Baiviers, *Bavarois*, 4567, 8061.
Bar, *Bari* (sur l'Adriatique), 10599. Cette ville était célèbre par le corps de S. Nicolas, que Robert Guiscard y rapporta de Myre.
Barbarus (nom de Sarrasin), 5241.
Bascles, *Basques*, 9569.
Baudewins, li quens — (personnage épisodique), 8875.
Belcler, mont de —, nom donné par le poëte à la montagne de Moryah, lieu du sacrifice d'Abraham, 6255.
Beleem, *Béthléem*, 1903, 2446; Beleant, 5931; Belleant, 3870, 5783.
Belquarel, 4873, 4875.
Berenger (un des quatre fils de Geraume, châtelain de Mongraille), 7195.
Bernart : 1° (chevalier du roi Louis-le-Pieux; — 2° (cousin germain d'Aiol), 4648; — 3° (neveu de Makaire), 4750, etc.
Berri, *Berry*, 2779, 4834, 7061, etc.
Bertons, 4537, 8971; Bretons, 4568, 8973.
Beruiers, *gens de Berry*, 1561, 2343, 2350, 3195, 3415, 3427, 5191; Beruhiers, 1972; Berruiers, 2282.
Besençon, *Besançon*, 8087; Bessenchon, 8187.
Bevon : 1° — de Viane (compagnon de Makaire), 8374; — 2° le duc — sans barbe (chevalier du roi Louis-le-Pieux), 9505, 10708, etc.
Biaufort, castel de —, 1653. Ce château, *qui en la Marche siet*, existe encore aujourd'hui dans la Creuse (cant. Boussac, comm. Malleret).
Biavais, *Beauvais*, 3417, 4152, 5038.
Biterme (ville inconnue qui, dans les chansons de geste, est renommée pour fournir les armes et les étoffes orientales), 6485, 8163.

Blois, 1868, 1880, 3855, etc.
Boidin (veilleur, gaite, au service de Makaire), 9428, 10868.
Boorghes, *Bourges*, 1400; Boorges, 2347, 3207, etc.; Bohorges, 1631, 3416; li quens de — 3207, etc., *voy*. Gilebert.
Bordele, *Bordeaux*, 49, 6489.
Borgengons, *Bourguignons*, 7190, 8061, etc.
Borgonge, *Bourgogne*, 2659, 7036; Bourgoinge, 8183, etc.
Brabençons, 3369.
Braibant, *Brabant*, 4153.
Brandis, *Brindes*, 9994.
Bretaigne, 8768.
Bu, 9495.

Calvaire, mont de —, 1550, 6195.
Canbresis, 4153.
Castel Esraut, *Châtellerault*, 1342, 1351.
Castele, *Castille*, 8164, 10800.
Chaalon, *Châlons-sur-Marne*, 8089.
Charles, Charlon, *Charlemagne*, 102, etc.
Chartres, 110, 8812; Cartres, 4597, 5038, 5094, etc.; Cartre, 5125.
Clarembaut de Valbrune (nom d'un brigand), 6670.
Colongois, sou de —, *monnaie de Cologne*, 242.
Constant (nom d'un brigand), 6668.
Corsaut (chef de brigands), 6684, 6877, 6881, 6916; — de Valrahier, 6670.
Cremoigne, *Crémone*, 8088, etc.; Cremoine, 8154.

Dignon, *Dijon*, 8086.
Dominus videt (nom donné dans la Vulgate (*Gen.*, XII, 14) au lieu du sacrifice d'Abraham, 6254.
Durant (portier de Makaire), 9428.
Duresté, 9827. C'est sans doute le même que *Durestant* de la Ch. de Roland, qu'on n'a pu identifier davantage.

Eldré (bourgeois d'Orléans), 2583; Houdré, 2603.
Elie : 1° (père d'Aiol), 31, 79, 93, 121, etc.; — 2° (personnage

épisodique), 8875 ; — 3° (nom chrétien donné au païen Propisse), 10942.

Engerant (chevalier du roi Louis-le-Pieux), 10770.

Erode, *Hérode*, 2976, 3004.

Esau, *Esaü*, 939.

Esclers, originairement *Slaves* (*Romania*, II, 331), pris ici au sens général de *païens*, 10601.

Esmeraude (femme de Hunbaut), 7070, 7102, etc.

Espainge, *Espagne*, 377, 5642, 6496 ; Espaigne, 419, 425, 6286, etc.

Estanpes, *Etampes*, 3517, 8009 ; Estanpois, 3527 ; Estampes, 4152.

Estorgant (sénéchal du roi Mibrien), 9691, 10126.

Estout (nom d'un brigand), 5807.

Evain, *Ève*, 4, 6220.

Ferant de Losane (neveu de Makaire), 4617, 4746, 7201, 7223, etc.

Flamens, *Flamands*, 3369 ; Flamenc, 4537 ; Flament, 4568.

Flohart de Vallieure (nom d'un brigand), 6669.

Floquipasse (habitant de Pampelune qui se fait chrétien sous le nom d'*Aiol*), 9578, etc., *cf.* 10942.

Florien (roi païen), 9993, 10006, etc.

Foucart : 1° (nom d'un brigand), 2359, 3125 ; Foukes 3098 ; — 2° *voy.* Foucon.

Fouchié, *voy.* Foucon.

Foucon (neveu de Makaire), 7200. Ce nom, pour les besoins de l'assonance, se présente aussi sous les formes *Fouchié* 7222, *Foucart* 4748 (au lieu de *Gontart*), 7359.

Fouré : 1° 958, 2517 ; Foré, 2606. La locution *vengier Fouré* dans les chansons de geste est généralement appliquée par moquerie à une personne qui tente une entreprise au-dessus de ses forces. *Voy.* à ce sujet une note de M. P. Paris (*Romans de la Table ronde*, II, 401) et un article des *Gœttingische gelehrte Anzeigen* (1874, p. 1079-92), où M. A. Tobler a réuni un certain nombre d'exemples de cette locution. Nous ne croyons cependant pas que ce *Fouré* soit le roi de Nobles la cité, car notre texte le fait mourir devant Paris (v. 2607), et non au siége de Nobles. — 2° (chevalier du roi Grassien), 9973.

Franche, *France*, 199, 322, 445, etc.; France, 17, 26, etc.

François, *Français*, 147, 205, etc.

Frans, *Français*, 133, 151, 2393, 2444, etc.

Galien (nom d'un brigand), 6667.

Galise, *Galice*, 8122.

Garin : 1° (nom de valet), 2154 ; — 2° (neveu de Makaire), 4747, 1202, etc. ; — 3° — de Monloon (père d'Oedon), 8395 ; Gerin, 8410.

Gasconge, *Gascogne*, 1133, 1617, 3500, 4070, etc.

Gascons, 2085, 2361, 3370.

Gautier : 1° (sénéchal d'Elie), 1124 ; — de Saint Denise 1082 ; — 2° (hôte d'Aiol), 1070 ; — 3° (nom d'aubergiste), 1124 ; — 4° — de Pont Elie (nom qu'Aiol donne à son père), 2088, 3504 ; — 5° 3361 et 6° — de Montaigu 9504, (chevaliers du roi Louis-le-Pieux) ; — 7° (comte de Soissons, oncle d'Aiol), 4649, 4736 ; — 8° — de Valterne (compagnon de Makaire), 8680.

Geneviere, *Geneviève* (nom de femme), 2740.

Gerart : 1° (père de Reinier, duc de Gascogne, 1616 ; — 2° (chevalier du roi Louis-le-Pieux), 3302, 3360 ; — 3° — de Valseri (sénéchal d'Elie), 8552, etc. ; — 4° — de Gascogne (neveu de Makaire), 9162 ; — 5° (chevalier du roi Louis-le-Pieux), 10770.

Geraume (seigneur de Mongraille), 6441 ; Geralme, 6545, etc.; Gerelme, 6512, etc.; Gerame, 6461.

Gilebert (cousin germain d'Aiol, le même que le *comte de Bourges*), 334.

Gilemer l'Escot (cousin d'Aiol), 1399.

Ginart (sénéchal de Makaire), 9118.
Girbert (compagnon de Makaire), 8441.
Godefroi (sénéchal de Louis-le-Pieux), 9025.
Golgatas, *Golgotha*, 6194.
Gonbaut (nom d'un brigand), 6665, 6685.
Gonsellin (nom d'un brigand), 6668.
Gontart, 4748. Ce nom qui ne se retrouve plus ailleurs doit être remplacé par celui de *Foucart*, comme nous l'avons déjà remplacé au v. 4749 par celui de *Reinart*.
Gontier (seigneur de la cour de Louis-le-Pieux), 8015.
Gorhon (nom d'un roi d'Afrique), 5247.
Grassian (forme en *an*, réclamée par l'assonance, de *Grassien*), 10207.
Grassien (roi de Venise), 9263, etc.
Guenelon (le traître de la *Chanson de Roland*), 4439.
Guillaume le Brun (neveu de Makaire), 4749 ; Guillame, 8856.
Guimart de le Tormele (frère de Gautier de Valterne et compagnon de Makaire), 8684, etc.
Guinehot (messager de Makaire), 8784, etc.
Gui : 1° li Alemans (compagnon de Makaire), 8441, etc.; — 2° (chanoine, oncle de Terri), 9284.
Guinemer (chevalier du roi Louis-le-Pieux), 4389.

Hagenel (boucher d'Orléans), 2587, 3616.
Hagenon : 1° d'Orliens (nom d'un brigand), 6669 ; — 2° et 3° *voy.* Agenon.
Haie, chastel de Le —, en Ponthieu, 1396.
Hain, la porte —, (à Salonique ?) 10011.
Hainaus, *Hainaut*, 4153.
Hardré (nom du traître dans plusieurs chansons de geste], 4439.
Harpin (nom d'un brigand), 5807.
Hastes : 1° *voy.* Haston de Tudele ; — 2° (un des quatre fils de Geraume, châtelain de Mongraille), 7195.
Haston de Tudele (chevalier païen), 4973 ; Astes de Tudele, 4978.
Henri : 1° (nom d'un brigand), 5808 ; — 2° (chapelain du roi Grassien), 10393.
Hercenfroi (boutellier de Makaire) 9429, etc.
Hersent : 1° (sœur d'Elie et tante d'Aiol, la même que *Marsent*), 333 ; — 2° (femme d'Hagenel, boucher d'Orléans), 2588, 2656, 2719, 2723, 3617, 3620 ; Hersant, 2684.
Hervieu (messager de Louis-le-Pieux), 8815, etc.; Hervil, 8890, etc.
Holduit (nom de femme), 2740.
Houdré, *voy.* Eldré.
Hue (chevalier), 7580.
Hugon (neveu de Makaire), 3303, 3361, 3440 ; — de Monbart, 4747, 7202, 7361 ; Huon de Monbar, 4781.
Hunbaut 7156, 7452, (hôte d'Aiol), 7062, 7069, 7741, etc.
Hungrie, *Hongrie*, 9805, 10882, etc.
Hurepois (petit pays de l'île de France, ayant Dourdan pour capitale), 4536.

Isaac, 6247.
Ingernart (chevalier païen), 4972, 5019.
Ingrant (chevalier païen), 4972, 5009.
Ingresain (chevalier païen), 4972, 5009.

Jhersalem, *Jérusalem*, 1535, 1548 ; Jherusalem, 6255 ; Jerusalem, 8975.
Jobert (compagnon d'Aiol), 4518, 4791, 4818, etc.
Jofroi : 1° (neveu de Makaire), 4753 ; Jofroi de Verson, 4748 ; — 2° (l'aîné des quatre fils de Geraume, châtelain de Mongraille), 6977, 7195, etc.; — 3° (sénéchal de Louis-le-Pieux), 7855, etc.; — 4° — le kenu (chevalier du roi Louis-le-Pieux), 9505.
Jordan, *Jourdain*, 1551.

Joserant : 1° (parent de Jofroi), 8371, etc.; — 2° (chevalier du roi Grassien), 9973.
Juis, *Juifs*, 10082.
Jupin, *Jupiter*, 10098.

Karle, Karlon, *Charlemagne*, 44, etc.
Karlemaigne, *Charlemagne*, 18, etc.
Kinkernart (nom de Sarrasin), 5241, 5296.

Lazaròn, *Lazare*, 2386, 7205.
Lengres, *Langres*, 8086, 8183, etc.
Loeys (*Louis-le-Pieux*), 17, 25, 27, 33, 44, 102, etc.; Loey, 1559, 3335, 4150.
Loier, *Lothaire*, 9462, 10040.
Loire, la —, 1881, 1885, 2438, 2965, 4299, 4335, 4360.
Lonbardie, 8784, etc.
Lonbart, 8334, etc.
Longis (l'aveugle qui dans la légende frappa de sa lance Jésus crucifié), 3052, 6188. On retrouve ce personnage dans plusieurs mystères du moyen-âge.
Loon, *Laon*, 1390, 7179, 8090; Leun, 3417.
Losane, *Lausanne*, 467, 1387, etc.; Losene, 1389; Lossane, 1495, 1503, etc.
Luiserne, *Lucena* (en Espagne), 10835.
Lusiane (fille d'Isabel et cousine d'Aiol), 1989, 1992, 2010, 2028, etc.; Luciane, 2099.

Magegot (nom d'un brigand), 5808.
Mahomet (considéré comme un dieu païen), 680, 4066, 4079, etc.; Mahon, 5407, 5411, 5516, etc.
Makaire (le traître de l'épopée carolingienne), 47, 103, 211, 1110, etc.; — de Losane, 467, 1387, etc.
Malrepaire (nom sans doute fantaisiste du château de Robaut); 5958, 6068.
Manesier : 1° (frère de Bevon de Viane, compagnon de Makaire), 8379, etc.; — 2° (nom donné à l'un des fils d'Aiol), 9353, etc.
Mansel, *Manceau*, 3239.

Marajus, puis de —, (entre Langres et Lausanne), 8672, 8704.
Marche, la —, 1653.
Marchegai (nom du cheval d'Aiol), 89, 182, etc.
Marsent (sœur d'Elie et tante d'Aiol), 3224, 3313, 3332. *Voy.* Hersent.
Martinoble (nom d'un Lombart, partisan de Makaire), 8848.
Miaus, *Meaux*, 8089.
Mibrien (roi de Perse), 608, 4020, 4025, etc.; Mibriant, 8138.
Miles d'Aiglent, *Milon d'Anglant*, qui dans l'épopée carolingienne épouse la fille de Pépin et est le père de Roland, 2287.
Mirabel (fille de Mibrien, amante, puis femme d'Aiol), 5303, etc.
Monbart, *Montbard*, 4747, 4761; Monbar, 4781, 7202, 7361.
Mongaiant (séjour d'Élie, père d'Aiol), 2414, 2795, 3865, 8200.
Mongraile (seigneurie sans doute fantaisiste de Geraume), 6440, 6448, 6495, 7026, etc.; Mongraille, 6511, 6517, 6543, etc.
Monleun, *Laon*, 3400, 3527.
Monmartre, *Montmartre*, 8944.
Monpelier, *Montpellier*, 1643, 6809.
Montinel, puy de —, 5318, 8181. Le vers 8181 semble indiquer que cette montagne doit se trouver entre Nevers et Langres; il y a un *Montigny* dans le Nivernais.
Montorie, *Montoire* (Loir-et-Cher), 9214.
Morant (nom d'un brigand), 6667.
Morin de Plaissence (Lombard), 9033.
Moysès, *Moïse* (ermite), 51, 390, 432, 438, 461, 514, 8215; Moisès, 85, 88, 273.

Navaire, *Navarre*, 9623.
Navairs, *Navarrais*, 9569.
Navers, *Nevers*, 8086, 8176.
Nevelon : 1° (chevalier du roi Louis-le-Pieux), 3303, 3361, 3440; — 2° (un des quatre fils de Geraume, châtelain de Mongraille), 7195.
Nivart (nom d'un brigand),

2359, 3092, 3101, 3128.
Nobles (?), 8087. *Cf.* le Gloss. de la *Ch. de Roland* (éd. class.) de M. L. Gautier. Nous ajouterons qu'ici la ville ne semble pas placée en Espagne.
Noironpré, *jardins de Néron* (où, d'après la tradition, l'empereur romain fit brûler des chrétiens), 5727, 7474, 8907, 9135, 9143; pré Noiron, 10717.
Normans, 3239, 4536, 4568.
Nubians, *Nubiens* (et par suite *païens*), 4896.
Nubie, 3981, 4025.
Nustrant (chevalier païen), 4974.

Oedon (compagnon de Makaire), 8390.
Olive, mont —, *Montaulieu* dans les Landes(?), 3500; mont Olis, 4070.
Orclare (femme du roi Grassien), 9352, etc.
Orlenois : 1° (pays d'Orléans), 7909; — 2° (monnaie d'Orléans), 3842.
Orliens, *Orléans*, 126, 200, 1477, 1559, 1562, etc.
Osteun, *Autun*, 8331.
Oton de Poitiers (seigneur de la cour de Louis-le-Pieux), 8014.
Otrente, rue d' — (à Pampelune), 5282.

Pampelune, 378, 420, 609, 2345, etc.
Paris, 110, 2607, 4151, 4597, 5094, 5125, 9252.
Passeavant (nom du cheval du roi Grassien), 9911, etc.
Persans, 405, 4899.
Persie, *Perse*, 5252, 9567.
Piere, Pieron : 1° (cordonnier de Poitiers), 967; — 2° (nom d'homme), 2583.
Pilate, 6204.
Pinabel (traître au service de Makaire), 8177.
Pinable (nom de ville ?), 8965.
Pinart (traître au service de Makaire), 8177.
Pinel, 9495. Plusieurs villages d'Espagne portent ce nom.
Piniaus li Normans (nom d'un brigand), 5807.
Plaissenche, *Plaisance*, 8154; Plaissence, 8088.

Ploiegant (nom du cheval du roi Florien), 10009, etc.
Pohiers (nom de peuple qui est l'ancienne forme de *Picards*; *cf.* D. C. sous *Poheri*), 4568.
Poitevins, 3238, 3370.
Poitiers, 889, 949, 988, etc.; Potiers, 3759.
Ponce (cousin germain d'Aiol), 4648.
Pont Elie, *Pontarlier*, 2088, 3504.
Pontieu, *Ponthieu*, 1397.
Propisse (habitant de Pampelune qui se fait chrétien sous le nom d'*Elie*), 9665, etc., *cf.* 10942.
Provence, 10462.
Provin, *Provins*, 73, 8089.
Puille, *Pouille*, 8975.

Quaré (chevalier du roi Louis-le-Pieux), 4390.
Quikenars li panetiers (nom d'un bourgeois d'Orléans, parent de Makaire), 2862.
Quintefeuille, bois de —, 4627, 4642; Quintefoille, 4692, 6553, 7198, 7220, etc.

Rahier (nom d'un brigand), 6668.
Raiborc (nom de femme), 2740; Raiborghe, 2744.
Raimberghe (nom de la mère d'*Audigier* dans le poëme burlesque qui porte ce nom, et non pas sa femme, comme pourrait le faire supposer notre texte), 993.
Rainaut (cousin germain et écuyer d'Aiol), 4648; Rainalt, 4727.
Rainier : 1° (cousin d'Aiol), 1398; — 2° 7236, etc.; *voy.* Reinier 2.
Rains, *Reims*, 2960, 3150, 3417, 5037, etc.
Raoul (chevalier, hôte d'Aiol), 1369.
Ravane, *Ravenne*, 7235, 7254, 7344, etc.
Reinart (neveu de Makaire), 4749, 4763.
Reinier : 1° (duc de Gascogne), 1616; — 2° (neveu de Makaire), 4835, etc., 7909.
Renier, 7564, *voy*. Reinier 2.

Richart (le même que *Richier* pour le besoin de l'assonance), 4747, 8856.
Richier (neveu de Makaire), 4761, 7202, 7361.
Ricier (nom d'un brigand), 6668.
Robaut (chef de brigands, 5734, 5759, 5863, etc.
Roimorentin, *Romorantin*, 4750, 4762, 4832, etc.
Rome, 1180, 6901, etc.
Rosne, *Rhône*, 9128, 9198, etc.
Rustant (frère de Makaire), 1496, 1513.

Saint Denise, *Saint-Denis*, 1082, 1994, 3497; Saint Denis, 2264, 3297, 3343, etc.
Saint Domin, 8839. Il y a un petit village du nom de *Saint-Domain* dans le département du Cher.
Saint Germain el praiage, *Saint-Germain-des-Prés*, 8945.
Saint Gille, *Saint-Gille-du-Gard*, 9560, 10457, etc.
Saint Michel, bourc —, 4597. Le voisinage d'Orléans nous fait supposer qu'il s'agit sans doute ici du village de ce nom dans l'Orléanais.
Saint Nicolai (à Bar; voy. ce mot), 10598.
Saint Pierre (de Rome), 2749, etc.
Saint Quentin, 8090.
Sainte Crois, moustier —, (cathédrale d'Orléans), 384, 1890, 2225, 8019, 8029, 8142, 8223; Sainte Crous, 1896.
Salenike, *Salonique*, 9903, 9976, etc.
Sanses : 1° (nom d'un brigand), 3096, 3160, 3168, 3172; Sansons, 2359; Sanson, 3179; — 2° (chevalier du roi Louis-le-Pieux), 4390.
Sarrazins, 405, 604, 657, etc.; Sarrasins, 2613, 4526, 4546, etc.
Senlis, 8009.
Sire, *Cize*, 9563. Cf. à ce sujet la *Ch. de Roland*, éd. L. Gautier, Éclairc. IV.
Soisons, *Soissons*, 2960, 3150, 4154, 4649, etc.

Sorant (nom d'un brigand), 5808.
Suberie, 2351. D'après ce vers, les ennemis entrent en France par le *Val de Suberie* dessous *Val Cler*; le rapprochement de ces deux noms de lieux, peut-être imaginaires, ne permet guère d'y voir autre chose que *Sivry* et *Vauclaire* en Champagne.

Tabor (chevalier païen), 4974, 4996.
Tabrin (chevalier païen), 4973, 4987.
Terri (sauveur des enfants d'Aiol), 9201, 9212, etc.
Tervagant (nom que le moyen-âge donne à un dieu païen), 9996, etc.
Tieri, *Thierry* (nom d'un bûcheron), 1727 1807, 1814; Teri, 1754.
Tolete, *Tolède*, 10835.
Tornebeuf (messager du roi de Nubie), 3982, 3996, 4019, 4060.
Tornebrie (?) (séjour de Grassien), 9264, etc.
Tours, 3862.
Trieves, *Trèves*, 8088; Treves, 8154.
Tudele, *Tudela*, 4973, 4978.
Tumas (nom donné à l'un des fils d'Aiol), 9353, etc.
Turc, 405, 739, 9818; Turs, 714, 10150.

Val Cler, *voy*. Suberie.
Venisse, *Venise*, 9262.
Venissien, 10860.
Vermendois, 7527, 9026.
Verson, 4748. Nous avons à choisir entre le village de la Normandie ou celui de l'Aunis.

Yon (roi de Gascogne, dont il est parlé dans *Renaud de Montauban*), 2086.
Ylaire (compagnon d'Aiol), 4518, 4690, 4753, etc.; — de Saint Lambert, 4513; — 2° (père de Ginart), 9118.
Ysabel (sœur d'Avisse et tante d'Aiol), 1984, 2003, 2073, etc.

FIN.

Imprimerie Gouverneur, G. Daupeley à Nogent-le-Rotrou.

Anonyme
Aïol

www.ingramcontent.com/pod-product-compliance
Lightning Source LLC
Chambersburg PA
CBHW070927230426
43666CB00011B/2348